# 韩世昌年谱

胡明明 张蕾 韩景林 著

北京燕山出版社

北方昆曲剧院《中国北方昆曲史稿》前期学术成果

2015年度文化部文化艺术科学研究项目
《韩世昌昆曲表演艺术编年史》阶段性学术研究成果

2016年度国家社会科学基金艺术学项目
《韩世昌与梅兰芳昆曲剧目比较研究》阶段性学术研究成果

# 作者简介

胡明明，浙江嘉兴人，供职于北方昆曲剧院。出版有《走进牡丹亭》《大武生——侯少奎昆曲五十年》《月下花神言极丽——蔡瑶铣传》《铁板铜琶大江东——侯少奎传》《大元徽音》等图书。主要戏剧作品：昆曲"大都版"《西厢记》、原创昆曲年代大戏《陶然情》、原创大型豫剧《赵匡胤》、昆曲"摘锦版"《西厢记》等。主要学术论文：《"北西厢"杂剧昆唱之浅论》《试论当代昆曲创作的"窠臼"与"脱窠臼"》《当代意识下当代昆曲创作的当下思考》《韩世昌年谱考略（上编）》《北方昆曲经典剧目演变传承论》《北方昆曲剧院建院初期演剧史考述》《从昆曲的两个基本属性试论其"南北各表"到"殊途同归"的史学意义》《"南北曲"——清"内廷"昆弋两腔"同台"演剧的基石——兼论昆弋"同体"现象的特殊性》等。

张蕾，北京人，艺术硕士，供职于北方昆曲剧院。主要戏剧作品：昆曲"大都版"《西厢记》、原创昆曲年代大戏《陶然情》、原创大型豫剧《赵匡胤》、昆曲"摘锦版"《西厢记》、小剧场京剧《程妻》、小剧场昆曲《纳兰》等。主要学术论文：《试论当代昆曲创作的"窠臼"与"脱窠臼"》《傅惜华与韩世昌》《青木正儿与韩世昌》《韩世昌年谱考略（上编）》《北方昆曲经典剧目演变传承论》《北方昆曲剧院建院初期演剧史考述》《北方昆弋班社"同台、同班、同籍"演剧形制考察》《试论北方昆弋的特殊性及其历史地位》等。

韩景林，韩世昌三子，河北高阳人，供职于北京金工美科技有限公司。

■ 韩世昌

■ 韩世昌昆曲《百花点将》剧照

■ 韩世昌昆曲《游园》剧照

■ 韩世昌昆曲《佳期》剧照

■ 韩世昌昆曲《刺虎》剧照

■ 前排：曹心泉，后排左起：韩世昌、侯瑞春、白云生（1934年）

■ 梅兰芳与韩世昌（1957年）

■ 左起：韩世昌、梅兰芳、白云生（1957年）

■1957年6月22日韩世昌在北方昆曲剧院成立大会上讲话

■左起：俞振飞、韩世昌、白云生（1956年）

■ 韩世昌教李淑君学戏（1958年）

■ 一排左起：林萍、李倩影、王燕菊、乔燕和；二排左起：韩世昌、刘书香（韩世昌夫人）；三排左起：刘勇汉、郝成、秦瑾（焦菊隐夫人）、时弢（1958年）

■ 韩世昌与学生林萍（左）、王燕菊（右）合影（1959年）

■ 首都昆曲界和浙江昆苏剧团合影（1956年）一排左起：张世萼、庞世菡、王世菊、影、龚世葵、王世荷、吴世芳、郑世青、顾世芬；二排左起：钱法成、侯永奎、魏庆林、白云生、周传瑛、韩世昌、王传淞、侯玉山、不详；三排左起：张娴、不详、包世蓉、周、汪世瑜、徐世琳、华世鸿、张艳云、朱世莲；四排左起：俞金荣、朱国梁、姚传芗、王、包传铎、周传琤、顾亚儿、张永生、张凤云；五排右起：杨亦讽、华根泉、乔裕茂、沈、马祥麟、龚祥甫、蒋笑笑、莫云生、项金根

■ 昆曲《游园惊梦》，梅兰芳饰杜丽娘，韩世昌饰春香（1957年6月23日，人民剧场）

■ 昆曲《游园惊梦》，梅兰芳饰杜丽娘，白云生饰柳梦梅（1957年6月23日，人民剧场）

■ 昆曲《游园惊梦》，韩世昌饰春香，梅兰芳饰杜丽娘（1957年）

■ 从左至右：前排：韩世昌、金紫光、白云生、魏庆林、侯炳武，二排：马祥麟、侯玉山、孟祥生、白玉珍，三排：张捷、侯永奎（1957年）

■ 韩世昌（前排左三）、梅兰芳（前排左四）、荀慧生（前排左五）、马少波（前排右二）等在中国戏曲研究院（中国艺术研究院前身）的合影（1956年）

■ 韩世昌收豫剧演员马金凤为徒合影　前排左起：张梦庚、侯喜瑞、安娥（田汉夫人）、田汉、韩世昌、于连泉（筱翠花）、白云生、马连良、姜妙香等，韩世昌身后站立者为马金凤（1962年）

# 目 录

序一　写在《韩世昌年谱》出版前几句要说的话（周育德）……………1
序二　为《韩世昌年谱》出版点赞（周传家）……………………………4
序三　一代昆曲先贤韩世昌（周世琮　朱雅）……………………………6
序四　伟大的昆曲复兴者和践行者（王大元）……………………………9

1898年（光绪二十四年　戊戌）1岁 …………………………………… 1
1910年（宣统二年　庚戌）12岁 ………………………………………… 2
1911年（宣统三年　辛亥）13岁 ………………………………………… 4
1916年（民国五年　丙辰）18岁 ………………………………………… 5
1918年（民国七年　戊午）20岁 ………………………………………… 7
1919年（民国八年　己未）21岁 ………………………………………… 24
1920年（民国九年　庚申）22岁 ………………………………………… 33
1921年（民国十年　辛酉）23岁 ………………………………………… 36
1922年（民国十一年　壬戌）24岁 ……………………………………… 37
1923年（民国十二年　癸亥）25岁 ……………………………………… 38
1924年（民国十三年　甲子）26岁 ……………………………………… 39
1925年（民国十四年　乙丑）27岁 ……………………………………… 45
1926年（民国十五年　丙寅）28岁 ……………………………………… 46
1927年（民国十六年　丁卯）29岁 ……………………………………… 47

1928年（民国十七年　戊辰）30岁 …………………………… 48
1929年（民国十八年　己巳）31岁 …………………………… 58
1930年（民国十九年　庚午）32岁 …………………………… 61
1931年（民国二十年　辛未）33岁 …………………………… 62
1934年（民国二十三年　甲戌）36岁 ………………………… 63
1935年（民国二十四年　乙亥）37岁 ………………………… 65
1936年（民国二十五年　丙子）38岁 ………………………… 70
1937年（民国二十六年　丁丑）39岁 ………………………… 81
1938年（民国二十七年　戊寅）40岁 ………………………… 95
1939年（民国二十八年　己卯）41岁 ………………………… 96
1940年（民国二十九年　庚辰）42岁 ………………………… 99
1942年（民国三十一年　壬午）44岁 ………………………… 111
1943年（民国三十二年　癸未）45岁 ………………………… 113
1944年（民国三十三年　甲申）46岁 ………………………… 116
1945年（民国三十四年　乙酉）47岁 ………………………… 117
1948年（民国三十七年　戊子）50岁 ………………………… 119
1949年　51岁 ………………………………………………… 120
1950年　52岁 ………………………………………………… 122
1951年　53岁 ………………………………………………… 126
1952年　54岁 ………………………………………………… 127
1953年　55岁 ………………………………………………… 128
1954年　56岁 ………………………………………………… 129
1956年　58岁 ………………………………………………… 131
1957年　59岁 ………………………………………………… 134
1958年　60岁 ………………………………………………… 137
1959年　61岁 ………………………………………………… 138
1960年　62岁 ………………………………………………… 139
1961年　63岁 ………………………………………………… 142

| | |
|---|---|
| 1962年　64岁 | 143 |
| 1964年　66岁 | 144 |
| 1965年　67岁 | 145 |
| 1966年　68岁 | 147 |
| 1969年　71岁 | 148 |
| 1970年　72岁 | 149 |
| 1976年　78岁 | 150 |

## 附录一

韩世昌先生墓志铭（萧劳）……………………………………155
韩世昌家谱谱系表………………………………………………158

## 附录二

忆我的父亲韩世昌（韩海林　韩景林）………………………163
我的爷爷——韩世昌（韩旭辉）………………………………179

## 附录三

昆伶韩世昌民国小史（胡明明）………………………………187
傅惜华与韩世昌（张蕾）………………………………………207
青木正儿与韩世昌（张蕾　李霄）
——韩世昌1928年赴日与日本"京都学派"………………223
1956年—1957年北方昆曲代表团与北方昆曲剧院建院
大事记（胡明明　张蕾）……………………………………236
北京昆曲艺术发展路径概述（张蕾）…………………………253

**参考资料** ……………………………………………………………268

**后记**（胡明明）…………………………………………………307

# 序一

# 写在《韩世昌年谱》出版前几句要说的话

周育德[1]

《韩世昌年谱》即将问世，因多少知道这部戏曲论著成书的始末，所以有几句话说。

几年前，北方昆曲剧院要编纂一部《中国昆曲北方史稿》，这是一个非常有意义的文化工程。昆曲自从成为能演唱传奇的一种戏曲声腔之后，很快地形成"天下歌曲皆宗吴门"的势头，沿着官路与商路迅速地走出吴门而流布四方。明清两代曾经有大量的昆班到京城谋食，是北京梨园的一支劲旅。在清代的宫廷和王府里，昆曲和弋腔享有同等的合法地位。在北京的文化市场上，昆弋两腔联手，与梆子、皮黄等乱弹声腔缠

■ 周育德

斗了两个多世纪，遂有了"昆弋班"的说法。但是，北方的昆弋两腔无论怎样的同台、同班，昆曲的本体依然清晰存在。清末民初，北方的昆弋两腔都走向式微，但是民间仍然有昆弋班的艺人在苦苦地坚守。1957年，北方昆曲剧院成立，北方的昆曲走上了复兴之路。如何研究总结北方昆曲发展的历史，为今后北方昆曲的科学发展提供必要的历史经验，成为昆曲工作者当然的历史任务。

如何着手这一个艰巨而重大的工程？史稿编撰者定了一个切实可行的计划，就是从韩世昌先生的研究入手。因为韩世昌先生是20世纪北方昆曲的代表性艺术家，把韩世昌先生和他的合作者们的艺术活动搞清楚了，说明白了，

---

[1] 周育德，中国戏曲学院研究员，中国戏曲学院原院长，长期从事戏曲历史及理论的研究与教学。

半部北方昆曲史稿的工程也就完成了。

对韩世昌先生的调查与研究是辛苦的，丰富的发现也是令人兴奋的。为了查阅有关韩世昌艺术活动的文献资料，他们奔走于北京、河北、大连等地的各个图书馆，翻阅了尘封已久的大大小小的报刊。冷板凳坐下来，果然收获巨大。我们每一次茶叙，编撰者都兴致勃勃地畅谈"书中"的发现。

他们发现民国七年（1918）起自高阳农村的荣庆社进京，是民国时期在北京活动的第一个独立的成建制的昆曲班社，那年班内最年轻的演员韩世昌只有二十岁。

他们发现了韩世昌先生拜吴梅先生为师的最准确的记录。普天下昆曲艺人能亲聆这位昆曲大师指授的屈指可数。

他们发现了韩世昌先生与文化名人刘半农先生、傅惜华先生、日人青木正儿的关系。

他们发现了韩世昌先生与梅兰芳先生的关系。

他们发现了韩世昌先生1918年早于梅兰芳先生曾在"天乐园"演唱过昆曲《百花亭》(《贵妃醉酒》)。

他们发现韩世昌先生是民国京城职业名伶中唱昆腔《牡丹亭·游园惊梦》的第一人。

他们发现1919年12月7日至1920年1月4日，上海《申报》已登出"名震南北，色艺双绝，昆曲泰斗"韩世昌先生领衔演出的广告，那时苏州的昆曲传习所尚未成立，"传"字辈的昆曲童伶尚未入班习艺。

他们发现1928年10月，韩世昌先生访日演出的第一手新闻资料。韩世昌先生是第一位把《牡丹亭·游园惊梦》带出国门的昆曲表演艺术家。

他们发现韩世昌先生曾用吴音演唱过昆曲。

他们发现……

他们的每一个发现都有着重大的历史价值。

为了取得有关韩世昌先生的第一手鲜活的资料，他们还深入京南地区做田野调查。他们到北昆的摇篮高阳河西村访问韩世昌故居和当地昆弋班的艺人后裔。

为了确保韩世昌史料的真实性，编撰者和韩世昌先生的后人韩景林先生建立了亲密的写作伙伴关系。

为了征求戏曲史学界同道的意见和批评，他们把韩世昌先生最基本的部分在《戏曲艺术》上发了增刊。

凡此种种做下来，他们获得了迄今为止有关韩世昌先生最丰富、最准确的史料。经过认真的研究，力求在这部《韩世昌年谱》里有科学的、生动的表述。

我相信每一个读过这本书的人，都会得到学术上的满足，给以合情合理的评价。

2016年5月

序二

# 为《韩世昌年谱》出版点赞

周传家[1]

昆曲处于戏曲艺术发展的第二个黄金时期,她不是囿于一隅的地方戏,而是流布全国的大剧种。昆曲支脉繁多,除去苏州大本营的吴门昆曲外,早在昆曲由吴中向四方流播的过程中,就陆续形成了面貌各异的地域流派。昆曲在度过其鼎盛兴旺期后,于清末民初逐渐完成了脉分南北、花开两枝的主体构建和生命过程。

明中叶昆曲从发祥地吴中传播到京师北京,成为宫中大戏,并与弋阳腔争奇斗艳。清乾隆中叶后,昆、弋两部日渐衰落,为共同抗衡异军突起的花部而合流,组成昆弋班。清末,宫中昆

■ 周传家

弋流入京东、京南一带,与当地高腔(弋阳腔的变种)结合,形成以高阳为代表的昆弋腔,在宫廷和民间互动交流,以求生存。民国初年,高阳昆弋腔重整旗鼓,返回京师,带来20世纪初北方昆曲的复兴,以及南北昆曲在更高层次上的融合。它成为可以与吴门分庭抗礼,支撑起昆曲半壁江山的主要流派和重要组成部分,丰富着民族戏曲的内涵和表现形式。人是艺术的主体和核心,在天时、地利、人和三者皆备的民国初年,在昆曲传承的关键节点,韩世昌先生呼之欲出,应运而生。北方昆弋是造就韩世昌先生的基础、土壤和摇篮,而韩世昌先生则是北方昆弋的结晶。他的一生实际就是从北方昆弋到北方昆曲衍变

---

[1]周传家,北京联合大学文理学院教授,研究方向:戏剧史、戏剧创作、戏剧评论等。

的精致缩影和历史见证。

然而，令人遗憾的是，韩世昌先生的艺术价值和历史作用一直未得到学界的充分认识，北方昆弋的"正史"长时间处于缺位状态，曲学界围绕着所谓的"真昆曲"和"假昆曲"争论不休。可以说《韩世昌年谱》才是破天荒第一次，通过发现、论证，以史说人，以人证史，纵横交错，史论结合，还原了历史真相，揭示出一百五十多年来北方昆曲在"双腔制"下，从"内廷"的"同台"到"皇族"的"同台、同班"，再到北方昆弋的"同台、同班、同籍"的内在机制发展和基因图谱的变化，描绘出一条非常清晰的有根有据的传承路线，雄辩地说明了北方昆曲不是南方昆曲的简单模仿和机械移植，而有着独特曲折的发展路径，并形成自己的个性传统，而韩世昌先生就是北方昆曲的品牌，是当之无愧的旗帜和灵魂。

洋洋洒洒的《韩世昌年谱》本着严谨的治学态度，在掌握了大量确凿的文物史料的前提下，剔除讹传，廓清迷雾，具有"信史"的价值。同时，善于发现，深入思辨，把北方昆曲直接与南北曲联系沟通，在更深层面认祖归宗，与南昆重续渊源。

《韩世昌年谱》的编撰出版，得到韩世昌先生后人韩景林先生的认可和肯定，并提供了许多珍贵的家藏史料，使得该书更具有权威性，这是对前辈和其后人的尊重。笔者在点赞作者为北昆前辈树碑立传，填补学术空白的同时，衷心感谢《韩世昌年谱》问世，感谢北京燕山出版社慧眼识珠，同时希望该书能为戏曲史学史论带来正本清源、除讹祛瘀之历史作用。

2016年6月

序三

# 一代昆曲先贤韩世昌

周世琮[1]　朱雅（执笔）[2]

昆曲大师韩世昌——这位昆坛先贤，在历史的斑驳光影中，似乎已远离我们许久，成为了传说中的人物。

韩世昌盛年时被赞誉为"北人南相，娇小玲珑，宛若北国尤物，燕赵娇娃"。早年得侯瑞春、王益友等昆弋老艺人的垂爱与栽培。入京后拜师于南昆泰斗吴梅和"昆曲全才"赵子敬，又得南昆徐凌云等名家悉心指点。南北兼容，逐步奠定了"北方昆曲第一旦"的地位。"……他一登台，掌声四射，举止轻窕，惟妙惟肖，白口咬字，纯用苏音，罕有见闻者，诚不愧顾曲家所赞许也。"韩世昌能用吴语演唱昆曲，可见这位民国时期的北地乾旦功夫之深也。

■ 周世琮

我们说韩大师远离了我们，又似乎觉得他在眼前。他的轶事趣谈常有所闻。他每日练功，旁必置有一方手巾，一盏铜盂。练功时用方巾拭汗，再将汗水挤入水盂中，盂满收工。下这等水滴石穿的功夫，他才能驾驭得了"舒缓妩媚，仿若镂云刻

■ 朱雅

---

[1] 周世琮，江苏省昆剧院，知名艺术家，国家一级导演，昆曲"传"字辈大师周传瑛之子。
[2] 朱雅，江苏省京剧院，知名艺术家，国家一级演员，周世琮之妻。

月的水磨南曲，以及高亢粗犷，有击筑悲歌之神韵的燕赵北曲"。又得蔡元培、吴梅等文化精英呵护。王季烈、许雨香、俞平伯等文坛大家为北昆注入了南昆气韵，承担起融合南北曲韵的重大责任。韩世昌有幸成为他们选中的薪火相传者，也最终成为最重要的践行者和引领者，成为北方昆曲的旗帜和灵魂。在他的引领下，北方昆曲走上了南北合璧、刚柔兼备的艺术大道。

北昆大致经历了由南方的发源地传播至宫廷，在京都立足，在皇家的喜爱推崇中，得以发祥鼎盛两百年之久。后经花雅之争转入民间，渐成颓势。全国鲜闻水磨之声竟达十年之久。昆曲第二次发祥兴起，已到新中国成立，浙昆《十五贯》进京演出，在"一出戏救活一个剧种"大好局面的强势推动下，近代昆曲才真正得到重生。

记得1983年，父亲周传瑛和母亲张娴到北昆为青年演员教、排《十五贯》。结束后二老返杭，途经南京。因为我们分别在南京的江苏省昆剧院和江苏省京剧院工作。所以二老决定在我们家小住数日，略享天伦之乐。大约是排戏太辛苦，又上了年岁，母亲生病住院。我们跟父亲说，从杭州到北京那么远，教戏太辛苦了。父亲却说："我这是有承诺的，要做到的。"他告诉我们，当年《十五贯》进京演出，最先来看戏的就是北昆的韩世昌、侯永奎、白云生等人。他们当时虽说也在教昆曲，但学生都是歌剧和舞蹈演员。他们出于肺腑的为《十五贯》取得的成功而兴奋激动，他们迫切希望能在北京恢复昆曲社、团，他们还可以上台演出昆曲啊！

当年周总理曾问过："1952年第一届全国戏曲观摩演出大会怎么没来？"浙江省带队的文化局副局长陈守川坦率地回答："我们还没发现他们呢！"总理听后笑着说："我们这里也没发现，官僚主义到处都有……"后来，总理又向父亲询问："只有你们一个昆剧团在演出吗？"父亲向总理作了简单的介绍，说上海、苏州两地还有"传"字辈的师兄弟可以教学，上海办了昆曲学员班，北京的昆曲老师们也还能登台演出。20世纪80年代，世琮到北京看望赵朴初先生（原省昆院长邵凯洁同行）。赵老说："总理当年讲过'一个人要救活一个剧种'。我认为这是有深意的。如果《十五贯》的成功只是恢复振兴了苏昆剧团，那只能是'一出戏救活一个剧团'，而不是'一出戏救活一个剧种'。"现在看来，父亲当时传递的信息确是起到了积极的作用。当然，关键是毛主席、周总理的首肯和各级部门的协助，还有整个的政治环境，国家对能够针砭时弊的文化需求，才使得式微的昆曲以《十五贯》为契机，枯木逢春。所以当韩大师对父亲表示，希望在北京成立正规的昆剧团，但是也感到有困难，人也少，嘱托父亲，希望能得到浙昆的帮助时，父亲郑重承诺，表示一定尽力。电影《十五贯》在拍摄时便选用了韩大师的学生李倩影出演苏戌娟。北方昆曲剧院成立之初，父亲又派了汪世瑜、沈世华、周世瑞、包世蓉等八位他最优秀的学生，帮助参加北昆的排练演出，为参加南北昆汇演而共同努力。20世纪60年代初，父亲还将原创剧目《血泪荡》教传给北昆。1956年在苏州举办的观摩演出中，周传瑛、张娴、张传芳、沈传芷、白云生、韩世昌、俞振飞、朱传茗、王传淞、郑传鉴等人联袂演出了《长生殿》。父亲告诉我们，今日再教授北昆青年演员《长生殿》，是他必须做的一件大事，承诺韩先生的事一定要做到。他对全国的昆曲，包括其他戏曲院团，也一直秉承着传授昆曲责无旁贷的宗旨和信念。

北方昆曲剧院成立之初的庆祝演出中，韩大师作为被周总理亲笔签名任命的首任院长，特邀梅兰芳先生饰演杜丽娘，他饰演春香，以此来提升北昆的知名度和高规格的艺术品质。韩大师的艺术造诣，艺德魅力，使他当之无愧地成为北方昆曲艺术的旗帜性人物。他与白云生、侯永奎、侯玉山、马祥麟等另四位北昆艺术的元老，共同传承、守护北昆艺术，为北昆艺术风格的奠定，以及今天北方昆曲剧院的带头人杨凤一院长所提出的"大昆曲"理念的发展策略，打下了坚实基础。在一代代北昆人的共同努力下，北方昆曲艺术必将谱出更为辉煌的新篇章！

写于兰亭阁
2016年9月22日

# 序四

# 伟大的昆曲复兴者和践行者

王大元[1]

在北方昆曲漫长和艰难的历史中，韩世昌先生无疑是北方昆曲的灵魂与旗帜。这个灵魂与旗帜是北方昆曲在百年中得以顽强地生存与不断地发展的来源和动力；这个灵魂与旗帜决定了北方昆曲与南方昆曲等其他昆曲在路径、传承、风格等方面的不同，决定了北方昆曲具有的独特的艺术特色，决定了北方昆曲重要的历史地位与深远影响。

韩世昌先生不仅是北方昆曲的灵魂与旗帜，更是中国昆曲自晚清式微后中国昆曲伟大的复

■ 王大元

兴者与践行者。《韩世昌年谱》用大量的史料文献有力地证明了上述两句话，如果没有韩世昌先生，如果没有以韩世昌先生为代表的北方昆曲早期前辈们锲而不舍的奋力践行，北方昆曲以致整个南北方昆曲也许早就消亡了。试问，1918年北京城内有哪位南方北方昆曲的灵魂与旗帜与南方职业昆曲班社在北京长年驻场演出？回答是，唯有韩世昌先生和北昆的"荣庆社"。试问，1919年又是哪位北方昆曲的职业演员独闯上海这块戏曲"码头"？独撑中国昆曲这面大旗？回答不是江南吴侬软语者，而是河北高阳人——韩世昌先生！1919年底至1920年初，在上海，韩世昌驻场演出长达一个月，几乎每天都能在上海

---

[1] 王大元，1958年考入北方昆曲剧院。著名作曲家。国家一级演奏员，国务院政府特殊津贴获得者，文化部"昆曲艺术优秀（作曲）主创人员"获得者，国家级非物质文化遗产昆曲传承人。

《申报》上看到韩世昌先生在上海"丹桂第一台"斗大的演出广告，韩世昌的昆曲演出广告与京剧周信芳、高庆奎、杨小楼等名角的京剧演出广告同等位置同等大小。不光是上述这些历史事实，自1918年到1919年短短两年内，北昆"荣庆社"就被当时的媒体称为"韩世昌班"，这是当时唯一以个人名字命名的昆曲班社。当时的北京大学也正是因为韩世昌先生"天乐园"的精彩昆曲演出掀起了一股"韩党"昆曲热。蔡元培、吴梅等更是亲自出面诚邀韩世昌先生到北京大学讲授昆曲，成为全国昆曲职业演员到北京大学开讲昆曲第一人。1918年12月29日，韩世昌先生在北京扮杜丽娘首唱首演昆曲《游园惊梦》，第二年韩世昌先生在上海"丹桂第一台"驻场演出第一个戏就是《游园惊梦》，并演了好几次。韩世昌先生1918年开始演出的这出昆曲《游园惊梦》在时间上要早于梅、尚、程、荀京剧四大名旦。

百多年前，是韩世昌先生救活了一出《游园惊梦》，是北方昆曲救活了一出《游园惊梦》，才使得这出自晚清已经绝响舞台几十年的昆曲剧目成为了当下昆曲的代名词，这才是真实的历史事实。

在当时，无论是北京的媒体如北京《顺天时报》、天津的媒体如天津《大公报》，还是上海的媒体如上海《申报》，看到的只是韩世昌先生演出的大幅昆曲广告，1918年到1919年，这三家当时在全国最有影响的媒体所登载的昆曲演出广告和文章几乎全被韩世昌先生的昆曲剧目所垄断。就个人影响力来说，全国职业昆曲演员无人能超越！韩先生不仅是北方昆曲的领军人物，更为全国昆曲的领军人物，当时韩先生才二十几岁。实际上，后来成为梅先生代表作的京剧《贵妃醉酒》，韩世昌先生1918年在北京前门"天乐园"就已经演出多次。这出戏韩先生唱的是清康熙"南府"时期留下的昆曲版（当时皮黄还只是一种"侉腔"），名字叫《百花亭》，演出时间早于梅先生的京剧。

韩先生自1919年之后多次开创和刷新近现代中国昆曲演出纪录，比如1928年第一次代表中国昆曲赴日本演出，1936年到1938年率北昆"祥庆社"南下六省十二市巡演，开创了民国时期演出范围最广、演出时间最长，也是最艰难最危险的一次"史诗性"的昆曲演出。

曲学巨擘吴梅先生生前只收了两位职业昆曲演员作为他的弟子，并亲自赋诗赠予他这两位最得意的学生，一位是韩世昌先生，一位是白云生先生，两位都是北方昆曲最重要的代表人物。所以，说韩世昌先生是中国昆曲近现代伟大复兴者与践行者是完全符合历史事实的，是无可争议的。回望历史，百多年前，韩先生当时做到的事情，现在我们当下的昆曲人都是很难能做到的。

所以韩世昌先生对中国昆曲尤其是对北方昆曲的历史性贡献永载史册，无人可比！这就是撰写出版《韩世昌年谱》的历史意义和历史价值。

我1958年到北方昆曲剧院乐队工作，当时还是年轻人，韩世昌先生当时对我这样的年轻人来说就是一座北方昆曲的"高峰"。如今我已经七十多岁了，能为这本《韩世昌年谱》作序是我的荣幸，我眼中的韩世昌先生和他的伟大艺术就是一个在继承传统中不断革新与发展、不断实践与丰富、不断总结与前行的过程，任何以所谓传统绑架昆曲艺术发展的做法都是不可取的，这也是韩先生用他一生的追求留给我们的最宝贵最核心的财富。艺术是最具活力的，是最具时代特点的，是"活"在当下身上的。

我要说的是，早就应该给韩世昌先生立史立传了，早就应该给北方昆曲立史立传了，从建国到现在，因种种原因，终于等到了《韩世昌年谱》的出版。据知以后还要陆续出版有关韩先生的一些书，要出版有关北方昆曲的"正史"，对昆曲来说，对北昆来说，这可是天大的好事，因为北昆就缺少科学地系统地完整地介绍北昆"正史"的书，许多北昆历史上伟大的人物、伟大的事情世人不知道、不清楚、不明白，结果造成一些歪门邪道胡说八道等流言蜚语到处都是。这下好了，有了这本《韩世昌年谱》出版以及陆续出版的有关北昆"正史"的书，就能让所有流言蜚语胡说八道彻底没了市场。

"要亡其国，先灭其史；要灭其史，先灭先人。"这是古人留给我们今人最朴实的训诫，也是被无数历史证明了的。所以《韩世昌年谱》这个序我是一定要写的，我是一定要发声的。不为我个人，就为昆曲，就为北昆。因为我亲身经历了北昆建院后的各个历史阶段，亲眼感受到了以韩世昌先生为代表的北昆先贤们为昆曲为北昆所做的巨大努力和杰出的贡献，我有这个义不容辞的责任。

真诚地感谢所有为《韩世昌年谱》撰写出版付出巨大努力的人，感谢北方昆曲剧院和中国戏曲学院等，特别要感谢张蕾和韩景林。张蕾我非常熟悉，我们合作过北昆大都版《西厢记》、摘锦版《西厢记》以及昆曲年代大戏《陶然情》等，她还参与过我的《大元徽音》一书的撰写，又做戏，又做史，是位难得的人才。韩景林我也熟悉，是韩先生的儿子，他哥哥韩洪林20个世纪60年代就在北昆乐队工作。这本《韩世昌年谱》有了韩家后人的支持与参与就更显权威了。

最后，我想说的是，我们仍健在的这些老同志能亲眼看到这本《韩世昌年谱》是我们的荣幸，因为里边许多厚重的历史和内容我们也不知道。同时，我也想替北昆已经去世的老同志感谢张蕾和韩景林，是他们完成了前辈未了的心愿。我更要特别感谢谙熟北方昆曲史的胡明明先生，他是研究韩世昌等北昆名伶、研究北方昆曲正史的第一功臣！是他下大气力挖掘出了海量的北昆珍贵历史文献资料，正是这些珍贵的历史文献资料告诉了世人北昆历史的辉煌，昭示了这些在中国昆曲历史上、在北昆历史上足以扛鼎的"昆曲脊梁"、"北昆脊梁"，昭示了北昆在中国昆曲历史上具有的极其重要的地位与巨大影响。他们的这些努力和取得的成就我认为足以改写和重写中国戏曲史、中国昆曲史。借此机会，再次向上述所列各位和单位表示深深的敬意。

2016年7月1日

## 1898年（光绪二十四年　戊戌）　1岁

1898年3月9日（农历二月十六日）出生于河北省高阳县河西村一个农民家庭。父亲韩玉琢，母亲齐氏。齐氏一共生了五个孩子，四男一女。大哥韩德兴，二哥韩德良，三哥韩志成，韩世昌因排行第四，所以小名叫"四儿"。

【案】

韩世昌并非戏曲世家出身，其祖父和父亲都是地道农民。韩世昌祖父人称韩老天，是个中农，家有几十亩地，当韩世昌出生的时候，他的祖父和祖母侯氏早已死了。世昌这个名字，是他十二岁开始学艺的时候，请一个乡下老秀才给起的。他的另一个别号"君青"，是"韩党十君子"送的。

高阳县位于河北省保定东部，居京（北京）、津（天津）、石（石家庄）、保（保定）、沧（沧州）五个城市的腹地，相传华夏始祖黄帝之孙颛顼帝就封于高阳。颛顼系上古帝王，为黄帝之孙，二十岁即帝位，初国于高阳，建都于高阳古城（今河北省高阳县），故又称高阳氏。高阳县在唐尧时属冀州，虞舜时属幽州，夏商时属冀州，周朝时属并州，春秋为燕，三国时期高阳为魏地。高阳县历史悠久，出自高阳县的历代名人众多。自古燕赵多慷慨悲歌士，其中高阳人孙承宗（1563—1638）最为著名。

河西村在河北高阳县城东南四十里。叫河西村的原因是这个村子在旧潴龙河的西岸。潴龙河还有个传说，相传后周时期，因后周皇帝郭威属猪，大将赵匡胤属龙，当时叫猪龙河，因河是积水的地方，古人云"以潴蓄水"，因此，后人又把猪龙河的"猪"字改成"潴"。河西村东距河北河间县城四十里，南离河北肃宁县城约二十五里。虽叫河西村，但村子里却没有河流，全村都是旱地。全村当时的住户有三百多家，一千多口人。村里侯姓为大姓，差不多占全村一大半，村里最有钱的也姓侯。

从韩世昌出生到他10岁的十年间，正是中国处于从晚清到民国的历史过渡期。"戍楼鸣夕鼓，山寺响晨钟"，在晚清与民国的历史大交替、大变革中，在风雨飘摇、动荡不安的改朝换代的大搏杀中，在依旧是瘠贫与落后的河北平原上，韩世昌没有钱上学，也没有机会念书，就这样，韩世昌在河西村艰难地度过了他的幼年与童年时期。

## 1910年（宣统二年　庚戌）　12岁

入昆弋"庆长班"学戏。在"庆长班"不长的时间里，不同程度地接触了生、旦、丑等不同行当和一些基本功。

【案】

因河西村地狭人稠，无地可种，加上韩家子女多，困难万分，无奈，韩世昌的父亲到高阳城里一家烧饼铺叫卖烧饼，二哥韩德良也在这个烧饼铺当小工，三哥韩志成给一人家帮厨，大哥韩德兴则背井离乡远走包头自谋生路。因不能老在家里打草拾柴火，恰好村里有个戏班来村里演戏，为谋生路，于是韩世昌经侯汝林介绍加入了这个戏班，戏班的名字叫昆弋"庆长班"。

昆弋"庆长班"是北方昆弋早期乡间戏班，戏班以唱高腔为主，也有昆腔。有的整出戏全按高腔唱法，有的多半用高腔唱。乡村老百姓喜欢听这种粗犷豪放的声调。高腔戏滚板多，腔调也多。在乐器上和江西弋阳腔的不同之处是，高腔戏打铙钹。高腔戏不但唱上吃功夫，武打上更吃功夫。高腔戏是很不易学的。

早期北方昆弋戏班子中的人员来源以北京为中心，按地域分主要来自两个方向：一个是北京的东面，如河北饶阳县、安新县、玉田县等，昆弋戏班里习惯称"京东"；另一个来自北京的南面，如河北高阳县等，习惯称"京南"。由于地域、班社和老乡的关系，于是早期北方昆弋班社人员的来源地在北方昆曲的历史上就有一个专有名词叫"京东南"。

早期北方昆弋戏班子中还有个很大的特点，就是这些昆弋演员基本上都多少沾亲带故。其中亲上做亲，结成甥舅叔侄等血缘关系的，或拜师收徒，或结拜"金兰"成为兄弟关系的情况不胜枚举，其关系异常复杂，很难弄清楚。正是这种数不清的亲戚套亲戚的关系，使得他们这些以演艺为生的人虽生活艰难，可却能在舞台上下起到相互关心、相互照顾、相互依靠、相互帮衬的"教学相长"作用。关于这种亲戚套亲戚的复杂关系，张文生（河北高阳北柳庄村人，武生）之子张小楼（武生）在《我与父亲的昆曲生涯》一文中有一段叙述：

"论起这些盘根错节的亲戚关系，还要从我的爷爷奶奶说起。爷爷叫张怀义，非常能干，不但种五谷杂粮样样在行，还有砖瓦木工活儿的好手艺，木匠活儿尤其好，全家就靠爷爷常年给人家帮工勉强维持生活。奶奶叫侯云，她的弟弟侯瑞春是昆弋班的人。因为舅爷的关系，我们家就与昆弋班的人沾了亲，姑姑张可长大后嫁给了著名昆曲演员魏庆林，我成家时娶的是白洋淀马村的著名昆曲表演艺术家白云生的外甥女李淑敏为妻。自从河西村后来成为著名昆曲表演艺术家的韩世昌拜了我舅爷侯瑞春为师后，父亲就管韩叫四哥，以亲戚相处了。父亲演戏以后，曾与著名昆曲表演艺术家侯永奎、马祥麟、白玉珍、吴祥珍等人结拜金兰，以兄弟相称。"

"庆长班"有一份数辈相传的戏箱，班牌子上部横写"昆弋"二字，下面竖写"庆长班"三个大字。"庆长班"里挑大梁的主角是化起凤,小名栓子,安新县大马村人,工高腔红脸,代表作有《挑袍》《古城会》《华容道》《河梁会》《访普》《观山》《玉杯记》《铁冠图》《白蛇记》《金印记》等,当时在京南各县红极一时。"庆长班"以化起凤任领班人兼主演,每到一处,号召力极强。搭"庆长班"的昆弋演员还有张子久(河间人,工花脸)、邢玉泰(安新县水打洼人,工高腔黑脸)、杨占鳌(安新县水打洼人,工武生)、杨希发(安新县人,工架子花脸)、王廷珍(崇县人,工武生和花脸)、曾庆儿(崇县人,工花旦)、王国明(崇县人,工武丑)、张福荣(崇县人,工武丑)、邵老墨(获鹿县邵家庄人,工武丑兼架子花脸)、郭蓬莱(霸县人,工高腔黑脸兼丑)、张元红(安新县大马村人,工昆弋丑)、张其盛(安新县大马村人,工老生)、朱玉鳌(安新县大马村人,工青衣小生)、张万有(安新县大马村人,工高腔黑脸)以及京东著名武生钱雄、醇亲王府班高腔青衣荣安等。

1900年(光绪二十六年),京东"益"字辈7人来"京南",搭入"庆长班"在河西村演出,高阳县河西村人始有第一批跟班随师学艺的昆弋演员。从韩世昌入"庆长班"的时间、年龄和师承上看,与同村的侯瑞春、侯益隆、韩子云、马凤彩、侯玉山等相比,韩世昌则属于河西村第一批昆弋演员中的第二代。

韩世昌开始入班学戏的时候因为年龄太小家里不放心,为了照顾韩世昌,韩家和班里商量,让韩的二哥韩德良来班里当做饭的以便照顾韩世昌。韩德良待的时间并不长,后来照应韩世昌的是侯瑞春。在乡村戏班里生活与学戏都很艰苦。按戏班规矩,每天早上只给点粥,中午供给点干粮,晚饭要自己垫补。学戏就更苦,就是"打戏"。韩世昌因没念过书,唱词完全靠师傅一句句教,完全靠死背硬记。在"庆长班"里,韩世昌的基本功是韩子峰(河北高阳人)教的。韩子峰唱武丑,是韩子云(河北高阳人,工旦,侯益太徒弟)的弟弟。韩世昌还跟化起凤学过《完璧归赵》,是娃娃生应工。和荣生学过《胖姑》中的胖姑,这个戏后来成了韩世昌的代表作。荣生是醇亲王府班的,这个班以"荣"字排行,不冠姓。向邵老墨学过《绣襦记》中一折。邵老墨年龄比化起凤大十来岁,唱武丑出身,《偷鸡》唱得最好,后工花脸,《通天犀》《嫁妹》《火判》都是他的拿手戏。河西村的侯益隆、侯玉山都是邵老墨的高足。韩世昌还向郭凤鸣(河北饶阳人,工丑,其兄为郭凤翔,工花旦)学小花脸行当,如《借靴》《扫松》《山门》等。高腔的小花脸讲究"存腿",无论说话、动作、行路、立着,膝盖总是弯曲着不能挺直。因郭凤鸣说他"学小花脸差点事",后来当韩世昌转到"荣庆社"时才改学的武生。在"庆长班",韩世昌度过了他学戏的最初启蒙阶段。

## 1911年（宣统三年　辛亥）　13岁

入昆弋"荣庆社"。向王益友、白云亭、侯瑞春等人学戏。

是年，其父韩玉琢去世。

【案】

1911年，因"庆长班"班主经营不善，原"庆长班"的侯成章（河北高阳人）、侯瑞春（河北高阳人）、侯益隆（河北高阳人）、马凤彩（河北高阳人）、郭凤翔、侯益才、赵德纯、侯海云（河北高阳人）、李全堂等决定一起凑股，合共九股，买了一份旧衣箱，另起新班，这个班社就是北方昆曲后来最著名的班社之一，名叫"荣庆社"。

韩世昌入"荣庆社"后开始向来自"京东"的王益友转学武生戏。王益友是京东玉田人，生于1881年。幼时入徐廷璧所组织的"益和班"学武生，与"益"字排行的唐益贵、季益重、李益广、侯益才、侯益太同为师兄弟。王益友曾在宫廷和肃王府供奉承应过。1904年（光绪三十年），王益友到了高阳河西村，住在侯炳武（河西村人，武生，侯宝江父亲）的大哥侯万钟家里。他和徐廷璧（魏庆林的老师）、张荣秀（北京黄村人，小花脸）、张荣成四个人承事按的河西村财主侯家的箱组成了"庆长班"。后来王益友承接了获鹿县孤庄村刘家的箱，组"和丰"、"和粹"班。"和丰"与"和粹"都是获鹿县孤庄村的班社，主办人是李殿元、刘老东，化起凤、郭蓬莱都是主要演员。辛亥革命后不久，王益友下"京南"搭入了"荣庆"。王益友武戏功夫深，技艺精熟，能戏甚多，昆、弋两腔中生、旦、净、丑各行脚色无不精通，尤擅演《夜奔》《夜巡》《打虎》《探庄》《蜈蚣岭》等武戏，还兼擅《芦花荡》《通天犀》等武净戏，王益友还亲授过白云生、张文生、侯永奎等人。至今北方昆曲剧院经典传统武戏如《夜奔》等如果溯源的话大体上属"益和班"王益友的戏路。

韩世昌向王益友学的戏有：《秦琼打擂》的解差、《倒铜旗》和《斩子》中的罗成、《敬德钓鱼》的白袍、《出关遥祭》的杨六郎、《宁武关》的李洪基等。韩世昌还向白云亭（河北安新人）、侯瑞春等学过如小生等行当的戏。侯瑞春（1885—1951），河北高阳河西村人，习刀马旦、昆旦和小生、武生等。韩世昌初学的时候，并没拜固定的老师，老演员看他不错，都曾教过他。

韩世昌的父亲韩玉琢在1911年病故，享年五十三岁。

## 1916年（民国五年　丙辰）　18岁

师从侯瑞春专习男旦。

是年，第一次在舞台上"应工"出演《百花点将》，扮演"百花公主"。

【案】

韩世昌从1910年12岁入"庆长班"开始学戏，到1911年入"荣庆社"开始演戏，前后时间大约两年。这段时间韩世昌先后学的行当有娃娃生、武生、小花脸、小生等。韩世昌真正开始学"男旦"（旧指戏曲舞台上男人扮女人），并演"应工"戏（旧指一个演员能够自己挑头唱一出戏）的时间大约是韩世昌入"荣庆社"后的第5年即1916年开始的。韩世昌一直到十六七岁，虽然学会了不少戏，却没有挑头唱过一出戏，也就是没唱过"应工"戏。韩世昌1915年起就开始向侯瑞春学唱《琴挑》《佳期》《闹学》等，表明韩开始习"男旦"。1916年，韩世昌在河北正定第一次"应工"戏《百花点将》。而这出戏韩世昌之前就学会了，只是之前没有机会登台主唱。

侯瑞春师从朱玉珍[1]，熟谙工尺谱与昆笛，凡曲谱过目后即能吹奏并为人拍唱。侯瑞春长韩世昌14岁，同为河西村人。1910年韩世昌初入"庆长班"时侯瑞春将其收为弟子，后在艺术与生活上侯瑞春成为了韩世昌的"经纪人"，并曾长期任韩世昌的笛师。侯瑞春于1918年曾力促韩世昌先后拜名家吴梅和赵子敬为师，并亲率韩世昌登门向吴梅求教，还亲自安排赵子敬与韩世昌住在一起，便于学戏。1919年12月，侯瑞春又亲自带队率韩世昌等一行赴上海演出。1928年，侯瑞春携韩世昌等人赴日演出讲学，1935年侯瑞春又力主建议白云生由旦角改演小生与韩世昌配戏。1936年初，由侯瑞春携张文生等出面向"荣庆社"的侯成章正式提出分箱。分箱后，侯瑞春率韩世昌、白云生、魏庆林、张文生等组成著名的"祥庆社"。侯瑞春采取的上述几项举措对韩世

---

[1]关于侯瑞春的师傅"朱玉珍"名字的正误问题，在1982年出版的韩世昌《我的昆曲艺术生活》里（韩世昌口述，张琦翔整理，《文史资料汇编》第十四辑，中国人民政治协商会议北京市委员会文史资料委员会编，北京出版社出版，1982年9月），记有"侯瑞春先生是朱玉铮老先生的弟子。朱玉铮是朱玉鳌之兄、朱小义的伯父，是邵老墨成班时的弟子。邵老墨在获鹿县成班时教了不少徒弟"之说，这里"朱玉珍"写成了"朱玉铮"；在此后出版《中国昆剧大辞典》里也是写成了"朱玉铮"；而在《中国昆剧发展史》和《安新县文史资料》里，"朱玉铮"则被写为"朱义铮"；在白云生1935年写的《白云生自传》里被写成"朱玉珍"。早期北方昆弋演员名字写法的不同在早期演出广告和后人的各种记录中经常出现，如把"张元红"写成"张远红"，把"李益重"写成"李益仲"，把"许金修"写成"许金休"，把"侯益泰"写成"侯益太"，把"侯益隆"写成"侯益龙"，把"侯炳五"写成"侯炳武"等等。这些来自农村的早期北方昆弋演员名字的各类不同写法主要出自发音和记录的问题，还有个原因就是当时这些演员甚至自己都不会写自己的名字，有的时间久了，也就以错就错、约定俗成了。应该说当时有一定文化程度的白云生自己写的《白云生自传》中的写法更为准确。

昌后来的艺术成长道路以及日后韩世昌在艺术上取得的巨大成功无疑起到了极为重要的作用。

有关侯瑞春是如何教授韩世昌的情况,在韩世昌《我的昆曲艺术生活》中有部分细节描述:"旧时学戏没有不挨打的,这就是所谓的'打戏'。不论是谁,即便是亲子侄,因为学戏,师傅打起来也是狠着呢!我学戏挨打的次数不可计了。但被打'死过去'我记得有两次:一次是《刺虎》。《刺虎》中第二支曲子有一句词,唱腔速度很快,没有节奏,对这种没有节奏感的句子,我总也记不住,结果侯瑞春先生恼火了,死打了我一顿,把我打'死过去'了,这是一次。还有一次学唱《黑驴告状》的"南楼"中的一折,我饰演剧中妻子和女儿的角色,侯瑞春先生教我唱,他拿二十根柴火棍计数,唱一遍拿开一根,等柴火棍全拿完了,他让我自己唱,当我唱到'拜寿'中一段时,因为已经深夜了,早就困倦不堪,所以我没唱对,侯先生就非常生气,拿起新买的有钉子的皮鞋死打了我一顿,我又被打'死过去'一次。后来回过气来,哭哭啼啼一会儿以后,居然会唱了。这时侯先生倒有理了,说:不打不会,非打不可。为什么打一顿以后居然就会了呢?这里面现在看有些道理。原因就在侯先生教戏是注入或死灌的办法,不容你消化,不容这些新东西在你脑海中酝酿,往往我们学一段唱,头天死唱死不会,等睡了一宵以后,第二天起来无意中一唱,唱对了,唱会了。老辈的人不懂得教育心理学,非让你当时就会不可,不会就死打你一顿。等你挨打了,哭了后,你的头脑经过一次剧烈的刺激以后,说不定就开了,也就唱出来了。所以老一辈人就认为一打你就会了,非打不可。"

韩世昌从18岁起开始专工"男旦",也就是从那一刻起,逐步奠定了韩世昌以后成为"北方昆曲第一名旦"的位置。

## 1918年（民国七年　戊午）　20岁

1月13日，随"荣庆社"进北京"天乐园"驻场演出，出演的剧目为《刺虎》。

1月25日和1月31日，《顺天时报》分别登载了署名为"红蕉馆主"撰写的《天乐园昆弋之人才》和"非非子"撰写的《咏韩世昌〈刺虎〉》两篇文章，这是目前已知"荣庆社"晋京后最早介绍韩世昌等昆弋演员的文章。在《天乐园昆弋之人才》中写到："演旦颇知作戏，身段亦佳，惟度曲常凉调，然能戏则不少，此子殆非坐科者，顾其聪明亦可佳矣。"这是媒体对韩世昌初入京城表演的最早评价。其中文中提到的"凉调"指荒腔或跑调，这也是后来促使韩世昌下决心拜吴梅与赵子敬学唱的根本原因之一。《咏韩世昌〈刺虎〉》一文则以文配诗的形式对韩世昌的《刺虎》盛赞有加。

4月，第一次看梅兰芳时装剧《童女斩蛇》。

4月17日，《顺天时报》在"菊花锅"栏目发表署名为"听花"的文章，题目《新出青衫之二人——程艳秋与韩世昌》。文章中说："近来京师剧界有二青衫新出焉，每一上台颇受欢迎，一曰程艳秋，一曰韩世昌，程伶唱皮黄，韩伶唱昆弋。""捧程伶者多以其色艺比之尚小云，捧韩伶者亦多以其歌舞与梅兰芳相较。"

4月19日，《顺天时报》发表了《梅兰芳与韩世昌》的文章。文章开头写到："近日评论者多谓韩世昌比梅兰芳强"，文章接着写到："吾人平心论之，韩世昌与梅兰芳诚不能比"，可"韩世昌所演之思凡佳期则确比梅兰芳所演者强"。

4月21日，在"天乐园"再次上演《思凡》，北京大学蔡元培、黄侃等以及傅惜华、傅芸子及北大学子刘步堂、王小隐等闻讯前往观看。蔡元培由此提出"宁捧昆，勿捧坤"。

5月，拜吴梅为师，成为吴门弟子北方昆曲第一人。

5月2日，与齐凤山在"天乐园"首演昆曲《百花亭》（亦称《贵妃醉酒》），韩世昌饰杨贵妃，齐凤山饰高力士。齐凤山亦"庆长班"出身，习生行，师从醇亲王府"恩荣"昆弋班出身的徐廷璧。

5月9日,《顺天时报》"剧场小言"栏目发表《天乐之两出戏——〈闹学〉〈佳期〉》,对韩世昌的《闹学》《佳期》给予了积极的评价。

5月17日,《顺天时报》第五版发表《白璧之瑕——告韩世昌》文章,指出韩世昌在《思凡》一剧中存有改词的现象,作者认为昆曲"非时髦之新戏可比,一切科白化装均宜恪守先正典型,不可自作聪明,尤不可专务趋时,愿世昌及他伶共勉之也"。

5月21日,《顺天时报》第五版发表《韩世昌虚怀若谷》一文。文中写到:"关于韩世昌演《思凡》一剧,念白有不甚其妥善之处",但"韩郎遂已一一改正,正可见其每日必阅报纸,对于报纸批评必格外留心且报纸之言苟有可采者必力加改正"。文章最后认为韩世昌"既具有天赋之绝顶聪明,又能处处留心虚怀若谷,其前途之成就自不可限量"。

5月28日,《顺天时报》发表《韩世昌初演〈拷红〉》一文。文中记述:"星期六,韩郎世昌初演新排之《拷红》。下午三点钟后,记者偕二三友人往观时,天已阴雨而观客绝不因之少减,楼上楼下几无插足地。"接着,文章对韩世昌与陈荣会的表演描述了一番。最后文章写到:"该社排演此剧不过两星期,且世昌平日所演皆为北曲。此剧乃北京大学教员吴君教授为南曲。"文章还特意注明:"吴君原准备为世昌吹笛,因雨未到,临聘由侯瑞春代替。"

6月,在北京廊房头条玉芳照相馆拍摄生平第一张剧照,剧目为《思凡》。

6月6日,《顺天时报》发表《天乐园观戏记》。

6月11日,《顺天时报》发表《韩世昌之〈渔家乐〉》一文。

6月18日,参加北京"留法俭学会"在北京江西会馆举办昆弋戏义务演出,为留法学生募集资金。

6月27日,"荣庆社"在"天乐园"演出,与侯益太合演的《琴挑》排在所有9出戏蹲底的位置,这标志着"荣庆社"以武戏蹲底的传统开始被文戏蹲底所打破。

夏,随"荣庆社"首次赴天津。

7月13日,上海《申报》发表署名"莘田"的《都门竹枝词》一首:"残山绿水夜漫漫,歌舞瘴平兴未阑。梅毒(梅兰芳)流行何日已,满城风雨又伤寒(韩世昌)。"(京伶梅兰芳倾倒各界人士久矣,今又有名韩世昌者出,工昆剧,姿韵不亚于梅,都中士夫趋之若鹜,时人号为伤寒症云。)

10月23日,参加在北京"第一舞台"赈灾义务演出,演出的有韩世昌、陶显庭、郝振基、侯玉山、尚小云、王瑶卿、姜妙香、荀慧生(白牡丹)、孙菊仙、梅兰芳、陈德霖、程艳秋、杨小楼、余叔岩、王凤卿、高庆奎、俞振庭等。这是第一次与后来成为京剧"四大名旦"的演员同台演出。

11月,拜南方知名曲家赵子敬为师并执弟子礼。

12月29日,首演《游园惊梦》,为民国时期北南昆曲职业演员出演《游园惊梦》第一人。

## 【案】

1918年1月13日,对北方昆曲,对"荣庆社",对韩世昌来说都是极其重要的一年。这一年"荣庆社"成班破天荒第一次在北京前门鲜鱼口天乐茶园挑出昆弋"荣庆社"名号,破天荒第一次在北京驻场演出,这对北方昆曲有着极其重要的历史意义。它标志着"荣庆社"的演出地点与演出方式等发生了根本性的转变:1.以原农村田间地头露天式的演出方式到大城市剧场化的驻场演出方式的转变;2.以韩世昌为代表的农村江湖艺人身份到大城市职业化艺人身份的转变;3.以农民观众为主要对象到以大城市知识阶层观众为主要对象的转变;4."荣庆社"从原"江湖班"身份到大城市里的"坐城班"身份的转变。上述4个重要转变标志着"荣庆社"的演员、剧目、演出等信息开始进入了大城市现代媒体关注的宣传视线范围;标志着"北方昆弋"(昆腔与弋腔同台)自"荣庆社"晋京后逐步被"北方昆曲"(南北兼蓄)所取代;标志着"北方昆曲"与"京朝派"(昆腔与皮黄同化)相比各具备了更加独立的艺术风格;标志着"荣庆社"的演员们进入了一个更广阔、更残酷,要求则更高的艺术发展平台。这些根本性的深刻的转变同时也标志着对"荣庆社"这些来自河北农村的艺人们无论在剧目、表演以及大城市演出运作方式及文化情趣、审美趋向甚至个人形象等方面都必须要适应这些根本性的深刻的转变。

1918年1月13日"荣庆社"在"天乐园"上演的剧目为陶显庭《山门》、韩子峰《巧连环》、张小发《芦花荡》、陈荣会和侯益太《饭店认子》、韩世昌《刺虎》、侯海云《闹学》、侯益隆和马凤彩《通天犀》。

关于"荣庆社"来北京演出的原因,韩世昌在《我的昆曲艺术生活》有细节描述:"那年,河北省闹大水,我们'荣庆社'正在新乐县演唱,大水来了,戏歇了,打起'冻'来了。'打冻'是行话,就是闲待着,于是'荣庆社'的人就想来北京找出路。那时京东的徐廷璧、郝振基(河北大城县抬头村)、朱玉鳌等应余玉琴之约,正在北京崇文门外木厂胡同广兴茶园演唱,情况甚好。我们'荣庆社'的社长王益友就先来到北京和他们联系，想搭他们的班子一同演出。"从韩世昌上述自述中，可以看出，在"荣庆社"1918年晋京之前，昆弋"同合班"的徐廷璧、郝振基、朱玉鳌等已于1917年应"正乐育化会"的京剧名花旦余玉琴之聘，先于"荣庆社"来京在"广兴园"举办过演出，但此次晋京演出只是昆弋"同合班"个别人参与的搭班演出，而非"荣庆社"成班建制的晋京演出。显然"荣庆社"之所以晋京的动机之一是因为大水来了，戏歇了，打起"冻"来了，于是"荣庆社"的人就想来北京找条生活的出路。

"荣庆社"之所以晋京的动机还有另一个主要原因，就是因为他们"觉得到北京来，卖座可能没问题"。如1915年到1916年两年间，梅兰芳曾集中在北京演出了一批昆曲，在社会上产生了极大的影响，不仅每次上座成绩都不错，也引起了舆论的关注。有着很大影响力与号召力的京剧名旦梅兰芳在"荣庆社"1918年晋京之前在北京集中演出一定数量的昆曲剧目无疑为"荣庆社"晋京创造了一个良好的氛围与环境。而"荣庆社"以及年轻的韩世昌一到北京便赶上了20世纪一二十年代昆曲在北京兴旺的一个"活跃期"，这也确为"荣庆社"在北京站住脚，为韩世昌艺术才华的崭露与其今后艺术的继续开拓与发展开了一个极好的头。梅兰芳等在民国初年为昆曲艺术在京城的复兴造足了势，这正好为韩世昌团队的昆曲主力军打好了前阵，使得北方昆弋开始有声有色地发展，并逐步蔚为大观。

关于韩世昌到底是什么时间随"荣庆社"成班晋京进驻"天乐园"，或者说"荣庆社"成班晋京在"天乐园"驻场演出到底在哪年？过去一直以韩世昌《我的昆曲艺术生活》中的二句"我是1917年冬天来北京的"和"觉得到北京来，卖座可能没问题，于是东拼西借凑了五六百块垫办，收集了八九十人，在那年腊月来到了北京"为准。于是1917年成为了"荣庆社"晋京的最权威的依据与最广泛的说法。而通过对史料的进一步考证，"荣庆社"成班晋京进驻"天乐园"的时间应为1918年初，也就是民国七年初。1. 根据1917年公历与农历"腊月"的准确时间显示，1917年农历的"腊月初一"为公历1918年的1月13日，也就是说，实际上，1917年的农历"腊月"全部发生在公历的1918年，不存在于1917年的年初，而实为1918年的年初。由于当时的社会和人们习惯以农历纪年记事，但记录者在韩世昌的自述中用了公历纪年所以出了差错。关于"荣庆社"晋京时间有差异当然不排除还有一种可能，即韩世昌确与"荣庆社"部分人员于1917年冬（民国六年）先期晋京，但目前尚无相关材料佐证。2. 据梅兰芳《舞台生活四十年》一书中载："北京的戏班瞧我演出昆曲的成绩还不错，就在民国七年（1918年）间，把好些昆弋班里的老艺人都邀到北京组班了。" 3. 据刘半农、周明泰（即周志辅）的《五十年来北平戏剧史材》一书载：1918年（民国七年）1月6日，郝振基在"丹桂园"搭班演出《安天会》；1918年（民国七年）1月13日，"荣庆社"在"天乐茶园"首演。进一步确定了韩世昌关于"荣庆社"成班晋京的时间有误，不仅"荣庆社"成班晋京的时间有误，其"荣庆社"成班晋京首演的剧目在韩世昌的自述亦有存疑。韩世昌在其自述中对其首演的剧目是这样描述的："第一天打炮戏，大轴是侯益隆、王益友的《通天犀》，前面有郭蓬莱的《寄信》，开场是《大点魁》，我唱的第二出《刺虎》，别的戏记不清了。" 4. 根据一些同时代文人如"韩党十君子"之一的刘步堂在《立言画刊》发表的《高腔源流考》中也曾写道："民七荣庆社在京天乐园演出之际，高腔人才尚未达到没落时期，生净丑旦各行均有著名者。"刘步堂当时为北大学生，与韩是同乡。

根据刘半农为《五十年来北平戏剧史材》一书所作的序："数年前偶于厂肆得旧时戏目一册，不知何人所录，目起光绪初迄于清末，前后三十年，都一千余事。复生长南中，未睹往日北地梨园之盛；又禀性拙朴，不娴艺事，时闻友人品论当世伶人功夫技巧，往往不解，独以此册足为北平社会旧史之一叶，意颇珍之，便于课业之余，稍稍整理，人事多忙，未能毕业。适友人周明泰君，抄摘民元以后报端戏目，意在汇订成篇，为近二十年来北平剧事荣衰之铁证……"中的"适友人周明泰君，抄摘民元以后报端戏目，意在汇订成篇，为近二十年来北平剧事荣衰之铁证"一句话看，其《五十年来北平戏剧史材》一书中记述的"荣庆社"晋京的首演时间、地点、剧目、演员等当更为可靠准确。

关于"荣庆社"晋京时间及早期演出的情况，还有一个史料出处，即《顺天时报》刊发的演出广告。《顺天时报》创刊于1901年（光绪二十七年）10月。初名为《燕京时报》，是日本在北京出版的一份"学中国人口气"供中国人阅读的中文报纸，其发行量曾达到17000多份，一度成为华北地区第一大报纸，1930年停刊。它是日本针对中国读者在北京地区编辑发行的一份有相当影响的中文报纸，尤其是有关北京地区的戏曲消息、评论和广告等方面比较权威。在《顺天时报》1917年（民国六年）12月份的演出广告中没有任何"天乐园"的演出广告，而《五十年来北平戏剧史材》一书中也没有。只有《顺天时报》1917年12月19日（民国六年，农历丁巳年十一月初六）在其"菊讯一束"一栏中有一竖行"星期一，广兴园郝振基演《安天会》"的消息。

究竟谁是北方昆弋晋京演出"第一人"？结合韩世昌、梅兰芳以及《五十年来北平戏剧史材》和《顺天时报》的相关记载，基本可以断定，京城唱响北方昆弋"第一人"应是郝振基，演出性质为搭班演出，演出地点为"广兴园"，演出时间为1917年（民国六年）12月19日，演出剧目为《安天会》，郝振基饰孙悟空。1918年（民国七年）1月6日，农历戊午年十一月二十四日，郝振基在"丹桂园"再次搭班出演《安天会》。1. "荣庆社"独立成建制晋京的时间到底是哪年？比较接近事实的应是1918年（民国七年）初，而非1917年（民国六年）底，因为对一个来自河北农村靠票房吃饭的近百人的班社来说，在京城度过每一天都要承受着巨大的生活压力，况且从河北到北京的路途即便是在当时也不算太远。2. "荣庆社"独立成建制晋京首演的剧场为北京前门鲜鱼口内的"天乐茶园"（亦称"天乐园"），该剧场也是"荣庆社"晋京后的第一个驻场演出场所。3. "荣庆社"独立成建制晋京首演的时间似以刘半农、周明泰《五十年来北平戏剧史材》一书中1918年（民国七年）1月13日的记载更为准确，书中明确标明了公历和农历时间，即公历为1918年（民国七年）1月13日（农历为戊午年十二月初一），因为刘半农、周明泰和韩世昌属同时代人，该记载可信度很高。4. 为什么《顺天时报》没有"荣庆社"第一天的演出广告？估计作为在北京有一定影响的《顺天时报》当时对北方昆弋"荣庆社"独立成建制突然来京驻场演出准备不足所致，因为毕竟之前在北京还没有一个专业的独立的成建制的昆班在北京驻场演出昆曲。很快，就在"荣庆社"晋京首演的第二天，即1918年1月14日始，《顺天时报》开始在固定的演出广告栏目登载"荣庆社"演出广告，这是历史上北方昆弋"荣庆社"的演员和剧目第一次出现在京城知名媒体的演出广告中，京城观众也第一次知道了这些演员的名字，从这个意义上讲，与在农村或者小城镇演出相比，北方昆弋"荣庆社"独立的成建制的晋京驻场演出开启了北方昆曲一个"全新的时代"，这个历史意义对本来生存就很艰难的昆曲来说是划时代的。5. 在"荣庆社"首演的7出传统折子戏（即日场连晚场）中，韩世昌的《刺虎》排名第5出；在其主要演员中，饰演旦角的韩世昌最为年轻，时年20岁；在其排名顺序上，排在第六出（压轴）和第七出（大轴）的侯海云与侯益隆、马凤彩均为"荣庆社"股东。可见，在对演员出场顺序极为苛刻和重视的旧戏班中，尤其是"荣庆社"晋京关乎其"生死存亡"的第一场演出中，韩世昌已经开始以"旦角"应工在"荣庆社"占有重要位置了。这个时间距韩世昌1916年首次应工"旦角"整整3年。在此后的时间里，韩世昌在昆曲舞台上以"旦角"应工一直保持到1949年新中国成立后。

1918年1月14日至30日，《顺天时报》登载的"荣庆社"在"天乐园"演出广告如下（按公历纪年顺序）：1918年1月14日侯益隆《嫁妹》，郭蓬莱《入院》，王益友《夜巡》，白茂斋《奇双会》；1918年1月18日王益友《义侠记》，侯益隆《惠明下书》，侯益太《琴挑》，白云亭《花子别妻》；1918年1月19日侯益隆、王益友、白云亭、陶显庭《黑驴告状》；1918年1月20日王益友《射红灯》，王瑞长《诈冰》，侯益隆《嫁妹》，侯益太《下河南》；1918年1月21日侯海云《探亲家》，陶显庭《洞庭湖》，侯益隆《滑油山》，王益友《千里驹》；1918年1月23日白茂斋《对刀步战》，王瑞长《双合印》，韩世昌《断桥》，陶显庭、陈荣会《山门》，王益友、侯益隆《甲马河》；1918年1月24日韩世昌《刺虎》，侯益隆《张飞请罪》，王益友《打虎》，王瑞长、侯益太《玉杯记》；1918年1月25日侯益太《观客》，韩世昌《相刺》，白茂斋、侯益太《牛头山》，侯益隆、王益友《喜团圆》；1918年1月26日郭蓬莱《乌盆记》，韩子峰《巧连环》，侯益隆、王益友《丁甲山》，侯瑞春、白凤山《棋盘会》；1918年1月27日王瑞长《古城会》，韩世昌《金山寺》，侯益隆《通天犀》，王益友《安天会》；1918年1月28日韩子峰《麒麟阁》，韩世昌《佳期》，王益友《快活林》，侯益隆《莲花山》；1918年1月29日王瑞长《关公挑袍》，韩世昌《劈棺》，侯益隆《判官上任》，王金锁《棋盘山》，王益友《义侠记》，白茂斋《天罡阵》；1918年1月30日侯益隆《嫁妹》，韩世昌《闹学》，陈荣会、王益友、韩子峰《青石山》。从上述演出广告中可以看出那时主要演员基本上以王益友、侯益隆、侯益太等"益"字辈演员为主；主要剧目以昆弋武戏为主。其中韩世昌出演的剧目分别是《刺虎》（1918年1月13日）、《断桥》（1918年1月23日）、《刺虎》（1918年1月24日）、《相刺》（1918年1月25日）、《金山寺》（1918年1月27日）、《佳期》（1918年1月28日）、《劈棺》（1918年1月29日）、《闹学》（1918年1月30日）。

《顺天时报》1918年后也对北方昆弋班社如"荣庆社"以及韩世昌等昆曲演员进行过大量报道，如该报专栏记者让听花还专门开辟栏目撰写了有关北方昆曲的各类报道、随笔与评论文章，该报还长期大量登载"荣庆社"在北京的演出广告，为研究北方昆曲在北京的各类演出活动保留了许多珍贵历史资料。1927年，《顺天时报》在北京举办评选"五大名伶新剧夺魁投票活动"，梅兰芳、程砚秋（原程艳秋）、尚小云、荀慧生当选，后被誉为京剧"四大名旦"。大大提高了京剧旦角的地位，对京剧的发展起了很大的作用。

1918年4月17日，《顺天时报》在"菊花锅"栏目发表署名为"听花"的文章。"听花"即为《顺天时报》专栏记者让听花。同一版面上还发表了《天乐园座客之一异彩》的文章，盛赞观众进场后每人手捧一本《缀白裘》的"奇特"情景。从4月19日起，《顺天时报》连载四期《天乐园之〈铁冠图〉》文章，对"荣庆社"在"天乐园"上演的《铁冠图》进行了详细的报道。

1918年5月28日，《顺天时报》在"檀板绮闻"一栏中发表《韩世昌初演〈拷红〉》一文。该文明确地表达了如下信息：1. 韩世昌初演《拷红》的准确时间不晚于1918年5月28日；2. 此剧系吴梅所授。吴梅（1884—1939），字瞿安，号霜厓，苏州人，著名戏曲研究家、理论家、教育家、词曲家、剧作家、曲学家，时在北京大学教授戏剧和昆曲；3. 本应由吴梅为韩世昌吹笛，临时改为侯瑞春。按文中所述《拷红》排练时间为两个星期算，这与韩世昌自述中的时间大致不差。根据上述史料可以判断，王卫民《曲学大成，后世师表——吴梅评传》中记述有关韩世昌拜曲学大师吴梅为师时间为1919年4月18日有误。

关于韩世昌拜吴梅为师的具体时间有几种说法：一种说法见王卫民《曲学大成，后世师表——吴梅评传》，该书载："遂于民八春二月廿八日（1919年4月18日），假座杏花村，行拜师典礼。"另一种说法见苗怀明著《吴梅评传》（南京大学出版社，2012年版）："1918年夏正式拜吴梅为师，拜师礼在大栅栏杏花村饭馆举行。"还有就是韩世昌自述中："那年夏天经过顾君义等许多人介绍，我拜吴先生为师。拜师礼是在大栅栏粮食店杏花村饭馆举行的。"显然苗怀明所述时间是根据韩世昌自述中时间而来。结合韩世昌自述中"此后，我开始向吴先生学戏了。第一出学的《拷红》，学会以后，就在天乐演唱"一句判断，再结合1918年5月28日《顺天时报》《韩世昌初演〈拷红〉》一文看，韩世昌拜吴梅为师的时间应以1918年5月28日前更为准确。

在究竟是由谁推荐并同意韩世昌拜吴梅这个问题上存有不同说法。综合各类说法及当时的情况看，韩世昌拜吴梅为师无疑应该是韩世昌的老师兼"经纪人"侯瑞春力促的结果，是侯瑞春亲自决定并带领韩世昌先后登门拜吴梅、赵子敬为师的，而旧戏班之外的所谓"韩党十君子"是无权决定一位演员演什么戏，跟谁学以及艺术风格的变化。其理由是侯瑞春从戏班的生存出发，每逢关键时刻都能为韩世昌指导，比如力促韩世昌唱"旦角"，力促白云生由旦角改小生与韩配戏等，且侯瑞春是"荣庆社"股东之一，社会交际广泛，为了生存，力促韩拜吴梅学习南方昆曲，以争取观众，赢得票房，故在韩世昌拜吴梅为师的问题上，作为老师和股东的侯瑞春发挥了最关键和最主要的作用：1.侯瑞春知人善任把韩世昌带入了"庆长班"与"荣庆社"，为韩世昌启蒙，教韩世昌学戏，韩世昌第一出以旦角应工的戏《刺虎》就是侯瑞春教的，侯瑞春是韩世昌最重要的老师之一；2.旧戏班中演员的话语权很有限，而侯瑞春是股东，出道早，地位高，且师徒关系如同父子，在培养演员的问题上有相当的话语权；3.侯瑞春社会交际面比韩广泛得多，演出经营上比韩更有眼光与经验，即便是侯瑞春想利用韩挣更多的钱，在旧戏班中也是正常的；4.更为重要的是，侯瑞春对韩世昌不仅在艺术上要求严格，在生活上要求更为严格，韩世昌是"荣庆社"一些名角中没有染上嗜好赌博，吸大烟、白面等恶习的知名演员之一；5.韩世昌与侯瑞春师徒之间的关系结束于1942年，侯瑞春后于1951年过世。而韩世昌做自述的时间是1962年，在经历了20年后，一直到1982年，才由记录者张琦翔整理完成，此时，韩世昌已经去世6年，不可能再由韩世昌本人审阅定稿了。虽为尊者讳，但更应该尊重历史。没有侯瑞春这位严师，就不会有韩世昌这位高徒，侯瑞春理应有其客观的历史地位。

"荣庆社"在天乐园的昆曲演出，最先引起了北大学生刘步堂、顾君义、王小隐等人的关注。19岁的韩世昌，最初只是在前面演出开场戏，大轴戏还轮不到他演。但是北大的同学与学者们对韩世昌的戏非常喜欢，在大轴戏演完之后还不肯走，一定要看韩世昌的《春香闹学》。"荣庆社"注意到北京观众特别是北大师生的聚焦点，以后就一直安排韩世昌演大轴戏。1918年春夏之交，在北大学生顾君义等人的推荐下，吴梅看了韩世昌的《琴挑》，对这位青年演员刮目相看。自兹之后，韩世昌先后到东板桥的吴家，向吴梅学习了《拷红》，并趁热打铁，在天乐园演出，一时间盛况空前。接着又向吴先生学《桃花扇》《吴刚修月》和《牡丹亭》等戏码。后来吴先生返回南京，《牡丹亭》没有教完，韩世昌又跟随赵子敬老师学完了该戏，又接着学了《摘柳》《阳关》《扫花》《三醉》《跪池》《三怕》《痴梦》《庵会》和《琵琶记》等戏码。韩世昌所以能够在北昆独领群芳，这与他持之以恒地向南方大曲家学习关系极大。所以韩世昌自己说："南北昆曲专家们认为我唱曲子的吐音吐字还合乎规范，有根有据，是同吴先生的指点校正分不开的。"吴梅在吐字行腔、戏情文理等多方面，对韩世昌进行了培育和点拨，这就使得韩世昌不仅在京津等北方大都市声誉日隆，也在昆曲故乡的江南大码头上海引起了轰动，更在十年之后的日本昆曲巡演中获得"昆曲大王"的美称。对此，吴梅在1931年9月29日的日记有过些微记载："余按京师自乱弹盛行，昆曲已成绝响。吾丁巳寓京，仅天乐园有高阳班，尚奉演南北曲，其旦名韩世昌，曾就余授曲数支也。"吴梅所记，不免自谦。综合来看，韩世昌与吴梅的师徒之分与文化渊源，首先使得他从一位北昆艺人成为兼南北昆之长于一身的著名昆曲大王，同时又在一定意义上促使了苏州昆曲传习所的建立，为南昆的起死回生起到了示范与刺激的作用。

在首都图书馆藏有两张比较有代表性的"荣庆社"早期"天乐茶园"演出戏单，可以看出韩世昌1918年在北京演出位置的变化轨迹。其中如1918年4月21日（农历三月十一日）的1张戏单时间恰是谷雨节气，是目前能看到的"荣庆社"最早的戏单之一。戏单中韩世昌演的是"独角"戏《思凡》，按早期戏单"大轴"戏居中的习惯，韩世昌的《思凡》大致排在倒三的位置。第2张为1918年6月27日，韩世昌出演《琴挑》一折，韩世昌以闺门旦（五旦）应工饰演陈妙常，侯益太饰演潘必正。从"荣庆社"早期戏单中还可以看出当年"荣庆社"众多来自"京东"和"京南"的昆弋前辈悉数出场上演有着北方昆弋特色的"全武行"剧目与演员阵容，其中《棋盘山》《扫松》《观山》等为弋腔，《青石山》《牛头山》《火焰山》等为昆弋合演剧目。其中文戏《思凡》《琴挑》则由年仅20岁的韩世昌领衔担当，这说明韩世昌已经开始步入"荣庆社"当家"乾旦"的行列。此时后来在北方昆曲历史上占有极其重要历史位置的一些演员如白云生、侯永奎、马祥麟等还尚未出现。

"荣庆社"1918年在北京"天乐茶园"其他早期部分演出戏单（以下所列戏单原件现均存于首都图书馆）中韩世昌担纲主演的部分剧目：1918年5月2日韩世昌、齐凤山《百花亭》；1918年5月19日韩世昌、齐凤山《佳期》；1918年6月4日韩世昌、陈荣会、侯益太、侯海云、陶显庭《劈棺》；1918年6月18日韩世昌、侯益太《百花亭》；1918年6月22日韩世昌《胖姑》；1918年6月24日韩世昌、陈荣会、陶显庭、朱小义、梁玉和《劈棺》；1918年7月10日韩世昌《思凡》；1918年7月24日韩世昌、陈荣会、陶显庭、朱小义、马凤鸣、梁玉和《劈棺》；1918年7月27日韩世昌、陈荣会、马凤鸣《闹学》；1918年10月2日韩世昌、侯益太、郭凤鸣《百花亭》；1918年10月6日韩世昌、白建桥《琴挑》；1918年10月7日韩世昌、陈荣会、陶显庭、王树云、朱小义《劈棺》；1918年10月8日韩世昌《西楼会》；1918年10月12日韩世昌、陶显庭、陈荣会《坐楼杀惜》；1918年10月15日韩世昌、马凤鸣《拷红》；1918年10月26日韩世昌、齐凤山、白建桥、白云亭、朱小义《琴挑》《问病》。

韩世昌随"荣庆社"首次赴天津市为天津博物院成立展览会举行祝贺演出，共4天。韩世昌演的是《闹学》《思凡》《刺梁》《刺虎》，其他剧目还有《夜奔》《观山》《雅观楼》《打虎》《藏舟》《负荆》《饭店认子》《金山寺》等。韩世昌这次天津演出的《闹学》《思凡》《刺虎》等传统折子戏在以后的日子里成为了他传统折子戏代表作的一部分，也是日后韩世昌经常演出的"大轴戏"。

韩世昌随"荣庆社"首次赴天津回京后第一次看梅兰芳的戏，戏码是梅兰芳的时装剧《童女斩蛇》。这是史料中记载的韩世昌与梅兰芳的第一次见面。此刻，韩世昌时年20岁，梅兰芳时年24岁。

1918年6月18日，旨在"勤于作工，俭以求学"为目的号召中国青年去法国半工半读的北京"留法俭学会"在北京江西会馆举办昆弋义务演出，为该会募集资金，其剧目有韩世昌、陈荣会、马凤明的《春香闹学》，侯益太、王树云的《琴挑》，张文生、张小发、马凤彩的《双龙会》，陶显庭、陈荣会、胡庆合的《冥勘》，侯益隆、侯瑞春的《莲花山》，王益友、马凤彩的《快活林》，郝振基、郭凤鸣、韩子云的《安天会》，白云亭、韩世昌、侯益隆、侯益太、马凤明、朱玉鳌的《千金记》。该"留法俭学会"1917年还在河北高阳布里村开办了著名的"留法工艺学校"。从1919年3月到1920年底，中国先后有17批青年学生受到"留法俭学会"资助赴法留学，总数达1600多人。其中著名的早期共产党人有周恩来、赵世炎、蔡和森、李维汉、王若飞、李立三、向警予、陈毅、陈延年、陈乔年、聂荣臻、邓小平、李富春等，还有后来成为著名科学家、艺术家、音乐家的如严济慈、童第周、巴金、徐悲鸿、钱三强、肖三、冼星海等人。

7月19日、20日，北方昆弋另一班社"宝山合班"（福寿班）在北京丹桂园演出，剧目为昆弋两腔，戏单上写着"初次来京，昆弋两腔"。

10月23日，韩世昌在北京"第一舞台"参加赈灾义务演出，参加演出的有韩世昌、陶显庭、郝振基、侯玉山、尚小云、王瑶卿、姜妙香、荀慧生（白牡丹）、孙菊仙、梅兰芳、陈德霖、程艳秋、杨小楼、余叔岩、王凤卿、高庆奎、俞振庭等。这是韩世昌第一次与后来成为京剧"四大名旦"的演员同台演出。

11月至12月，根据1918年《春柳》杂志第二、三期"演戏月报"记载，韩世昌1918年11月10日至12月31日的演出日期和戏码如下：11月10日《昭君出塞》；11月12日《佳期》《拷红》；11月13日《琴挑》《问病》；11月14日《渔家乐》；11月15日《春香闹学》；11月16日《蝴蝶梦》；11月17日《胖姑学舌》《刺虎》；11月18日《思凡》；11月19日《拷红》；11月20日《西楼会》；11月21日《琴挑》《问病》；11月22日《春香闹学》；11月23日《断桥》；11月24日《金山寺》；11月25日《渔家乐》；11月26日《铁冠图》；11月27日《琴挑》《三气》；11月28日《昭君出塞》；11月29日《思凡》；11月30日《胖姑学舌》《痴梦》；12月1日《金山寺》《昭君出塞》；12月2日《佳期》《拷红》；12月3日《春香闹学》；12月4日《蝴蝶梦》；12月5日《絮阁》；12月6日《百草亭》；12月7日《思凡》；12月8日《刺虎》；12月9日《琴挑》《问病》；12月10日《渔家乐》；12月11日《金山寺》；12月12日《刺梁》；12月13日《断桥》；12月14日《痴梦》；12月15日《昭君出塞》；12月16日《蝴蝶梦》；12月17日《思凡》；12月18日《春香闹学》；12月19日《春香闹学》；12月20日《刺虎》；12月21日《金山寺》；12月22日《刺梁》；12月23日《琴挑》；12月24日《痴梦》；12月25日《絮阁》《小宴》；12月26日《劈棺》；12月27日《拷红》；12月28日《昭君出塞》；12月29日《游园惊梦》。上述连续演出天数共计48天。从时间看，中间几乎没断过。在48天里，韩世昌一共演了57出戏。其中不重复的戏码有21出。需要说明的是，在上述《春柳》杂志"演戏月报"中，只记录了"荣庆社"3位演员的演出情况，按顺序他们分别是侯益隆、郝振基、韩世昌。这个顺序表明，韩世昌已经是"荣庆社"里无可争辩地演"大轴"戏的名角了。1918年确实是韩世昌演出最繁忙的一年，除去剧场演出外，还要唱堂会，以致韩世昌因过于疲劳而不得不在1919年春回乡休息。韩世昌在自述中写到："1918年到1919年初我非常忙，除了在天乐演唱外，几乎天天都有'外串'（堂会），1919年春天，我积劳成病，于是请假回家，附带相亲，在家住了一两个月。"

1918年12月29日，"荣庆社"在"天乐茶园"举行了一场演出，其剧目和演员顺序如下：马凤彩、白玉田的《金山寺》，侯益隆的《芦花荡》，郝振基的《草诏》，王益友的《蜈蚣岭》，韩世昌的《游园惊梦》（根据周明泰、刘半农《五十年来北平戏剧史材》记载）。其中《游园惊梦》是韩世昌初次上演此剧。至此，被后人称为韩世昌经典传统折子戏代表作的"韩八出"就在1918年末的这场演出中以《游园惊梦》的正式上演而基本成型。这八出传统折子戏分别是：《刺虎》（饰费贞娥，刺杀旦）、《思凡》（饰色空，闺门旦）、《闹学》（饰春香，贴旦）、《胖姑》（饰胖姑，贴旦）、《佳期》（饰红娘，贴旦）、《痴梦》（饰崔氏，正旦）、《琴挑》（饰陈妙常，闺门旦）和《游园》（饰杜丽娘，闺门旦。韩世昌历史上曾在《游园》中多次分别扮演过杜丽娘和春香两个不同角色的人物）。特别需要指出的是，上述"韩八出"剧目在南北昆曲的历史上均有不同路径的师承与传承，形成了不同的表演样式和风格，而韩世昌则是北方昆曲"北南合璧"之集大成者。关于上述"韩八出"的师承情况，韩世昌在《我的昆曲艺术生活》中如下记述："在吴瞿安（吴梅）、赵子敬、陈德霖、侯瑞春诸位老师教导下，我学会不少戏。当然和侯先生学的最多，《打杠子》《青石山》《铁弓缘》《百花记》《渔家乐》《蝴蝶梦》《卖饽饽》以及《思凡》《闹学》《琴挑》《佳期》《刺虎》等戏都是向侯先生学的。有的戏后来经吴先生和赵先生订正过，而其中基础差不多都是侯先生打的。和吴、赵、陈诸位先生学戏是来北京以后（1918年），在这以前我的旦角戏都是侯先生所教。《游园惊梦》最初和侯先生学过，后来吴瞿安先生给我订正过，吴先生没教完，赵子敬先生又给我说了一遍。我和老夫子（陈德霖）也研究过这出戏，我做给老夫子看，老夫子说和他的路子差不多。梅先生和我都是受他（陈德霖）的影响而常演《游园惊梦》的，梅先生演这个戏的路子和我一样，原因就是我们都受过老夫子教诲。《思凡》路数，老夫子和我所学的不一样，他仍是老路子。我们在乡村演唱时，那些老前辈唱法有很多地方和老夫子一样。我向赵先生学了不少戏，《折柳》《阳关》《扫花》《三醉》《跪池》《三怕》《痴梦》《庵会》《送京娘》《翡翠园》等都是和赵先生学的。《思凡》《琴挑》《佳期》《学堂》《游园惊梦》等许多曲子经过赵先生的订正。乡村班社的唱法、唱腔和曲谱本子上的工尺很多不一样，这是因为乡村班社老师傅多不识字，凭着口传心授，年长日久，走了样。念字本来也很有讲究。昆曲从南方传到北方，由于方言关系，北方演员自然而然形成一种地方唱法。如，南方有"入"声音，"入"声字有"入"声字的唱法。北方没有"入"声音，当然谈不到什么"入"声唱法。北方阴阳不分，但却尖团分明。昆曲北传以后，逐渐形成了南北不同流派。另外，有些演员由于文化水平、技艺修养关系，"平仄"字念反、念错了的也颇不少，以讹传讹，因袭陈旧，慢慢唱念就不讲究了的情况也难免发生。在唱法、唱腔、念字等方面，我原先学的不正确的地方，赵子敬先生都给我指正过来。"

关于韩世昌拜赵子敬为师的具体时间各种记述中没有明确的日期。《我的昆曲艺术生活》载："因为吴先生忙，后来我又开始跟赵子敬先生学了不少戏。赵先生冠生唱得好，《折柳》《阳关》《惊变》都拿手。我向赵先生学了不少戏，《折柳》《阳关》《扫花》《三醉》《跪池》《三怕》《痴梦》《庵会》（《琵琶记》）等都是和赵先生学的。"再结合《春柳》杂志登载的韩世昌1918年11月10日至12月31日的演出日期和韩世昌所演戏码判断，韩世昌拜南方知名曲家赵子敬为师的大致日期不应晚于1918年11月。

赵子敬（1857—1924），号逸叟，清末民初昆曲艺术家、教育家。1857年出生于常州城内县直街20号。其父赵槐荫好昆曲，每于夜深人静时习唱，他有时也唱上一段，竟学得惟妙惟肖，聪慧使长辈们都感到十分惊异。年龄稍长后，对于昆曲既博而精，常与邑、蒋树德父子、邱育潜等雅集城中拍曲自娱，邻里称之为"清客"。其他更孜孜不倦地潜心研习，考正声律音腔，随无锡"天韵社"著名曲家吴畹卿习曲，并常参加苏州曲社"同期"（曲友按期会聚唱曲）的交流活动，与"江南曲圣"俞粟庐，北大教授、著名曲家吴梅，著名"弹词"唱家、曲家恽兰荪、徐凌云等交往，探讨昆曲声律，与尚在幼年时期著名票友俞振飞合演《千忠戮·八阳》等剧。光绪末年（1908年），赵子敬任职于南京汉冶萍煤矿公司，业余时间仍以昆曲自娱，蔡焦桐在《桑海摭闻》中说他"美丰姿，擅音律"，消息不胫而走，秦淮教坊歌伎闻风而至，聆听他的演唱和接受他的教益，并奉他为"顾曲师"，一时间，竟使这一度冷落的六朝金粉之地再现曲苑盛况。赵子敬并非职业演员，但戏路极为宽广，能唱昆曲200余出，并能饰演多种角色。他嗓音高亢响亮，演唱讲究五音四呼，所串演《长生殿》之《惊变》《迎像·哭像》等都名扬当时。赵子敬吹得一手好笛，人称"满口风"，气口足，笛音宽厚饱满，悠扬动听，有"常州一枝笛"与"江南笛王"之美誉。赵子敬先是在曲社教曲，后在北京大学开设的昆曲班上教曲，毕生致力于昆曲艺术的教育传承工作，造就了许多昆曲人才。1918年后全身心致力于教育培养韩世昌，当年20岁的韩世昌向赵子敬执弟子礼，在他家中随从侍候，唱念中州韵，摒弃乡音，传授和审订音腔数十出，得其教益数年之久。他所演《佳期》《拷红》《游园》《惊梦》等多部戏的吐字收音，均出自赵子敬所教，韩世昌兼采南北之长，演来声情并茂，一改北方昆弋的原来面目，深受观众欢迎。（秦德祥：《高山流水——常州音乐名家》，方志出版社2010年）

关于韩世昌首演《游园惊梦》，同时代的戏曲文献学家傅惜华曰：《游园惊梦》系明人汤显祖《还魂记》传奇（即《牡丹亭》），最称妙绝之一剧，惟今日歌场所演者，较之汤作原本，曲文排场，歧异之处颇多，盖为明末冯梦龙改订之本也。此剧自春台班报散后，数十年来，已罕睹于梨园，几成绝响。迨民国七年秋，溥西园（红豆馆主）姻丈，组织言乐会曲社，尝彩氍于江西会馆。乃倡重排此剧，由会友袁寒云君扮柳梦梅，陈德霖扮杜丽娘，刘梦起君扮春香，李寿峰扮杜母，李宝枢君扮大花神，包丹亭君扮正月花神，杨株森君扮女花神；并由赵子敬君掌鼓板，赵子衡诸君之场面。《堆花》场子，乃所奏曲牌，亦皆为西园姻丈所指点。演来各尽所长，珠联璧合，洵为绝唱。其后韩世昌即继演于天乐园，而吴富琴、梅兰芳、俞步兰、尚小云、程艳秋，诸人（次序系按排演之先后而言，无所轩轾）陆续演唱，然瑕瑜互见，各有短长也。（王文章主编：《傅惜华戏曲论丛》，文化艺术出版社2007年）

1918年的中国，其社会既是一个极度混乱与贫穷的年代，又是一个充满无限生机和希望的年代，对北方昆曲与韩世昌来说无疑属于后者。就在1919年新年的晨钟即将敲响时，20岁的韩世昌基本完成了他人生最重要的五个转变：1. 从河北农村民间艺人到大城市职业化艺人的转变；2. 从农村田间地头露天舞台到大城市现代化剧场的转变；3. 从一般演员到主要演员的转变；4. 从原来什么行当都演到以应工"旦角"为主的转变；5. 从原来一个默默无闻的乡间艺人到在大城市能和其他戏曲大牌名角比肩并受到京城知识界大牌文人追捧的转变。

受韩世昌的重大影响，"荣庆社"在其演出剧目、演唱风格和演出形式上也发生了一些重大转变：1. 由晋京前主要以昆弋合演剧目为主逐步过渡到了以昆腔为主要演出剧目，自此"高腔"逐步退出了城市舞台，"荣庆社"从"昆弋"班逐步转变成了以唱昆曲为主的北方昆曲历史上最重要的"昆腔"班社之一；2.南方昆腔的演唱方法逐步占了上风，成了气候；3.以北方昆弋武生、武戏为主要行当和演出剧目的传统逐步被越来越多的以旦行和文戏为主要行当和主要演出剧目的情况所打破；4.以武戏为"大轴"的传统被以文戏为"大轴"的情况所替代。1918年，韩世昌加入"荣庆社"来到北京后，得到高人的设计包装，一流昆曲名家的亲炙真传。百尺竿头，更进一步，得以熔南、北于一炉，汇城、乡为一体，形成独特的表演风格。既具有北方昆曲粗犷、夸张、热情、奔放的特色，又蕴含着南昆深沉、细腻的韵味，而且饱含着朴实、浓郁、真实的生活气息。韩世昌个人艺术风格的凸显极大地影响了"荣庆社"总体艺术风格趋向的转变，最终韩世昌无可争议地在1918年即将结束时成为了"荣庆社"的"台柱子"与"领军人物"，站在了北方昆曲舞台的中央。已经在凄风苦雨中走了7个年头的"荣庆社"也就从这一刻起，被当时的媒体称为"韩世昌班"，而这一称呼则是继"庆长班"被称为"邵老墨班"之后在北方昆曲的历史上不多见的以个人名字命名的班社之一。

1918年《顺天时报》"天乐园"韩世昌演出广告
　1.《相梁刺梁》：韩世昌
　2.《蝴蝶梦（代劈棺）》：陶显庭、陈荣会、韩世昌、郭凤鸣、侯益太
　3.《金山寺》：侯炳武、张小发、侯益太、韩世昌、马凤彩、王金锁
　4.《刺虎》：韩世昌
　5.《相梁刺梁》：韩世昌
　6.《琴挑》：侯益太、韩世昌
　7.《铁冠图（代山海关）》：侯益隆、郝基振、韩世昌、朱玉鳌、侯益太、王益友、陶显庭、陈荣会、郭凤鸣、马凤彩、王瑞长、王金锁、侯益才、白云亭、韩子云、白茂斋、侯炳武、张福元、梁玉何、张小发、胡庆合
　8.《断桥亭》：韩世昌、侯益太
　9.《渔家乐（代藏舟）》：张福元、侯益太、韩世昌、陈荣会、侯炳武
　10.《金山寺》：侯益太、韩世昌、马凤彩
　11.《阳告》：韩世昌
　12.《琴挑》：韩世昌、侯益太
　13.《佳期》：韩世昌
　14.《琴挑》：侯益太、韩世昌
　15.《渔家乐》：胡庆合、侯益太、韩世昌、陈荣会、张福元、郭凤鸣
　16.《昭君出塞》：张福元、韩世昌
　17.《刺虎》：韩世昌
　18.《（水漫）金山寺》：马凤彩、韩世昌、侯益太
　19.《渔家乐（代藏舟）》：陈荣会、韩世昌、侯益太
　20.《佳期》：韩世昌、齐凤山
　21.《思凡》：韩世昌
　22.《琴挑》：韩世昌、侯益太
　23.《百花亭》：韩世昌、齐凤山

24.《探亲家》：郭凤鸣、韩世昌
25.《渔家乐（全本）》：韩世昌、郭凤鸣、侯益太、张福元、陈荣会
26.《思凡》：韩世昌
27.《琴挑》：韩世昌、侯益太
28.《金山寺》：马凤彩、韩世昌、侯益太
29.《蝴蝶梦（幻化·劈棺）》：张福元、国晋臣、陈荣会、韩世昌、白云亭、王瑞长
30.《义侠计》：王益友、韩世昌、陈荣会
31.《相梁刺梁》：韩世昌、张福元
32.《佳期》：韩世昌、齐凤山
33.《刺虎》：韩世昌、胡庆合
34.《佳期》：韩世昌、齐凤山
35.《琴挑》：韩世昌、侯益太
36.《昭君出塞》：韩世昌、王树亭
37.《闹学》：韩世昌、陈荣会
38.《思凡》：韩世昌
39.《佳期》：韩世昌
40.《闹学》：陈荣会、韩世昌
41.《蝴蝶梦（全本）（代劈棺）》：郭蓬莱、侯益太、张福元、陶显庭、韩世昌、陈荣会、王瑞长、侯海云
42.《渔家乐（全本）（代刺梁）》：张福元、陈荣会、侯益太、韩世昌、朱玉鳌、胡庆元
43.《佳期拷红》：韩世昌、陈荣会
44.《尼姑思凡》：韩世昌
45.《琴挑》：韩世昌、齐凤山
46.《琴挑》：韩世昌、侯益太
47.《铁冠图》：侯瑞春、韩世昌、陈荣会、侯益才、侯益隆、陶显庭、王益友、王金锁、王瑞长、王树云
48.《铁冠图（接演）》：王益友、郝振基、韩世昌、国晋臣、张文生、侯瑞春、朱玉鳌、王瑞长、胡庆元、韩子云
49.《闹学》：陈荣会、韩世昌
50.《铁冠图（接演）（准代请兵）》：韩世昌、国晋臣、郝振基、王益友、张文生、侯瑞春、朱玉鳌、王瑞长、胡庆元、韩子云
51.《佳期拷红》：侯益太、韩世昌、陈荣会
52.《蝴蝶梦（代劈棺）》：王树云、陶显庭、韩世昌、陈荣会、张福元、王瑞长、白云亭、朱小义
53.《春香闹学》：陈荣会、韩世昌
54.《春香闹学》：陈荣会、韩世昌
55.《金山寺》：王树亭、张小发、马凤彩、侯益太、韩世昌、王金锁、许长瑞、张明兰
56.《思凡》：韩世昌

57.《渔家乐（全本连台）》：张福元、韩世昌、陈荣会、侯益太
58.《铁冠图（二本）》：郭凤鸣、韩世昌、陶显庭、侯益隆、郝振基、陈荣会、张福元、王树云、朱玉鳌、王益友、朱小义、王长瑞、张小发、张文生、白云亭、王金锁、国晋臣、侯瑞春
59.《百花亭》：侯益太、韩世昌、张福元
60.《断桥》：侯益太、韩世昌
61.《佳期》：韩世昌、齐凤山
62.《闹学》：韩世昌、陈荣会
63.《金山寺（代断桥）》：张文生、侯益太、韩世昌、马凤彩、王金锁
64.《刺梁》：韩世昌、白茂斋、张福元
65.《闹学》：韩世昌、陈荣会
66.《思凡》：韩世昌
67.《百花亭》：侯益太、韩世昌
68.《藏舟·刺梁》：张福元、王树云、韩世昌、侯益太

韩世昌1918年"天乐园"部分演出戏单

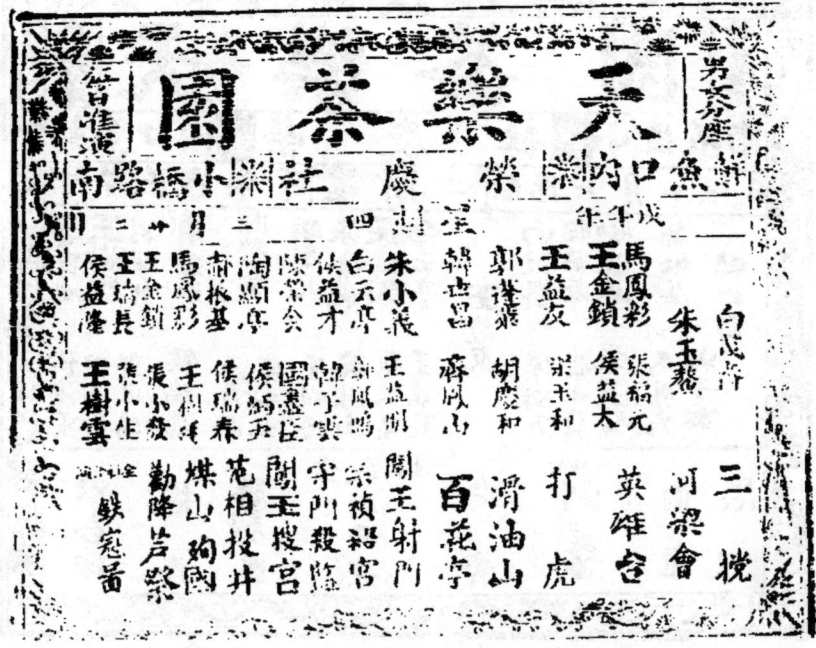

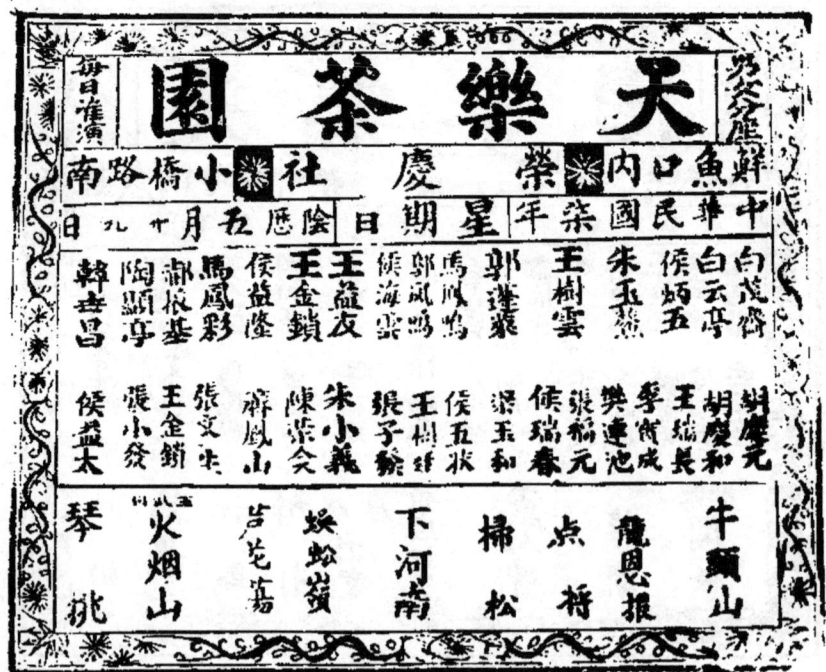

# 天樂茶園

魚口內 榮慶社 小橋路南

中華民國二年 陰曆九月十一日

| | | | | | | |
|---|---|---|---|---|---|---|
| 侯喇叭 | 王蕙雲 | 侯瑞才 | 陳榮會 | 郝振基 | 朱五簋 | 郭蓬萊 |
| 胡慶和 | 朱榮華 | | | | | |

出潼關　郭鳳鳴　田頭岸　黑驢告狀　快活林　火判　剌嬸　拷佳紅

韓並昌　解鳳山　馬鳳鳴　白玉田　白云亭　侯益隆　張福元　馬鳳彩　王益友　侯五山　陶頸亭

白建橋　白茨橋　侯瑞春　朱小義　張文發　李寶成　白月橋

開釧大審　開封會審　胡慶元　山門　梁玉和　出潼關

---

# 天樂茶園

魚口內 榮慶社 小橋路南

中華民國二年 陰曆九月十二日

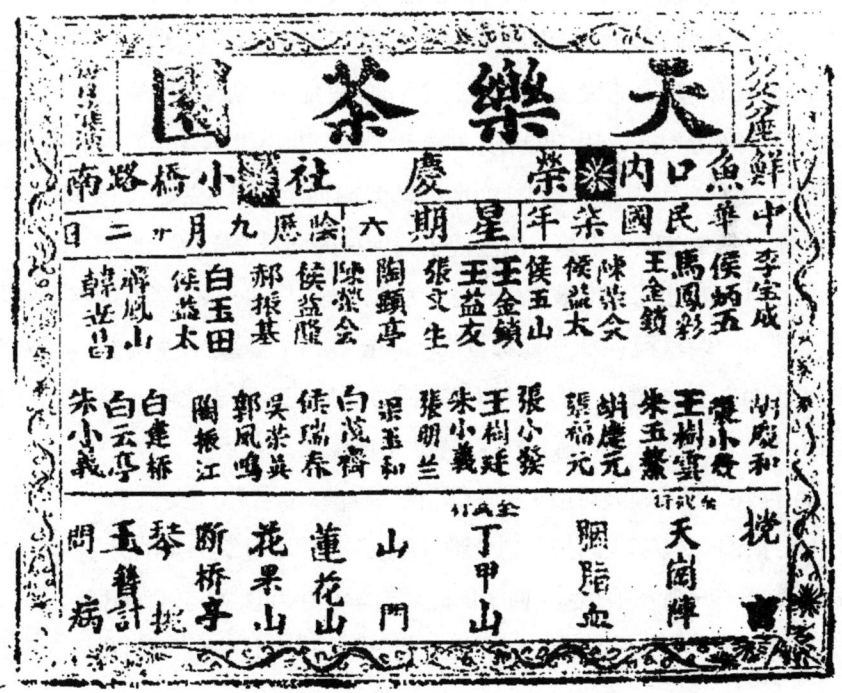

李寶成　侯喇叭　馬鳳彩　王金鎖　侯益太　陳榮會　王益友　侯五山　陶頸亭　郝振基　白玉田　解鳳山　韓並昌

胡慶和　張小發　朱樹延　朱小義　張明蘭　張福元　朱五簋　王樹寶　張小發　白茨橋　侯瑞春　吳榮英　郭鳳鳴　陶振江　白建亭　白云亭　朱小義

揀　天崗牌　胭脂血　丁甲山　山門　蓮花山　花果山　斷橋　陶贊計　玉翠　問病

## 1919年（民国八年　己未）　21岁

3月，北京大学成立"音乐研究会"，会长蔡元培。"音乐研究会"聘请了吴梅、赵子敬、陈万里等为北京大学"音乐研究会"昆曲组导师，创刊出版了《音乐杂志》。

3月8日，韩世昌与陶显庭、白建桥、侯海云、梁玉和演出《蝴蝶梦·劈棺》，《劈棺》一剧日后也成了韩世昌经常上演的剧目之一。

3月23日，新排首演《翡翠园》。

5月，回家养病相亲。

5月4日，"五四运动"爆发。围绕着"新文化运动"的进一步展开，思想界、文化界、艺术界在新与旧、保守与改良、传统与创新等方面展开激烈的争论与较量。

5月10日，《京报》发表《予所希望于天乐者》一文，对王益友、陈荣会、白玉田、韩世昌进行了评价，认为韩世昌"今伶中无其匹"。

6月，《春柳》杂志第六期发表署名"露厂"《韩世昌之〈翡翠园〉》文章。

7月，《春柳》杂志发表《观韩郎君青演〈思凡〉一剧袅袅余音三日不尽戏赋八绝赠之》绝句八首，用诗的形式对韩世昌在昆曲《思凡》一剧中的表演进行了赞美，最后一句"烂缦聪明称绝世，韩郎端不让梅郎"更是以"韩郎"与"梅郎"并称。其中在媒体上第一次出现了韩世昌的别号"君青"。

9月14日，上海《申报》发表署名为"柳遗"写的一则"都门剧界近讯"短消息，其中一条写到："天乐园韩世昌、郝振基、侯益隆之昆弋亦得一部分人之欢迎，而韩世昌之魔力竟有人寒（韩同音）热病三字表志之者，甚欲以之情于梅毒（梅兰芳）黄病（京剧）之例，亦太不自量矣。"

11月16日，《顺天时报》发表《韩世昌准演〈瑶台〉》一文。

11月18日，《顺天时报》在"都门菊讯"一栏中登载一条消息："韩世昌现从赵逸叟学《折柳》《阳关》，白玉田此后专学小生戏以备与君青配演。"

11月27日，《顺天时报》在"都门菊讯"一栏中登载："韩世昌不久出京赴上海，荣庆社全班返里以及即由此次闭会云。"

12月2日，《顺天时报》在"都门菊讯"一栏中再次登载一条消息："韩世昌到沪后，闻先演《刺虎》《刺梁》《痴梦》《泼水》诸剧，有需丑角之戏由陈荣会串演。"

12月7日，在上海"丹桂第一台"出演《游园惊梦》，拉开了长达月余的沪上演出之行。

12月11日，《顺天时报》发表《韩世昌之〈游园惊梦〉》一文。

12月16日，《顺天时报》发表《韩世昌侯益隆赴沪献艺之近况》一文。

12月26日，上海《申报》在"剧坛"一栏发表署名"优优"的《啸庐杂谭》一文。作者站在维护南昆"正统"的立场上，对韩世昌、梅兰芳的昆曲表演进行了一定的抨击，该文对研究"新文化运动"以来戏曲所谓"正统"与"改良"之争的历史有一定参考意义。

12月，韩世昌、麒麟童（周信芳）在"丹桂第一台"合演《刺虎》；与麒麟童、元元旦（高喜玉）、王金元、陈鸿奎、侯益隆合演《妖仙传》（又名《青石山》）。

【案】

"新文化运动"广义上对中国传统戏曲的深刻批判，标志着中国传统戏曲进入了一个新的时期，即传统戏曲的改革与创新时期，标志着中国戏曲由近代进入了现代时期。戏曲改革的主将梅兰芳在这段时间里先后编演了大量的京剧"时装"剧和古装"改良"剧，在京剧的唱腔、念白、表演、音乐、服装等方面创造运用了大量新的艺术表现手法和新的艺术表现样式，极大地提升与扩大了京剧的市场和影响，受到观众与媒体的追捧。受其影响，韩世昌在1919年间新排了本戏串折剧目《翡翠园》。

根据《春柳》杂志第二、三期"演戏月报"记载，从1919年1月1日到1月10日，再从2月10日到5月9日，韩世昌上述时间段的演出场次共达96场。其《翡翠园》一剧的首演时间为1919年3月23日。《翡翠园》系《十五贯》作者朱素臣的一部敢于同"权豪势要"、"凶暴奸邪"作斗争，而最终"摘奸发覆、洗冤雪枉"的"劝善惩恶"戏。此戏清钱德苍《缀白裘》有收录，清代以来南方昆伶有串折演出并传承至今。韩世昌之《翡翠园》为本戏串折剧目，摘选《盗令》《吊监》《杀舟》《游街》四折，是本戏中的精华部分，由赵子敬教授，系韩世昌1919年首演于北方昆曲舞台的一出纯昆腔的传奇剧目，也是梅兰芳昆曲剧目里的保留剧目。关于韩世昌所演《翡翠园》的情况，1919年《春柳》杂志第六期有一篇署名"露厂"的文章《韩世昌之〈翡翠园〉》有所介绍："韩世昌初至京华，能戏既少，技亦平常，自得名人指正，悉心领悟，技乃大精，今岁连观其《翡翠园》《痴梦》《游园惊梦》《小宴》《闹学》等戏，迥非初来时光景，念白清楚，字眼分明，歌唱悠扬，耐人寻味，作戏尤能曲意揣摩，适合分际，兹特以所演《翡翠园》一戏之妙处，略志如左。剧中之赵翠娘，侠女子也，悯舒德浦之无辜，不惜身踏虎穴，潜窃令牌，虽自诩并没有神通广大，也学那盗金盒红线娃，然而亦不多让矣，所演凡《盗令》《吊监》《杀舟》《游街》四折，世昌饰翠娘，扮相秀丽，体态轻盈，揣度戏情，无微不至，且唱且行，且作驱犬避犬之势，身、手、口一时并做，毫不慌张，向麻小姐询问老爷可在府中，闻其河下钱客，尚未归来，而令牌安放书房，一点灵犀，顿生妙计，盗令之举，尽此时安排定矣，既而潜至书房门外，以花簪拥开两道横斗，一左一右，姿势不复，方欲盗潜行，麻长史忽作鼾声，乃急将身躯伏下，既而取得令牌，疾启便门逃遁，匆忙中误撞酥胸，颦眉忍痛，不敢作声。出府以后，行至中途，突与王馒头相遇，深夜昏冥，不辨谁氏，陡露惊骇之态，既问知，为王馒头，遂将令牌交彼，嘱其速往监中，吊出舒德浦，令其连夜逃去，馒头持令甫行，复呼之转来，然又并无别语，惟曰你快到监中去罢，做得极合神理，拯救舒德浦之事，既已如愿以偿，一块石头落地，心安意满，欢天喜地而归，不料舟中老母，乃竟代已而死，忧愤交集，顿将欢喜容形，变为愁惨气象，最绝复苏，痛哭亲娘不已，描摹当时情景，惟妙惟肖，旋与舒大娘互相商议，将船摇至没人之所，将母亲权且掩埋，逃往他方，再作区处，摇船下，姿势极佳，其后舒芬大魁，跨马游街，邂逅相逢，依稀旧识，顾眉目虽是，名姓已非，惝恍迷离，惊疑莫定，比及观面相语，始知确系舒小相公，一时欣悦之情，见于词色，一则曰恭喜小相公，再则曰贺喜小相公，无他，喜其母子得团圆，而一己行侠之心可以少慰也，语及同舒大娘荡扁舟天涯浪迹，（大）字甫出唇，忽念其子已中状元，不宜再以大娘称之，急顿住改称太夫人，做得极其自然，略无穿凿之迹，闻舒氏母子曰，我和你婆媳相称，我和你兄妹相依，一霎间愉快羞赧形容，并现于面，临下回眸一笑，姿态尤为妙绝，纵观全剧，忽而喜，忽而怒，忽而哀，忽而乐，情境不同，形神各异，眉目间皆能一一表而出之，作戏之能事毕矣。"自此数十年间后，《翡翠园》一剧成为了由韩世昌首演且为数不多的韩氏本戏串折保留剧目。遗憾的是，韩氏《翡翠园》目前在北方昆曲的舞台上已未见到。

韩世昌《我的昆曲艺术生活》载："1919年春天，我积劳成病，于是请假回家，附带相亲，在家住了一两个月。其间赵子敬先生还曾下乡看过我一次，他也得了病，去了几天，他就回北京了。"韩世昌谈到的相亲，女方是一位姓续的姑娘。1920年初，韩世昌与这位姓续的姑娘结婚，这是韩世昌的第一段婚姻，而关于这位续姓姑娘的其他情况史上没有留下更多记载。11年后，韩世昌结束了第一次婚姻，其重要原因是女方没有生男孩，这在当时的社会是离婚的普遍理由。1931年韩世昌和刘书香在保定结婚，是侯瑞春先生做的主。和前妻结婚将近十五年（原文如此），只生一女，并未生男，封建思想使他感觉膝下荒凉，有时难免流露出消极想法，侯先生为使他唱戏起劲，就主办了这件事。从上述韩世昌的自述中可以感受到侯瑞春对韩世昌不仅艺术上有重要的影响，在生活乃至婚姻上对韩世昌都有相当的影响。

《春柳》杂志第七期刊登署名"涛花"写的《观韩郎君青演〈思凡〉一剧袅袅余音三日不尽戏赋八绝赠之》全文为：呖呖清歌袅袅腰，天魔降世自娇娆；若教摩诘今犹在，淡服轻装未必描。礼佛拈香笑语柔，无端春意起眉头；芳心脉脉情难禁，方寸摇摇不自由。龛前调笑佛前嗔，惹得侬心几许春；听到弥陀忏悔句，警钟警醒梦中人。蒲园寂寂月茫茫，唵叭香添夜未央；色即是空空是色，问卿何处觅檀郎。袅袅香烟夕夕熏，莲经诵罢又黄昏；低鬟笑问知心者，依比观音艳几分。如花人在散花台，曲曲芳心若个猜；撕破袈裟山下去，回看弥勒笑颜开。口念弥陀心自思，娇憨嬉笑不胜痴；美人从古伤迟暮，名士原来不遇时。

莺声娇脆叶宫商，歌罢余音尚绕梁；烂缦聪明称绝世，韩郎端不让梅郎。

上海《申报》署名"柳遗"一文在简单介绍了"荣庆社"在京演出受到欢迎的情况后，也表露出了南方媒体对北方昆弋颇有微词，类似这样的表露在当时的《申报》上时有出现。

11月27日，《顺天时报》"都门菊讯"一栏中登载："韩世昌不久出京赴上海，荣庆社全班返里以及即由此次闭会云。"这条不超过30个字看似不起眼的消息却传达了3个重要的信息：一是"荣庆社"自1918年初晋京后遇到了首次"危机"；二是这次"危机"来自"荣庆社"内部；三是这次"危机"有被媒体有意"炒作"之嫌。但无论是否属实，都对"荣庆社"以及韩世昌产生了很大的负面影响。同日，《顺天时报》发表《荣庆社解散感言》一文，全文实录如下："近年来北京一带昆曲颇为盛兴，因之各戏园对于昆戏亦极注意，考其原因，实由于荣庆社在北京演唱纯粹昆曲之故也。自该社入京颇蒙素爱昆曲之诸君赞许，且该社诸伶之技艺亦各有擅长，实能耐人寻味。其重要角色如韩世昌、侯益隆、王益友、侯玉山、陶显庭、陈荣会等诸伶真当时昆曲界之杰才也。然该社之宗旨乃合伙班子，无论何等角色，均按大小股分账，无特别拿份之事。不料前台执事人袁某见韩世昌近来非常之红，乃竟暗中串通该伶乃师，勒令该伶拿加钱而彼得以从中渔利，因之后台内容大行紊乱，其他诸伶均各怀不愤，彼此相视不下，竟于前星期一（阴历初三日）全体解散，一般爱顾昆曲者咸以为憾事。闻韩伶解散后仍在北京演唱堂会数家，将来拟赴上海，随行者有侯益隆、马凤彩、张文生诸伶，其他各伶多回保定另行成班。今而后再欲观此最佳昆曲实不易也。"12月16日，《顺天时报》发表《韩世昌侯益隆赴沪献艺之近况》一文："昆腔花旦韩世昌、花脸侯益隆等受上海丹桂第一台之聘业已出京抵沪。闻韩世昌第一晚演《游园惊梦》，侯益隆演《嫁妹》，深受彼地人士之欢迎。当晚上座极佳，约达二千余人之谱。然此次韩世昌等在沪演剧并非专演昆曲，原系搭入徽班，该园在京名伶有高庆奎、高秋颦等多人。高庆奎第一晚演《奇冤报》，高秋颦演《虹霓关》，其他角色多系彼地名伶。并闻韩世昌此次赴沪诸事仍由于伊师侯瑞春及袁某二人主持，每月包银虽属不少，但除伊师及袁某二人暗中克扣外，而该伶每月所得尚不足三分之一。该伶年幼智浅，伊师之束缚极严，韩伶实敢怒而不敢言也。"再次"曝光"韩世昌与侯瑞春之间的"纠纷"。关于这次"纠纷"韩世昌在《我的昆曲艺术生活》中做了简单的描述："到了上海他（袁三）擅做主张，在一次我演《瑶台》时（1919年12月26日），他让前台加价，每个包厢加一元，散座每人加一毛，这样随便增加听众负担，实在太不应该。我回北京以后，侯瑞春就不让他给我管事了。"

关于韩世昌赴上海演出的时间问题，此前的一些相关书籍记载中疑有差误，如吴新雷主编的《中国昆剧大辞典》附录四中的《昆史编年（大事举要）》中是这样记载的："1919年（民国八年），己未。11月底至12月，荣庆社韩世昌、侯益隆等到上海，在丹桂戏院演出一个月。"经核实当年上海《申报》1920年1月1日和1月3日仍有韩世昌在"丹桂第一台"的演出广告，根据演出广告，韩世昌1月1日演出的戏码是《痴梦》《昭君出塞》和《牡丹亭》，1月3日戏码是《蝴蝶梦》《藏舟》和《游园惊梦》，演出广告中分别写有"临别纪念"和"临别纪念仅有两天"。有差误的原因估计主要还是公历和农历的问题。韩世昌在《我的昆曲艺术生活》中关于赴上海演出是这样说的："1919年我从天津回北京，仍在天乐园演唱。十一月第一次去上海演出。去上海是应尤鸣卿（疑尤鸿卿之误）之约，在丹桂戏院演出。"韩世昌说的"十一月"疑为农历纪年。当时的上海《申报》在报头上均以民国纪年，而在演出广告中的日期上均以农历纪年，如1920年1

月1日《申报》登载的韩世昌演出广告，报头日期为"民国九年一月一日"，演出广告中为农历的"11月11日"。这样的情况在民国时期的报刊中非常普遍，在做事件日期考证时应需非常注意。

12月17日，《顺天时报》"保阳菊讯"（保阳亦保定旧称）报道："昆弋在魏上坡开演，白玉田、郝振基、王益友三人叫座能力为最大，每值出场，喝彩声震耳。"该消息表明，韩世昌赴上海期间，"荣庆社"大部分人员已从京城返回到河北保定一带演出。综上，实际情况是1919年12月至1920年1月韩世昌等一行在侯瑞春带领下应上海"丹桂第一台"经理尤鸿卿之邀首次赴上海进行了为期一个月的演出。上海是当时中国戏曲最活跃的城市，也是韩世昌第一次代表北方昆曲赴上海演出。上海《申报》对韩世昌此次上海演出冠以"名震南北，色艺双绝，昆旦泰斗"的广告语，但没有出现"荣庆社"。这次去上海荣庆社并未全去，只去了一部分人，"底围子"用的是丹桂本来的班子。

据上海《申报》1920年1月3日演出广告记载，韩世昌、麒麟童（周信芳）、王金元合作出演《刺虎》，1919年12月27日韩世昌、麒麟童、元元旦（高喜玉）、王金元、陈鸿奎、侯益隆在"丹桂第一台"联合上演《妖仙传》（又名《青石山》）。

韩世昌赴上海演出之后的1920年5月24日，"荣庆社"郝振基、白玉田、白建樵（桥）、侯益泰（太）、王益友、侯益隆（龙）、陶振江等一行名角悉数出场，在上海"丹桂第一台"演出了一场极具北昆艺术特点的剧目。从时间和剧目上看，这次演出应该说是"荣庆社"第二次赴上海演出。即第一次为韩世昌1919年12月至1920年1月初，以韩世昌为主，以文戏为主，可视作为开创了北方昆曲首次上海之行的先河。第二次即1920年5月24日的这次演出，以"荣庆社"昆弋武戏名角为主，以北方昆曲特有的武戏为主，这两次的演出标志着"荣庆社"文、武戏在南方首次亮相获得成功。

自韩世昌与"荣庆社"1918年晋京以来，韩世昌已经先后在北京、天津等地进行了多次演出，在北京、天津这两个北方戏曲"码头"小有了点名气。然而，在那个时候，南方的上海才是戏曲的"大码头"。这是因为，上海当时是中国最大的金融中心，是最发达的商业城市，也是中国思想文化领域最活跃的城市之一，更是中国戏曲乃至中国戏剧最大的"实验田"，中国许多第一批"文明戏"是从上海发展起来的，上海的"丹桂第一台"也是当时中国最现代化的剧场之一，梅兰芳的许多"新剧"、"时剧"、"改良戏"是在上海完成和演出的，梅兰芳等一些京剧名角也都是从上海这块"大码头"成名的。《我的昆曲艺术生活》载："1919年我从天津回北京，仍在天乐园演唱。十一月第一次去上海演出。去上海是应尤鸣卿（疑尤鸿卿之误，原文如此）之约，在丹桂戏院演出。第一天打炮是《游园惊梦》，我的杜丽娘，马凤彩的柳梦梅，原定郭凤翔的春香，因为郭太老了，改由一个姓苏的替唱。这次去上海荣庆社并未全去，只去了一部分人，'底围子'（演出班底）用的是丹桂本来的班子。在上海唱了一个月，非常受欢迎。南方名昆曲家徐凌云（1886—1966，浙江海宁人，字文杰，号摹烟，名曲家，从周凤林、邱凤翔、沈月泉、沈斌泉、沈锡卿等学戏，赓春曲社社员，著有《昆剧表演一得》）、潘祥生、李竹岗等几乎每天必到园子看戏。曲友们几乎天天办曲会招待我们，常常一聚就是百八十人，聚会地点在徐凌云家里的时候多。徐凌云认为，昆曲本是起源于南方（苏州），而当时南方却没有正式昆曲班社。清末的聚福班1915年即已告散。于是他兴起了促办昆曲学校的念头。李竹岗看了我的戏《藏舟》以后，给我说身段，告诉我他的表演特点。潘祥生和我在一次会上合唱了《相约》《相骂》。当时上海虽没有专业昆曲班社，但业余昆曲组织却有好几个，如赓春社、嘤求社、啸社等。有的社人很多，有的因为人事变化留存的人很少。赓春社是徐凌云、殷振贤、沈挚承等人办的。嘤求社是殷振贤、居逸鹤办的。啸社是俞粟庐办的。许多曲友各有其历史渊源，但他们却常团聚在一起，并没有一定的社团分野。后来，当我离开上海以后第二年（1921年），孙永雩、汪鼎丞、张紫东、徐镜清、穆藕初等诸位即在苏州创办了昆剧传习所，教授培养了'传'字辈的一些同志，成为今天南方各昆曲组织的骨干。我们在上海虽然演出日子不多，但收获不小，艺术方面的、精神鼓励方面的，可谓是满载而归。上海方面本想挽留我们再多唱些日子，我因为屡接家信，催我年底回家结婚，所以就回来了。"

12月26日，上海《申报》在"剧坛"一栏发表署名"优优"的《啸庐杂谭》一文："北方昆曲余常谓自咸同（清代咸丰、同治时期）以来厥有三变，最初杨鸣玉（清昆丑）、朱莲芬（清昆旦）辈均以南中名伶为北地巨擘，以故，当时昆曲最为纯正。自后北人习此，典型虽存，精神已失，然字眼尚知校订，舛误段亦迥异。乱弹若陈德霖、乔蕙兰（梅兰芳的昆曲老师）即其例也。所谓韩世昌之昆剧者，不过袭昆曲之躯壳，戴昆曲之假面具而已。盖咸同及光绪初元之际，士大夫鲆嗜昆曲习为风尚。恭亲王辈甚至非昆戏不看，府中仆役亦均能歌'收拾起'也，同时朝贵复创立昆班，养诸邸中如是者若干年。乎已由杨鸣玉、朱莲芬辈之昆曲一变而为陈德霖、乔蕙兰矣。洎夫二黄继起，昆声中歇，此府中仆役之能歌者以及邸第子弟遂奔食四乡为江湖班教师。江湖班者散处于京兆外县各处之戏班也。江湖班以高腔为宗习昆曲，不过其绪余耳。因此吾可以总括其所谓昆曲者：一、已变相的昆曲再辗转介绍于江湖班。二、江湖班之昆曲，其精神已一宗高腔。由此数因昆曲复变为高腔式的昆曲，而与陈德霖、乔蕙兰者又迥异矣。抑吾又有进者，以为昆曲至今日固已三变：梅兰芳者崛起于老谭，后为乱弹方面之健将，彼亦常排演昆剧矣。此种昆曲又如何耶？余亦有说。陈德霖虽兼唱黄腔然尚能分别不相混淆，试一聆其《武家坡》于《游园惊梦》可晓然也。乔蕙兰以北人而习昆曲，较之杨朱固成变调，然乔终其身却未尝一唱乱弹。至于梅，则始终生长于黄腔中，其所熏陶者西皮也二黄也二六也反调也，固无一日不在黄腔中讨生活者。近来之始习昆曲，其心理又别有在。故我亦可以总括其所谓昆剧者：一、浸淫于乱弹，信故其昆剧与韩世昌之出身江湖班，宗尚高腔，其趋变正复相同。二、梅中途炫于新剧《天女散花》等均系别成一彼之昆剧，亦为处好奇心理发明妄想所支配而有所更张，别成一种富有二黄气息并带有特别改良色彩的昆剧。由此观之，昆剧在今日，一方面为高腔式的昆剧，一方面为富有二黄气息并带有特别改良色彩的昆剧，正不必彼此讥嘲互相夸耀，而吾人秉笔批评者亦何必曰若为昆剧中兴名旦，若为昆剧大王哉，质之天霣以为何如。"

韩世昌1919年上海"丹桂第一台"部分演出广告

■ 韩世昌《游园惊梦》，侯益隆《钟馗嫁妹》（1919年12月7日八版）

■ 韩世昌《思凡》，侯益隆、马凤彩《激良》（1919年12月11日八版）

■ 韩世昌《昭君出塞》，侯益隆《别虞姬》（1919年12月12日八版）

■ 韩世昌《痴梦》《蝴蝶梦》，侯益隆《五台山》《钟馗嫁妹》（1919年12月13日八版）

■ 韩世昌《琴挑》（1919年12月15日八版）

■ 韩世昌《佳期》《拷红》，侯益隆《霸王别姬》（1919年12月18日八版）

■ 韩世昌、麒麟童、王金元《刺虎》，韩世昌《琴挑》（1919年12月23日八版）

■ 韩世昌《瑶台》《水漫金山》《藏舟》，侯益隆《钟馗嫁妹》（1919年12月26日八版）

■ 韩世昌《佳期》《拷红》《翡翠园》《百花点将》，侯益隆《醉打山门》（1919年12月28日八版）

## 1920年（民国九年　庚申）　22岁

1月4日，韩世昌、侯益隆等赴沪举行最后一场演出。上海《申报》演出广告记载了这一天的剧目：韩世昌、麒麟童（周信芳）、王金元合作出演的昆曲《刺虎》，韩世昌的《钗钏记》，侯益隆的《惠明下书》《通天犀》。其中韩世昌与侯益隆均为一天双出戏。上海《申报》记录了韩世昌、侯益隆等自1919年12月7日至1920年1月4日赴上海29天41场全部的演出日期、时间、地点和剧目，是研究韩世昌、侯益隆等上海之行有案可查的宝贵史料。

1月，在家乡与姓续的姑娘成婚。

是年，入"同乐茶园"唱戏。"荣庆社"驻场演出达两年之久的"天乐园"因田际云（1864—1925，河北高阳人）个人的原因于本年易主更名为"华乐园"，"同乐园"成了"荣庆社"历史上第二个驻场演出的场地。

是年，向冯蕙林习京剧。

是年，拜陈德霖为师，习昆曲、京剧。

5月，白云生入"荣庆社"，是年18岁。

6月，韩世昌、侯益隆排昆曲《霸王别姬》在摄政王府演出，韩世昌饰虞姬，侯益隆饰霸王。

7月，母亲齐氏去世。

10月，赴天津演出。长女韩秀冬在家乡出生。

【案】

1月14日，《顺天时报》"都门菊讯"一栏登载了如下一条消息："韩世昌已于日前旋里（返回故乡）娶亲，阴历明正，尚拟来都，重张旗鼓。"1月25日至28日，上海《申报》连续刊登"江浙两省昆曲名家大会申"广告提到："北京大学设词曲专科，京苏名流如……吴瞿安（吴梅）、赵逸叟（赵子敬）诸先生经数载之提倡，始有梅（梅兰芳）、韩（韩世昌）……诸名伶之崛起。"

20世纪20年代的中国，整个社会处在一个半封建半殖民地的状况：一方面是军阀割据，内外交困，贫富悬殊，民不聊生，各种政治、经济、文化等矛盾进一步加剧；另一方面，受西方以及"五四"和"新文化运动"等新思想、新文化、新潮流、新主张、新口号的重要影响,整个中国正处在一个关键的历史时刻,正酝酿着一场巨大的历史变革的到来。在这个历史大背景下,以演戏为唯一谋生手段的"荣庆社"苦苦地奔走在北京、天津、上海等大城市以及北方一些小的城镇乡村不停地演出以维持生计。然而,面对京剧的市场越来越大、观众越来越多、影响力越来越强的局面,与京剧比,"荣庆社"基本处在一个维持的状况。由于社会动荡不安,昆曲市场萎缩,岁数小一点的、名气大一些的演员或京昆混搭或学点京剧,这样收入可以多些,而岁数大一些的昆弋演员则只能勉强度日。

1920年前后,在北京演唱昆曲的几乎只有"荣庆社"一家了。祥庆社、宝山合、庆生社先后成班散班,演员或聚或散。"荣庆社"有时来京,有时下乡。因为北京的昆曲演出不景气,韩世昌也想自找出路。1920年以后开始在同乐园演唱时,有人提议让韩世昌学点京剧。经人介绍韩世昌向冯蕙林先生开始学京剧。冯蕙林(1866—1941)是小生名宿,姜妙香(1890—1972)继娶的夫人冯金芙就是他的爱女。韩世昌向冯先生学的戏有《马上缘》《虹霓关》等。后来王颂臣提议并介绍韩世昌拜老夫子陈德霖为师。王颂臣是学谭鑫培的票友,当年跟醇亲王载沣去德国当过翻译。韩世昌拜陈老夫子为师,并没请客,只是到百顺胡同陈家给老夫子行了个礼,就开始学戏了。第一出学的是《彩楼配》,以后把整出《王宝钏》都学会了。以后又学会了《孝义节》《落花园》《南天门》等戏。在拜陈老夫子以前,韩世昌和刘鸿声(1876—1921)在第一舞台合作过二十来天,同台不同出,两人倒替着唱大轴。唱同出戏,一个唱昆曲,一个唱京剧,真正的"昆黄两下锅"。韩世昌和孙菊仙(1841—1931)也合演过一次。地点是在江西会馆,戏目是《钗钏记》的《大审》一折。韩世昌与京剧演员合演的还有郝寿臣(1886—1961)、钟喜久、马连昆(1898—1944)等人,他们都和韩世昌合唱过《刺虎》。韩世昌和京剧界同行搭班演唱,多是由于荣庆社班子演出中辍,或是大部分人下乡演出去了不能闲着,于是就在京剧搭班演出。

在经历了"荣庆社""解散危机"之后,"荣庆社"在"同乐园"又再次树起了"荣庆社"的旗号。1920年,荣庆社老人下乡了一阵子,可是由于大旱,农村都演不起戏,于是又来到北京,和同乐园订了合同演唱。那时他们住在永定门外一个庙里,生活很苦,由于演出不上座,收入不佳,每天连大伙几元钱的饭钱都挣不出来。这些人既是同业又是同乡,韩世昌不能只顾个人,不顾全体,更不能不关心昆曲艺术的提倡,于是也参加了同乐园演出。同乐园"在前门外大栅栏门框胡同内,初圆明园有戏台曰'同乐园',为清帝观剧之所。故同乐园在昔初建时,名为同乐轩,后始改今名。入民国后,荣庆社昆弋班在该园为久据之地。而韩世昌颇于此享盛名焉"。(傅芸子:《人海闲话》,海豚出版社2012年,第116页)

韩世昌的演出活动在1920年这段时间里基本上有两种演出方式:一种方式是剧场演出,叫"营业戏",如天乐园、同乐园等剧场演出;另一种方式则是"外串"和唱"堂会"的方式。还有一种"义务戏"的演出方式,实际上就是组台演出,一般情况下由梨园公会出面,组织部分京、昆界的名角为某项赈灾活动举行义演。

韩世昌第三次到天津,先在天津新中央戏院演出,因戏院小,观众爆满,许多爱好者买不到票,便改在天津大舞台演出。这次荣庆社来津的演员阵容最强,剧目最精彩,观众最踊跃,连演了两个多月。

"荣庆社"的演员一方面要面对京剧所带来的压力,以致一些演员不得不学些京剧或与京剧演员混搭,试图以京剧带动昆曲。另一方面北方昆弋还要面对城市媒体报道所带来的一些负面影响，更重要的因素则是来自"荣庆社"内部：一是韩世昌"一枝独秀"，其他演员已经很难适应以韩世昌为"中心"的演出体制，很难适应当时风靡戏曲市场的排新戏、推新人的要求。二是从"荣庆社"所演昆弋剧目看，进城以来基本上没有什么变化，还是处在"老腔老唱，老戏老演"的状况。三是与成长于城市的京剧演员相比，出身于乡村昆弋戏班的"荣庆社"的演员其文化低、观念旧等弱点暴露的越来越明显。高阳人齐如山在《谈吾高阳县昆弋班》一文中曾写到："北平所有的昆弋班，虽然都是昆弋合演，但都是以弋腔为主，所谓台柱子者，一定是唱弋腔的角色，尤其关公的戏，大多数都是弋腔，吾乡之班，也是如此，此民国以前之情形也。民国以后，高腔渐渐不为人所欢迎，于是专学高腔之人亦渐少，到民国后，高腔中的好角，就不容易见到了；而昆腔尚能支持，最多的时候，尚能成三四班，不过也就是因为大家不能合作而已，真照规矩说，通通都在一班，尚值得对付着看，若成两三班，是绝对不够看的，因此就慢慢都散了。因为在乡间练习演唱，染上了地方气味很多，旧的好处失去不少。例如看到他们演《春香闹学》，把春香形容的整个的是一个乡下丫头，按说春香虽然有点调皮，但也是一个大家主的丫鬟，她不会那样的放肆，这本来也不能只怨演者，连观众也得负相当的责任，因为依照大家庭的规矩那样的形容法则观众不懂，他们只看见过乡下的调皮丫头，没有见过官宦家的调皮丫头，所以演者非迎合观众的心理眼光不可，于是演来演去，就演成了那个样子。不但这一件事情，其余如念字等等，也都带了许多乡土音。"（河北省文化厅、河北省民族事务委员会、中国戏剧家协会河北分会编：《河北戏曲资料汇编》第六辑，1985年）

白云生（1902—1972），原名白瑞生，河北安新白洋淀马村人，他7岁入私塾读书，后毕业于保定第四中学，早年入本村昆弋"子弟会"学戏，先后师从白云亭、王益友学旦角和武生，是众多河北昆弋戏班中不多见的有文化的演员。其"白氏"家族历史上有从事昆弋的传统，出了许多名演员，如白老和、白永宽、白建桥、白玉田、白玉珍以及白增利、白福顺、白敬亭、白月亭、白二子、白玉柱、白茂斋、白茂源、白俊立等。其中白老和、白永宽、白玉田等还曾多次进宫演戏，是醇亲王府恩庆班的主要演员并获御批"恩庆班"戏箱。白云生比韩世昌年轻4岁，他入"荣庆社"意义重大，标志着未来北方昆曲第一"生旦配"将成为可能。而之前在与韩世昌配生行的众多演员中在年龄、文化、扮相、感觉、气质等方面均难有适合韩世昌的戏路与风格之人，从早期戏单上可以看出，韩世昌一直难有相对稳定合适的对手演员，这也使得韩世昌的艺术上升空间受到一定的制约和限制。

## 1921年（民国十年　辛酉）　23岁

1月8日、9日两天，在北京第一舞台举办了两场救济同业的义务戏，京昆名角悉数参加：王凤卿、王瑶卿、贯大元、王又宸、尚小云、刘鸿声、陈德霖、梅兰芳、杨小楼、郝寿臣、韩世昌、俞振庭、谭小培、筱翠花等参加演出。

继续在"同乐园"演出，开始排新戏。

8月，由"全福班"为主要教师班底的"苏州昆曲传习所"在苏州"五亩园"成立。

【案】

以韩世昌为领衔的"荣庆社"5大头牌演员阵容形成，他们是：韩世昌（旦，时年23岁）、陶显庭（老生，时年51岁）、朱小义（武生，时年17岁）、郝振基（武生，时年50岁）、侯益隆（净，时年32岁）。从剧目种类看，基本上保持了"荣庆社"以武戏为主的传统。值得注意的是，年仅17岁的武生朱小义成为了"荣庆社"的一颗新星。朱小义（1904—1941），安新县人，朱玉鳌长子，师从郝振基、张文生等，1918年随"荣庆社"晋京，因才14岁，常在剧中扮演娃娃生，如曾在韩世昌的《胖姑》中饰演王留儿等。1918年至1921年间随"荣庆社"在京、津演出《夜奔》《夜巡》《探庄》《打虎》《快活林》《蜈蚣岭》等武戏。

在同乐园演唱期间，"荣庆社"排了不少新曲目，如《翻天印》《精忠谱》《浔阳楼》《铁公鸡》等，那时排演的新戏不少，因为角色齐全，而且长期占着同乐园子，必须随时贴演新戏，才能招徕观众，保持上座率。韩世昌自己也排了些新戏如《坐楼杀惜》，这戏和陶显庭演出过。其他如《挑帘裁衣》《武松杀嫂》，但没演出。

### 1922年（民国十一年　壬戌）24岁

是年，北京大学"音乐研究会"解散，其开办的昆曲课停课，吴梅离开北京赴南京东南大学讲课之前特意为韩世昌写了《桃花扇》中《访翠》《眠香》《却奁》等曲本。

【案】

1922年10月4日，北大"音乐研究会"也发表启事，宣布"奉校长谕取消一切事务"正式解散。而之前于8月19日成立的"北京大学附设音乐传习所"亦以西乐教学普及为缘由，取消了昆曲课。关于蔡元培倡导在北大开设新课程的争论当时就一直没停，其中最遭受冷嘲热讽和攻击的便是中国文学系里新设的戏曲课和哲学系里新设的印度哲学两课。受此直接影响，时任北大昆曲课导师的吴梅于1922年离开北京，离开北大，赴南京东南大学讲授词曲课并发表了他的《南北戏曲概言》。吴梅离开北大以及北大"音乐研究会"的停办和北大昆曲课的取消使得韩世昌和北方昆曲在北京失去了一块"坚强的阵地"和曾为北方昆曲"摇旗呐喊"的具有极大社会影响力的公众人物。

吴梅1922年10月离京后，因为种种原因，《访翠》《眠香》《却奁》等曲本韩世昌没有能够排演。

## 1923年（民国十二年　癸亥）　25岁

1月，曾力挺韩世昌和北方昆弋的北大校长蔡元培辞职离京南下。

4月29日，"荣庆社"在"吉祥园"演出，韩世昌主演《西游记》。

5月，参加傅惜华、傅芸子、宗澹云等创办的醉韶曲社。

10月13日，参加"学隐堂"堂会。韩世昌、朱小义、侯益隆《借扇》，韩世昌、侯益隆、马凤彩《梳妆掷戟》，朱小义《夜奔》，陶显庭、张文生《争位和战》，白瑞生（白云生）《昭君出塞》，陈荣会《打车》，王益友《麒麟阁》，高祥玉《打虎》，郝振基《安天会》。参加"学隐堂"堂会的京剧演员有余叔岩、陈德霖、尚小云、徐璧云、马连良等。

## 1924年（民国十三年 甲子） 26岁

4月4日，韩世昌在"福寿堂"与徐兰生唱《絮阁》，5日与姜妙香、罗福山唱《惊梦》。

4月17日，《顺天时报》登载消息："韩世昌从陈德霖学青衣戏，此时未机会，暂不演出。"

7月5日，《顺天时报》"都门菊讯"登载一条消息："荣庆社有来京入游艺园之消息。"文中提到的"游艺园"全称为"城南游艺园"，坐落在北京南部的天桥地区，是当时北京最现代化的综合性文化娱乐场所之一。

7月8日，《顺天时报》"都门菊讯"再次登载一条消息："荣庆社及韩世昌入游艺园已经确定，阳历本月十五号一同演出。"至此，继"天乐园"、"同乐园"之后，"城南游艺园"成了"荣庆社"历史上的第三个驻场演出场所。

7月15日，在北京"城南游艺园"演出。同日，《顺天时报》发表辻听花撰写的专栏文章《欢迎荣庆社》。

7月20日，《顺天时报》发表署名"振轩"的文章《喜看君青出演城南游艺园》。作者借诗而感，认为之前对韩的种种中伤和诬陷都是一些"牛鬼蛇神"所为，然韩世昌在"城南游艺园"的复出，使韩恰如"黑夜之星朗"般更亮，"白雪之阳光"般更白。

7月26日至9月15日，《顺天时报》头版连续登载韩世昌"城南游艺园"演出广告。

8月，韩世昌恩师常州赵子敬去世。"1924年夏，赵先生死在了德泰皮店，享年六十八岁。赵先生的后事是我备办的。"

9月，"韩党十君子"之一刘伯忠（白翁）在《京报》仿唐代诗人刘禹锡名作《陋室铭》撰"韩党十君子"《京园铭》。将"韩党十君子"诸人韩世昌、邵飘萍、吴定九（吴鼎）、徐凌霄、徐一士、王小隐、庞镜清、刘步堂、顾君义（顾名）、刘伯忠等各自名号隐于《京园铭》中，其中韩世昌为"君山一发青"，自此"君青"二字成为了韩世昌的名号。韩后来回忆："就在这年，我在城南游艺园演唱,他们为我贺号,送给我一幅幛子,上面即写这五个字。"

9月16日,《顺天时报》发表一则消息:"9月16日,韩世昌暨荣庆社诸人,由旧历十八日起入吉祥园演唱。"此消息表明,继"城南游艺园"之后,韩世昌暨荣庆社驻场演出场所转入了"吉祥园","吉祥园"成了荣庆社历史上第四个驻场演出场所。

9月18日,"吉祥园"戏码顺序如下:陶显庭《单刀会》、郝振基《花果山》、侯益隆《通天犀》、韩世昌《相梁·刺梁》。

9月21日,《顺天时报》在"隐侠剧坛"栏目发表文章《观荣庆社戏》。

10月2日,《顺天时报》发表一则消息:"韩世昌维持荣庆社同乡甚力,虽每日不拿戏份,亦照常演出云。"

【案】

4月,韩世昌主要以"堂会"演出为主。

7月5日,《顺天时报》"都门菊讯"登载一条消息:"荣庆社有来京入游艺园之消息。"文中提到的"游艺园"全称为"城南游艺园",坐落在北京南部的天桥地区,是当时北京最现代化的综合性文化娱乐场所之一。据记载,"城南游艺园"开张后:"曾轰动一时,京中士女,倾城来游。尤以前门一带居住者,来往近便,更以此为休憩胜地。"京城各大戏班之名伶均曾在此献艺。其中最多的要数坤角中的佼佼者,如老生孟小冬、李桂芬、窦兰芬、筱兰芬;文武老生徐淑贤;青衣花衫雪艳琴、福芝芳、杨菊秋、碧云霞、金少梅、琴雪梅、琴雪芬;小生梁桂亭;武生盖荣轩、韩月樵、梁云横;花脸王金奎、王鑫奎、王庆奎、张子寿等,名角余叔岩、梅兰芳、杨小楼等也都曾在此演出过。

此时的韩世昌与在"天乐园"、"同乐园"时期的演出已有所不同:1.韩世昌已经无可争议地占据了北方昆曲舞台的"中心",成为了北方昆曲最有影响力的演员与北方昆曲舞台上的"乾旦"领袖。2.韩世昌是媒体广告和媒体文章介绍的"热点"。3.韩世昌与"荣庆社"的关系在经历了"解散危机"之后虽然还在一起演出,但已"若即若离",按当时媒体的说法叫"一同演出"。

韩世昌向赵子敬先生学曲前后达七年之久,从1918年到1924年赵子敬逝世为止。赵子敬专职教授韩世昌习南曲,两人形同父子。韩世昌最终能够成为"北南合璧"的昆曲"乾旦"领袖,恩师赵子敬功高至伟。在其恩师赵子敬的后事处理上,更显韩世昌高尚之人品。刘半农曾在《双凤凰专斋小品文(二十四则)》之《记韩世昌》一文中对韩世昌人品有如下描述:"韩世昌,伶人也。尝从武进赵子敬习昆曲。子敬老病死京师,世昌出五六千金为料理后事。此在梅兰芳等当如九牛之拔一毛,于世昌则为难能。世昌演剧,尝见赏于新闻记者邵飘萍。及飘萍为张宗昌所害,故旧莫敢往收尸,独世昌毅然往。呜呼，世昌伶人也，人徒知世昌之为伶人也。"[1]刘半农的《记韩世昌》"短短百十来个字，立一伶人于史也"。（朱小棣：《闲书闲话》，广西师范大学出版社，2009年）

关于韩世昌为什么要向南方曲家赵子敬学戏的问题，至今未见有见地的描述。早期北方昆曲传统上以武、净、老生等行居多，剧目也亦如此，早期北方昆曲"乾旦"为从属地位。因为早期北方昆曲的武戏大都注重摔打、技巧、功夫等，唱不多，大段唱更少，其音乐上，以锣和鼓为主，有时甚至都没有场面，仅以帮腔和之。此种表演形式粗犷，对演唱技巧要求不高，适合在农村演出。随着皮黄腔的不断完善和"乾旦"的兴起，皮黄腔完成了以老生行当为主到以"乾旦"行当为主的从"苍凉"到"柔媚"的历史性转变，这是人们审美趋向变化与时代审美转变所致。其从唱腔到表演，从舞台到服装，从行当到剧目，以皮黄为代表的中国戏曲在大都市里发生了一系列从形式到内容的巨大变化。这种变化恰是由晚清民初正处在才俊时期的一批青年艺人在承上启下的过程中完成的。而韩世昌又恰处在这个关键历史时期和朝气蓬勃的年龄，在早期"荣庆社"所有"乾旦"演员中，韩世昌最年轻，昆弋腔"土"和"怯"的"痕迹"最少，改正起来也相对容易，这正是被吴梅和赵子敬看上的一个重要原因。对于韩世昌来讲，他对北方昆弋的特点和不足应该有足够的认识，尤其在转行习"乾旦"后，韩世昌更觉只有"北南结合"才能做到既保留特点又能摈弃不足，以适应观众与市场，更为重要的是梅兰芳珠玉在前，而此时"荣庆社"里的其他演员因受本身条件限制已无力再帮助韩世昌了。由此，水到渠成，精通曲学音律、有着丰富昆曲表演教学经验，能说戏，善拍曲，唱、演、乐均有相当深厚造诣的南方曲家赵子敬承担起了对韩世昌在唱腔、身段等方面进行"回炉"和提高的工作，更为重要的是通过"回炉"，摈弃原来"不讲究"的一些不足，逐步培养起韩世昌在古典层面、文学层面、音乐层面与表演和审美层面对昆曲"雅致"与"精致"的双重感觉与悟性。

关于赵子敬是否还教过北方昆弋其他演员的问题，截至赵去世，没有看到更多与之相关的史料。至于现在一些文章提到有关白云生曾拜过赵子敬的问题：一是没有相关史料佐证；二是白云生自己的回忆文章也未提到；三是从时间上看，赵是1924年去世的，从1918年到1924年，赵与韩朝夕相处，这在韩世昌的自述中有明确的描述。此时的白云生虽然只小韩4岁，即22岁，但用戏曲的行话说此时白云生还尚未"出道"，尚未由"旦"改生。《中国昆曲大辞典》中关于白云生的条目也未提及，只有一条1924年韩世昌、白云生等到镇江演出《长生殿》的记载，但未说明白云生在这次演出中担任什么角色，是什么位置。白云生上过私塾，学过皮黄，虽有些世家背景，但专学昆曲相对稍晚，且这个时期北京主要媒体刊登的"天乐园"、"同乐园"、"城南游艺园"、"吉祥园"等剧场演出广告中未再见白云生的名字。白云生"出道"时间最早应该是1928年后的事情了，此时赵子敬已经去世4年。

北京《京报》副刊登载刘伯忠（白翁）写的一首仿唐代诗人刘禹锡名作《陋室铭》的《京园铭》："园不白开，角红则名。剧不素人，福至禅灵。斯是京园，惟剧是评。松水半江绿，君山一发青。检场寻一士，散场定九更。可以问步堂、质镜清，有唱工之凌老，无做派之飘萍。小隐曰：何陋之有？"上面每句文章中带"·"号的都是影射一个人名，

---

[1] 1934年4月5日，林语堂主编的《人间世》半月刊创刊。刘半农被聘为"特约撰稿人"。在《人间世》创刊号上首次发表《双凤凰专斋小品文》。后在第6、13、16期上连载，署名刘半农。共发表小品文4辑24篇。徐瑞岳：《刘半农年谱》，中国矿业大学出版社，1989年。

其中"君山一发青"系指韩世昌。"君山一发青"化用《永乐大典》中《国朝顾禄诗·余过洞庭湖上偶记唐人钱起所赋湘灵鼓瑟诗遂用追和其韵云六韵》中"依旧君山际,寥寥一发青"一句。

关于韩世昌别号"君青"最早见于1919年7月《春柳》杂志第七期署名"涛花"写的《观韩郎君青演〈思凡〉一剧袅袅余音三日不尽戏赋八绝赠之》。之前关于"君青"别号系吴梅或黄侃所赠无史料佐证,另有人把"君山一发青"写成"君发一山青"更为讹误。此"韩党十君子"非"韩党北大六君子"

"吉祥园"又称"吉祥茶园"和"吉祥戏院",始建于1906年,1908年2月9日正式开业,位于北京东城区金鱼胡同西北口内老东安市场东北侧,是由清朝内廷大公主府太监出资兴建的北京著名老戏园子之一,1993年10月4日关张后被拆,其最后一场告别演出为京韵大鼓名家骆玉笙先生表演的《丑末寅初》。

"荣庆社"在"吉祥园"的演出后因上座率不高,票房不好,不到一个月的时间,"荣庆社"在"吉祥园"的演出被迫停止。

韩世昌1924年"城南游乐园"部分演出广告

## 1925年（民国十四年 乙丑） 27岁

在皮黄戏占绝对市场的压力下，在"荣庆社"内部矛盾不断的情况下，在力挺北方昆曲的部分社会名流相继离开出走的情况下，在"吉祥园"驻场演出失败的情况下，1925年起，"荣庆社"成建制的驻场演出骤减，除了韩世昌等极少数演员坚守北京主要以"堂会"演出为主外，其余演员大部陆续回到了河北家乡一带谋生。

## 1926年（民国十五年　丙寅）　28岁

是年，中国处于"北洋政府"的奉系统治时期（1924—1928），全国政局依然混乱，社会依然不安。此时北京的戏曲演出市场还是皮黄的天下，昆曲市场更加萎缩。"荣庆社"此前在天乐园、同乐园、城南游艺园以及吉祥园的演出尤其是在天乐园与城南游艺园的演出盛况已不复存在。"荣庆社"的绝大部分演员陆续回了乡，另少部分较年轻的演员则搭班兼学皮黄。

4月24日，"韩党十君子"之一京城"一代报人"邵飘萍被军阀所害，韩世昌邀侯瑞春出面办理邵飘萍后事。"邵氏死后，被外五区警察署用薄棺草葬埋在永定门外西城根。这时邵的许多朋友都躲了。我们先生侯瑞春出的头，为邵办理后事。开吊那天我去了。侯先生为此忙活了一阵子。"

是年，张肖伧以《菊部丛谈》一书尽列晚清民国之"昆旦十四绝"，欲比肩清之"同光十三绝"，韩世昌列为第十四，属唯一昆旦后起之秀也，时年二十八。张肖伧所列前十三位昆旦前辈计有：朱莲芬（陈德霖之师）、沈宝珠、朱霞芬、钱秋菱、褚桂枝、刘倩云、王绚云、沈芷秋、万芷侬、杜蝶云、任小凤、乔蕙兰、陈啸云。到张肖伧出版《菊部丛谈》时，前十三昆旦硕果仅存已然二三位也。张肖伧感叹，欲为其正名：高阳世昌乃"京华世昌"也。曰："温和知礼，平时纳于应对，而抹粉登场，独能淡宕闲神，丰致可人。"

是年，《北洋画报》发表王小隐文章《记韩世昌》："昆曲销歇垂数十年，而异军特起，震动一时，至引起文艺思想界之波澜者，则有韩世昌其人焉。《新青年》杂志为改革运动之先锋，其发刊戏剧专号之动机，实以韩为导线。"同时，《北洋画报》还登载王小隐摄影的"名伶韩世昌与傅惜华君合扮《琴挑》"照片。

【案】

京城"一代报人"邵飘萍被害在韩世昌《我的昆曲艺术生活》中有比较详细的记载，消除了民间一些关于"韩世昌为邵飘萍收尸"的讹传。"韩党十君子"之一吴定九（吴鼎）的后人钱承军在其2016年出版的《吴定九与〈京报〉》一书中佐证了韩世昌的说法。

## 1927年（民国十六年　丁卯）29岁

9月7日，天津《北洋画报》副刊登载署名"涤秋"的《城南一日》文章："雷喜福出台三庆，邀韩世昌帮忙。不闻昆腔久矣，得此讯为之一快。会芸子、惜华，函约一听，遂冒暑而往。入园晤姚君素、周公旦、听花、耿幼山、徐燕如、徐唐君等均为捧世昌而来……时芸子以在后台为韩摄影，怂余往观。乃至后台，看韩上装扮相……《思凡》即上，此剧不带下山，非常吃力，盖独角戏也……世昌演之纯熟，无瑕可击，而丝丝入扣，音节疾徐顿挫，宜乎全场一致鼓掌。白口之清楚，台步之稳娴，尤非余子所能及。台下盖亦久旷夫昆曲，以是静默无声，细心聆听，仿佛如在古刹听经，其魔力可见。惜华持曲谱拍板，每段必大喝彩。是以刘步堂言，王小隐之缺，现请傅惜华代庖，其语诚然。最妙者，厢中有女孩，年仅十三四，亦倾耳细听，芸子谓其非韩世昌不听，亦足见昆曲之静雅。"

## 1928年（民国十七年 戊辰） 30岁

8月，日本南满洲铁道株式会社以寒河江坚吾、青木正儿的名义正式向韩世昌发出"作为今秋御大典纪念，借此次在京都举办的大博览会为契机，邀请北京昆曲大家韩世昌向我国的风雅客人展示其美妙绝伦的艺伎"的赴日本演出书面邀请。

9月3日，《时事新报》发表波多野乾一文章《崑曲日本へ行く韓の一行》。

9月9日，《顺天时报》发表王小隐摄《韩世昌〈刺虎〉之戏装照》。

9月10日，由河北保定演出后返回北京。

9月23日，《顺天时报》"保垣观剧"栏目发表署名"保定余园主人"的文章，文中写道："韩世昌此次来保，纯系为荣庆社帮忙。""十时进园，座位已满，极无隙地，适有友人相招一处，幸免寻座之苦。"快到韩世昌出演《连环记》时，作者写道："此时台上陶显庭之《训子》，行将及半，未窥全豹。既而文场骤更，掌声四射，始知世昌登场矣。举止之轻窕，惟妙惟肖，更不待言，白口咬字，纯用苏音，罕有见闻者，诚不愧顾曲家所赞许也。"文章最后作者感叹："今岁一观，又待何时，君青之后继复何人？"文中一句韩世昌演《连环记》时"白口咬字，纯用苏音，罕有见闻者"佐证了韩世昌可以用"吴语"演唱昆曲的事实。

10月1日，《京都日出新闻》发表消息《中国名伶韩世昌一行将于京都演出》（《支那俳优韓世昌一行京都で開演する》）。

10月2日，韩世昌、侯瑞春、马凤彩、马祥麟、庞世奇、田瑞庭等一行北平出发至天津。

同日，大连《泰东日报》登载消息《韩世昌开演昆曲剧》。

同日，大连《满洲报》登载消息《昆曲大王韩世昌赴日过连留演两天》。文中第一次冠以"昆曲大王韩世昌"称呼，并称"大连从未有演昆曲者，此次诚为破天荒之创举"。大连中日文化协会主办《满蒙》（日文）杂志9月号出版，发表石田贞藏文章《昆曲与韩世昌》（《崑曲と韓世昌》）。

10月3日，《顺天时报》发表《韩世昌赴日献技》一文："查近年来，中国名伶前后东渡献技者，虽有梅兰芳、高庆奎、绿牡丹、小杨月楼暨已故坤伶十三旦等，而其所演者，均系皮黄戏剧，至专唱纯粹昆曲者，则未曾有之，况且日本的一种大曲所谓谣曲狂言者，本与元代杂剧有历史的关系，而南北曲词皆昆曲脚本，亦多为彼帮文人学者久所爱诵研究者，果尔则韩伶者，一游扶桑，粉墨献技，阳春白雪，高山流水，深受一般雅客之热烈欢迎，且有补两国剧界之联络，不卜可知矣。"

10月5日，在赴日本演出途中抵大连。

10月6日，在大连"协和会馆"公演《思凡》《刺虎》。

同日，大连《满洲报》发表《昆曲盛衰与韩世昌——韩君在大连献技盛况》一文。文中写到昆曲"垂危之秋，忽有一人自高阳一乡村，于京师天乐园高竖昆曲中兴之旌旗，此人为谁？既此次来连韩世昌也"。

同日，大连《满洲日报》（日文）发表《昨夜韩世昌剧》《至妙的艺术——韩世昌剧第一日》，对韩世昌第一天的演出大加赞赏，继"昆曲大王韩世昌"的称呼后，第一次把昆曲称为"韩世昌剧"。

10月7日，在大连协和会馆公演《琴挑》《闹学》。

10月9日，乘"香港丸"号从大连出港。

10月11日，路过日本门司港到达日本神户港。

10月18—23日，韩世昌在日本京都冈崎公会堂公演六场，舞台横标为"韩世昌中国昆曲观赏会"。18日，《思凡》《闹学》，《思凡》韩世昌饰色空；《闹学》韩世昌饰春香、殷斌奎饰陈最良；19日，《拷红》《惊梦》，《拷红》韩世昌饰红娘、马祥麟饰崔莺莺、马凤彩饰张君瑞、殷斌奎饰崔老夫人；《惊梦》韩世昌饰杜丽娘、马祥麟饰春香、马凤彩饰柳梦梅、张文生饰花神、殷斌奎饰杜母；20日，《思凡》《闹学》；21日，《拷红》《惊梦》，下午韩世昌出席帝国大学"京都学派"创始人狩野直喜教授发起的帝大教授欢迎会；22日，《思凡》《闹学》，下午韩世昌参加帝国大学举办的关于昆曲的讲演会，韩世昌、内藤湖南、青木正儿等分别在会上发了言；23日，《拷红》《惊梦》，下午访问了大阪《每日新闻》社。期间，大阪《每日新闻》发表青木正儿的文章《崑曲劇と韓世昌——其の渡來に方つて之を世に紹介す》。《大阪朝日新闻》于18日、19日分别发表黑

根祥作文章《來朝した韓世昌のこと》。其间，19日《京都日出新闻》登载《觀衆を魅了する韓一座の熱演》。

10月25日，日本大阪朝日会馆公演。

10月26日晚，韩世昌一行乘火车到达东京，受到日本演员协会代表六世坂东彦三郎等欢迎。

10月27—29日，日本东京新桥演舞场公演。参加日本帝国饭店大仓喜七郎的招待茶话会。《东京日日新闻》发表消息《大倉男韓世昌氏を招待》。参加歌右卫门招待宴。

10月31日，《顺天时报》发表"西京韩伶"一文，西京即京都。文中说："韩伶抵西京以来，各界名人，每日招待，颇极殷勤，又各报馆恳求照相者，每日有数千起之多，应接频繁，颇极忙碌，到处大受热烈之欢迎，可以知矣。"

11月1日，韩世昌一行由神户乘"长江丸"号返回天津。

11月10日，天津《北洋画报》在头版位置发表大幅韩世昌剧照。

同日，《北京画报》登载《誉满归来之韩世昌——东西日学界欢迎韩之盛况》一文。

同日，《东北文化》杂志11月号发表《昆曲——韩世昌之东渡》一文，文中写到："自昆曲献艺京师，北方昆学一振，学生士夫多喜研究，激影江南，亦呈活动。今番韩伶东渡，昆曲二字且向国际辉煌矣。其所得结果之佳否，莫敢预卜，而于昆曲艺术宣传上，实已收功。国际间之艺术各有精到，各有取径，未可执一例一。然昆曲之艺，实已发达成熟，而非在研究进程中也。总之，以舞台演实事，必经一番运化，时代进演，必将有一种戏剧执牛耳于国际间，其昆曲当此矣。"

12月8日，由傅惜华主编的1928年第5号《北京画报》刊发《韩世昌东游纪念号》，在出刊说明中，傅惜华写到："韩世昌此次东游演剧，我们确认他能使昆曲的地位与价值，日渐增高，且引起国际的推重，足以发挥三百年来昆曲光大的历史也。我们除设宴欢迎外，并特出此刊纪念之。"

同月，青浦张厚载（张聊公）写文曰："昆剧亦赖韩之支柱而得中兴，时人尊称之为昆剧大王，殆非溢誉。日本剧场亦慕韩名，特聘往登台，彼都人士莫不深致赞美。自梅兰芳赴日演艺之后，吾国名伶能继踵媲美者，惟韩而已。"

同月，京都名士傅氏宝泉（傅惜华）《北京画报》撰《昆曲与韩世昌》曰："昆曲在吾国演艺史上，有三百余年之灿然的历史。又述昆曲与元明戏曲之关系，谓当昆曲极衰微时，忽有高阳韩世昌率荣庆班一行来京，演于天乐园，振兴昆曲之旗帜，遂飘然矗立于北京剧坛之上矣！韩伶既天赋异才，复益以曲学家吴梅（瞿安），赵子敬（逸叟）二氏之指正，遂称雄于吾国剧坛。"傅氏称曰："世昌复兴昆曲之伟人哉！"

是年，《北京画报》发表韩世昌《痴梦》剧照。

【案】

从1918年到1928年的10年间，"荣庆社"在经历了"天乐"、"城南游艺园"等几乎天天有演出的三四年的辉煌后，在皮黄戏占绝对市场的压力下，在"荣庆社"内部矛盾不断的情况下，在力挺北方昆曲的部分社会名流相继离开出走的情况下，在"荣庆社"、"吉祥园"驻团演出失败的情况下，从1925年起，"荣庆社"成建制的驻团演出骤减，北京的昆曲演出市场再显颓势，除了韩世昌等极少数演员坚守北京，主要以"堂会"演出为主外，其余演员大部陆续回到了河北家乡一带谋生。此时的"荣庆社"已经基本上退出了北京的戏曲演出市场，北京的主要媒体已基本见不到"荣庆社"演出的消息。然而，就在这一年，一些热爱研究中国戏曲的日本学者们开始关注昆曲，关注北方昆曲，关注"荣庆社"，尤其关注早已成为全国昆坛名伶的韩世昌，一些日本学者甚至把"昆曲"称作"韩世昌剧"。

8月，日本南满洲铁道株式会社以寒河江坚吾、青木正儿的名义向韩世昌发出书面邀请："作为今秋御大典纪念，借此次在京都举办的大博览会为契机，邀请北京昆曲大家韩世昌向我国的风雅客人展示其美妙绝伦的艺伎……"所谓"御大典纪念"是日本天皇即位大礼以及大赏祭的并称，昭和裕仁天皇的"御大典"于1928年（昭和三年）11月10日在日本京都紫宸殿正式举行。9月2日，韩世昌与满铁代表黄子明签订赴日演出合同。根据合同，韩世昌一行日本演出日程如下：8月31日前，合约内定。9月2日，签订合约。9月7日，黄子明为洽谈来日。10月2日，韩世昌一行北平出发。10月5日，从天·津乘"天潮丸"号至大连，晚上参加招待宴会。10月6日，在大连协和会馆公演《思凡》《刺虎》，每晚7点半开演。10月7日，在大连协和会馆公演《琴挑》《闹学》，每晚7点半开演。10月8日，休息一天。10月9日，乘"香港丸"号从大连出港。10月11日，路过门司港到达神户港。10月18—23日，在冈崎公园市公会堂公演，每晚7点开演，演出剧目由韩世昌和黄子明挑选，在京都留住在南禅寺。10月25日，大阪朝日会馆公演，7点开演，演出剧目由韩世昌和黄子明挑选。10月27—29日，东京新桥演舞场公演，每晚8点开演，演出剧目由韩世昌和黄子明挑选。10月27日，在帝国饭店参加大仓喜七郎的招待茶话会。10月29日，歌右卫门招待，在驻地参加招待宴。11月1日，从神户乘"长江丸"号归国。关于演出门票价格，合同约定与此前赴日演出的梅兰芳等票价为同一金额设定。合同约定，此次韩世昌一行赴日由黄子明代表满铁全程陪同并负责演出宣传等。黄子明，字子名，名为浩，毕业于日本庆应大学，曾留学中国，时任职满铁北平公所。

9月3日，《时事新报》发表波多野乾一文章《崑曲日本へ行く韓の一行》。9月9日，《顺天时报》发表《最近在保定所摄韩世昌〈刺虎〉之戏装照》一张，摄影者为王小隐。9月10日，韩世昌由河北保定返回北京，确定赴日演出剧目和一行的主要演员等。赴日演出主要演员：主演：韩世昌；笛师：侯瑞春、田瑞庭；鼓师：侯建亭、唐春明；二胡：王玉山；笙：赵淡秋；小生：马凤彩、耿斌福；旦：马祥麟（马凤彩之子）、庞世奇；武生：侯永奎（侯益才之子）；丑：侯书田（侯益隆之子）、张荣秀；花脸：殷斌奎（小奎官，兼老生、老旦）。赴日演出主要剧目：《思凡》《刺虎》《琴挑》《闹学》《游园惊梦》《佳期》《拷红》《胖姑》《借扇》。值得注意的是，在上述演员中出现了以后对北方昆曲传承发展产生重要影响的侯永奎、马祥麟等人的名字。除"荣庆社"的部分演员外，搭"宝立社"的庞世奇，搭"斌庆社"的耿斌福、殷斌奎，甚至来自"醉韶曲社"的王玉山和来自电话局的曲友赵淡秋等人也出现在了赴日演出一行的名单中。

这次东渡，是应日本满洲铁道株式会社之约到日本去演唱，首先从天津乘船到大连，在大连候轮东渡。同去的并非荣庆社全体，只是散约了一部分人。旦角有庞世奇、周斌秋、马祥麟，武生有张文生、侯永奎，小生是耿斌福，丑有侯书田、张荣秀，花脸是殷斌奎，司鼓是侯建亭，侯瑞春先生和田瑞庭二位吹笛子，共二十多人。所订的演出曲目是《思凡》《琴挑》《刺虎》《闹学》《游园惊梦》《佳期》《拷红》等。韩世昌自述中的主要演员和合同中的主要演员略有不同。因原拟剧目中《胖姑学舌》和《借扇》最后未被安排演出，侯书田（饰《胖姑学舌》之王留儿）和侯永奎（饰《借扇》之孙悟空）及耿斌福等人先期回国。

10月1日，《京都日出新闻》发表消息《支那俳優韓世昌一行京都で開演する》。10月2日，韩世昌一行由黄子明夫妇陪同由北平出发。同日，大连出版的《泰东日报》登载消息，题目为《韩世昌开演昆曲剧》："在此次日本天皇大典之日日本特聘韩世昌前往京都演出，路遇大连由满铁情报科中日文化协会挽留演出2日，6日在协和会馆演出《思凡》《刺虎》，7日演出《琴挑》《闹学》，都为韩世昌拿手的曲目。"同日，大连出版的《满洲报》也登载出消息《昆曲大王韩世昌赴日过连留演两天》，第一次在媒体上冠以"昆曲大王韩世昌"称呼，文中称："大连从未有演昆曲者，此诚为破天荒之创举。"10月，大连中日文化协会主办《满蒙》（日文）杂志9月号出版，发表石田贞藏文章《崑曲と韓世昌》。10月3日，《顺天时报》发表"听花"（辻听花）所写的专栏文章，题目为《韩世昌赴日献技》，副标题为"介绍昆曲"、"联络剧界"，文中写道："查近年来，中国名伶前后东渡献技者，虽有梅兰芳、高庆奎、绿牡丹、小杨月楼暨已故坤伶十三旦等，而其所演者，均系皮黄戏剧，至专唱纯粹昆曲者，则未曾有之，况且日本的一种大曲所谓谣曲狂言者，本与元代杂剧有历史的关系，而南北曲词皆昆曲脚本，亦多为彼帮文人学者久所爱诵研究者，果尔则韩伶者，一游扶桑，粉墨献技，阳春白雪，高山流水，深受一般雅客之热烈欢迎，且有补两国剧界之联络，不卜可知矣。"同日，《顺天时报》刊发图片消息"昨日离平赴日献技之韩世昌"，所配图片为韩世昌的便装照与戏装照各一张。10月4日，韩世昌在天津乘船。大连《满洲日报》（日文）发表《韩世昌得意昆曲四种》（上）。10月5日，韩世昌一行乘"天潮丸"号到达大连。大连《满洲日报》（日文）发表《韩世昌得意昆曲四种》（下）。10月6日,《大连新闻》登载《韩世昌抵连》消息。同日，

《满洲日报》发表《一世一代——韩世昌一行抵达大连》文章，文中称韩世昌为"支那剧昆曲界第一人"。10月7日，大连《满洲报》发表《韩世昌昆曲》。同日，大连《满洲报》发表《昆曲盛衰与韩世昌——韩君在大连献技盛况》一文。文中写到昆曲"垂危之秋，忽有一人自高阳一乡村，于京师天乐园高竖昆曲中兴之旌旗，此人为谁？既此次来连韩世昌也"。同日，大连《满洲日报》发表《昨夜韩世昌剧》《至妙的艺术——韩世昌剧第一日》，对6日韩世昌第一天的演出大加赞赏，继"昆曲大王韩世昌"的称呼后，第一次把昆曲称为"韩世昌剧"。同日，大连《泰东日报》发表"露厂"文章《韩世昌东渡之我见》。同日，《京都日出新闻》登载《満鐵が巨費を投じ出演せしむる韓世昌》。同日，《北京周报》报道《在大礼博上出演的昆曲最后的名优韩世昌的艺术——曾经的半成品，今日最杰出的精致品》。

10月8日，大连《满洲报》发表《观韩世昌昆曲剧两幕》。10月9日，韩世昌一行在完成大连演出后乘船赴日本。

韩世昌在大连的演出盛况空前。10月6日晚7时，协和会馆门前车马盈门，观众纷至沓来，络绎不绝。协和会馆内观众滔滔不绝般涌入，观众几乎无立锥余地。（见雪痕《观韩世昌昆曲剧的两幕》，《满洲报》，1928年10月8日）演出正式开始时，协和会馆内已座无虚席。楼上楼下坐满了观众。其中，大部分观众是日本人，包括满铁社长山本条太郎、旅顺军部首脑及其夫人，华人除了在连的一些达官显贵、官僚政客，还有一些所谓的社会名流，如潘复、张宗昌妾等。1000个座位的协和会馆当时观众多达二千几百人，从观众数量上看，此次演出盛况空前。演出前，演出的组织者将编印的介绍昆曲与韩世昌的相关说明书、小册子等连同被译成日文的剧中唱词，随票奉送给观众。很多日本观众看了说明书和介绍文章后，未及观看即已频频点首，他们对中国的昆曲和韩世昌赞叹不已。7点30分整，正式演出之前，黄子明就昆曲的源流、韩世昌的演艺经历等情况向观众做了一番演讲说明，时间大约40分钟。黄子明的演讲说明结束后，随着悠扬悦耳的笛、箫、琵琶合奏的乐曲声，舞台上大幕徐徐拉开，在橘红色彩灯照射下，悬挂在舞台中后方的丝绣守旧（守旧：戏曲术语，传统戏曲舞台装置。过去传统戏曲演出时所用的台帐和作为背景使用的底幕，幕上绣有各种装饰性图案）以及两旁摆着的两架纯日本式屏风，显得绚丽华贵。韩世昌扮演的色空（《思凡》）登场后，全场观众报以热烈鼓掌以示欢迎。韩世昌饰演的尼姑赵色空，扮相秀丽，举止轻捷，演唱中嗓音委曲婉转，如流萤鸣柳，长袖善舞，似飞燕迎春，表情动作更是惟妙惟肖。全场观众被韩世昌秀美匀称的扮相、高雅绝俗的气度以及精巧洗练的动作所打动。此剧与《闹学》等剧目都是韩世昌创作，一时间，京津间无人敢在韩世昌前班门弄斧。就连当时大名鼎鼎的京剧大师梅兰芳演《思凡》《闹学》，也曾向韩世昌讨教过。对于韩世昌那"未有曲调先有情"的出场动作，日本观众大谷武男后来曾于《满蒙》月刊上发表文章评论说："那高雅的气派实在是激动人心。"并征引中国唐代著名诗人王建的"低婉转面掩双袖，玉钗浮动春风生"及孔平仲的"云鬟应节低，莲步随歌转"等诗句，来形容韩世昌表演动作的舒展自如，疾徐有度，婉转娇柔，圆活流畅。这些描述只不过是韩世昌出场后尚未开口便已使多少观众为之目夺神移的短短前奏。但即此一斑亦不难想见其艺术魅力之全豹了。《思凡》闭幕。休息二十分钟后，《刺虎》登场。韩世昌饰演费贞娥。在表演中，韩世昌将其一种气愤填胸、含仇欲雪之气概，流露于歌舞间，观众视线全部集中在韩世昌的表演上。会馆内静肃若无人焉，饰净生者，扮相威武，道白洪亮，堪称难得。当贼将酒醉入宫，贞娥现笑容，假做媚态，其一种忍辱雪仇之形象实属恰到好处，所歌昆曲中如"他只待流酥帐暖洞房春……还只怕缥缥缈缈波涛滚","一段抑扬顿挫,腔调悠扬于笛管中,楚楚动听,诚所谓大有余音绕梁三日之感,最后,刺虎一场,形容节烈悲壮,令人起敬"。"至十时演完,纵观全剧歌舞表情无瑕可指,可谓天衣无缝。其演出不负韩世昌在剧界之享盛名。"第二天,10月7日演出的《琴挑》和《闹学》同样获得了极大的成功。韩世昌在《琴挑》中的表演更是不同凡响。在把握陈妙常的复杂性格方面,他表现得极为准确而细致,把一个聪明、善良,对爱情充满甜蜜的憧憬,但又因其特定的处境、遭遇,故而有意在她已然心许的追求者潘必正面前似是有情、又似无情,若即若离、不即不离的少女的精神面貌,表现得惟妙惟肖,入木三分,使观众啧啧赞叹之声不绝于耳。《闹学》的演出亦颇见功力。杜府侍女春香为小姐杜丽娘伴读,南安府年逾花甲的儒学生员陈最良固执礼法,传经授典,枯燥无味。春香仗恃小姐在侧,再三扰乱学规,弄得老学究非常尴尬。韩世昌扮演的春香,天真无邪,活泼顽皮。对迂腐的陈最良之几番戏弄,全为童心未泯,无半点浮薄态,令人开怀解颐。《满洲报》1928年(民国十七年)10月7日刊登韩世昌《思凡》戏装,并发布《无线电放送韩世昌昆曲》消息,通知市民:"中国剧界昆曲大家韩世昌此次系满铁之招聘,于五日入港之天潮丸来连,于六日晚间,在满铁协和会馆献技,详情已志本报第七面。为介绍与市民计,故特将其清歌如曲收入无线电内再放送与市民云。"7日,韩世昌在大连演唱的昆曲剧被广播电台录音播放。韩世昌的四场演出效果都超越了观众的预期,其表演纯真质朴,一颦一笑莫不从人物内心世界出发。韩世昌极擅于利用手势、眼神等表演手段来从不同角度展示人物的复杂性格。此次在大连演出的《思凡》《琴挑》等戏,都是他经名师传授,又通过自己长期舞台实践而锤炼成的独具特色的拿手剧目。从《思凡》和《刺虎》两折戏来看,均已达到了异常精妙的水平。他在《思凡》中的"数罗汉"以及于《刺虎》中的扑跌身段,都赢得了观众长时间的掌声。韩世昌的表演使当时八音繁会、五色相宜的舞台上,百态纷呈,高潮迭起。

  10月11日晨,韩世昌一行到达位于日本北九州的门司港。10月12日上午,抵神户后乘火车到达京都,入住由日本皇室建造的寺庙"南禅寺"中有着园中之园之称的"最胜院"。10月13日,韩世昌访问大阪《每日新闻》京都分社,观看关西歌舞伎名家公演,与昭和时期日本著名的歌舞伎名家中村雁治郎(二代目)晤谈。同日,《顺天时报》报道韩世昌抵达京都的消息并配韩世昌穿着西装的图片。同日,《顺天时报》"听花"专栏发表"大连韩讯",分别介绍了韩世昌在大连演出的盛况以及韩世昌到日本后的一些情况。10月18日至23日,韩世昌在日本京都冈崎公会堂公演六场,舞台横标为"韩世昌中国昆曲观赏会"。剧目分别为18日《思凡》《闹学》,19日《拷红》《惊梦》,20日《思凡》《闹学》,21日《拷红》《惊梦》,22日《思凡》《闹学》,23日《拷红》《惊梦》。其中《思凡》韩世昌饰色空;《闹学》韩世昌饰春香,殷斌奎饰陈最良;《拷红》韩世昌饰红娘,马祥麟饰崔莺莺,马凤彩饰张君瑞,殷斌奎饰崔老夫人;《惊梦》韩世昌饰杜丽娘,马祥麟饰春香,马凤彩饰柳梦梅,张文生饰花神,殷斌奎饰杜母。

  10月25日,韩世昌一行在大阪朝日会馆公演一场,剧目为《思凡》《闹学》。10月26日晚,韩世昌一行乘火车到达东京,受到日本演员协会代表六世坂东彦三郎等欢迎。10月27日,日本大仓喜七郎男爵在日本帝国大厦举行茶话会招待韩世昌,日本朝野名流百余人到会。10月28日,《东京日日新闻》发表消息《大倉男韓世昌氏を招待》。10月29日,日本演员协会举行招待宴会宴请韩世昌,日本演员协会会长五世中村歌右卫门出席并讲话。其间,10月27日至29日,韩世昌在"名人会"三场演出节目后各追加昆曲公演一场，剧目是《思凡》和《闹学》，地点是东京新桥演舞场。10月30日，韩世昌一行乘火车离开东京。

10月31日，《顺天时报》"听花"专栏发表《西京韩伶》一文，西京即京都。文中说："韩伶抵西京以来，各界名人，每日招待，颇极殷勤，又各报馆恳求照相者，每日有数千起之多，应接频繁，颇极忙碌，到处大受热烈之欢迎，可以知矣。"11月1日，《泰东日报》发表《日本富商招待韩世昌》一文，报道了10月27日大仓喜七郎男爵在日本帝国大厦招待韩世昌的消息。11月3日，《大阪朝日新闻》登载消息《韓世昌一行歸國》。11月6日，韩世昌返抵北平。11月7日，《北京周报》发表"听花"文章《御大禮博に出演する崑曲最後の名優韓世昌の藝術》。同日，《京都日出新闻》登载文章《滿鐵が巨費を投じ出演せしむる韓世昌》。11月，大连中日文化协会编辑的《满蒙》（日文）杂志出版"韩世昌专号"。其中一些文章详细介绍了韩世昌在大连的演出，井田澄三在题为《第一印象》的评论文章中写到："前后两天接触了韩世昌的美妙演技……有如在黑夜中看到了一线光明。……我敢肯定，这样的戏剧才是我们所憧憬和期待着的，有着丰富内容的中国色彩的正式中国剧。"赤濑川生在《门外汉的昆曲观》一文中说："在两天的演出中，留给我印象最显明的是《思凡》……那情境绝非歌舞伎或一般歌剧所能达到的。像越思越想反添愁闷等唱段，极深刻地表现了主人公的苦闷心情，催人泪下……""昆曲的生命在于音乐。……横笛吹奏出来的声音，幽雅而略带哀怨，如泣如诉，使人闻之若神游太虚，遐想无限。我真想再静静地重新聆听一次昆曲乐曲的演奏。"大谷武男在《昆曲的韵味》一文称："虽然曾看过诸如其他激动人心的艺术，但都不及韩世昌的《思凡》《琴挑》更能激动我的心。……他那百合花般的婀娜身姿，那行云流水般的婉转唱腔，都给我留下了难忘的印象。韩世昌的艺术如醇美芬芳的醴酒，使我陶醉。"又说："比起牡丹般艳丽的皮黄剧……昆曲则宛如在寒夜里喷吐着冷香的白梅，韩世昌的艺术既有着灿烂的色彩，又充满空灵澹荡的古趣，已经达到了千锤百炼的地步。"11月10日，天津《北洋画报》在头版位置发表大幅韩世昌剧照，标题为《为日皇加冕赴日演剧之名伶韩世昌》。同日，《北京画报》登载《誉满归来之韩世昌——东西日学界欢迎韩之盛况》一文。同日，《东北文化》杂志11月号出刊，该刊发表了《昆曲——韩世昌之东渡》一文，文中写到："自昆曲献艺京师，北方昆学一振，学生士夫多喜研究，激影江南，亦呈活动。今番韩伶东渡，昆曲二字且向国际辉煌矣。其所得结果之佳否，莫敢预卜，而于昆曲艺术宣传上，实已收功。国际间之艺术各有精到，各有取径，未可执一例一。然昆曲之艺，实已发达成熟，而非在研究进程中也。总之，以舞台演实事，必经一番运化，而时代演进，必将有一种戏剧执牛耳于国际间，其昆曲当此矣。"

11月24日，《顺天时报》"听花"专栏发表《韩世昌东渡之结果——各界士媛热烈欢迎》一文。文中写到："初赴日本，在京都、大阪、东京三地，献技十日，到处博彼邦各界士媛热烈欢迎，日前回平，归家修养，诚可谓中国剧界一时盛事。"文中认为"韩伶此次之行，其功劳之至大，亦决不可没却也"。

12月8日，由傅惜华主编的1928年第5号《北京画报》刊发《韩世昌东游纪念号》，在出刊说明中，傅惜华写到："韩世昌此次东游演剧，我们确认他能使昆曲的地位与价值日渐增高，且引起国际的推重，足以发挥三百年来昆曲光大的历史也。我们除设宴欢迎外，并特出此刊纪念之。"12月21日，《顺天时报》"听花"专栏发表文章《韩世昌东游纪念号》。文中盛赞傅惜华主编的《北京画报》出版《韩世昌东游纪念号》一事："韩伶他年若有再渡之事，翻阅此号，回想曾游，岂无感于怀耶。"其认为这本《北京画报·韩世昌东游纪念号》定是一本"绝好之纪念品"。

在有关韩世昌1928年赴日演出的各类宣传报道中，日本各新闻媒体还纷纷以"看过一次韩世昌表演，梅兰芳也会惊叹"（一度び韓世昌の技を看るに及び、彼れ梅蘭芳も「我れ遠く及ばず」と驚嘆し）、"中国名优韩世昌与梅兰芳并称"（支那名優韓世昌は梅蘭芳と並び稱せられる）、"远胜于梅兰芳的中国名优来日"（梅蘭芳に勝る支那名優が來る）、"作为昆曲演员第一人通过一部戏曲比梅兰芳还受欢迎的韩世昌"（崑曲俳優の第一人者として一部の劇通間には梅蘭芳以上の人氣をもつ韓世昌）等为题将韩世昌赴日演出盛况与梅兰芳1919年、1924年赴日演出盛况相比较，而对韩世昌的赴日演出最多的评价是"韩世昌是昆曲最后的名伶"（韓世昌は崑曲最後の名優である）。

韩世昌作为历史上中国昆曲出访日本的第一人，此次访日演出在两国间的文化艺术交流与展示中国昆曲艺术魅力上是历史性的，是成功的。但在当时的历史背景下，受历史局限，韩世昌访日演出也受到一定的非议与诟病。但事实上，因韩世昌的力陈，韩世昌此次赴日演出并没有去"大博览会"上设立的有政治背景的"满蒙馆"演出，"韩世昌是北京与河北省为中心的北昆为主，与满蒙并无任何关系"（韓世昌は崑曲の中でも北京や河北省などを中心とする北崑を主とするがそれでも満蒙とは関係ない）、"韩世昌只是以北京为中心较活跃的艺人，与满蒙没有什么特殊的关系"（韓世昌は北京を中心に活躍する役者であるから、満蒙とは本来特に何の関係もない）。

为什么日方会邀请昆曲名伶韩世昌去日本演出，一些日本学者与研究者认为："韩世昌的昆曲被捧为至高的文化，在庆祝日本最具象征性的大典时，比起有些俗的京剧，高雅的昆曲更相得益彰。""梅兰芳曾在1919年、1924年赴日公演，因此当时在日本一提到中国戏曲大家都会想到梅兰芳，反过来说，比起大家熟知的京剧演艺者，昆曲大家韩世昌的公演将会变得非常值得一看。"精通中国戏曲的波多野乾一[1]则说的更直接："想在'御大典'上让日本人观看中国戏曲，而梅兰芳已经并不稀奇了，依照满铁的寻求变化这一根本方针物色了韩世昌。"（大禮博で日本人に支那劇を見せたい。梅蘭芳はもう珍しくないから、何うか變つたものをといふ根本方針が本社で立てられ、それに從つて韓世昌一派を物色した）[以上日文原文见 NAKATSUKA，Ryo（中塚亮）：《韓世昌による崑曲来日公演とその背景について——満鉄の弘報活動との関係から》，名古屋大学附属図書館研究年報 Annals of Nagoya University Library Studies No.6，第6号，2007年，2008年3月31日発行]

说到韩世昌，就不能不重视他1928年赴日本演出一事。这是有关昆曲的国际交流的重要事件。不过这件事既关乎艺术，也涉及政治了。因为韩世昌的赴日演出，是日本南满洲铁道株式会社（简称"满铁"）以寒河江坚吾和青木正儿的名义向韩发出的书面邀请。是参加为昭和天皇加冕而举办的京都大博览会，为中国昆曲观赏会献艺。日本有一批人士很崇尚中国传统文化，他们不仅热衷于中国古典文学，对中国戏曲也情有独钟，帝国大学、东京大学甚至还设昆曲课。当时在日本本土和在中国的一些日本学者和报人，很热爱中国戏曲。他们有的研究中国戏曲多年，出版过专著，如学者青木正儿、记者辻听花等；有的在他们的中文或日文报刊上，经常评论京剧，也评论昆曲，还

---

[1] 波多野乾一（1890—1963），原名榛原茂树，日本知名汉学家，早年留学中国，后长期在中国从事记者职业，对中国戏曲有着浓厚的兴趣并致力于系统的研究，著有《京剧二百年历史》（《支那劇と其名優》）等。

组织过重大的戏剧活动。如日本国外务省在北京出版的中文报纸《顺天时报》，于1927年曾举办"五大名伶新剧夺魁投票活动"。1918年，韩世昌随荣庆社初进北京时，即受到《顺天时报》的关注，该报发表过通讯和评论。1928年韩世昌访日，《顺天时报》也一路跟踪报道。至于邀请韩世昌访日的日本"满铁"，则是一个非常复杂的殖民机构。它的活动范围涉及政治、经济、文教、科技、卫生、新闻、通讯等等，是日本贯彻在华的殖民政策的急先锋。"满铁"邀请韩世昌等赴日演出的任务是明确的，只是一个文化交流项目。至于效果如何，1928年10月3日《顺天时报》发表听花的专栏文章《韩世昌赴日献技》说，韩世昌"一游扶桑，粉墨献技，阳春白雪，高山流水，深受一般雅客之热烈欢迎，且有补两国剧界之联络，不卜可知矣"。（引文见胡明明、张蕾《韩世昌年谱考略》）"九一八"事变前，中日民间文化交流还算正常，有不少中国的戏曲班社到日据地区演出过。

　　1928年，韩世昌的访日演出更使得一些热爱中国戏曲的如狩野直喜、内藤湖南、铃木虎雄、青木正儿等日本学者与如辻听花、波多野乾一等中国戏曲的研究者在普及与研究中国戏曲，特别是普及与研究中国昆曲以及普及与研究韩世昌昆曲表演艺术等方面取得了一系列积极的卓有成效的研究成果，这些学者和中国戏曲的研究者在日后均成为了代表日本研究中国戏曲最高成就的奠基者与前辈而被后来者树为楷模，他们的研究成果对后来中日两国间文化艺术交流和学术性研究等方面的进一步相互传承与发展具有开拓性的历史意义。张蕾、李霄《青木正儿与韩世昌——韩世昌1928年赴日与日本"京都学派"》载：韩世昌是北方昆曲一代名伶，其1928年代表中国昆曲第一次赴日演出更是被日本学界称为"复兴昆曲的伟人"。而作为韩世昌1928年赴日演出邀请人之一的青木正儿则是战后日本著名的"京都学派"中承上启下的一位研究中国古典戏曲的知名日本学者。20世纪上半叶，狩野直喜、内藤湖南、铃木虎雄、青木正儿等一批受近代西式教育成长起来的日本学者以实证论为其"中国学"的理论支撑，以"实事求是，义理明彻，不恃聪明而向壁虚造，不务易入俗耳以邀世誉"的治学精神，以"卓然自守，持风气而不为风气所动，斯之谓真读书人"的治史态度，对"中国学"特别是中国古典戏曲进行了一系列不懈的深入研究，取得了卓尔不群的研究成果，青木正儿正是他们当中杰出的代表之一……综上，通过学者青木与名伶韩世昌的历史交往，日本中国学"京都学派"这种不仅强调"纸上（史料）"与"地下（文物）"的考据，同时也强调"场上（剧场）"之体验的"三位一体"式的"实证"史学研究方法，显然是丰富了王国维"幸于纸上之材料外，更得地下之新材料"的"二重证据法"，这对当今我们戏曲史学研究无疑具有积极的借鉴意义。

　　从韩世昌日本演出回来后的情况看，有以下两点发生了明显的变化：1.已经是北方昆曲名角的韩世昌与"荣庆社"的关系较几年前发生了明显的变化，韩的身份从"所属"变得更趋向"自由"。2.韩世昌去日本演出虽然带了一些"荣庆社"的演员，但相当部分是"荣庆社"以外的演员，其中包括之前就搭"斌庆社"的耿斌福、殷斌奎。没有以"荣庆社"的名义赴日表明了韩世昌在"荣庆社"的"名号"已经从"实"变为"虚"，韩世昌本人已经有了相当的"自由度"。

## 1929年（民国十八年　己巳）　31岁

1月21日，韩世昌、耿斌福、小奎官在"广德楼"演出《游园惊梦》。

1月23—24日，韩世昌、小奎官、陈福瑞在"广德楼"演出《蝴蝶梦》。

2月1日，《顺天时报》发表辻听花文章《双游园惊梦》。

3月23日，《顺天时报》发表《韩世昌入"三庆"之可喜》一文，文中写到："昆曲名伶韩世昌，出身荣庆昆弋社，因荣庆社下乡，韩伶不愿，独自一人留北平，偶演堂会戏。然终嫌势孤力单，不能自行成班，被广德楼斌庆社所约，演唱以来，上座尚可。但白玉田等忽而来北平，并有朱小义在三庆园演唱，无形中，双方竟成对垒之局面。"……"今幸得外界友人之力挽狂澜，双方个愿携手合作。""韩伶毅然退出广德楼，择日加入三庆。若韩、白能合演最受欢迎之《佳期》《拷红》《游园惊梦》《金山寺》等剧，必更为一般题曲所佳许，更望该社全体，放大眼光，从廉戏价，不必因韩伶之加入，特将戏价定的过昂，致令观众望之却步，则营业前途，定能持久不衰，可以长久维持下去。"文中在提到韩、白合演时特别提到白云生可串小生。

11月，参加由傅芸子、傅惜华等发起成立的民间社团"昆曲研究会"，韩世昌为特别会员。

【案】

1月1日，《顺天时报》登载"北平剧界电话一览表"。该表公开了当时京剧、昆曲界最有名演员私宅电话，昆曲界只有韩世昌一人（电话：南分局一三五八，住址：打磨厂德泰皮店）。

1月14日，《顺天时报》登载"庆生社"将在"三庆园"[1]演出的演员预告，演员为陶显庭、朱小义、白玉田、郝振基、王益友。1月20日，《顺天时报》登载"庆生社"将在"三庆园"演出预告：白云生《思凡》，郝振基、王益友《棋盘会》，陶显庭《醉打山门》，朱小义《夜战马超》，白玉田《相梁·刺梁》。

---

[1]三庆园：北京老戏园子之一，始建于清代，地处前门大栅栏，为徽班晋京时最早的演出场所，谭鑫培、梅兰芳、尚小云等曾在此长期演出。戏台前曾经有一副抱柱联："假象写真情，邪正忠奸，试看循环之理；今时传古事，衣冠粉黛，共贴色相于斯。"该戏园1958年停用，2012年重张。

庆生社，北方昆弋班社。1928年秋，白云生租赁戏箱，组昆弋"庆生社"，以朱玉鳌为管事，邀集"荣庆社"部分演员如郝振基、陶显庭、侯玉山、王益友、魏庆林、吴祥珍等于1929年元旦起演于北平前门外大栅栏三庆园。白云生又邀白建桥（小生）、白玉田（旦）父子及随尚和玉搭皮黄班的原昆弋演员朱小义（武生）、张德发（武净）入班合作。曾迁演于西四新丰市场"和声园"、东四商场"景泰园"等处。后白氏父子脱离，又邀入昆旦新秀庞世奇。1929年8月10日，戏目为王益友《夜奔》，侯玉山《通天犀》，陶显庭《功臣宴》，郝振基《花果山》，庞世奇《思凡》，白云生、张荣秀《相梁·刺梁》。1929年9月16日起"庆生社"演于天津天祥市场四楼新欣舞台，白云生与庞世奇争演大轴，庞世奇声誉胜于白云生。至1930年2月底"庆生社"停办，庞世奇、郝振基、陶显庭等转入"宝立社"。1933年初夏，"荣庆社"在深县满季散班，复由白云生在北京租赁戏箱，仍以朱玉鳌为管事，重组"庆生社"，将"荣庆社"大部分演员邀至天津。5月底再演于新欣舞台，后又回到北京，演于吉祥戏院。青年演员侯永奎（武生）、马祥麟（旦）、孟祥生（丑）、李凤云（花旦，女）等被观众称誉为后起之秀。除日常演出昆腔本戏、单出戏外，并由朱玉鳌等演出了弋腔《十二连城》，昆弋合演的本戏《蝴蝶梦》《琼林宴》《千金记》和《青石山》等，演出维持了将近半年。1938年至1942年，在北京仍时有演出。1943年，韩世昌、白云生重新合作，由白云生再组"庆生社"，主要演员只有韩世昌（旦）、白云生（小生）、侯永奎（武生）、刘庆云（武生、老生）、魏庆林（老生）、常连太（旦）、李凤云（旦）等，鼓师朱可义，笛师高步云。田瑞庭（笛师）、田菊林（旦）父女及张德发（武净）等亦曾参加合作。1943年至1948年间断续演出于北京吉祥、华乐、长安和灯市口建国东堂等处和天津国民、中国、新中央等戏院。因演员和伴奏乏人，遂请北平昆曲学会业余曲友张荫朗、傅雪漪、李体扬、吴龙起、刘吉典、张琦翔等助演。后期遂将"庆生社"改称北平昆曲社。

1月25日，由白云生（1902—1972）组班的"庆生社"在北平"三庆园"演出。白云生时年27岁，开始在北方昆弋的舞台崭露头角。白云生是北方昆曲及北方昆曲剧院重要代表人物，历史上有"韩（世昌）白（云生）"之称。白云生是韩世昌多年的朋友，他们在民国九年（1920年）同班。他原搭白玉田的祥庆社、李宝珍的宝山合（白玉田也入了宝山合），后来他同白玉田一同加入了荣庆社，他唱的也是旦角。庆生社（白云生）先后成班散班，演员或聚或散，偶或来京不久又下乡，在北京也待不长。现存史料中目前能见到的最早的一张白云生参加演出的戏单[1]是1923年10月13日白云生以白瑞生之名出演的《昭君出塞》，旦角应工，时年21岁。韩世昌、白云生第一次全面合作是1924年"城南游艺园"的演出。白云生以"白瑞生"之名排在韩世昌之后。白云生是早期北方昆弋演员里具有一定文化素质和修养的演员之一，后来的历史表明，这是白云生成为集编、导、演为一体的一个非常重要的因素。

从"庆生社"在北平"三庆园"的演出戏单可以看出，白云生在《刺虎》中是以"旦角"应工饰演费贞娥，表明此时白云生与韩世昌的"韩（旦）白（生）配"尚未正式成型。另外，从"庆生社"的主要演员来源看，基本是从"荣庆社""挖"过来的，剧目上仍以昆弋为主。历史上，各类北方昆弋班社组了又散、散了又组的"合班"与"分班"现象

---

[1] 北方昆弋演员韩世昌、陶显庭、郝振基、侯益隆、王益友、陈荣会、白瑞生、马凤彩、张文生、高祥云、朱小义等和京剧演员余叔岩、陈德霖、尚小云、徐璧云、马连良等"学隐堂寿宴"戏单。白瑞生即白云生。

非常普遍，或起用新名字，或沿用老名字。因班社属私人性质，故在选聘演员上，大体上遵循着演出市场优胜劣汰以票房号召力为唯一标准的规律。

8月，白云生的"庆生社"邀庞士奇（又写为庞世奇）入班。8月19日，傅惜华与庞士奇合作，韩世昌与马祥瑞合作以堂会的形式分别演出了《惊梦》与《游园》。

昆曲研究会成立于1929年，由刘澹云、舒又谦、傅芸子、傅惜华、耿幼山发起。会员有刘雁声、张润宇、耿幼山、黄邦玮（女）、陈耐庐、王剑锋、黄旭东以及日本人智原喜太郎等，特别会员有韩世昌等，顾问有溥侗、胡子钧等。相对于醉韶社而言，昆曲研究会有固定的会址，它采取的是一种敞开门办会的方式，公布于《北京画报》的《昆曲研究会简章》显示了它在吸收会员上更加宽松、开放的态度：不限定性别、国籍、水平等，只需"爱好昆曲，有志研习"并有其他会员介绍。不过研究会更加强调学术研究，而且研究的范围也扩大为学理研究方面，包括曲史、制曲、谱曲、度曲、音乐、化装、表演、剧场、曲谱辑存9项，剧艺实习方面包括度曲、表演、音乐、化装4项。因为会员中有不少人是醉韶社社员，所以不妨推测昆曲研究会对醉韶社的学理研究、演剧实习并重的模式有所继承，同时，它又有所发展，对举办展览、讲演、公演等能够面向更多大众的宣传，提倡昆曲的形式也进行了有益探索。昆曲研究会为会员中的初学昆曲者开设研究班，从度曲、话白至身段做工，使他们最低能在舞台上表演，实习剧艺，然后进入学理研究。

从韩世昌1929年的情况看，与北京的皮黄演出情况比，昆曲的演出情况依然严峻，白云生组班的"庆生社"只是"昙花一现"，并没有形成演出气候，韩世昌虽然已经是昆曲名伶，但基本上还是处于"打一枪换一个地方"的状态。造成上述情况的原因很多，既有外部的，也有内部的，但最主要的是没有一个专业昆弋班社，没有一定数量的演员和剧目，没有一个相对固定的演出场所，更没有新的剧目和新的演员，这使得韩世昌"孤掌难鸣"，艺术上很难进一步发展。至于"因荣庆社下乡，韩伶不愿，独自一人留北平"的个别说法，现在回头看，当时在北京的昆曲职业演员仅剩韩世昌一人矣，面对京城众多皮黄班社、演员、演出和票房与观众，虽无法再呈1918年"荣庆社""天乐园"昆弋演出之盛况，但"人在阵地在"却是不争的事实，如韩世昌也离开北京，北京便无一职业昆曲演员，恐北方昆曲的历史或将改写。

是年，"益"字辈北方昆弋名角侯益才去世。侯益才系"荣庆社"创建人之一，侯永奎之父、侯少奎爷爷。1918年起，侯益才与韩世昌经常合作的剧目之一为《琴挑》。

## 1930年（民国十九年　庚午）　32岁

7月27日，最重要的老师之一陈德霖去世，韩世昌向陈德霖学了一些昆曲和京剧剧目。

是年，傅惜华在《北京画报》上发表《昆曲名伶韩世昌之〈游园〉戏像题记》。韩世昌饰演"杜丽娘"的剧照第一次公开出现在媒体上。

【案】

关于韩世昌不演京剧的问题，韩世昌在他的自述《我的昆曲艺术生活》中有解释。史上也有众多说法，如："世昌因鉴于昆曲之不为时重，遂欲改习皮黄，并拜于老伶工陈德霖之门，但究因先入为主，彼又年事已长，短时间殊难见功，故迄今犹未见其以皮黄示人。"（张克等编：《梨园老照片》，吉林文史出版社，1993年，第177页）"昆曲之武剧，俱已并入皮黄，而俞振飞，亦以文剧化如皮黄，则昆曲行将为皮黄附庸。"（杜善甫：《与梅花馆主谈昆曲》，《半月戏剧》，1934年）甚至还有"世昌为了身份和名誉的关系，不甘心再到民间去唱野台子戏，虽然在北平顾不住开支，可是也得挺着唱"（田禽：《河北省昆曲会的人材》，《半月戏剧》，第五卷第一期，1934年）之说。在已知的民国史料中，确未见到过韩世昌正式演皮黄的任何文字报道和广告，"反串"皮黄也没有。即便搭皮黄班或"堂会"演出等，韩世昌也坚持演昆曲。韩世昌演皮黄不是不能也，而是不为也。历史上，一般职业昆曲演员因种种原因演皮黄或者离开北京其影响不大，各类昆班和演员进进出出也是常有的事情，但如果已经成为北方昆曲旗帜的韩世昌去演皮黄或者离开北京，无疑对北方昆曲的影响则是巨大的，甚至是毁灭性的，这就是当时的历史现状。韩世昌这种"特立独行"的品行为当时处于极端艰难困境中的北方昆曲留下了最后一点尊严与希望。

## 1931年（民国二十年　辛未）33岁

与保定的刘书香结婚，此为第二段婚姻。

9月18日，"九一八"事变爆发，日本侵占东北三省。

【案】

《我的昆曲艺术生活》载：结婚以后，我们一起上石家庄演唱了一个时期，过年的时候回到了家里，在家住了八个月之久。这一年刘书香生了次女秀兰（大女儿为韩秀冬）。冬天由家里出来到了北京。

## 1934年（民国二十三年　甲戌）　36岁

是年，白云生由旦改生。"韩（世昌）、白（云生）配"正式示人。

是年，赴山西太原，与白云生新排了一出昆曲《归元镜》。《我的昆曲艺术生活》载："当时还排了赵戴文填制的曲本《归元镜》。《归元镜》中人物多是神佛，是迷信戏。曲谱是曹心泉打的，当时在太原只排了一半，后半部没排。原计划再去太原时演后半部，后来没有实现。"

8月，赴高阳演出。

9月，赴保定演出。

11月，赴天津演出。

是年，汪笑侬在河北保定发起开办"戏曲改良社"。侯瑞春聘为戏曲改良社的总导演，韩世昌聘为戏曲改良社教务主任。

是年，齐如山的"国剧学会"设立曲会，陆宗达主持。特邀韩世昌、侯益隆、白云生、侯玉山、田瑞庭等指导，参加者有朱家济、朱家濂、朱家溍、傅惜华、宗澹云、谭其骧、张谷若、李永侚、李保勋、赵元方、戴明扬、岳少白、周复、张纫秋、吕静方等。

【案】

4月，韩世昌、白云生赴山西演出。白云生改"旦"为"生"，"韩（世昌）、白（云生）配"正式形成。在之前很长一段时间里，韩世昌作为一名"乾旦"演员和早期一些昆弋演员都曾演过"对手戏"，但因年龄差异、形象气质、艺术感觉、配合默契等原因一直未有相对固定的"对手演员"，这在一定程度上限制了韩世昌的艺术发展。而另一方面，作为已经是名伶的韩世昌也确实需要一名与其相般配的对手演员。《我的昆曲艺术生活》载：我去太原演出。先到石家庄演出了一个多星期，然后到了太原。在太原承庆园第一天的打炮戏是《佳期》《拷红》，这时我和白云生合作了，他改演小生。在太原演出的剧目，除我常演的"两刺一闹，思期带拷"以外，还演了《翡翠园》中的精华《盗令》《吊监》《杀舟》《游街》等折。

在太原期间，韩世昌与白云生还新排了一出《归元镜》[1]。《我的昆曲艺术生活》载：当时还排了赵戴文填制的曲本《归元镜》。《归元镜》中人物多是神佛，是迷信戏。曲谱是曹心泉[2]打的，当时在太原只排了一半，后半部没排。原计划再去太原时演后半部，后来没有实现。1934年，韩世昌最重要的艺术活动是在行当搭配上形成了"韩白配"。在"韩、白"正式搭档之前，韩世昌、白云生已经曾在不同场合有过一段时间的磨合，以后的历史证明，韩世昌、白云生的选择是正确的，在"韩白配"问题上，起到积极推动和决策作用的韩世昌的老师侯瑞春的决定也是正确的，"韩、白"成为了北方昆曲及北方昆曲剧院历史上艺术最成熟、配合最默契、表演最经典、影响也最大的一对儿。

《我的昆曲艺术生活》载：由太原回到石家庄，在正定、定州做了短期演出，然后于8月到了高阳。我虽是高阳人，但在高阳城内演出这还是第一次。在高阳演出了一个月。到了保定，在莲花池演唱半个多月光景，然后回到了北京。在保定演唱的时候，被聘为保定戏曲改良社戏曲改良学校教务主任，侯瑞春先生被聘为戏曲改良社的总导演。戏曲改良社是汪笑侬发起的，当时汪笑侬常排演新戏，多借历史讽刺时事。后来汪笑侬死了，这个社也就垮了。在天津演唱一个多月，到年底才回北京过年。

是年，高阳县河西村人侯炳文[3]购置戏箱，邀约原"宝立社"部分昆弋演员，又借来原河北束鹿旧城王芗斋"束鹿祥庆社"班牌，重组"祥庆社"演于河北乡间一带。

---

[1]《中国昆剧大辞典》"剧目戏码·明清传奇"载:《归元镜》系明僧人智达作。写佛教净土宗（也叫"莲宗"）主要人物庐山（慧远）、永明、云栖（莲池）三祖的身世故事和衣钵相传的经过。剧名全称《异方便净土传灯归元镜三祖实录》，故又名《传灯录》。全剧共四十二分（即四十二出）。有乾隆间刊本，又有上海有正书局民国七年（1918）石印本。据清代鲍畛《道腴堂诗编》卷十四《观剧诗》记事，鲍畛在雍正年间看过昆班演出《归元镜》。可见此剧在历史上已是昆班的传统保留剧目。韩世昌、白云生所演《归元镜》为前半部十三折。

[2] 曹心泉（1864—1938），昆曲音乐名家，安徽怀宁人，出身梨园世家，其祖父曹凤志与父亲曹春山皆为昆曲名生。曹心泉幼习小生，后改学场面，精通多种民族乐器，如笛、月琴、古筝等。尤擅昆曲，并能记谱、作曲等。曾与老夫子陈德霖等结金兰之好。1929年昆曲专家傅芸子、傅惜华等人发起成立昆曲研究会，曹心泉任顾问。1932年至1936年，曹心泉被聘为南京戏曲音乐北京分院研究所特约研究员，并为该所主办的《剧学月刊》大量撰稿，传播昆曲艺术知识，发表了不少有学术价值的文章。曹心泉先生通晓律吕，妙达音声，所制曲谱积稿充栋，其中颇多别出心裁，创为新格。曹心泉所传曲谱有《昆曲零折曲谱》《清宫秘谱零忆》《丝竹锣鼓十番谱》《琵琶谱录》等。著有《清代内廷演剧回忆录》《近百年来昆曲之消长》等。

[3] 侯炳文（1877—1929），北方昆弋名角，工青衣、花衫。河北玉田县人。十二岁入本县达王庄益合昆弋班坐科。1895年前后出科，后随班演于京东乡镇。1900年庚子乱起，益合班散伙，遂与胞弟侯益太及师兄弟王益友、唐益贵、李益仲等散走京南，后落户于饶阳县。先后搭高阳县庆长班及无极县和丰、和翠班，演于冀中村镇。1911年与马凤彩、侯益隆等合资创办昆弋荣庆社。

## 1935年（民国二十四年　乙亥）　37岁

是年，北方昆弋历史上唯一一位女性旦角演员李凤云（白云生夫人）随韩世昌、白云生在保定演出《西厢记》。李凤云饰崔莺莺，白云生饰张生，韩世昌饰红娘。

10月，赴天津"小广寒"演出。剧场打出"不惜歌者苦，但伤知音稀"。

是年，天津《大公报》发表傅惜华写的《说〈佳期〉》："……至于今日演此剧而杰出者，惟韩世昌、梅兰芳二人耳。"发表傅惜华写的《〈游园惊梦〉之花神》："《游园惊梦》，系明人汤显祖《还魂记》传奇（即《牡丹亭》），最称妙绝之一剧，惟今日歌场所演者，较之汤作原本，曲文排场，歧异之处颇多，盖为明末冯梦龙改订之本也。此剧自春台班报散后，数十年来，已罕睹于梨园，几成绝响。迨民国七年秋，溥西园（红豆馆主）姻丈，组织言乐会曲社，尝彩爨于江西会馆。乃倡重排此剧，由会友袁寒云君扮柳梦梅，陈德霖扮杜丽娘，刘梦起君扮春香，李寿峰扮杜母，李宝枢君扮大花神，包丹亭君扮正月花神，杨株森君扮女花神；并由赵子敬君掌鼓板，赵子衡诸君之场面。……其后韩世昌即继演于天乐园，而吴富琴、梅兰芳、俞步兰、尚小云、程艳秋诸人（次序系按排演之先后而言，无所轩轾）陆续演唱，然瑕瑜互见，各有短长也。"

【案】

韩世昌在《我的昆曲艺术生活》中曾几次提到过李凤云，一次是祥庆社南巡演出到河南开封"我和白云生、李凤云、刘福芳演《百花亭》"；一次是在武汉汉口"我演出的是《昭君出塞》，白云生的《八阳》，李凤云的《学舌》"等。

10月3日、5日，韩世昌、白云生等以"荣庆社"的名义赴天津小广寒戏院演出，其主要演员为：韩世昌、马祥麟、侯永奎、白云生、郝振基、侯益隆、魏庆林、张文生、吴祥珍、张荫山。除韩世昌、白云生外，其主要演员中出现了马祥麟（马凤彩之子）、侯永奎（侯益才之子）等人的名字。

自昆弋班社进京以来，受北京、天津、上海等大城市各种时尚风气和皮黄时剧的影响，一些年轻的昆弋演员艺术风气活跃，眼界开阔，愿意接受和尝试各种新思维、新观念，昆弋班社的剧目也发生了重要变化，纯粹的昆腔剧目逐渐增多，"土调土音"的弋腔剧目则逐渐减少。随着一些老辈儿善演弋腔的演员逐渐衰老和去世，象征着北方昆弋双腔中的"弋腔"（高腔）式微，象征着北方昆弋时代开始向着北方昆曲时代的过渡。

韩世昌1935年天津"小广寒"部分演出广告

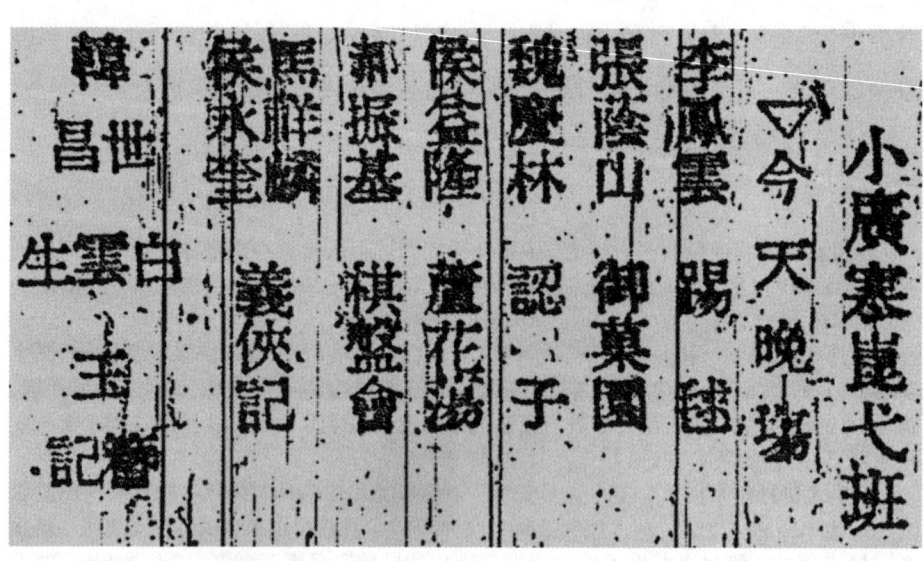

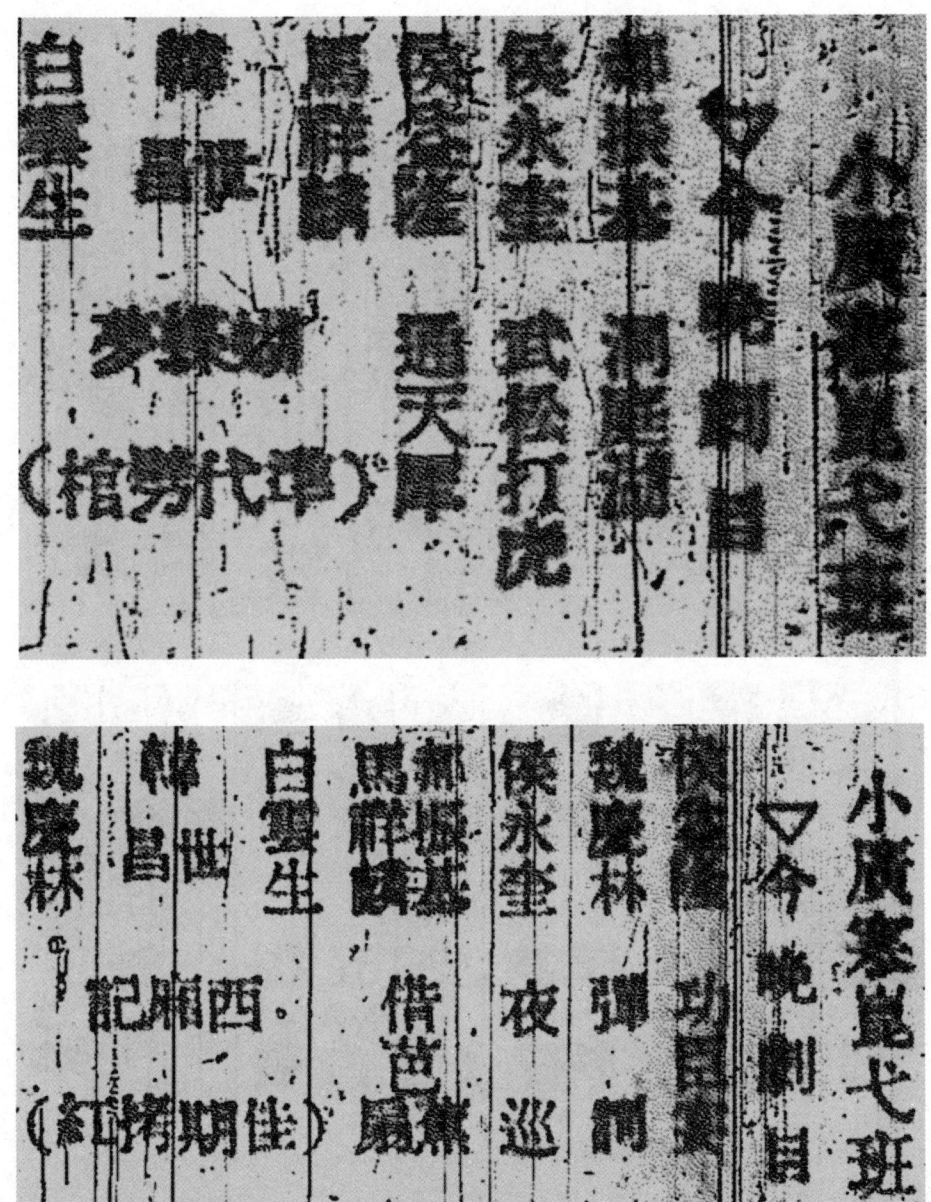

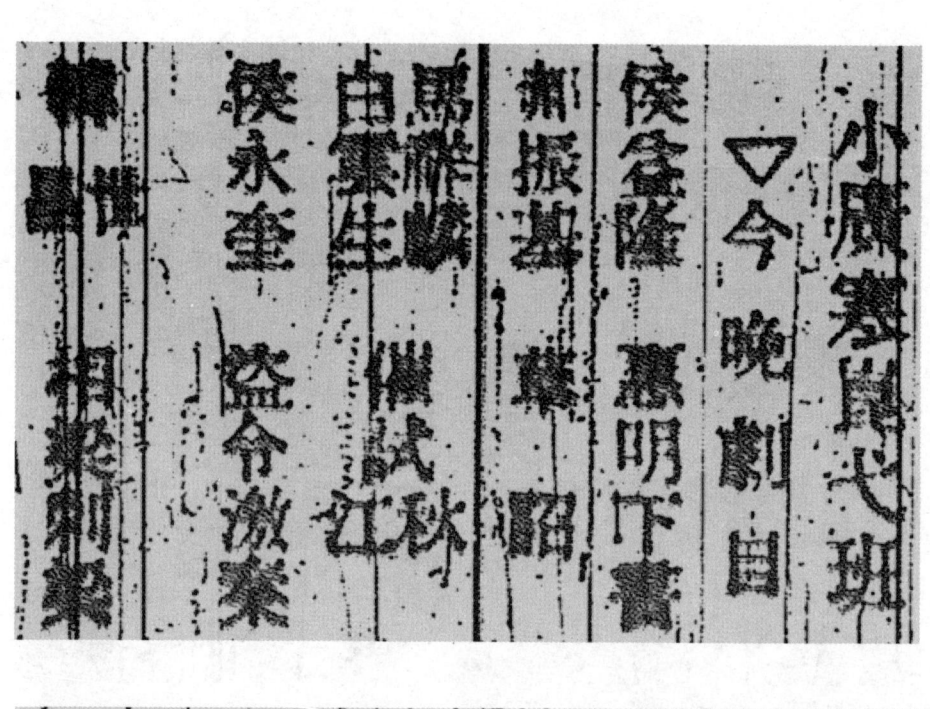

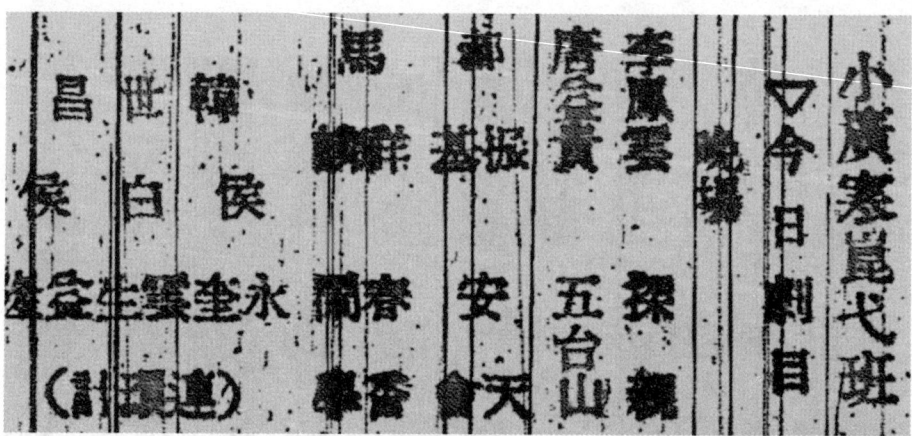

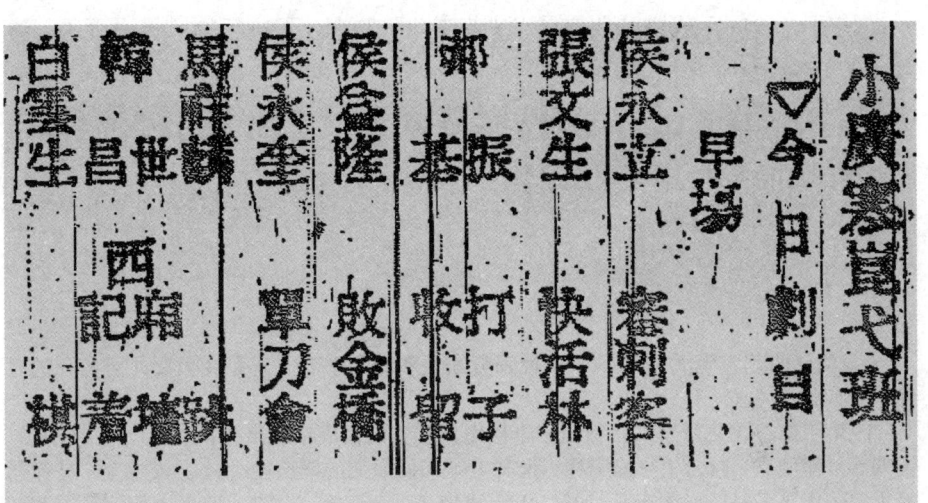

小鳳裳員弋班 ▽今日劇目 早場
侯永立 崔刺客
張文生 快活林
郝振基 打子 收留
侯金隆 敗金橋
侯永奎 單刀會
馬府祿 西廂記
韓世昌 跳牆
白雲生

小鳳裳員弋班 晚場
張金山 出塞關
王榮軒 碰碑
侯金隆 三国帳
郝振基 打囚車
馬府祿 霸王
侯永奎 別姬
白雲生
韓世昌 驚夢 遊園

## 1936年（民国二十五年　丙子）　38岁

2月，大女儿秀冬去世，年仅16岁。

是年，1911年成立的北方昆弋"荣庆社"在经历了25年的风风雨雨后，终于正式"分箱"。

11月3—4日，随"祥庆社"在开明戏院演出。之后，随"祥庆社"开始全国六省十二市巡演。

【案】

《我的昆曲艺术生活》载："荣庆社闹分家是冬冷的季节，正是我大女儿秀冬死的时候。那年她十六岁。"

1936年初，在北京李铁拐斜街华丰楼由侯瑞春向侯成章提出分箱，荣庆社"分裂"。侯瑞春、韩世昌、白云生、魏庆林、张文生等入侯炳文的祥庆昆弋社。侯永奎、马祥麟等重组荣庆昆弋社，侯永奎任社长，以天津为基础，演于京、津一带。主要演员有郝振基、陶显庭、侯益隆、吴祥珍、白玉珍、张益长、邱惠亭、王树云、崔连和、王鹏云、许金修等。

侯少奎、胡明明《大武生——侯少奎昆曲五十年》载：1935年，荣庆社闹"分箱"，就是闹分裂。旧社会，戏曲班社发生"分箱"的事情很多，无外乎几个原因：一是经济的问题，维持不下去了；二是班主发生变故，易主了；三是合伙人内部或主演发生分歧。那时的戏班用现在的话说，就是完全市场行为，你有钱，拉几个会唱会演的演员，置办几套行头（戏箱），起个名就是一个班社。当时北方京、津一带，包括农村，大大小小班社好几十个，自生自灭。荣庆社自1911年成立后，发展比较快，后来主要在城市里演出，如北京、天津，聚集了一批有名气的昆弋演员，时间久了，难免要发生分歧。客观地说，戏班"分箱"在一定程度上有利于演员的发展。比如对侯永奎来说，要不是荣庆社"分箱"，可能不会有他后来的成就。荣庆社"分箱"前，韩世昌、白云生、马祥麟等和侯永奎一起唱戏，闹"分箱"时，韩世昌提出不要马祥麟，让侯永奎跟他走，估计是因为马祥麟也是旦角。侯永奎说那不行，因为马祥麟和侯永奎合作的不错，侯永奎不同意。于是韩、白在一起，侯永奎和马祥麟在一起。"分箱"后，有人说："咱们以后套上牲口都不在一个槽子里吃草。"这句话当时是一气之下说的，很绝。其实，这句话在旧社会戏班很正常，竞争嘛，都是为了吃饭。没想到，二十几年后，韩世昌、白云生和侯永奎又走到了一起，先后在老北京人艺、北方昆曲代表团、北方昆曲剧院工作，这正应了"合久必分，分久必合"。当时侯永奎和马祥麟与韩、白的岁数差了十几岁，侯永奎的父亲侯益才也于1929年故去了。"分箱"时龙套四件一分为二，谁也没法穿。侯永奎一气之下说随便你怎么分就怎么分吧，就这样把箱给分了。人也分了，谁愿意跟谁就站在谁的一边。韩世昌那边有张文生（张小楼的父亲）、李凤云（白云生的夫人）、崔梁河等。侯永奎这边有郝振基、陶显庭、侯益隆、马祥麟等。韩世昌那边以文戏为主，侯永奎这边以武戏为主。（文化艺术出版社，2011年）

马祥麟在回忆录中写到了分家的过程：荣庆社从农村进入北京，当时仍沿袭着传统的制度：在生活上，睡大炕，吃大锅饭，每日收入大伙平分；在演出上，按戏码轻重与内容，排定开场戏、中轴戏和大轴戏；演员没有名次先后，大伙齐心协力，拧成一股绳。老先生们讲究传帮带，培养后进，青年们刻苦学习，钻研业务，表现出互尊互爱、互学互让的团结精神。后来因为收入渐多，有的主要演员搬出集体住宿地点，戏份要求多分，演戏争头牌，彼此之间的嫌隙越来越大。这种隐伏的暗潮，影响着已经衰落了的昆曲再度复苏，并且导致了1935年荣庆社的分家。荣庆社的班牌，分到侯永奎和我手里。这时侯瑞春把侯炳文的祥庆社昆曲班从束鹿县找来，韩世昌、白云生、魏庆林、侯玉山等就参加这个祥庆社。从此以后，两方人马，分道扬镳，各奔前程，有的老演员为此痛哭，感慨万分。

《我的昆曲艺术生活》载：1935年，在天津演唱时闹出了意见。当时白云生已接受了侯瑞春先生的建议改演小生，和我配戏了。分家时，荣庆社的班牌分给我了，但还借给侯益隆、陶显庭、郝振基、侯永奎、马祥麟他们用。我则与白云生、魏庆林等加入了祥庆社演唱。分家的事闹了相当长的时候，直到第二年正月戏箱才分完。

"荣庆社"在"解散"与"分箱"的问题上，自1919年后就一直不断，1928年后"荣庆社"基本退出了北京昆曲演出市场，而韩世昌和"荣庆社"的关系也基本处在一种"帮忙"的关系，韩世昌在北京主要是搭其他班社演出昆曲。

"荣庆社"分箱是北方昆曲的一件大事，其最终的结果是"花开两枝"，一枝为韩世昌、白云生的新"祥庆社"，以文戏为主；另一枝为侯永奎、马祥麟的新"荣庆社"，以武戏为主。客观上，北方昆曲基本上完成了从老一代向新一代传承的过程，已经奄奄一息的北方昆曲又有了新的职业昆班和演出平台，使得一些青年演员有了更多的演出实践机会，使得北方昆曲的血脉没有断流。

11月3日，韩世昌、白云生、侯玉山、郝振基、陶显庭、李仲益、崔和连、侯林汝等主要演员以及王祥凤、于桂芳、朱仁义、王益朋、许金修、张荣秀、于剑琴、孟祥林、张益长、王树亭、崔祥云、王三亭、胡庆元、王益荣、陶鑫泉、高景山、侯益祥、王文奎、李满堂等"祥庆社"其他演员在北平开明剧院（新中国成立后改为珠市口电影院）演出。11月4日，北平开明剧院韩世昌演出全部《佳期》《拷红》。

"祥庆社"开始全国六省十二市巡演。《我的昆曲艺术生活》载：我们祥庆社到南方做了一次巡回演出。经过了山东、河南、湖北、湖南、江苏、浙江六省，济南、开封、汉口、长沙、南京、上海、嘉兴、无锡、镇江、杭州、苏州、烟台等城镇，是一次长期旅行演出。这次演出影响很大，是北方昆曲剧团向南方传播艺术的大举动，时间之长，地方之多，是空前的。12月，"祥庆社"到达南京，正值"西安事变"（因事逢12月12日，史称"双十二事变"），未能演出。12月15日，白云生在南京拜吴梅为师，习南昆剧目。至此，在1918年韩世昌拜吴梅为师18年之后，北方昆曲两大当红领衔昆伶完成了"北南合璧"的艺术过程。

关于"祥庆社"全国六省十二市巡演的开始时间，在一些老艺人的回忆录中说法各异，没有定论。从1936年11月3日韩世昌、白云生、侯玉山、郝振基、陶显庭等在北平开明剧院演出的时间看，"祥庆社"全国六省十二市巡演的开始时间应该不会早于此之前。

《中国昆剧大辞典》载：12月10日，祥庆社巡回演出抵达南京。15日，举行了白云生拜中央大学吴梅教授为师的典礼。

毫无疑问，在所有北方昆弋班社中，"荣庆社"在北方昆曲历史上的地位和影响是巨大的，是无可替代的：1.从"荣庆社"1911年成立至1918年"荣庆社"晋京前，"荣庆社"只是活跃在河北乡村的一个乡间戏班，韩世昌在《我的昆曲艺术生活》是这样描述早期"荣庆社"的：民国初年，荣庆社跑野台子的范围，祁（祁州即安国县）、博（博野）、蠡（蠡县）、深（深泽）、无（无极）、饶（饶阳）、安（安平）是中心。在这些县跑的村子多。此外南到栾城、元氏、赵州、赞皇，西边贴山根到曲阳、获鹿一带，东到河间、献县、束鹿。正定府所属十四县几乎全去过，也走了保定府所属不少县份，河间、高阳县唱的时数少，其他地方唱的时数多。2.1918年初"荣庆社"的晋京是北方昆曲的一个极其重要的历史转折点，是从乡间"亦农亦戏"的民间戏班到大都市职业化驻场戏班的转变。"荣庆社"晋京对北方昆曲的传承与发展是历史性的，在北方昆曲的历史上是划时代的。3."荣庆社"为北方昆曲培养了一大批职业昆曲艺人。其中后来参加北方昆曲剧院建院的如韩世昌、白云生、侯永奎、马祥麟、侯玉山等都是先后在"荣庆社""锤炼摔打"培养出来的。4."荣庆社"为北方昆曲保留下一批经典传统剧目，这些有着北方昆曲艺术特色的经典"看家"剧目至今仍被北方昆曲的后人传承与发扬。5."荣庆社"在北京、在北方、在全国造就了一段北方昆曲的传奇历史，它的存在对中国昆曲的传承、发展与影响都是历史性的。如果没有"荣庆社"，如果"荣庆社"没有晋京，无疑，中国昆曲的历史、北方昆曲的历史都要改写。

韩世昌1934—1936年哈尔飞、吉祥、华乐等剧场部分演出广告

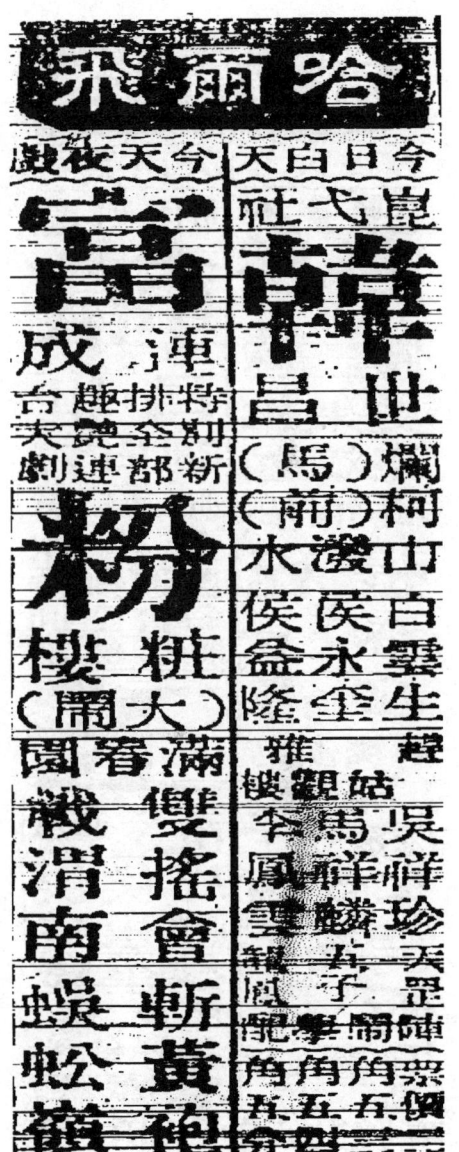

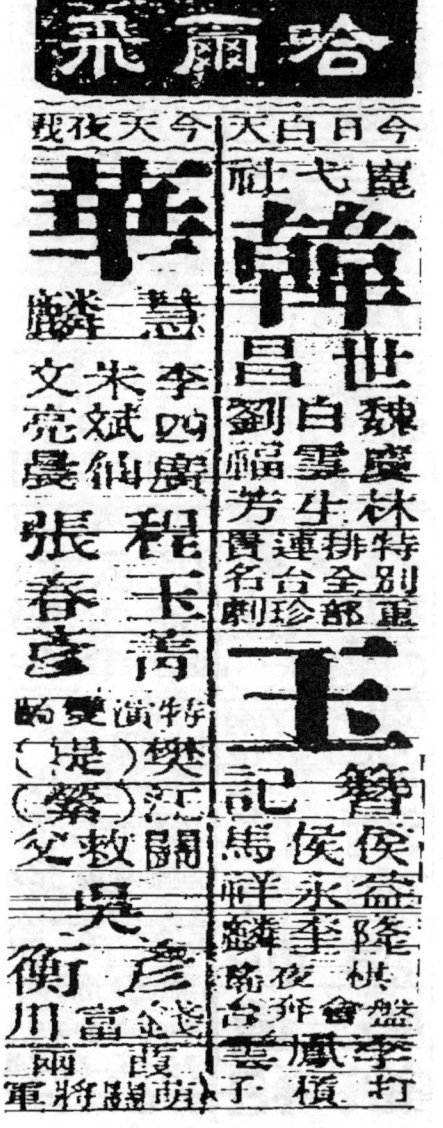

## 1937年（民国二十六年　丁丑）　39岁

1月13日，在上海恩派亚大戏院演出。这是继1919年到上海演出后事隔18年后第二次在上海演出。演出地点分别是：上海恩派亚大戏院、上海大中华大戏院。时间从1937年1月13日起一直延续到3月27日。

3月27日，"祥庆社"在上海的最后一场演出与被称为昆曲南派坤旦名角的施湘芸的"施家班"与"祥庆社"的韩世昌、白云生两大头牌同台演出昆曲。上海《申报》演出广告："熔南北两派大家于一炉，开沪上剧坛空前未有之盛举。"20世纪30年代成立的"施湘芸苏滩班"以苏滩为主兼演昆曲。当时南方昆曲"传"字辈艺人因昆曲衰落，苏剧盛行，生活所迫，周传瑛、王传淞、刘传蘅、沈传锟、周传铮、包传铎、王传蕖、方传芸、沈传芹、周传沧等先后改唱苏滩，其中王传蕖、方传芸、沈传芹、周传沧等加入了"施湘芸苏滩班"，周传瑛、王传淞、刘传蘅、沈传锟、周传铮、包传铎等则先后加入了"朱国梁苏滩班"。

春，赴无锡、镇江等地演出。

5月，赴杭州演出。

6月，赴苏州演出。

7月，赴南京演出时遇"七七"事变，抗日战争全面爆发。

12月15日，"祥庆社"举行了白云生拜吴梅师的典礼。至此，北方昆曲历史上最著名的一旦（韩世昌）一生（白云生）全部为吴梅亲授弟子，是北方昆曲历史乃至中国南北昆曲近现代历史上唯一一对得吴梅南派昆曲真传的吴门弟子。

【案】

《我的昆曲艺术生活》载：到上海，首先演出于旧法租界恩派亚大戏院，演出的剧目有《奇双会》《狮吼记》《思凡》《牡丹亭》《风筝误》等。后来又转到西马路跑马厅大中华剧场演出了《金雀记》《西厢记》等。中间曾有部分人在嘉兴的银星大戏院演出了七天，回来仍在上海演唱。1937年春，我们到无锡演出。在无锡演唱了不到半个月。我在那儿访问了设在公园的一个昆曲票房。据说这儿有四五十个昆曲业余爱好者,不过平日出席曲会的也就是八九个人。我去的那天才到了四个人。后去镇江,在镇江演出了半个来月。那儿票房人多,我们进去参观过。我们在镇江演唱时,还有人和我同台唱了《刺虎》。我们在杭州演唱了半个月。杭州有个市场,里面有戏园子,演苏滩,演越剧。我们曾观摩过他们的演出。在杭州,我们游览了西湖,三潭印月给我的印象最深,水深见底,非常清澈。我们特别参观了武松坟、雷峰塔遗址、岳王坟等,灵隐寺我们也去了。杭州也有票房,他们经常看我们的演出,还赠送我们条幅、对联。我们在苏州待的日子稍多一些,有一个来月。那儿票房中人很多,庞织文那时正在苏州。我们去参观那天,她还和白云生合唱了《琴挑》。我们在苏州演唱时,还有人和我们合演《奇双会》。在苏州我们也游览了当地名胜如虎丘等地。从苏州又到南京,恰恰赶上卢沟桥事变。在南京我遇见了楚晴波,他建议我们往西去。我们班中的人因回家心切,于是北返了。

韩世昌1937年南下巡演部分演出广告

■ "祥庆社"上海演出《申报》预告（1937年1月10日第八版）

■ "祥庆社"上海演出《申报》预告（1937年1月11日第四版）

■ "祥庆社"上海演出《申报》预告（1937年1月12日第七版）

■《申报》"祥庆社"上海首演广告（1937年1月13日第六版）

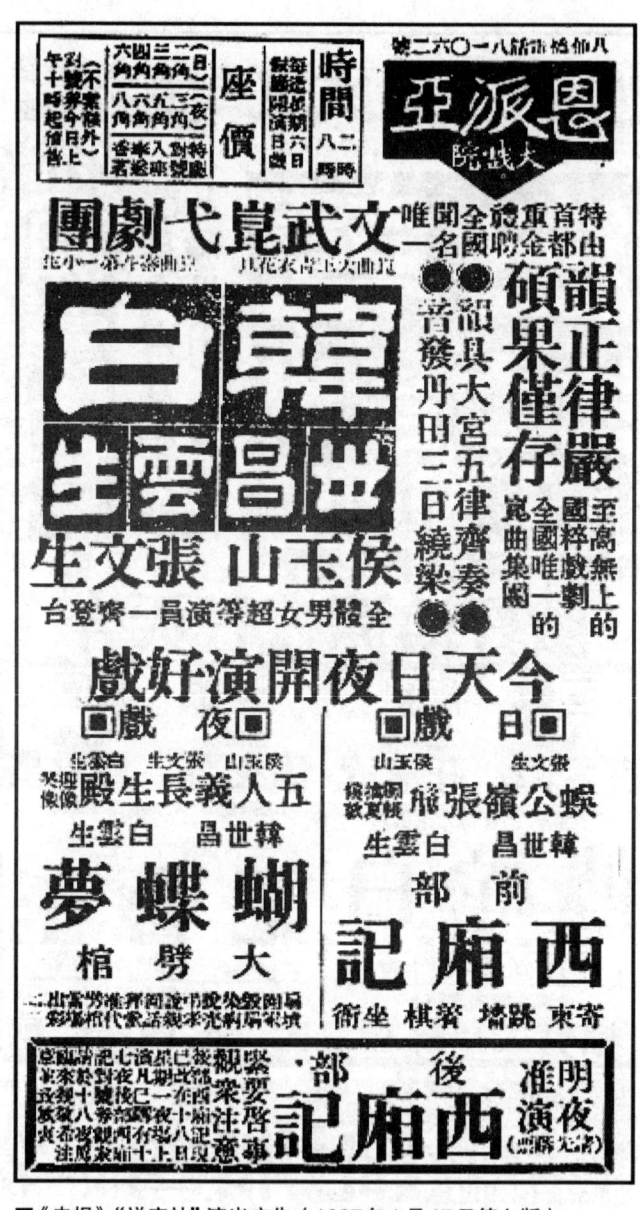

■《申报》"祥庆社"演出广告（1937年1月17日第七版）

■《申报》"祥庆社"演出广告（1937年1月20日第四版）

■《申报》"祥庆社"演出广告（1937年1月21日第七版）

■《申报》"祥庆社"演出广告（1937年1月22日第七版）

■《申报》"祥庆社"演出广告（1937年1月24日第七版）

■《申报》"祥庆社"演出广告（1937年3月24日第五版）

■《申报》"祥庆社"演出广告（1937年3月25日第七版）

■《申报》"祥庆社"演出广告（1937年3月26日第七版）

■《申报》"祥庆社"演出广告（1937年3月27日第七版）

## 1938年（民国二十七年　戊寅）40岁

是年，随"祥庆社"继续巡演，因华北战事，"祥庆社"在山东烟台被困8个月。

8月15日，"北京国剧学会昆曲研究会"成立。会长曹心泉，主持人傅惜华，顾问有王季烈、俞振飞、韩世昌、许雨香、包丹庭、童曼秋等，该会聘请了田瑞庭、高步云、侯瑞春等为导师。

【案】

《我的昆曲艺术生活》载：在烟台唱了五天。这时战事日紧，我们住在群仙楼饭庄子，一直待了八个月过了年才回到天津。

关于"祥庆社"在烟台被困8个月的情况，《安新县文史资料》（政协安新县文史资料委员会编，第三辑，1993年11月）载：由杭州再到南京，时间是1937年7月5日，又赶上"七七"事变，不能演出，当即乘轮船到了山东烟台，住在群仙楼饭店。这时山东军阀韩复榘拱手将烟台以至整个山东让给了日寇。居民人心惶惶，民不聊生。祥庆社困于烟台达八个月之久。有一爱好昆曲的好心人，烟台船舶站金站长，每隔半个多月给他们送几袋玉米面。大家省吃俭用，每顿饭只吃两个小窝头，他们有时上山采野菜，到海边捡点海带，勉强充饥。人们穷困交迫，思念家乡，愁肠百转。祥庆社在烟台饿死了三个人，其中有名小生张荣茂，系马村子弟班第二期子弟。

亲身参加"祥庆社"巡演的张小楼在《我与父亲的昆曲生涯》一文回忆：1936年以后，我和父亲随韩世昌、白云生组织"祥庆社"的演员到河南开封、山东烟台、江苏南京、上海等地演出。当时与我同一拨的小孩儿们有十五六个。为了叫着整齐，大人们就决定把每个人名字的中间的一个字都改为"小"字。我叫张小楼，以此类推，陶小庭、高小三、王小春、王小秋、刘小年、张小木、魏小丰、王小宝、柴小增等。我们边学艺边跟大人们一起演出……不想"七七"事变爆发了，人们都无心看戏，眼看上座率一天不如一天，班里一路上辛辛苦苦挣的钱都在此花光了，连吃饭都成问题。这时侯玉山老师的徒弟得病饿死了，对全班人打击很大。祥庆社只得打道北返。历尽千辛万苦后好不容易回到天津，演出所得勉强维持生计。

1938年秋，韩世昌回到北京。由韩世昌、白云生领衔的"祥庆社"全国六省十二市的巡演是北方昆曲历史上演出时间最长、演出地方最多的一次。由于正处于抗日战争时期，其经历的艰难也是最多的一次，可谓北方昆曲历史上空前的一次"长征"。

## 1939年（民国二十八年　己卯）41岁

1月17日，恩师吴梅去世。

5月8日，"荣庆社"戏码有侯玉山的《三气周瑜》、郝振基的《安天会》、朱小义的《麒麟阁》、韩世昌的《游园惊梦》等。

7月19日，韩世昌、白云生联袂演出《玉簪记》。

8月20日，魏庆林演《关公训子》，侯玉山演《御果园》。

9月2日，在长安大戏院，张文生演《探庄射灯》，韩世昌、白云生演《狮吼记》。

9月11日，在吉祥大戏院，庞世奇演《出塞》，韩世昌、白云生演《长生殿》。

是年，《立言画刊》相继发表《昆曲大王韩世昌将脱下歌衫焉？——全班经济陷于无法维持》《韩世昌》《这位费宫人：梅程二位皆不能比》等文章。

是年，北方昆曲历史上最著名的班社之一"荣庆社"在经历了1936年的重组之后，在天津宣告最终解散，前后经历了28年。

是年，《十日戏剧》发表《写在荣庆昆弋社死亡离散后》和《今秋北方昆曲老伶多不幸》。

是年，《戏剧报》发表《韩世昌有中兴昆曲之功》一文。

【案】

《我的昆曲艺术生活》载：吴瞿安先生于1939年逝世于云南昆明西一百四十里乡下，五十五岁。那时我正在北京，吴先生逝世后一个月我才听说的。吴先生是在民国十一年南下的，当时北大校长蔡孑民因为耻于与卖身投靠军阀、阿谀权势的教育总长彭允彝为伍，愤而辞职。吴先生也于那年辞职。我那时正和吴先生学《吴刚修月》，同学的有侯益隆，尚未学会，吴先生就走了。临走的时候，给我写了《桃花扇》的《访翠》《眠香》《却廉》《守庐》《寄扇》等曲本。我本来想排《桃花扇》，因为徐碧云排了京剧《桃花扇》，我就没有再排。吴先生到南京任东南大学教授，我1936年去南方六省演出到南京时，曾与吴先生会面，吴先生还曾担任上海光华大学和广州中山大学教授。"七七"事变后，吴先生秉着"大乱居乡"的说法，居住在云南昆明以西大姚县的乡村里，不久即因病逝世。吴先生是苏州人。早年同韩起祥学曲子，后又同徐凌云、俞粟庐等曲界老前辈来往，对于昆曲的唱法、念白、吞音、吐字非常讲究，著述甚多。《顾曲麈谈》是至今还被人奉为圭臬的作品。此外，吴先生还创作《苌弘血》《湘真阁》等十一个传奇本，写了《中国戏曲概论》《南北词简谱》，为《奢摩他室曲丛》做过整理注解工作。吴先生不常登台演唱，我只在高阆仙主办的赏音社汇演时，看吴先生唱过《评雪辨踪》《拾柴》。我和吴先生学的戏不多，第一出是《西厢记》里的《拷红》，后来他为我订正过《牡丹亭》的《游园惊梦》，又学过《桃花扇》和《吴刚修月》，后者没有学完。虽然学的戏不多，但受益不浅，南北昆曲专家们认为我唱曲子的吞音吐字还合乎规范，有根有据，是同吴先生的指点教正分不开的。

王卫民所著《曲学大成，后世师表——吴梅评传》记载了吴梅先后于1936年12月18日和1937年1月9日为韩世昌、白云生赠诗的情景。吴梅赠韩、白四首绝句，原诗为：（一）春城二月夕阳迟，每感当筵竹肉丝。今日重逢成一笑，江南不是落花时。（二）曾招檀板教小伶，吾才那及《牡丹亭》？君家倘演《湘真阁》，阑夜还当侧耳听。（三）不唱怀宁《燕子笺》，知君心薄石巢园。登场一现惊鸿影，虎口余生旧铁冠。（四）冬郎旧稿香奁生，兰谷新词天籁鸣。漫道西昆无后赏，万人空巷看双卿。另外，吴梅还赠送韩世昌楹联二副：（一）岁月暗消磨，见水阁摧残画船抛躲；举止都停当，爱人全风韵花有根科。（二）燕市筑声稀，问十里莺花都成陈迹；秦淮酒家近，仗一尊鸡黍重整歌喉。

韩世昌、白云生是吴梅所收吴门弟子中唯一一对生旦组合。这对组合不仅是北方昆曲历史上唯一的一对吴门弟子，亦是中国近现代昆曲史中唯一一对吴门弟子。

1939年，北方昆弋元老陶显庭、侯益隆、马凤彩、唐益贵、张益长、许金休等相继去世。

1939年，《立言画刊》登载了一篇《这位费宫人：梅程二位皆不能比》文章：袁子才（袁寒云）有"费宫人刺虎歌"一首，颇脍炙人口，文笔极生动，戏剧里则有一出《刺虎》，属于昆，御霜（程砚秋）特加繁衍，有独本之"费宫人"，不过《刺虎》仍唱昆曲。《刺虎》老年演者夥矣，近年，剧业既趋于浮，后生自少动此"载歌载舞"之剧，当代"费宫人"，黄班惟梅惟程演之（朱琴心辈不上考究），至于绝妙，还让韩君青。昆曲，是难在专家要有尺寸，处处要守规矩，歌舞是不能分开的，君青之身法步，可独步今日名旦中间。至于气象在其"来自田间"之昆班中，虽为秀出，却难与"久在都市"之黄班比华贵，但是，功夫之地道，台风之圆整，所谓"四大名旦"，什么"四小名旦"八位女佳人，无一是韩对手。旦角的身法步，须刚健，更须婀娜，肩膀、腰窝、小腿腕，必须匀整，有交代，而大方好看。韩君青可以入选矣！这出《刺虎》，身段之干净利落，自不必言，表情之迭相变化，尤非他人所可学步，"身君欢笑背君啼"之诗意，是韩一人独得，此乃人力所至，无所谓传授，程梅二位，皆不能比。文章最后大发感慨道：于戏，昆曲落到这步天地，世昌落得这般光景，时为之耶？极为之耶？

8月，北方昆弋班社"荣庆社"正式解散。亲身经历"荣庆社"解散过程的王鹏云在《我在北方昆曲的早期生活》（《中国戏剧》，第十期、第十一期、第十二期，1996年）中真实地记述了当时的情况：更不幸的事是1939年旧历七月，天津发了大水。"荣庆社"的人各自找地方躲难，盼望大水能快点下去，好接着演戏。他们在大雨不断、黑水臭气熏天之中受着煎熬，竟陆续死了二十多人。能熬得住的人靠有些救灾的人划着船来舍的大饼、馒头、熬的粥和咸菜维持。有时从水上漂过来米面铺里被水浸了的粮食包，打捞了上来，把外面湿的弄掉，将里边还能吃的煮熟勉强下咽。大水连着四十多天才下去。水落之后的街上臭泥竟有一米多高。此时"荣庆社"已支离破碎，无法再像以前那样演出了，有的人灰心之下回家种地去了，有的人还留在天津想法继续生存下去。

侯少奎、胡明明《大武生——侯少奎昆曲五十年》载：天津那次水大了去了，堤防溃决，淹地5000万亩，市区平均水深两米，市中心靠行船竟然持续两个多月。天灾人祸，民不聊生，饿殍满地。等天津大水一撤，荣庆戏班已经再也无法维持下去了。

"荣庆社"自1911年成立到1939年最终解散，大致可分三个阶段：第一个阶段（河北时期）为1911年至1918年"荣庆社"晋京前，其间，"荣庆社"只是一个河北农村民间班社。第二阶段（北京时期）为1918年至1936年"荣庆社"分箱前，这个阶段的大部分时间里，韩世昌的名字与"荣庆社"紧密相连，"荣庆社"曾一度被称为"韩世昌班"。显然，这个阶段是北方昆曲最辉煌的时期，是北方昆曲得以继续生存与发展的一个极其重要的阶段。第三个阶段（天津时期）即"荣庆社"分箱后，因受战争、水灾、人难等天灾、人祸的影响，能坚持到1939年已属不易。"荣庆社"的解散与时局的动荡、战事的破坏、昆曲演出环境的持续恶化、一些昆弋演员的相继去世有直接的关系，确给北方昆曲的生存带来巨大影响，在这个最困难的时刻，以韩世昌、白云生为"核心"与"旗帜"，以侯永奎、马祥麟、侯玉山、魏庆林、白玉珍、侯炳武、李凤云、孟祥生等为代表的北方昆曲开始进入到了一个重新调整、聚集与坚持的时期。

## 1940年（民国二十九年　庚辰）　42岁

是年，成立了仅4年的"祥庆社"在全国六省十二市巡演回到北京后解散。

4月，去保定"新民青年馆"剧场演出。北方昆曲唯一女性旦角李凤云在这次演出中担当重任，排名仅次于韩世昌、白云生。

5月，回京。

是年，二哥韩德良被日本人杀害。

是年，《立言画刊》相继登载了《谈到韩世昌谢绝舞台》《海内两义伶——程砚秋与韩世昌》及《韩世昌态度消极——伤心人别有哀曲》《复兴昆曲与维持昆班》等文章。

【案】

《立言画刊》《昆曲班在保定红了李凤云》一文云："祥庆社"应保定之邀，出演于新民青年馆，原定演十日，而上座率特佳，每日不下千人，确属出人意外，每日连演两场，韩恐累嗓，日场辍演，由白云生、李凤云伉俪演大轴，而韩主演夜场，白云生则日以继夜，故此行最红者，韩白外，当推李凤云。

《我的昆曲艺术生活》载：从天津回北京以后空了些日子，结果据说亏空三百元之谱，在北京也捞不上来了，于是和祥庆社班主商量，去保定把亏空弥补一下。1940年，我去保定演唱了二十多天，把亏空填齐，我就回来了。班里其他人又去石家庄演唱。白云生的母亲就是在这时去世的，他没有回来，托我带回来一些钱，并托我照料丧事。祥庆社就此散班了，我同祥庆社关系也就断绝了。后来和白云生又组织庆生社、北京昆曲社，曾演出于吉祥等戏院，日期很短，次数不多。这时我主要的工作是教戏了。

《我的昆曲艺术生活》载：我二哥在1940年被日本强盗枪杀。

《立言画刊》登载"韩世昌初次的戏像"。韩世昌这张珍贵的剧照系韩世昌1918年来京后在廊房头条玉芳照相馆拍摄的第一张剧照，韩世昌饰演《思凡》一剧中的尼姑。该剧照韩世昌于1918年端午节时送给了刘步堂。

《立言画刊》登载《海内两义伶——程砚秋与韩世昌》一文曰：谚有戏子无义一语，岂非骂尽梨园子弟欤。然十步之内，必有芳草，未可执世间流行谚语以轻视伶工也。明童录纪梅巧玲吊丧焚券事，及前人纪路三宝菜市口收尸事，皆义侠可风。二十余年来，菊部中得二义伶焉。程砚秋得罗瘿公倾财为其脱离荣蝶仙之羁绊。及罗瘿公之病也，砚秋日夜侍奉汤药。瘿公卒，砚秋为辍歌半月以致哀，经理丧葬，无或疏漏。砚秋每远游返旧都，必先谒墓以志敬。此求诸士大夫中亦不易得也。韩世昌在北平昆班，庸碌一如常伶。愚忘年友赵逸叟（子敬）特识拔之。令世昌与赵同居，朝夕亲授出音归韵之诀，身段表情之法。逸叟视世昌如子弟，世昌敬逸叟若家长，历若干年如一日。

逸叟在乡间与愚为邻，论年辈，应列父执。在旧都把晤，聆愚歌曲，称愚如唱昆曲之纱帽，必有成就。引世昌见愚。世昌彬彬执弟子礼，必呼愚曰先生。逸叟尝慨然语愚有子六七人，无一能及世昌之好学者。后顾茫茫，殊堪浩叹也。及逸叟病卒，一切丧葬，悉由世昌任之。世昌致电逸叟之子，入都迎榇。至则一寒骨，川资亦告缺如。世昌为举债出巨资，授逸叟之子，命迎榇南归，妥为营葬。彼时愚客居海上，悉其颠末，曾为文张世昌之义风。若程砚秋、韩世昌，其高风足传千古矣，谁谓戏子无义哉。

至此，北方昆曲历史上最为著名、影响也是最大的两大成建制的、独立的具有独特艺术风格的北方昆曲班社"荣庆社"与"祥庆社"相继解散。在众多早期北方昆弋班社和演员中，以韩世昌、白云生等为代表的"荣庆社"与"祥庆社"在中国昆曲近现代史上无论是影响和贡献都是巨大的、深远的：1. 两大成建制的、独立的、在剧目与表演上都有着独特艺术风格的北方昆曲班社先后常年坚持在北京、天津驻演，这在当时，在全国是唯一的。当时媒体先后称"荣庆社"与"祥庆社"为"全国闻名惟一文武昆弋剧团"；称韩世昌为"昆曲惟一之名伶"；称白云生是"昆坛第一小生"，绝非戏语与虚言。从1918年起至1939年，在整整20年的时间里，作为成建制的、独立的、在剧目与表演上都有着独特艺术风格的"荣庆社"、"祥庆社"以北京、天津为驻演基地，足迹横跨南北，遍及北京、天津、保定、石家庄、太原、大连、济南、开封、烟台、上海、武汉、长沙、汉口、南京、杭州、苏州、嘉兴、无锡、镇江等大中城市乃至远赴日本的京都、大阪、东京等大城市演出。在当时，在全国范围内，没有任何一家昆班能与"荣庆"、"祥庆"相比。而就昆曲演员来说，全国范围内当时更没有任何一位职业昆曲演员能与在"荣庆"、"祥庆"挂头牌的韩世昌以及白云生相比肩，这是不争的历史事实。[1] 2. "荣庆"、"祥庆"两大成建制的、独立的、在剧目与表演上都有着独特艺术风格的北方昆曲班社为昆曲培养了一大批如韩世昌、白云生等后来成为一代昆伶人才，为北方昆曲保留了昆曲"火种"。3. "荣庆"、"祥庆"两大成建制的、独立的北方昆曲班社在其数十年演出实践中，在演员、剧目、表演、音乐、舞台、服装、脸谱等方面形成了较为完整、系统、独特的艺术风格。4. "荣庆"、"祥庆"两大成建制的、独立的、在剧目与表演上都有着独特艺术风格的北方昆曲班社的存在极大地提高了昆曲的社会影响甚至是国际影响（如韩世昌1928年赴日本演出）；极大地提高了人们对昆曲的认知、喜爱与研究；极大地提高了其他戏曲剧种从业演员与社会名流、贤达人士等对昆曲的崇拜与尊敬；极大地提高了媒体对昆曲的关注度。上述这些，都为后来昆曲的再度复兴打下了坚实的基础，建立了深厚的人才、剧目、表演等方面的储备。5. "荣庆"、"祥庆"两大成建制的、独立的、在剧目与表演上都有着独特艺术风格的北方昆曲班社在极度艰难的情况下，不屈不挠，顽强地存在了长达二十多年，这是中国昆曲近现代史上的一个"传奇"与"神话"，在中国昆曲近现代史上是空前的、开创性的、历史性的，不仅确立了北方昆曲在中国昆曲史上的历史地位，更对中国昆曲艺术在全国范围内得以传承与发展起到了功德无量的历史性作用。

---

[1] 民国期间，南方各地昆曲演出大都或"苏（苏滩，苏剧前身）昆合演，以苏（滩）为主"；或"申（申曲，沪剧前身）昆同台，以申（曲）为主"。剧目上，苏滩中的"前滩"剧目大都来自昆曲传奇，苏滩中的"后滩"剧目大都以"时剧"、"改良剧"、"化装剧"等形式出现，其中比较著名的有"施湘芸苏滩班"、"朱国梁苏滩班"等。演员中的职业昆曲演员如"传"字辈等大都搭"苏滩班"演出，且苏（滩）、昆（曲）兼唱，以苏（滩）为主。民国期间，南方成建制的、独立的、能够驻场演出的职业昆班如"昆曲传习所"、"新乐府"、"仙霓社"等南方昆班大都存在的时间比较短，且均未到北方演出过。

韩世昌1939—1940年北平部分演出广告

## 吉祥

| 今日白天 | 後日白天 | 後天白天 | 夜戲 | 十二 夜戲 |
|---|---|---|---|---|
| 喜彩蓮 唐伯虎 明日白天 蜜蜂計 斬經堂 | 韓世昌白 雲生 朱小義奇雙會 麗士奇 東方夫人 獅子樓 | 榮春社科班 （全部）西遊記 財源輻輳 | 富連成葉盛章 銅網陣 打魚殺家 武松打虎 | |

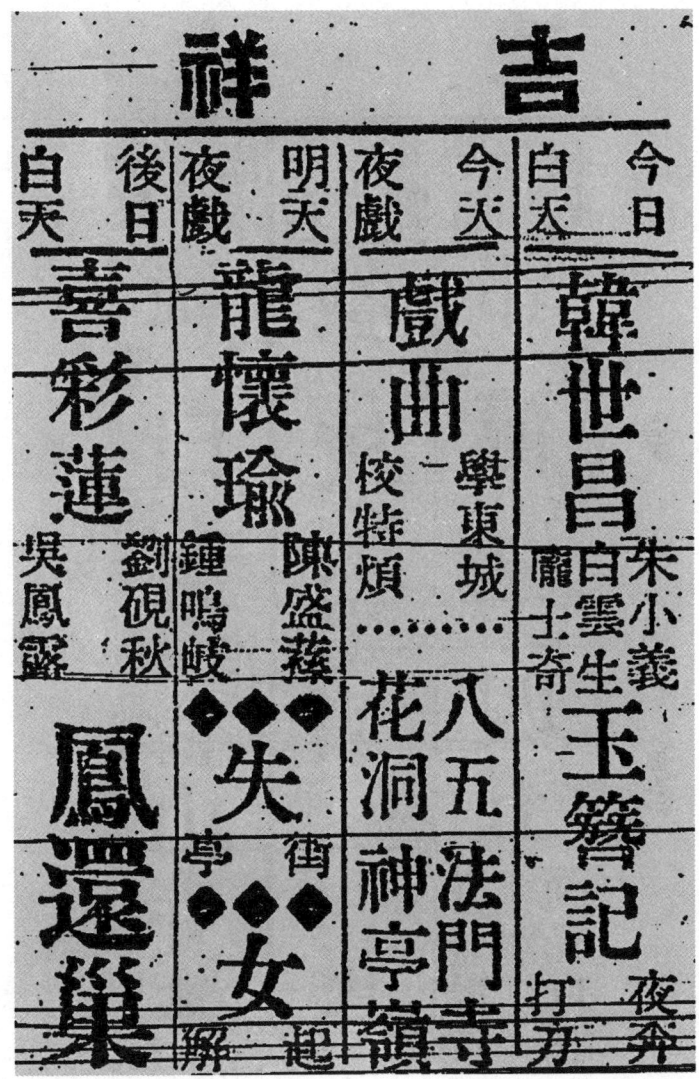

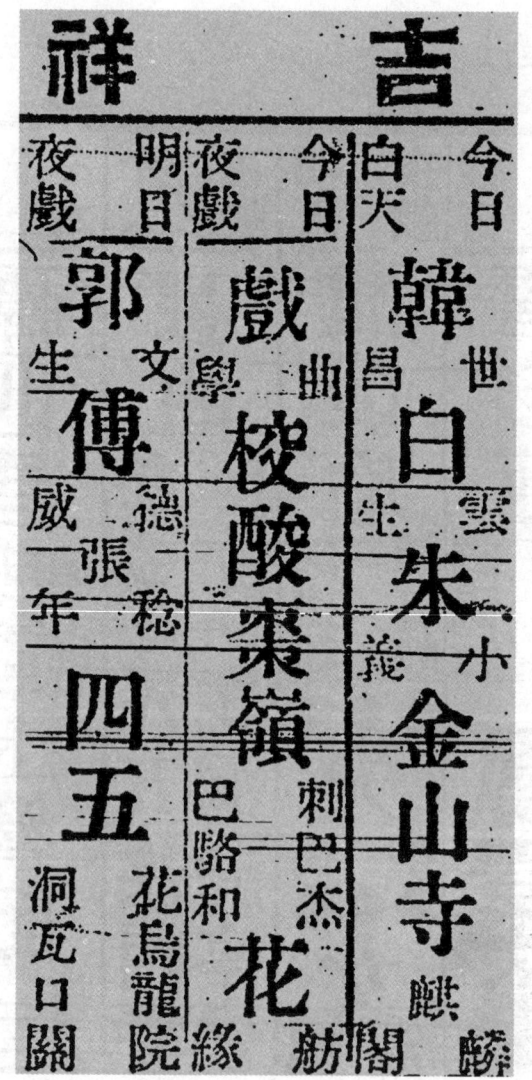

## 吉祥戲院

| 今日白天 | 今日夜場 | 明日夜戲 | 後日夜戲 |
|---|---|---|---|
| 韓世昌 白生 朱義夜奔 小獅吼記 | 富連成 葉盛章 ●六本● 藏珍樓 | 筱翠花 馬富祿 蕭長華 八本至 梅玉配 | 戲曲學校 全體學生 特別合演 ◇准演◇ 三婦艷 |

## 吉祥戲院

| 今日白天 | 今日夜戲 | 明日夜戲 |
|---|---|---|
| 白雲生 韓世昌 龐士奇 | 富連成 葉盛章本頭 | 筱翠花 雙劀 |
| 相梁刺梁（西樓記）（鬧學）（春香） | 歐陽德 放牛 | （小）蝴蝶夢 |

## 新戲新院

今日夜戲

韓世昌 劉福芳 全長
李鳳雲
張文生 部殿侯
白雲生 川玉
...嬌嬈 聞學奇玉

卅一 白...君慶...親授
李和曾贈錦袍

三號 夜戲
喜彩蓮（特煩）梁紅玉 世忠 興韓

## 1942年（民国三十一年 壬午） 44岁

是年，与侯瑞春分手。

【案】

韩世昌是1912年开始和侯瑞春学戏，从把韩世昌带入"荣庆社"，再到1915年韩世昌改习"男旦"师从侯瑞春教其《琴挑》《刺虎》等；从支持鼓励韩世昌出演生平第一出"应工戏"《百花点将》；再到1918年后先后带着韩世昌拜吴梅、赵子敬为师；从1919年率韩世昌首赴上海演出，再到1928年率韩东渡扶桑；从1934年侯瑞春力主白云生由旦改生与韩世昌配戏，再到1936年"祥庆社"六省十二市巡演等等，一路走来，侯瑞春不仅是韩世昌的老师，自1918年韩世昌进京演出后，更担负起了韩的"经纪人"角色，主要负责韩的演出与生活。《我的昆曲艺术生活》载：北平沦陷期间，我的生活陷入非常困窘的境地。自我十四岁跟侯瑞春先生学戏以来，几十年光景，虽然也曾拜陈德霖老夫子为师，和赵子敬先生学了几十出戏，但总的一切都由侯先生经营。经济生活更是由侯先生一手负责。那时唱戏有戏份，每场几十或一百，出外演唱有包银，一个月多少或者一期多少。首去上海一个月包银是三千六，去日本包银一共一万五，巡回六省演唱包银总计大约两万光景，唱堂会除正项戏份以外，还有由社会的陋习加赏。凡此种种，我一概不知，也一概不管，都由师傅或管事的人（袁三、王玉福、纪寿臣先后给我管事）经理。管事的拿二成，师傅全部掌握。大至我娶亲接家眷，给我家买几十亩地、五六间房子；小至买双鞋、给车钱，甚至我爱人买个针，花个零钱，通通是师傅经手。

关于两人分手的过程，《我的昆曲艺术生活》载：1942年前后，由于我不大演唱，只在国剧学会及中大两处教戏，所以收入菲薄，支应不了这一大家子生活了。经王雅恒、石小川、张伯林、许瑞林几位的建议，我和侯先生分开过活。侯先生除国剧学会外，又兼在荣春社教戏，收入尚可维持。我则仅国剧学会一处收入，生活就非常窘困了。

《三六九画报》发表《侯瑞春：给韩世昌造机会》一文称：韩侯的事件闹过之后，一般人全知道韩世昌吃了侯瑞春的亏……一般人均为侯瑞春之"坑"韩世昌，实与韩世昌造机会也。

自韩世昌1942年与侯瑞春分手，剧场演出渐少，转为教学、教戏后，韩世昌的经济状况就每况愈下。《立言画刊》1940年6月19日曾刊登题目为《因昆曲之不振兴：谈到韩世昌谢绝舞台》一文：昆曲大王韩世昌，决然谢绝舞榭，消息传来，凡关心昆曲者，无不震惊而太息。吾独深惜韩生非其时也，以此具此超越之艺，若生于清乾嘉之间，或昆曲重兴之后，必名利兼收，不仅有大王名，而亦得其实也。民国初年，昆曲余音犹振，韩因而成名，为时仅二三年者，非韩艺术不能持久，盖昆曲日衰所致，而人多谓昆曲不振，由于不排新戏，吾谓不然，不观夫近年来，祥庆社每上演新戏，座客仍寥寥耶。吾生也晚，不及见韩鼎盛时，彼时情形，或有异于今日，有谓昆曲之盛衰，实关于文化之进退，然则今日韩之郁悒不得志，乃为文化不振之先声乎。果如是，不必悲韩之迍遭，应为中国文化前途放声一哭也。如有有志之士，谋振兴文化，而图保存国粹者，是盖仿古人市马骨而来千里，则困顿中之韩世昌，应加以援助，以勉后之学者。其援助之法，非各倾私囊，盖望有力者，于国剧科班，或学校，增设昆曲科，延韩为教授，若有非韩所长者，如生、净、小生等，不妨罗致其他名角，如白云生、魏庆林辈，皆个中翘楚也。其薪金应仿照皮黄名角，不能因昆曲衰微，而故抑其价，启轻视昆曲之端。如是不独韩生活有着，且为后之学昆曲者，开一新途径，纵演戏不能自活，犹可教徒以糊口，且于初学时，亦必重视吐字收音之正确，南北音之区别，盖不为当时听众悦耳计，亦当顾及将来巩固教授之基础。如是则昆曲不但有重兴之望，且可精进。而吾国数千年之文化，亦因之而盛矣。吾犹有望于韩世昌者，则愿其再卖余勇，作冯妇重来，仍现身舞台，吾非因不识韩，而轻视其今名，盖凡有真正艺术者，不关年岁长幼，如陈德霖是矣，况韩正在壮年，且昆旦后起无人，脱有继起者，各擅其长，以韩之难能可贵之艺术，岂足谓者。际此昆曲衰微之秋，正宜表其长材，以挽狂澜于既倒。并可使后之学者得有所借镜焉。若以韩之地位声望而论，应具有"方今天下舍我其谁哉"之概，不当斤斤于浮名与薄利间也。或曰子但求兴昆曲，而不知韩之所以脱离祥庆社者，乃班主爽约，韩几不能自活，而子复望其重整歌衫，世岂有枵腹从事哉。曰，果为此区区，更易为也，韩若重入祥庆社，须与班主订有先决条件，不计代价多寡，势在必得，如班主仍复故态，则效皮黄某名伶法，纳费于登台前，如是当可儆班主之贪婪而寡信矣。

客观地说，韩世昌与侯瑞春30年来大致保持着两层关系：一曰师生关系；二曰"父子关系"。一日为师，终生为父，这种观念在旧戏班里根深蒂固，很为正常。侯瑞春与韩世昌同为高阳河西村人，侯长韩14岁，韩从小孤身一人进戏班学戏，侯的上述做法除侯认为韩是可造之才外，多少还有些"托孤"的意味。至于历史上两人之间关系的一些传闻，不外乎是一些侯瑞春把韩世昌当成了"摇钱树"，什么都管，把韩世昌看得很死的传闻。针对侯瑞春把韩世昌"看死、管死"的传闻，《我的昆曲艺术生活》载：受旧社会坏习惯的影响，艺人往往染上抽鸦片、扎吗啡、吸白面等嗜好，因此艺事不振、演技退步，以至于身死名裂的不少。昆曲班中人染上嗜好的也不少，说起来很可惋惜。庞士奇扮相演技都不错，曾随我去日本演出，后曾在宝立社挑班演唱，唱得很红，后来抽上白面，艺事退步。"七七"以后他常来我家，那时已显出落拓的样子了。民国二十九年去石家庄演唱，倒卧（即死在街头）在那里。崔祥云是因为吸毒落拓而死。高祥云、唐益贵也是抽白面抽死的。白玉田比我年纪小，也因抽白面，在"七七"前就死了。老辈的侯益隆因为抽白面，过六十岁不久就死了。按说他学武生，有功夫，身体好，应该多活几年，结果早死了。王益友是名武生，也染上嗜好，以后活了不过六十多岁。小奎官武功不错，染上了嗜好以后，技艺一落千丈，也死得很早。侯瑞春先生反对吸毒抽白面，他的外甥张文生就因为侯先生管得紧，所以没垮台。我也没染上嗜好，要不早就完了。就我所知，除了上述几个人以外，昆曲班中人，由于吸毒而丧生的还很多。

韩世昌与侯瑞春分手，标志着韩世昌过去主要以从事舞台演出为主，开始逐步转向以从事教戏、教学为主。《我的昆曲艺术生活》载：北平沦陷那年，我已经四十岁了。牙开始掉了，嗓子也一天不如一天，处在那个时代，敌人压迫，汉奸特务横行，实在也不愿唱了，想把自己几十年的经验传些给人，于人于己都有好处。

## 1943年（民国三十二年　癸未）45岁

是年，《半月戏剧》发表张聊公文章《关于韩君青》：韩君青，名世昌，高阳人，民初，率所部昆弋班，自高阳入都。班中陶显庭、郝振基、侯益隆诸名宿，咸与同行。声容之盛，都人诧为向所未见，于是韩名大噪。时吴中昆曲巨擘吴瞿安、赵逸叟诸氏，同客都门，喜韩之剧艺可造，为之指疵导瑕，尽传其奥，而韩之昆剧，乃益精妙，昆剧亦赖韩之支柱而得中兴，时人尊称之为昆剧大王，殆非溢誉。日本剧场亦慕韩名，特聘往登台，彼都人士莫不深致赞美。自梅兰芳赴日演艺之后，吾国名伶能继续媲美者，惟韩世昌而已。韩素性诚笃，无伶人习气，洵洵儒雅，颇敬重文士，故徐凌霄、王小隐诸氏，皆与友善。近十年来，不常出演，昆剧亦日益衰落，居尝引为深忧，每思传之后起诸伶，庶他日或有复兴之望。李世芳近从韩习昆剧，韩以其前途无量，思托以振导昆剧之大任，故竭其心力，教诲不倦，李亦深以得良师为幸焉。

是年，《半月戏剧》发表署名"梅花生"《君青杰作》一文：韩世昌的昆曲戏，我看过许多出了，可以说出出是好的，不愧昆弋大王之号。如目下在中国剧院露演的《思凡》《刺虎》《游园惊梦》《佳期》《拷红》，更是好得无可再好的拿手剧作。《思凡》《刺虎》之面部表情功夫，早年据名家公正批评，谓为梅大王兰芳所不及，然而梅氏驰誉海外，也全是《刺虎》一出的效力，所演之《汾河湾》等皮黄戏，外国人并未注意，于此可见昆曲戏的真价值。关于《西厢记》一戏，我看过君青的《跳墙着祺》《佳期》《拷红》，认为标准杰作，《佳期》中"十二红"的唱做，较比"寄柬"更累更难，而君青以年近四旬之人，做来不显红娘之老，得"乐而不淫"之旨，与评剧白玉霜的做法，绝对不同。昆曲所以风雅之点，不待强词多辩，有台上扮演的事实，可以充分解答。《游园惊梦》的杜丽娘，在世昌歌来，可为典型之作。近年在春明传授白玉薇、黄玉华、李金鸿等男女弟子，也差不多靠它和《闹学》为启蒙。大概去年，我聆君青此剧，心里生出无限美感，可惜未聆过君青的《春香闹学》，因为贴演之机会太少的原故。再有《赠剑联姻》《百花点将》，由君青演来，更是温柔婀娜，其功夫确在马祥麟等以上。其余如《狮吼记》之柳氏,《金雀记》之井文鸾,《水漫金山》之白娘子,《玉簪记》之妙常,《三笑缘》之秋香,《青冢记》之昭君……其台上扮相与表情做工,无不印入笔者的脑蒂,认为终身不能磨灭者,斯人斯艺,足以千秋。

■ 韩世昌与笛师田瑞庭（中）、田瑞庭之女田菊林（右）合影（1943年）

## 1944年（民国三十三年　甲申）　46岁

次女秀梅夭折，时年十三岁。

是年,《三六九画报》发表《聆听韩〈刺虎〉》《梁小鸾向韩世昌学习〈刺虎〉》等文章。

## 1945年（民国三十四年　乙酉）47岁

是年，以教戏、讲学为主。先后教过的京剧演员有：蒋英华、周金莲、白玉薇、李金鸿[1]、梁小鸾、章遏云、黄玉华、童芷苓、童葆苓、虞俊芳、杨荣环、李世芳、梁桂英等。

是年，《三六九画刊》发表署名"红叶"《复兴昆曲》的文章："像荣春社选出二十名学生，由韩世昌、白云生教授，如此昆曲或不致失传。"

是年，由傅雪漪、吴龙起、张琦翔、张荫朗、许希道、李体杨、刘吉典等爱好昆曲人士开始筹备北京昆曲学会。聘请韩世昌、侯瑞春、高步云等拍曲教授身段等，聘请夏枝巢、俞平伯、傅惜华、陆颖明、许雨香、童曼秋、刘仰乾等为顾问。

是年，长子韩鸿林出生。

【案】

《我的昆曲艺术生活》载：蒋英华向我行拜师礼，只是他母亲带着他来我家行个礼，并没请客。一来他家庭环境并不太好，二来我不主张铺张，同时也表示我不敢为人师，所以一切从简。周金莲向我学戏，也只是受了一头之礼。其他很多向我学戏的都没有正式行拜师礼。白玉薇、李金鸿、梁小鸾、章遏云、黄玉华、童芷苓、童葆苓、虞俊芳、厉慧芳都和我学过戏。杨荣环向我学过《奇双会》，李世芳向我学过《游园惊梦》。当我最困难时，他还和我唱过一次搭桌戏，唱的是《游园惊梦》。

李金鸿《谈韩世昌先生〈思凡〉的表演》（原载《中国京剧》2003年第7期）："在近代昆曲界中，著名表演艺术家韩世昌先生以精湛的艺术独创一派，博得了'昆曲大王'的美誉，在大江南北，以及当年东渡日本演出都展现了昆曲艺术的夺目光彩和他超凡的艺术才能。我曾于1940年在著名剧作家景孤血先生介绍下，有缘得识了韩先生，学到他有代表性的昆曲剧目《孽海记》《思凡》《铁冠图》《刺虎》等。""……在《思凡》一折戏里，细腻表演的例子比比皆是，我只是以一代十地举些例子。我认为《思凡》是一折作为旦角演员必修之课的剧目。学习戏的架子是容易的，但学到'神韵'，演出'份儿'来，要靠老师的传授和个人千万遍的苦练才能做到。现在戏曲教学中各种表演都有

---

[1] 李金鸿(1923—2010)，原名李士芳，河北武清人，著名京剧表演艺术家、教育家，中国戏曲学院教授。在京剧花旦、武旦、刀马旦等行当有着极高的艺术造诣，新中国成立后培养了大批京昆艺术人才。

组合训练，唯有眼神运用没有一整套训练组合。如能把韩先生在《思凡》这折戏中眼神运用技巧作为训练必修课，不仅可使后辈少走弯路，而且能使表演艺术更加完整。韩世昌先生的表演艺术纯朴、精湛，为后人留下了许多宝贵财富，希望很好地继承、研究韩派艺术，既为缅怀前辈，又能把韩先生的优秀艺术传播下去。"

5月11日，王益友（1880—1945）去世，韩世昌等亲自含殓，13日葬于北京北郊。

是年，郝振基（1871—1945）去世。翁偶虹发文《悼郝振基》。王益友、郝振基等相继去世标志着"北方昆弋时代"的彻底结束。

"1945年日本投降，河山光复，北京国剧公会改组，我也滥竽其中，当选了一名委员。很想在这时候再振作一番，于是和白云生等又组班演唱。当时荣庆、祥庆的老人旧同事，死的死了，走的走了。参加这次组班演唱的只有我、白云生、侯永奎、魏庆林、刘庆云、常连太、李凤云七个人，场面上也只有鼓师朱可以，笛师高步云。这个社名最初叫庆生社，后来又叫北京昆曲社。这七个是唱不起来戏的，幸亏那时北京唯一的业余昆曲组织——北京昆曲学会同人帮忙，才开了戏。"

北京昆曲学会是原国剧学会的傅雪漪、吴龙起，原北大的张琦翔、张荫朗，原辅大的许希道，原中大的李体杨、刘吉典等爱好昆曲的青年同人们联合组织的。会址借原西长安街二号国剧学会的老地方。1945年筹备，开始活动。高步云担任拍曲，韩世昌教练身段。同时还聘请了夏枝巢、俞平伯、傅惜华、陆颖明、许雨香、童曼秋、刘仰乾等为顾问，演出地点主要在建国东堂（灯市口东口路北），日期是每周星期三。偶尔也在吉祥、华乐、长安演一两场。在建国东堂持续演出了半年多就停止了。以后的演出越来越少了。昆曲学会的津贴很少，时间并不长。有些朋友和昆曲界票友来学昆曲，但都谈不上什么报酬。在物价上，一日三涨的情况下，杯水车薪的收入难抵支出，于是韩世昌效法白云生、侯永奎、魏庆林的谋生之术，做小生意。

张中行曾在《负暄琐话》一文中叙述过当年韩世昌的情境："韩已经是半百之人，我们招待他，奉茶，闲谈。韩朴实，温厚，没有一点曾是名演员的架子和习气。话题自然也转到昆曲的没落，大家都为此表示惋惜。问起为什么不改走其他的路，他说，他并不是不能演京剧，只是总觉得唱词太俗，没意思，所以甘心闲着。"

"在此期间，韩老师教授的徒弟大都是京剧演员，有的学的多些，有的学的少些，有的只学某出戏的一个路子，甚至有的只是问益几次。他们学昆曲的目的，有的是为了扩大自己的演出剧目，有的是为了提高表演技巧，有的则只是希望落个'师出名门'、'昆乱不挡'的声誉罢了。"（林萍、王卫民：《韩世昌的昆曲表演艺术》，中国戏剧出版社，2013年）

## 1948年(民国三十七年 戊子) 50岁

1月14日,白云生举办"救济韩世昌贫病"义演。

【案】

白云生为举办"救济韩世昌"义演一事给北平警察局发函,该函全文如下:昆曲社白云生报《为救济韩世昌贫病在长安华乐公演》:谨呈者,窃以戏剧宗旨在奖善惩恶,移风易俗,能补教育之不足,非谨供消遣娱乐而已。尤以昆曲在文化艺术上具完备之价值,徒以潮流所趋,渐就淹没。而一班昆曲演员均来自乡间,今皆沦为匪区,欲归不得,流为贩夫走卒。值此天寒岁暮之际,冻馁交逼困苦无告,情实堪悯,而硕果仅存之昆曲名伶韩世昌困居平市,谋生乏术,平日生活已赖典质,近以其妻病重,危在旦夕,举凡医药之需以及筹备善后莫不需款,而家徒四壁,忧急万状。同人等不忍坐视,拟于本月十四、十五两夜联合国剧演员尚小云、谭富英、杨宝森等在华乐、长安演两场,以资救济敬乞,准予出演,实感德便,谨呈,警察局长汤。昆曲社社长白云生谨呈,元月七日。上述"昆曲社白云生报《为救济韩世昌贫病在长安华乐公演》"说明了韩世昌1948年已经到了"谋生乏术,平日生活已赖典质"的境地。

关于有关韩世昌"穷困潦倒,摆地摊"的民间传闻,韩世昌本人有所澄清。《我的昆曲艺术生活》载:"这个阶段我的生活十分困窘。1947年冬原配续氏死了,终年四十七岁。她死后不久,我离开了居住三十多年的德泰皮店,搬到偏僻的东直门内白衣庵九号去了。原打算在东直门大街摆个烟摊,但不久北京解放了,这个计划就搁浅了。有人传说我在西郊动物园门口做小买卖,也不是事实。其实是我外甥在动物园门口摆了个茶摊,我常去那儿照料,于是以讹传讹有那样的说法。"

关于白云生为"救济韩世昌贫病"举办义演的情况,《人民日报》于1983年1月16日登载了刘乃崇《从三十五年前一张招待券想起》一文:"前些日子,观看了著名京昆表演艺术家俞振飞同志率领的上海昆剧团来京演出的精彩节目,偶翻旧简,找出了一张保存已近三十五年的'招待券',一下子勾起了多少回忆。那还是在北京解放前一年,1948年1月14日,在华乐戏院(今大众剧场),我去观看了这样一场难得看到的戏剧演出,戏是很精彩的,可是看得使人十分揪心。谭富英、李盛藻、裘盛戎、孙毓堃、梁小鸾、李多奎、金少臣、陈永玲、毛世来等许多著名的京剧演员合演了两出京剧,'开锣戏'却是一出昆曲:韩世昌(他曾被人誉为"昆曲大王")和白云生(他就是俞振飞同志的师兄弟)合演的《金雀记·乔醋》。在'招待券'上赫然印有这场演出的'缘起':'为提倡将要灭亡的文化艺术国粹昆曲,敬请各界谊友补助出演费国币拾万圆。'这本是一场为了能使昆曲艺人苟延残喘,以保存昆曲这一古老艺术的'搭桌戏'啊!记得就是参加义务演出的梁小鸾同志推销给我的票。那时昆曲的命运,从这一张'招待券'上,已见端倪。"(原载《人民日报》1983年1月16日)

## 1949年　51岁

1月，北平和平解放。

5月，次子韩海林出生。

7月28日，参加"中国戏曲改进会发起人集会"。

7月29日，《人民日报》发表《改进中国戏曲，中国戏曲改进会发起人集会，毛主席题示"推陈出新"》一文，报道了这次会议的情况并配发毛泽东手书"推陈出新"。

10月1日，中华人民共和国成立。

10月8日，《人民日报》发表《座谈戏曲改革，京戏曲界盛会》一文。

【案】

　　中国戏曲改进会发起人大会于昨日（28日）上午九时在北京饭店举行。会场悬有毛主席和朱总司令的题词："推陈出新"、"开展平剧改革运动"，指示了戏曲界当前的任务。到会者发起人百余人。由欧阳予倩主席，他说明召开这个大会是接受了文代大会的指示，来完成改革戏曲的任务。接着由全国文联主席郭沫若讲话，他说：在中国，旧戏曲的改进是一件很重要的事，因为戏曲在群众中有广泛的影响，它是土生土长的民族形式，一种综合的艺术，是很重要的社会教育工具之一。在今天这个崭新的人民自己的时代，不仅旧戏曲要改进，一切旧文艺都要改进，连同我们自己也要改造，应该坚决走向彻底为人民服务的方向。改进戏曲，不仅是改进戏曲本身，而是为了改进社会，改造人民的旧思想。戏曲工作者首先要努力进行自我教育，从思想上改造自己，才能帮助教育别人，完成戏曲改革的任务。最后，他并就《霸王别姬》《三岔口》两戏提出改进的意见。接着有前延安平剧研究院院长杨绍萱、全国剧协主席田汉、全国曲艺改进筹委会主任委员赵树理、华北文委会旧剧处主任马彦祥、北平国剧工会负责人叶盛章等发言，大家一致认为今后戏曲的改进要在毛主席的文艺方向下，为广大的人民服务。并就"学习马列主义、毛泽东思想"，"有组织、有计划、群众性、全国性的进行改革"以及"培养新干部"等问题提出具体的意见。阿英同志报告筹备经过后，推选：王聪文、田汉、白云峰、沙梅、阿英、阿甲、李一氓、李纶、李少春、吴天宝、周扬、周信芳、袁雪芬、夏衍、马少波、马彦祥、马健翎、张庚、高步云、梅兰芳、程砚秋、焦菊隐、杨绍萱、叶盛章、董天民、赵树理、赵子岳、刘芝明、韩世昌、齐燕铭、欧阳予倩等三十一人为筹备委员。随后，周信芳、焦菊隐等多人发言，一致认为解放后旧艺人翻了身，今后应加强团结，努力学习，改造自己为人民服务。最后并推出欧阳予倩、杨绍萱、田汉、阿英、马少波五人负责起草宣言。（《人民日报》，1949年7月29日，第2版）

中国戏曲改进委员会为传达人民政协精神及研究如何改革戏曲，特邀在京戏曲界名演员、名导演、剧作家及国剧界老前辈举行座谈会。到会的有戏曲界政协代表梅兰芳、周信芳、程砚秋、袁雪芬，剧作家田汉、洪深、欧阳予倩、吴幻荪、景孤血、杨绍萱、马少波、焦菊隐、阿甲，京剧界老前辈王瑶卿、尚和玉、萧长华及名艺人王尊三、连阔如、江新容、方华、白云生、韩世昌、侯永奎、陈少霖等六十余人。首由马彦祥主席报告开会意义，说明今天戏剧从业员必须认清自己做了国家的主人，要群策群力，完成政府给予的戏曲改革的光荣任务。继由梅兰芳等传达了人民政协精神；田汉、洪深等谈到了一些关于改革戏曲中的问题。(《人民日报》，1949年10月8日，第4版)

1949年北京解放了。韩世昌那年五十二岁（虚岁），怀着无限欢欣的心情迎接人民解放军进城。他们在长安戏院曾举办联合慰劳演出，有京剧，有昆曲。他那天唱的是《思凡》。

## 1950年　52岁

1月，北京人民艺术剧院（史称"老人艺"）担任古典舞教员。参与《生产大歌舞》导演工作。

2月3日，当选文化部戏曲改进委员会委员。出席了"文化部戏曲改进局聘请王瑶卿、尚和玉等七人为戏曲实验学校名誉教授"大会。

5月17日，出席北京市第一届文学艺术工作者联合会发起人大会。

5月30日，当选北京市第一届文学艺术工作者联合会主席团成员并当选北京市第一届文学艺术工作者联合会理事。

7月11日，韩世昌参加文化部戏曲改进委员第一次会议，内容为确定戏曲节目审定标准。

7月29日，文化部戏曲改进委员会组成，参加文化部戏曲改进委员首次会议，确定戏曲节目审定标准。

【案】

中央人民政府文化部戏曲改进局，为充实该局所属戏曲实验学校师资，并执行人民政府团结旧艺人大力进行戏曲改革的政策，特聘请京剧界前辈王瑶卿、尚和玉、萧长华、王凤卿、谭小培、金仲仁、马德成等七人为戏曲实验学校的名誉教授。该校于上月二十六日举行欢迎会，除七位名誉教授外，到会的有老舍、欧阳予倩、洪深、韩世昌、白家麟、裘盛戎、张云溪、张椿华、筱白玉霜、鸿巧兰、新凤霞、云燕铭、徐东来、张梦庚、方华及该局、校负责同志等四十余人。会上田汉局长致辞后，老舍、欧阳予倩、何成湘、尚和玉、谭小培、白家麟相继发言，对于政府团结旧艺人，共同进行戏曲改革工作的政策都表示热烈的拥护。谭小培在会上号召老伶工们拥护政府政策，负起教导和提拔后进的责任。到会诸人并对大众剧场演出的《三打祝家庄》作了详尽的讨论。(《人民日报》，1950年2月3日，第3版）

北京市文学艺术工作者联合会发起人大会昨天下午二时在北京人民艺术厅举行。该会召开的意义在于加强北京市文学艺术工作者的团结，发起召开北京市文学艺术工作者代表大会，成立北京市文联。出席大会的发起人有丁玲、王瑶卿、王亚平、艾青、老舍、李广田、李伯钊、沈从文、连阔如、张世荣、张恨水、冯文炳、齐白石、闻家驷、罗常培等一百三十三人。来宾有中央人民政府文化部副部长兼全国文联副主席周扬和北京市委宣传部长邓拓等。大会推选李伯钊等十八人为主席团。李伯钊代表主席团致开会词，大意说："北京市的文学艺术工作者应当广泛地团结起来，形成强有力的文艺界的统一战线，贯彻毛主席的文艺思想，开展文艺普及工作，让文艺在群众中生根开花。"周扬在讲话时指出："北京不仅在政治上是人民的首都，也是人民文化的都城，这里有民间戏剧的旧传统，又有五四以来的新传统。由于人民革命的胜利，北京成了人民的首都，给这些具有新旧传统的文学艺术开辟了广大的前途。新旧文艺工作者要通过文联的组织之内团结起来，发扬新旧文学艺术中的优良传统，做好普及工作，使北京成为人民的文化城。"邓拓讲话时指出："北京人民的文艺工作和其他文化工作一样，具有优越的发展条件，在中央人民政府文教委员会所属各部、各局的领导和全国性各文艺团体及前辈专家们的直接参加与帮助之下，我们要把文艺界的力量进一步组织起来，努力使文艺工作者与劳动人民紧密结合。不但结合的面要力求其广，而且要力求逐步加强这种结合的深度。这样才能做到在人民群众中生根，才能使人民的文艺得到充分的发展。"大会选举结果，北京市文联筹备委员为：老舍、欧阳予倩、李伯钊、王亚平、连阔如、徐悲鸿、赵树理、程砚秋、凤子、老志诚、李广田、尚小云、苗培时、胡蛮、王松声、焦菊隐、齐白石、曹宝禄、俞平伯、田间、罗常培、周巍峙、王瑶卿、张梦庚、张世荣、端木蕻良、林士良、辛大明、戴爱莲、闻家驷、金紫光、田方、杨振声、韩世昌、王春。（《人民日报》，1950年5月18日，第1版）

北京市文艺工作者代表大会主席团名单如下：老舍、欧阳予倩、李伯钊、王亚平、杨振声、连阔如、徐悲鸿、赵树理、凤子、老志诚、李广田、尚小云、苗培时、胡蛮、齐白石、俞平伯、罗常培、王瑶卿、闻家驷、张世荣、戴爱莲、焦菊隐、曹宝禄、田间、周巍峙、端木蕻良、田方、韩世昌、田汉、洪深、黎国荃、白云鹏、萧长华、丁里、阮章竞、钟敬文、金山、吴组缃。北京市文艺工作者代表大会经过四天会议，已于五月三十一日圆满闭幕，中央人民政府政务院周恩来总理并于百忙中抽暇莅会指导。大会讨论通过了"北京市文学艺术工作者联合会章程"及代表提案七十五件，补充提案七件；选出联合会理事老舍等四十五人及候补理事五人（名单见后）。"北京市文学艺术工作者联合会"于此宣告正式成立。大会选出的北京市文学艺术工作者联合会理事为：老舍、王亚平、梅兰芳、李伯钊、赵树理、欧阳予倩、连阔如、张梦庚、凤子、端木蕻良、新凤霞、老志诚、苗培时、田汉、李广田、胡蛮、曹宝禄、侯宝林、戴爱莲、徐悲鸿、尚小云、程砚秋、焦菊隐、田间、王松声、罗常培、叶盛章、王瑶卿、杨振声、洪深、周巍峙、马可、马少波、金紫光、芦肃、叶浅予、佘世光、丁里、张世荣、梁小鸾、阮章竞、蔡若虹、韩世昌、祖田工、李伯康。候补理事为：林庚、田方、蔡金波、金山、马烽。北京市文学艺术工作者联合会在人民艺术厅开会，欢迎最近由上海来京的该会副主席梅兰芳。到会有周扬、周信芳和老舍、李伯钊、赵树理、王亚平等百余人，新近抵京的人民解放军新疆军区司令员王震将军亦应邀出席。该会主席老舍致欢迎词后，梅兰芳在热烈掌声中讲话，他说："我保证尽我的力量追随诸位先生，一面学习一面工作。"当王震将军被邀讲话时，引起了全场热烈的欢呼和雷动的掌声，他希望热爱祖国的文艺工作者们关心边疆文艺运动的开展。接着，周扬、周信芳及罗常培、韩世昌、连阔如也都讲话表示欢迎之意。讲话后，由人民艺术剧院军乐队演奏《中国人民解放军进行曲》，管弦乐队演奏《人民的西北》等乐曲。（《人民日报》，1950年5月30日，第3版）

中央人民政府文化部为开展全国戏曲改革工作，特邀请戏曲界的代表人物、新文艺界的戏剧专家与文化部戏曲改革工作的负责人员，共同组成"中央人民政府文化部戏曲改进委员会"，作为戏曲改革工作的最高顾问性质的机关。委员为周扬、田汉、欧阳予倩、洪深、杨绍萱、马彦祥、李伯钊、赵树理、阿英、翦伯赞、老舍、艾青、曹禺、马少波、阿甲、刘芝明、李纶、马健翎、张梦庚、王亚平、伊兵、郑振铎、周贻白、焦菊隐、王瑶卿、尚和玉、萧长华、王凤卿、马德成、梅兰芳、周信芳、程砚秋、尚小云、荀慧生、谭小培、金仲仁、鲍吉祥、高百岁、袁雪芬、刘南薇、龚啸岚、韩世昌、连阔如等四十三人，以周扬为主任委员。该委员会于七月十一日下午一时假文化部戏曲改进局举行会议，由周扬主持。周扬说明委员会的工作任务是：（一）审定戏曲改进局所提出的修改与编写的剧本。（二）对戏曲改进工作的计划、政策及有关事项向文化部提出建议。会议讨论了一年来对戏曲节目的审定工作，认为无论是以单纯的行政命令禁演，或是采取放任自流政策，都是不对的。关于审定标准，会议在交换意见后，一致认为对下列情形之节目应加以修改，其少数最严重者得加以停演：（一）宣扬麻醉与恐吓人民的封建奴隶道德与迷信者；（二）宣扬淫毒奸杀者；（三）丑化和侮辱劳动人民的语言和动作。会议认为：对有上述内容的节目，各地文教主管机关应与旧艺人商量，并在与旧艺人充分合作的条件下，分别情况予以修改或停演，一般地应尽量消除其中有害的因素，而保留其原剧目。会议指出：第一，审定工作应注意区别迷信与神话，因为不少神话都是古代人民对于自然现象之天真幻想，或对人间社会的一种抗议和对理想世界的追求，这种神话是不但无害而且有益的；至于写阴曹地狱，循环报应等来恐吓人民，那些才是有害的。第二，审定工作应区别恋爱和淫乱；写男女相爱悦的戏，例如《西厢记》，是决不应当反对的。但有些"红娘"的演出者故意把它演成淫亵下流，那才是应当反对的。会上对各地提出停演的剧目逐一慎重讨论，并一致认为《杀子报》《九更天》《滑油山》《奇冤报》《海慧寺》《双钉记》《探阴山》《大香山》《关公显圣》《双沙河》《铁公鸡》《活捉三郎》等戏，不应当演出。会上对于如何修改旧剧本与创作新剧本交换了意见，认为历史剧应忠实地反映历史真实，不应将历史人物"现代化"，将历史事迹与现代中国人民的斗争事迹作不适当的类比。会议认为：对中国历史上的英雄人物，应根据他们在当时历史条件下所具有的进步性、人民性和高尚的民族品质，予以应有的评价。在艺术形式问题上，会议认为：无论修改旧剧或创作新剧，都应当注意保存京剧和各种地方戏原有的特点和优点，而不要轻易将这些特点和优点抛弃。（《人民日报》，1950年7月29日，第3版）

《我的昆曲艺术生活》载："10月1日开国大典以后，我被人民艺术剧院约入担任教员。1950年北京市文联开会，我被选为市文联委员。在我已过半百之年，为国家剧院聘为教员，又当选为市文联委员，不但生活有了保障，政治地位也得到空前的提高。这不仅是绝处逢生，实在是给我后半生以无限生机，使我仿佛又回到了青春时代，感到今后为祖国为人民服务的机会正无限哩。此时引起我重登舞台，为传播昆曲艺术做贡献的雄心。于是纠合了白云生、侯永奎、赵金蓉、陈永玲等人组织联合演出，'昆黄两下锅'演出了不少场。记得我演过《蝴蝶梦》《西厢记》等戏。《西厢记》陈永玲唱前面，是皮黄，我唱《佳期》《拷红》是昆曲。我还在人艺担任古典舞蹈教员兼戏曲导演，有时也教些昆曲。丛兆桓、李倩影、安维黎、秦肖玉就是这个时期向我学的昆曲。"

5月26日，韩世昌在北京市第一届文学艺术者联合会发言，题目是《谈谈我的经验》："全市文艺工作者代表大会召开了，我参加了这盛大的会议，感到十分荣幸。本人是专搞昆曲的，曾有三四十年的经验。现在就把过去的经验和现在学习的心得谈一点，贡献给大家，还希望文艺工作同志多加指导。过去对于昆曲的表演技术很下过一番功夫，不过那时候对于改革问题丝毫不关心。自从参加了人民艺术剧院之后，听过很多关于文艺问题的报告，加上自己在学习当中改换了旧的思想，对于文艺——戏曲改革的问题才比较明确了。昆曲是一种优秀的文化遗产，虽然其中有封建意识，可是也有很多的优点，比如舞蹈、身段、唱腔，都能称得上是精华部分，要能把这些精华吸取出来，加到新的歌舞剧里面去，把新歌剧加强了舞蹈性，就能收到很大的效果，至少在演技身段方面可以提高一步。说到昆曲本身，也有含着反抗压迫、破除迷信的剧情，意义正确的也有一部分，如果能经过一番删改，也是很好的演出材料。目前我们排演了些新歌剧，尽量地把好的身段用上一些，很得到群众的好评，现在我对于导演和穿插身段的工作，很想更好地负担起来，把个人所有的舞台经验全部贡献给大家作为参考。近来我所感觉到的缺陷，就是歌舞剧新剧本太少，这一点就希望作家同志写作大量的剧本来供应演出。本人从小失学，十二岁开始学昆曲，几十年来除了实际舞台经验得了不少以外，文化水平还很低。现在虽然思想方面有了改进，创作方面是没有能力的。希望文艺工作者同志们能很好地团结起来，搞好新艺术，创作出大量的新的歌舞剧，为工农兵服务，同时也可在广大的群众中起普及的教育作用。本人愿以忠诚的态度和热心，抱定了为工农兵服务的宗旨，努力学习，尽量地贡献出自己的技术和经验来，发扬新的大众化民族歌舞剧。"

## 1951年　53岁

1月，在中央实验歌剧院任教员。侯瑞春在河北高阳去世。

2月11日，《人民日报》报道了朝鲜名舞蹈家崔承喜来京与梅兰芳、韩世昌、白云生等合作，已完成了记录并整理中国京剧青衣、花旦、小生、水袖等舞蹈的基本动作。

【案】

1951年，韩世昌改在中央实验歌剧院任教员。这一年侯瑞春死在高阳乡下老家。韩世昌原想请他来歌剧院工作，他也有信来，希望如此，及至和领导谈妥，去了信以后，他已死了三天了。

朝鲜名舞蹈家崔承喜自去年十一月来京后，和梅兰芳、韩世昌、白云生等合作，已完成了记录并整理中国京剧中的青衣、花旦、小生、水袖等舞蹈的基本动作，还准备继续记录并整理武生、武旦以及京剧中各种用枪棍来舞蹈的基本动作，腰鼓和秧歌的基本动作等。最近中央戏剧学院已附设——崔承喜舞蹈研究班，由崔承喜亲自主持，目的在整理中国古典与民间的舞蹈，创造富有东方民族色彩的人民舞蹈艺术。这是一件极有意义的工作。另外，崔承喜及其女安圣姬等正准备创作一个以中朝人民友谊合作抗美援朝为主题的舞剧。(《人民日报》，1951年2月11日，第5版)

林萍、王为民《韩世昌的昆曲表演艺术》载："侯瑞春与韩世昌同为河北省高阳县河西村人。生于1885年，自幼酷爱戏曲，开始在本村丝弦子弟会学刀马旦。由于天资聪明，记性和悟性极强，再加上勤学苦练，不久便成为有名的丝弦刀马旦，被当地百姓誉为'刀马春'，真实姓名反而很少有人知道。后来他又转入本村昆曲庆长剧社，师从昆曲名家朱玉铮学昆曲刀马旦，不久又转学武生兼小生。他的武功精巧，表演细腻，受到行家和观众的好评。在他学戏演戏的同时，还吹奏笛子，钻研工尺谱，凡昆曲唱腔工尺谱，过目就可以吹奏，当地百姓又称他是'特级笛师'。1909年，韩世昌拜侯瑞春为师，至1942年分手，三十余年间，师徒二人朝夕相处，从未分离。两个家庭也在一起生活，如同一家人。1948年，侯瑞春回农村老家了。然而在北京的韩世昌并没有忘记自己的恩师，1951年他联络侯玉山、侯永奎等给侯瑞春写信，希望他到中央实验歌剧院工作。他也回信答应了。及至韩世昌等和有关领导谈妥，再去信到家里，这位全才的昆曲艺术家竟在三天前因病去世了。"

## 1952年　54岁

11月16日，韩世昌、朱传茗、于连泉、尚和玉、尚小云、姜妙香、荀慧生、郝寿臣、萧长华等46人获第一届全国戏曲观摩演出大会奖状。梅兰芳、周信芳、程砚秋、袁雪芬、常香玉、王瑶卿、盖叫天等7人获荣誉奖。

【案】

《我的昆曲艺术生活》载："在这阶段，我导演过《生产大歌舞》《蓝桥会》等。1952年全国第一届戏曲观摩汇演大会时，文化部授我荣誉奖，我觉得我对于解放后戏曲艺术没有什么贡献，政府褒奖我，实在使我惭愧，但另一方面又使我加倍勉励自己。"

### 1953年　55岁

三子韩景林、女儿韩景华出生（孪生）。

【案】

《我的昆曲艺术生活》载："1953年我的三子景林和幼女景华孪生出世。以前有人称我是老绝户，解放后不但艺事前途有了无限发展，生活问题得到确切保障，而且接连得了三子一女，望六之人得此老境，真是所谓枯木逢春。孰知此后更有北昆建院之举，在党与政府正确方针政策指导下，昆曲艺术又开始了一个新纪元。"

## 1954年　56岁

1月24日，与梅兰芳等参加选举人民代表的投票活动。这是新中国成立后第一次民主选举人民代表。

6月1日，《人民日报》报道了韩世昌等教授中央实验歌剧院民间戏曲团儿童学员中国古典舞的情况。

【案】

首都城内各区数十万选民，在1月24日庄严地行使自己的权利——直接、无记名地投票选举区人民代表大会的代表。在今天投票的中央人民政府各部门负责人有：罗瑞卿、王鹤寿、黄敬、蒋光鼐、章乃器、滕代远、朱学范、章伯钧、李书城、梁希、李立三、陈绍禹、何香凝、胡愈之等。中共中央华北局和华北行政委员会的负责人薄一波、刘澜涛、王从吾、刘秀峰、张磐石、张苏等也都先后投了票。北京市人民政府市长彭真，参加在东交民巷机关、工地的选民行列中投了票。中国人民大学校长吴玉章今天也参加了投票。文学艺术界的人们在这欢乐的日子里显得更活跃了。中央歌舞团舞蹈队和中央实验歌剧院舞蹈队的演员们，在西四区西煤厂选区第一选举站门前等待投票的时候，兴奋地表演了中国民间的优秀艺术节目"跑驴"和"狮舞"，并表演了他们最近新排的"龙灯"。打扮得比往日更漂亮的女演员们也跳起了大秧歌舞来。五十多岁的昆曲老教师韩世昌也拿着选民证参加跳秧歌舞。(《人民日报》，1954年1月24日，第1版)

在北京风景秀丽的什刹海南岸，住着一批少年舞蹈家——中央实验歌剧院民间戏曲团的儿童学员。他们来自祖国的各个角落，其中有工人和干部的子女，也有上海教养院里的孤儿。他们在这里一起愉快地生活着学习着。每天早晨七点钟，他们就起来练习中国古典舞的基本动作。早餐以后，孩子们都集中在铺着天鹅绒地毯的院子里，学习主要的课程——中国古典舞。教他们的老师，有全国著名的昆曲演员韩世昌、白云生、马祥麟等。现在，他们已经学完了中国古典舞舞蹈组合，正在练习中国古典歌舞剧中的片断——"起霸"等动作。上午最后一堂课是苏联芭蕾舞的基本训练。孩子们换上了另一套漂亮的舞衣，按着优美的圆舞曲的旋律进行练习，每个动作、每个姿态都是那么的美妙和富有抒情味。下午有文化学习、钢琴练习和音乐欣赏等课程。孩子们的兴趣是多种多样的，除了舞蹈之外，他们还参加其他各种活动，如运动、看电影、旅行、读文艺小说（他们自己有个图书馆）。每天傍晚，孩子们三五成群地到什刹海的土山上或儿童公园去玩。星期天，孩子们都穿起美丽的服装，系着鲜艳的红领巾，一起去划船或到郊外旅行。老师们和孩子们之间的感情显得非常融洽。老师爱他们像自己的孩子一样；而孩子们也能听老师的话，他们常常亲昵地围坐在老师身边听讲故事。有一次一个孩子天真地问一个教中国古典舞剧的老师："老师，你们以前学不学芭蕾舞？"老师感叹地回答："咳！傻孩子，听都没听说过，不用说学了。那时吃不饱穿不暖，不知挨过多少打骂，赚来的钱都归了别人的腰包。那会儿没有教室也没有镜子，晚上只能悄悄地一个人起来在月亮下或点着残烛练习。……唉,比起你们来真有天地之别……"这些话在孩子们的心里留下了深刻的印象,使他们懂得了应该热爱祖国、热爱舞蹈艺术。(《人民日报》,1954年6月1日,第2版)

## 1956年　58岁

5月17日，出席"文艺界人士举行昆曲《十五贯》座谈会"。周恩来出席了座谈会。

10月，在上海与俞振飞、周传瑛、徐凌云等会谈。

10月25日，随"中央文化部北方昆曲代表团"赴上海参加"南北昆曲汇演"。

11月3—27日，赴上海演出。

11月29日，《人民日报》发表《上海文艺界人士讨论昆剧音乐和表演艺术等问题》一文。

12月3日，赴杭州演出。同日，《人民日报》发表署名"伦琴"的文章《看韩世昌的表演有感》。

12月17日，赴南京演出。

12月21日，赴苏州演出。

12月29日，回京。

【案】

文化部和中国戏剧家协会17日邀请首都文艺界著名人士二百多人举行昆曲《十五贯》座谈会。周恩来总理出席了座谈会。座谈会由中共中央宣传部副部长周扬、文化部副部长钱俊瑞、中国戏剧家协会主席田汉、浙江省昆苏剧团团长周传瑛和正在北京的广东粤剧团团长马师曾主持。出席座谈会的还有文化部副部长丁西林、刘芝明、夏衍、陈克寒，中国人民解放军总政治部文化部部长陈沂，作家老舍、阳翰笙、陈白尘、陈其通，京剧老艺人萧长华、郝寿臣，昆曲老艺人韩世昌、白云生，以及正在北京的粤剧演员红线女、晋剧演员丁果仙、沪剧演员王盘声、王雅琴和参加全国职工业余曲艺观摩演出会的优秀演员等人。(《人民日报》，1956年5月18日，第1版)

1956年夏，浙江昆苏剧团来首都演出了《十五贯》《长生殿》等戏，轰动了北方昆曲界。在党和政府的关怀支持下，"中央文化部北方昆曲代表团"（以下简称北方昆曲代表团）成立并南下举行汇演。北方昆曲代表团由金紫光同志带队，韩世昌任副团长。团员有歌剧院的其他同志，如白云生、侯永奎、马祥麟等，有来自总政文工团的侯玉山，有来自武汉的孟祥生、侯炳武，有来自天津的景和顺，有来自北京戏曲编导委员会的叶仰曦、徐惠如，有来自中国评剧院的沈盘生，有来自中国京剧院的傅雪漪，有来自实验歌剧院及中国戏曲学校的青年演员丛兆桓、李淑君、崔洁、侯长治、孔昭、林萍、张兆基等，行政人员共四十一人。代表团10月25日离京南下，27日到达上海，住在国际饭店，汇演地点是长江剧场。11月3日，汇演正式开始，文化部刘芝明副部长、田汉局长，中央戏剧学院欧阳予倩院长等都远道来沪参加。汇演进行二十多天，剧目有韩世昌的《游园惊梦》、白云生的《拾画叫画》、侯永奎的《林冲夜奔》、侯玉山的《钟馗嫁妹》、马祥麟的《昭君出塞》等。演出博得上海文艺界观众们的赞扬。12月3日，应浙江文化局约请，到达杭州，原定演四场，后应观众请求，又加演了两场。杭州戏曲家和音乐家钱南扬、徐步逵、许为通、张耘耕诸位对演出作了热情的赞扬。12月21日，北昆代表团到达苏州，在苏州演出了三场。12月17日，到达南京，在南京人民剧场演出了五场，给军事学院演出了两场。12月29日，代表团返抵北京。两个月中旅行万里，在沪、杭、苏、宁四个城市共演出三十八场，观众达四万五千人以上。北方昆曲代表团返回北京后，曾向中央文化部及文艺界举行了三次汇报演出。以后又应中央高级党校、清华大学、北京大学、劳动干部学校、青年艺术剧院、戏曲学校及新闻界、出版界之约进行了多次演出。春节那天在怀仁堂为毛主席等党和国家领导人演出了《嫁妹》《学舌》《夜奔》《拾画》《出塞》等剧，受到了热情的关怀与鼓励。

11月3日夜场《游园惊梦》：韩世昌（杜丽娘）、白云生（柳梦梅）、张凤翔（春香）、孟祥生（睡魔神）、侯炳武（大花神）、魏庆林（杜母），（堆花一场众花神由齐洁、张凤翔、安维黎、李淑君、孔昭、林萍、刘秀华、丛兆桓、白玉珍、景和顺、侯长志、王卷、侯广有、张肇基、赵德贵等分饰）；11月4日夜场《西游记·学舌》：韩世昌（胖姑）、白玉珍（王留）、孟祥生（老头儿）；11月5日夜场《雷峰塔·降香·水斗·断桥》：马祥麟（前白素珍）、韩世昌（后白素珍）、白云生（许仙）、张凤翔（小青）、魏庆林（法海）、孟祥生（小和尚）；11月8日夜场《狮吼记·梳妆·游春·跪池》：白云生（陈季常）、韩世昌（柳氏）、孟祥生（院公）、魏庆林（苏轼）、丛兆桓（佛印）、李凤云（琴操）、侯炳武（苍头）；11月9日夜场《虎口余生·刺虎》：韩世昌（费贞娥）、白玉珍（李过）；11月13日夜场《牡丹亭·闹学》：韩世昌（春香）、李凤云（杜丽娘）、魏庆林（陈最良）；11月15日夜场《烂柯山·痴梦》：韩世昌（崔氏）、魏庆林（院子）、沈盘生（衙婆）、孟祥生（无徒）；11月17日夜场《西厢记·拷红》：韩世昌（红娘）、白云生（张生）、魏庆林（崔夫人）、李凤云（崔莺莺）；11月18日日场《游园惊梦》：韩世昌（杜丽娘）、白云生（柳梦梅）、张凤翔（春香）、孟祥生（睡魔神）、侯炳武（大花神）、魏庆林（杜母），（堆花一场众花神由齐洁、张凤翔、安维黎、李淑君、孔昭、林萍、刘秀华、丛兆桓、白玉珍、景和顺、侯长志、王卷、侯广有、张肇基、赵德贵等分饰）；11月22日夜场《长生殿·惊变》：白云生（唐明皇）、沈传锟（杨国忠）、韩世昌（杨贵妃）；11月23日夜场《雷峰塔·断桥》：韩世昌（白素珍）、白云生（许仙）、马祥麟（青儿）、魏庆林（法海）；11月25日夜场《游园惊梦》：韩世昌（杜丽娘）、白云生（柳梦梅）、张凤翔（春香）、孟祥生（睡魔神）、侯炳武（大花神）、魏庆林（杜母），（堆花一场众花神由齐洁、张凤翔、安维黎、李淑君、孔昭、林萍、刘秀华、丛兆桓、白玉珍、景和顺、侯长志、王卷、侯广有、张肇基、赵德贵等分饰）；11月27日夜场《西游记·学舌》：韩世昌（胖姑）、白玉珍（王留）、孟祥生（老头儿）。(《昆剧观摩演出纪念文集》，中国戏曲家协会上海分会编，上海文化出版社出版，1957年）

上海和北京的一些戏剧和其他文艺工作者，最近在上海举行昆剧观摩演出的期间，对昆剧的音乐、剧本、表演等问题展开了讨论。音乐组的许多人认为昆剧音乐虽然有笛、琵琶、箫等器乐，但还是比较单调，应当适当增加其他乐器。昆剧中锣鼓的使用缺乏变化，也应该改进。有人认为昆剧音乐格律很严，限制了演员的表演，提议以折用曲牌来改革曲牌的运用。剧本组集中讨论了如何对待传统剧目演出的问题。大多数人认为除了少数有严重反动性的剧目不宜演出以外，对大多数传统剧目都应当整理和改编演出，这样才能使上演剧目多样化。大家对昆剧丰富、优美的表演艺术给予很高评价。在这次昆剧观摩演出的八十多个剧目中，有不少剧目的表演艺术深刻细致，舞蹈身段也很优美。大家认为著名昆剧演员韩世昌在《游园惊梦》中，把一个少女怀春的心情表演得十分动人。白云生在这一剧中，缥缈缓慢的步伐对表现一个人物所处的幻梦境地，也显得非常成功。大家认为这些名演员几十年辛勤劳动而创造出来的各种精湛的表演，应该记录下来，加以保留。表演组还讨论了南北昆剧表演特点，分析、探讨了昆剧表演艺术的传统，研究了昆剧舞台动作的语汇。在座谈会上，大家还讨论了昆剧如何吸收其他剧种的优点，来丰富和发展昆剧。（《人民日报》，1956年11月29日，第7版）

　　韩世昌表演艺术的特色是他善于辨别并且能够掌握住不同的角色在各自的具体情况下（有时候是在极其复杂的情况下）的主要特点，通过这一点进入角色的心灵深处，牢牢抓住这一核心，用纯朴而又鲜明的形象淋漓地发挥出来。他演截然不同的角色的时候，内心深处的思想、感情，以至行动都是截然不同的。他的个别演出从表面上看去可能并不漂亮，但是，从整个来说他的表演是纯朴的，饱含着思想、情感的。这正是中国表演艺术传统中最可宝贵的精华之一，也是艺术上真正的"真"和"美"，值得演员和表演研究者们研究和学习。这是感想之一。韩世昌的艺术修养是多方面的。单拿这次观摩演出中所演的剧目来看，他不但演了《游园惊梦》的杜丽娘，《狮吼记》的柳氏等各种不同的人物，而且还演了完全民间风格的"胖姑"。"胖姑"出于元曲"西游记杂剧"（吴昌龄作）中的第六出"村姑演说"，这是现存的若干历史最久的剧目之一。韩世昌演"胖姑"时和他演杜丽娘时完全不同，洋溢着浓厚的淳朴、快乐的民间风味。这种健康开朗的、"泥土味"十足的表演艺术在昆曲中似乎不多见，值得我们特别注意和研究。这是感想之二。韩世昌先生十分谦逊。在所谓"南北昆"合演的许多天中，他没有一次演最后一出戏，经常在第二三出。以韩先生的艺术修养和在昆曲界（以致整个戏曲界）的资历、地位和声誉来说，这种谦逊不能不说是特别难能可贵的。这种谦逊精神，正像他的浓厚的艺术造诣一样，值得各剧种的演员认真地学习。这是感想之三。自然界的宝藏，有容易发掘的，有比较不容易发掘的。艺术上也是如此。在"百花齐放"的今天，毫无疑问，任何宝藏都将被发掘出来，越来越放射出光辉。（《人民日报》，1956年12月3日，第7版）

### 1957年　59岁

2月10日，北方昆曲代表团在京举行汇报演出。同日，《人民日报》发表《北方昆剧今天开始在京公演》。

2月11日，《人民日报》发表俞平伯《看了北方昆剧的感想》。

5月16日，参加《戏剧报》召开"首都昆曲界谈会"。

5月18日，《人民日报》发表题为《昆曲界要求扶植，文化部冷若冰霜》文章。

6月22日，北方昆曲剧院成立，隶属文化部。被周恩来任命为院长。

6月23日，《人民日报》发表《戏曲界的一件大事》。

6月23日，《人民日报》发表梅兰芳《欢迎北方昆曲剧院成立》。

6月23日，在北方昆曲剧院成立纪念晚会上和白云生一起与梅兰芳首次合演《游园惊梦》。陈毅等出席观看并接见演员。

6月25日，《人民日报》发表《梅兰芳、韩世昌、白云生首次合作演出〈牡丹亭〉》。

7月1日，再次和白云生一起与梅兰芳合演《游园惊梦》。周恩来等出席观看并接见演员。

7月14日，为招待第一届全国人民代表大会第四次会议全体代表举办的昆曲演出晚会上再度与白云生、梅兰芳合演《游园惊梦》。

7月20日，在天桥剧场第四次与白云生、梅兰芳合演《游园惊梦》。

7月28日，《人民日报》全文发表由韩世昌、白云生、侯永奎、马祥麟、侯玉山、沈盘生、白玉珍、魏庆林、孟祥生等九人联合署名的文章《我们坚决反对演坏戏》。

7月29日，在"全国工艺美术艺人代表会议昆曲晚会"上，第五次与白云生、梅兰芳合作演出《游园惊梦》。

【案】

几经盛衰的昆剧又将和北京观众见面了——北方昆剧代表团从10日起开始公演。参加演出的演员有久负盛名的北方昆剧表演艺术家韩世昌（旦）、白云生（小生）、侯永奎（武生）、马祥麟（旦）、侯玉山（花脸）、白玉珍（花脸）、魏庆林（老生）和小花脸孟祥生。还有李淑君、孔昭、丛兆桓、张凤翎、刘秀华、侯长志、安维黎、崔浩、林萍、王卷等初露头角的青年演员。昆剧已有近五百年的历史，它是明代杰出的戏曲音乐家、昆山人魏良辅首创的。在明代万历年间传入北京，不久便在剧坛上占了首座。到了清代，上至宫廷，下至乡村，风行全国，在乾隆、嘉庆年间，仅北京到保定一带地区，就有五六十个昆曲班社。后来由于历代文人墨客把昆剧当作逞才怡情的雅事，造成脱离群众的现象，以致逐渐衰落。北方昆曲艺术从1918年韩世昌等优秀演员来到北京以后，又曾一度繁荣，到1939年之后趋向沉寂。那时老艺人们有的改演京戏，有的回故乡种地，有的做小买卖糊口，十多年来昆剧几乎在北京舞台上绝迹。直到解放后，才由前北京人民艺术剧院副院长金紫光等人把他们一一找回北京，作了短期公演。去年11月间，上海市文化局和中国戏剧家协会上海分会在上海举办了一次盛大的"昆剧观摩演出"，北方昆剧演员们组织了北方昆剧代表团参加演出，得到文艺界和南方观众一致的推崇。目前，文化部准备以这一代表团为基础，成立专门性的北方昆剧艺术研究、表演团体，使北方昆曲艺术重放光彩。(《人民日报》，1957年2月10日，第7版)

俞平伯认为，北方昆曲代表团在北京的汇报演出，有韩世昌、白云生、侯永奎、马祥麟、侯玉山和其他各位，他们都功力深厚，演得很认真；又青年学生的演奏，成绩也斐然可观。关于昆剧发展的前途和我们昆曲界怎样结合？第一，必须寻讨昆曲的渊源，它跟唐宋元明以来，中国音乐戏剧的种种关系；第二，必须考察自明嘉靖魏良辅创调后，四百年间在全国范围内，昆剧分布的情况，发展的历史。有过昆剧的改革固十分重要，却应该适当地和保存相结合。全国各地的昆剧团体需要团结起来，即广大的昆曲界也应该团结起来。(《人民日报》，1957年2月11日，第7版)

《我的昆曲艺术生活》载："我们于1957年春筹备建立北方昆曲剧院。戏剧家协会于5月16日在文联大楼一楼会议室举行了首都昆曲座谈会，政协全国委员会文化工作组于6月7日、14日举行两次昆曲座谈会，出席的有郑振铎、俞平伯、罗常培、黄芝岗、马彦祥、吴晓铃、文怀沙、范崇实、项远村等三十多人。会上大家发表了很多高见。经过将近半年筹备，北方昆曲剧院于6月22日在文化部礼堂举行成立典礼。昆曲组织以一个国家剧院的姿态出现。建院典礼会上，国务院副总理陈毅同志、文化部沈雁冰部长、中央宣传部周扬副部长、戏剧家协会田汉主席、梅兰芳副主席、北京昆曲研习社社长俞平伯先生都在会上讲了话。文化部钱俊瑞、郑振铎两位副部长也到会了。中国戏剧家协会、剧协上海分会、剧协浙江分会、剧协武汉分会、江苏省文化局、浙江省文化局、中央戏剧学院、中央实验歌剧院、北京舞蹈学校、中国戏曲学校、上海京剧院、上海昆曲研习所、北京昆曲研习社、浙江昆苏剧团、《剧本》月刊编辑部、《戏剧论丛》编辑部等单位，都来了贺电。中国戏曲研究院、中国评剧院、中国青年艺术剧院、北京人民艺术剧院、北京京剧工作者联谊会、人民出版社、美术出版社、通俗读物出版社、古籍出版社等很多社团和个人还赠予了很多宝贵的礼品。郑振铎、田汉、梅兰芳、欧阳予倩、程砚秋、俞平伯、黄芝岗诸位先生给我们写了祝辞。傅惜华、徐调孚、周贻白、罗常培、吴晓铃诸位先生还给我们建院特刊写了文章。这些盛情，非常可感。梅兰芳先生并参加了我们庆祝成立的建院演出，给我们很大鼓舞。晚会上李淑君演的《出塞》、侯永奎演的《刀会》，我、梅先生、马祥麟的《牡丹亭》(《学堂》《游园惊梦》)。"

酝酿已久的北方昆曲剧院于昨天(22日)宣告正式成立。这是我国戏曲界的重要事件。北方昆曲剧院建院大会由文化部部长沈雁冰主持，他在会上宣布了剧院的院长是韩世昌，副院长是白云生、金紫光。白云生作了筹备建院经过的报告。昆曲剧院今后的方针任务是：继承和发展昆曲艺术，以演出为主，大力进行昆曲传统剧目的发掘、整理和研究工作，在条件可能下，也准备做革新的尝试。到会的还有陈毅、周扬、钱俊瑞、郑振铎、梅兰芳、田汉、马少波、俞平伯、张伯驹和首都各界人士二百人。北方昆曲剧院的成立受到各方面热烈的祝贺。它意味着昆曲将进入一个崭新的时期。又讯：北方昆曲剧院为庆贺建院纪念，今晚将举行庆祝晚会。著名表演艺术家梅兰芳将和韩世昌、白云生一起演出《牡丹亭》中的三折（《闹学》《游园》《惊梦》），侯永奎、侯玉山、白玉珍将演出《单刀会》，青年演员李淑君等演出《昭君出塞》。26日起在北京做第一期公演。该院今年共计划演出一百多场，还准备到外地和工厂农村中巡回演出。（《人民日报》，1957年6月23日，第7版）

梅兰芳和昆曲表演艺术家韩世昌、白云生在北京合作演出昆曲《牡丹亭》里的两折《游园》《惊梦》。这是这三位艺术家相识几十年来的第一次合作。他们三人年龄的总和是一百八十岁，都已经在舞台上活跃了四五十年。他们在清歌曼舞之中，使自己的青春再现。梅兰芳的杜丽娘端庄娇柔，韩世昌的春香活泼伶俐，白云生的柳梦梅风流倜傥。他们把汤显祖的这一杰作成功地搬上了舞台。许多观众用"珠联璧合"来形容这场不平凡的好戏。（《人民日报》，1957年6月25日，第7版）

全国人民代表大会代表梅兰芳、周信芳、程砚秋、袁雪芬、常香玉、陈书舫和郎咸芬等同志提出的，要求提高戏曲的思想质量和艺术质量，多演有教育意义的优秀剧目，不演丑恶、淫猥、恐怖、有害人民身心健康的坏戏。这一号召是正确的，我们昆曲老艺人完全拥护和支持这个建议。自从第二次全国戏曲剧目工作会议之后，以前禁演的剧目开放以来，戏曲艺术事业呈现出新的繁荣现象，很多艺人都在积极地挖掘、整理和研究着遗产中的优秀传统剧目，有的剧目已在演出中受到了观众的热烈欢迎，说明了不但是香花，而且类似这样的东西还有，正有待于我们去继承。但是，也有小部分艺人，他们却不是从继承与发展戏曲艺术事业的观点出发，他们毫无选择和批判地来搬演过去曾经禁演的剧目，而这些剧目又的确是思想质量和艺术质量不高、教育意义不大，甚至丑恶不堪、毒素很大的坏戏。如《杀子报》和《黄氏女游阴》之类，究竟给观众的是些什么呢？可是他们并不考虑这些，对艺术并不负责任。他们想趁着剧目开放的机会，把那些被人民所摈弃的坏戏散播在群众中，只顾演出的赢利，却不顾所造成的后果。这种做法误解了剧目开放的意义，造成了戏曲艺术事业繁荣现象中的某些混乱与不健康状态，引起了观众极大的不满。我们认为今天作为一个戏曲艺人，不但要对艺术负责，更重要的是要对观众负责，我们身负教育和推动社会前进的重担，如果只把艺术当作任人"消遣的物品"，把观众当作是对艺术的"消遣者"，就可以随便地去对待它们，这是不应该有的态度，我们是不同意这样做的。我们同意梅兰芳等同志向戏曲界提出的建议，并愿意相约，自己坚决不演坏戏。对上演的剧目，一定要经过慎重研究和讨论，绝不拿有毒素的剧目去给观众看，对上演的一切坏戏，我们也一定坚持斗争和反对。我们还希望戏曲界加强团结起来，在大家的努力下，把那些毒害人民的坏戏更快地从戏曲舞台上除掉，以澄清已往香花和毒草不分的混乱状态，使得戏曲事业更能为社会主义建设中的广大人民去服务。（《人民日报》，1957年7月28日，第7版）

《梅兰芳老戏单图鉴——从戏单探究梅兰芳的舞台生涯》载："1957年7月29日在'全国工艺美术艺人代表会议昆曲晚会'上，梅兰芳、韩世昌、白云生等合作演出《游园惊梦》。梅兰芳饰演杜丽娘，韩世昌饰演春香，白云生饰演柳梦梅，孟祥生饰演睡魔神，魏庆林饰演大花神，沈盘生饰演杜母等。"

## 1958年　60岁

是年，参与昆曲现代戏《红霞》导演工作。
7月，原隶属文化部管理的北方昆曲剧院下放北京市管理。
是年，随北方昆曲剧院赴山东演出。
是年，大哥韩德兴在家乡去世。

【案】

　　1958年7月，中央文化部将所属在京的四十二个文化事业、企业单位下放北京市领导。下放北京市的四十二个单位是：中国青年艺术剧院、中央实验歌剧院、中央歌舞团、中央乐团、北方昆曲剧院、中国儿童艺术剧院、中国评剧院、中国京剧院、中国杂技团、中国木偶艺术剧团、中央戏剧学院、中央美术学院、中央工艺美术学院、中央音乐学院、中国戏曲学校、北京舞蹈学校、中央电影学院、故宫博物院、中国革命博物馆、中国历史博物馆、中国自然博物馆（筹备处）、鲁迅博物馆、徐悲鸿纪念馆、齐白石纪念馆（筹备处）、中国画院、古代建筑修整所、北京图书馆、光明日报社、大公报社、商务印书馆、中华书局、新华印刷厂、美术印刷厂、京华印书局、宝文堂印刷厂、五十年代印刷厂、新华字模制造所、中华排版厂、印刷技术研究所、北京电影制片厂、北京电影洗印厂、幻灯片厂。(《北京市文化史料选集》，北京市文化局编，2001年)
　　《我的昆曲艺术生活》载："我的大哥1958年初春在原籍逝世了，他活了七十五岁。他也身体不好，自小忍饥受饿，年轻时跑了一次西口外，给人家放了十来年羊，回来依然孑然一身。后来结了婚，就在家种地、过活。旧社会兵荒马乱，内战外患，我大哥过了几十年穷乱日子。"

## 1959年　61岁

患严重喘咳，被诊断为重度肺气肿。

4月，当选中国人民政治协商会议第三届全国委员会委员。

4月12日，《人民日报》第2版公布了中国人民政治协商会议第三届全国委员会委员人员名单。其中，中国文学艺术界联合会界别共52名，韩世昌为其中之一。

5月5日，《人民日报》发表韩世昌、丁果仙、丁是娥、严凤英等全国政协委员在第三届全国委员会委员第一次全体会议上的联合发言。

【案】

《我的昆曲艺术生活》载：1959年由于喘咳厉害，引起肺气肿病，党组织千方百计地请名医给我治疗，更一再强调让我多休息，要我工作有节制。

### 1960年　62岁

2月，北方昆曲剧院由韩世昌等十人组成的教师组被评为先进集体，参加了北京市文教战线群英大会。27日，《北京晚报》发表《多快好省培养大批青年演员 —— 北昆教师倾全力苦心教学》一文。

4月6日，参加全国政协第三届委员会第二次全体会议。梅兰芳委员代表戏曲界人士周信芳、韩世昌、丁果仙、尹羲、沈佩华、苏育民、李再雯、陈书舫、萧长华、吴天保、郑奕奏、周惠侬、袁雪芬、俞振飞、马师曾、常香玉、彭俐侬、邝健廉、韩俊卿等委员发言，表示戏曲界要继续认真学习毛主席文艺思想，把我国戏曲事业推向新的高峰。《人民日报》以《攀登现代科学技术和文化高峰，建设强大的社会主义祖国》为题报道了会议情况。

4月25日，加入中国共产党。

7月5日，在《北京晚报》发表文章《把一切献给党》。

7月22日，当选中国文学艺术工作者第三次全国代表大会主席团成员。刘少奇、周恩来、朱德、宋庆龄、邓小平、彭真、陈毅等接见了全体代表。

7月，随北方昆曲剧院赴东北。

8月13日，当选中国文学艺术工作者第三次全国代表大会委员。周恩来、陈毅、李先念、习仲勋等与全体代表一起出席了联欢晚会。

12月，以《痴梦》一折参加北方昆曲剧院举办的传统折子戏展览演出。《北京晚报》发表《北昆老艺人为青年演员示范 —— 举行传统折子戏展览演出》一文并登载了韩世昌出演《痴梦》一剧的剧照。这出戏成了韩世昌最后一出在舞台上公开演出的剧目。

【案】

《我的昆曲艺术生活》载："1960年我六十三岁（虚岁），这一年对我来说意义特大。我申请入党批准了，我也成了无产阶级先锋队中光荣的一员。我十二分地感谢党，使我更直接地在党的抚育下，锻炼自己，成为一员光荣的文艺战士。我的政治生命展开了新的一页，使我忘了老，丢弃了疾病，要为无产阶级事业、共产主义建设，再尽力六十年。我虽然时常喘咳,不能在舞台上献身,但愿为培养新生一代而做观摩演出。"

中国文学艺术工作者第三次代表大会主席团名单(以姓氏笔画为序):丁九、丁西林、丁是娥、丁果仙、刁光覃、于伶、于蓝、才旦卓玛、王少堂、王少舫、王老九、王苹、王昆仑、王朝闻、王维林、扎西顿珠、巴金、尹义、田方、田汉、田间、古元、石少华、白韦、白杨、叶以群、叶圣陶、叶浅予、叶恭绰、司徒慧敏、邓洪、布赫、关山月、亚马、刘开渠、刘天韵、刘白羽、刘肖燕、刘春泉、华君武、老舍、安波、江萍、艾芜、齐燕铭、远千里、肖三、萧长华、吴凡、吴印咸、吴作人、吴晗、吴雪、吴晓邦、沙可夫、沙汀、邢立斌、李六如、李伟、李进、李志曙、李伯钊、李定坤、李季、李准、李桂云、李焕之、宋有亮、宋振庭、杜希唐、杜埃、何其芳、何香凝、汪洋、沈浮、阳翰笙、时曙明、吕骥、周小燕、周信芳、周扬、周巍峙、陈半丁、陈克寒、陈伯华、陈书舫、金开芳、欧阳山、欧阳予倩、孟波、阿英、罗品超、邵荃麟、林默涵、郎咸芬、张水华、张天翼、张光年、张庚、张骏祥、张鸿、张景祜、茅盾、姚以壮、姚璇秋、胡可、马加、马彦祥、马思聪、马健翎、柯仲平、洪林、查阜西、赵树理、赵沨、赵鼎新、郑伯奇、郑福来、柳青、姜思毅、高元钧、祖龙•哈迪尔、库尔班阿里、袁水拍、袁牧之、袁勃、袁雪芬、特伟、徐平羽、徐兰沅、徐侃、纳赛音朝克图、侯宝林、夏衍、许广平、冯至、康巴尔汗、康朗甩、郭兰英、郭沫若、郭铭、郭绍虞、梅兰芳、盖叫天、常沙娜、常香玉、章泯、朗卓红、曹禺、曹靖华、梁思成、梁斌、陶钝、温长淮、黄声孝、黄佐临、黄静涛、傅抱石、傅钟、曾惇、焦菊隐、贺绿汀、筱文艳、楚图南、杨筱亭、熊佛西、潘凤霞、黎国荃、燕迁明、蔡若虹、蔡楚生、钱丹辉、钱俊瑞、钱筱璋、谢冰心、戴爱莲、韩世昌、韩起祥、瞿希贤、萨空了、蓝马、魏巍。(《人民日报》,1960年7月23日,第2版)

《我的昆曲艺术生活》载:"在东北巡回演出期间,我主要是随着教授《拷红》这出戏,并未参加演出。因为喘咳很厉害,所以没敢上台。后来到了哈尔滨演出时,当地观众要求我也演一场,盛情难却,所以我在这儿演了一出《游园惊梦》。当时我怕坚持不下来,让李淑君也扮了一个杜丽娘,准备随时替换,因为那天精神很振奋,居然坚持下来了。哈尔滨我没去过,但1920年时曾有人约我来此地演出,没敢来,为什么呢?因为一到哈尔滨,你就走不了。所谓走不了,是指当地恶霸地痞包办着戏园子,你唱得好,生意兴隆,他钱多,不让你走,你要硬走就迫害你。我在天津就曾经有一次偷偷回北京,被戏园子捉回扣起来的事。听说哈尔滨比天津厉害得多,唱得好固然走不了,唱得不好,生意赔钱,你老得给他白唱,还是走不了。结果是当"行头"(戏衣),押行李,或者沦为他那儿的底包为止。1920年前后常有北京去哈尔滨的戏班垮着回来的事,所以解放前我就没敢去。这次来到哈尔滨,想起了情况不同了,因此感到很振奋,愿意演一场。"

当选中国文学艺术工作者第三次全国代表大会主席团成员,刘少奇、周恩来、朱德、宋庆龄、邓小平、彭真、陈毅等接见了全体代表:丁九、丁西林、丁里、丁是娥(女)、丁果仙(女)、丁善德、于伶、于蓝(女)、丰子恺、王少堂、王老九、王秀兰(女)、王尊三、王朝闻、王阑西、方令孺(女)、扎西顿珠(藏)、巴金、尹羲(女)、田方、田汉、田间、古元、石少华、白杨(女)、布赫(蒙)、艾芜、刘开渠、刘天韵、刘白羽、刘芝明、刘肖芜、刘郁民、刘梅村、刘毓中、叶圣陶、叶浅予、叶恭绰、关山月、关肃霜(女、满)、江云、任白戈、朱石麟、朱光潜、成仿吾、孙伏园、孙瑜、华君武、老舍(满)、安波、草明(女)、亚马、齐燕铭、肖三、萧长华、远千里、沙汀、沙可夫、邢立斌、李伟、李六如、李少春、李束为、李再雯(女)、李亚群、李伯钊(女)、李波（女）、李劼人、李定坤、李焕之、沈尹默、沈浮、严凤英（女）、吴作人、吴坚、吴雪、吴楚帆、吴晓邦、何其芳、何香凝（女）、佟英、汪洋、杜埃、延泽民、阳翰笙、吕骥、张水华、张天翼、张光年、张印泉、张庚、张季纯、张金辉、张修竹、张景祜、张瑞芳（女）、张德成、张骏祥、张鸿（女）、周小燕（女）、周立波、周信芳、周扬、周传瑛、周慕莲、周巍峙、陈半丁、陈伯华（女）、陈克寒、陈其五、陈建平、陈其通、陈荒煤、陈播、陈鲤庭、邵宇、邵荃麟、尚志田、欧阳山、欧阳予倩、阿英、孟波、舍拉西（蒙）、茅盾、罗香圃、林默涵、易剑泉、赵丹、赵树理、赵得贤（朝鲜）、赵沨、赵鼎新、马少波、马可、马加、马师曾、马彦祥、马思聪、马健翎、柯仲平、郑君里、郑伯奇、郑奕奏、俞平伯、陆地（僮）、查阜西、柳青、洪林、侯宝林、胡果刚、姜思毅、红线女（女）、姚澄（女）、袁水拍、袁牧之、袁勃、袁雪芬（女）、高元钧、祖农·哈迪尔（维）、徐平羽、徐兰沅、徐肖冰、徐嘉瑞、徐树旺、特伟、夏衍、纳·赛音朝克图（蒙）、许广平（女）、许彧青、康巴尔汗（女、维）、常书鸿（满）、常香玉（女）、梅兰芳、梅益、盖叫天、冯至、冯雪峰、黄佐临、黄药眠、曹禺、曹靖华、章泯、郭沫若、梁思成、崔嵬、陶钝、傅抱石、傅钟、喻宜萱、董速（女）、彭俐侬（女）、曾惇、焦菊隐、舒绣文（女）、贺绿汀、筱文艳（女）、贾芝、雷圭元、楚图南、虞棘、杨胜、杨荫浏、熊佛西、骆文、潘天寿、潘凤霞（女）、赖少其、臧克家、黎国荃、蔡若虹、蔡楚生、钱丹辉、钱俊瑞、钱静人、燕迂明、缪天瑞、谢冰心（女）、萨空了（蒙）、戴爱莲（女）、赛福鼎（维）、韩世昌、韩俊卿（女）、韩起祥、魏巍。（《人民日报》，1960年7月23日，第2版）

### 1961年　63岁

春天，在北方昆曲剧院内部观摩演出《翡翠园》。这是韩世昌最后一次内部观摩演出。

8月11日，《人民日报》在悼念梅兰芳逝世专版上发表了署名"章梅"摄影的《梅兰芳和著名昆曲演员韩世昌在排练〈牡丹亭〉》照片。

9月15日，北方昆曲剧院成立"韩世昌昆曲艺术继承小组"。

【案】

《我的昆曲艺术生活》载："1961年春天，我曾在本院观摩演出《翡翠园》，同时计划再演出一些别的剧目。后来因为喘咳加剧，一直在家休息。我还想希望再给新一代演些观摩戏，再和广大观众见面，并学习排演现代剧，做更多的事。"

林萍《继承韩世昌老师表演艺术的经过与体会》云：为了更好地抢救韩派表演艺术，1961年9月15日，由郝成副院长亲自领导，成立了韩派继承小组。当时北昆剧院招收了一批学员，像韩老师偌大年纪的名家，不可能给小学员上课，因此剧院领导决定培养我当教师，全面继承和传授韩派表演艺术。从此我不再上台演出，集中精力学习和教戏。

关于韩世昌艺术继承小组成立的时间，陈均《仙乐缥缈——李淑君评传》载：1960年春，北方昆曲剧院成立"韩世昌继承小组"，组员有创研人员时弢、秦谨，摄影刘永汉，演员李倩影、林萍、乔燕和、王燕菊，专门学习和继承韩世昌的表演艺术。（谢柏梁主编：《中国京昆艺术家传记丛书》，上海古籍出版社，2011年）

侯少奎、胡明明《大武生——侯少奎昆曲五十年》中侯少奎的夫人王燕菊的一篇回忆文章记载：60年代初，韩先生的哮喘病日益严重，为了把他的宝贵艺术及时保留下来，组织上决定成立一个"韩世昌艺术继承小组"，成员有李倩影、林萍、乔燕和与我。之所以选派我们四人，是因为韩先生艺兼闺门旦和花旦，这是继承韩派艺术的首要，我们四人中，李倩影、乔燕和是花旦，林萍和我是闺门旦。再有当时北昆的一批青年演员已经挑梁唱戏，我们的年龄比她们小，有充分的学习时间，但我们四人中，李倩影和林萍那时也颇有名气，是师姐。从此我们四人便轮流到鲜鱼口崇贞观18号韩先生家中学戏，陆续学了《思凡》《琴挑》《游园》《惊梦》《絮阁》《断桥》《佳期》《拷红》等韩派名剧。那时韩老师的身体已经很衰弱，但为我们说起戏来却一丝不苟。在学《琴挑》时，陈妙常一进门，左手执琴，右手拿云帚，脚步一转，云帚随之便在空中划出一道优美的弧线，整个动作从容飘逸，自然洒脱。我们练习了好久，也难达到韩老师那样熟练圆满。韩老师告诉我们，当年他练这个身段时，竟在土地上走出一个坑。（文化艺术出版社，2007年）

## 1962年　64岁

8月9日，与白云生和姜妙香、徐兰沅、马连良、阿英、萧长华等以及梅葆玥和梅葆玖参加梅兰芳逝世一周年纪念座谈会。《人民日报》发表了《首都戏剧界举行座谈会纪念梅兰芳同志逝世一周年》。

9月22日，《人民日报》公布全国人民代表大会代表、中国文学艺术界联合会副主席、中国戏剧家协会副主席、中国舞蹈工作者协会主席、中央戏剧学院院长、中央实验话剧院院长欧阳予倩治丧委员会名单，陆定一为主任委员，周恩来、陈毅等65人为委员，韩世昌为昆曲界唯一的代表。

是年，开始系统地做口述史以及部分剧目的表演体会，并录制了唯一的一部无声影像资料。

是年，回高阳河西村并赴河北戏校，亲自为河北戏校的小学员辅导了《思凡》《闹学》等昆曲剧目。

【案】

1962年，《我的昆曲艺术生活》整理者张琦翔开始陆续为韩世昌做口述记录。

1962年秋，经时任北方昆曲剧院副院长金紫光倡议，邀请北京原丽影照相馆孙乔森经理，使用16毫米摄影机，在无乐队伴奏的情况下，于长安大戏院舞台上亲自为韩世昌、白云生、侯永奎、马祥麟、侯玉山、白玉珍、沈盘生、孟祥生8位艺术大师的10个代表剧目（片断）拍摄了彩色纪录影片。这部弥足珍贵的传世影片是中国现存唯一一部记录上述8位艺术大师舞台实况的绝版珍品。该片自拍摄后鲜有流传，仅在剧院内部放映过少数几次，闻者寥寥。1966年，北方昆曲剧院在全国大演革命现代戏浪潮的冲击下，宣布撤销建制。该片不知去向。13年以后，这部尘封已久的珍品，居然历经坎坷，劫后余生，除因时间的原故有局部脱色现象外，基本保持完好，实属难能可贵。1979年，北方昆曲剧院重新恢复建制。该片从北京京剧团资料库奇迹般地转回北昆。又时隔16年后，北昆将影片进行了胶转磁的转换，然后用电脑调速的方式使之恢复到正常演出节奏，最后请上述8位艺术大师的子嗣、弟子及当年助演的同人，于1994年3月底，完成了该片底像配音工作，使得这部绝版珍品在1995年终于完毕。现用数码技术创作成DVD。其中包括：韩世昌《铁冠图·刺虎》《孽海记·思凡》《牡丹亭·春香闹学》《牡丹亭·游园惊梦》以及《翡翠园·盗令·杀舟》《西游记·胖姑学舌》《西厢记·佳期》等剧目身段。

## 1964年　66岁

12月14日，当选中国人民政治协商会议第四届全国委员会委员。

## 1965年　67岁

2月22日，北方昆曲剧院开始"文艺整风"，韩世昌、白云生、马祥麟、侯玉山等调北京市文联。

5月，北方昆曲剧院"文艺整风"结束，北方昆曲剧院建制撤销。

8月7日，参加由周恩来主持、彭真致辞的全国政协欢迎李宗仁先生的茶话会。

【案】

《北京文化史资料选集——社会主义建设时期》第二辑："2月22日，北方昆曲剧院开始'文艺整风'，市委派工作组协助。北昆的领导干部作了检查后调农村参加'四清'，老艺人韩世昌、白云生、马祥麟、侯玉山等调市文联。整风于5月20日结束。北方昆曲剧院的建制宣布撤销。"（北京市文化局编，1996年10月）

中国人民政治协商会议全国委员会今天下午举行茶话会，欢迎从海外归来的李宗仁先生和他的夫人郭德洁女士，以及陪同李宗仁先生回来的程思远先生。政协全国委员会主席周恩来主持了今天的茶会。出席欢迎茶话会的有政协全国委员会副主席彭真、陈毅和黄炎培及夫人姚维钧，副主席徐冰及夫人张晓梅，副主席高崇民、邓子恢和傅作义及夫人刘芸生，副主席沈雁冰及夫人孔德沚。出席茶话会的还有参加过1949年南京和谈代表团成员邵力子及夫人傅学文，代表团成员章士钊及夫人奚贞。在茶话会上，各界人士欢聚一堂。首都著名的文艺工作者在会上演出了精彩节目。出席茶话会的政协全国委员会常务委员有：于树德、马寅初、王芸生、王学文、王雪莹、王照华、孔祥祯、卢汉、卢郁文、刘文辉、吉雅泰、朱蕴山、伍修权、孙晓村、宋裕和、严希纯、苏子蘅、李国伟、杨东莼、吴研因、张孝骞、张奚若、陈此生、林修德、季方、周士观、屈武、俞大绂、钟惠澜、侯德榜、饶毓泰、闻家驷、聂洪钧、徐伯昕、徐楚波、萨空了、曾宪植、董其武、舒舍予、傅连暲、赖际发、蒲辅周。出席茶会的政协全国委员会委员有：王昆仑、陈劭先、胡愈之、茅以升、胡子昂、胡传揆、陈其瑗、沈德纯、黄子卿、李俊龙、李蒸、侯镜如、翁文灏、千家驹、浦洁修、王力、郑昕、顾颉刚、黄琪翔、黄鼎臣、裴文中、叶浅予、梅龚彬、申伯纯、辛志超、郭则沉、孙承佩、宋希濂、杜聿明、郑洞国、范汉杰、爱新觉罗·溥仪、黄绍竑、覃异之、廖耀湘、苏从周、周范文、贺麟、向达、翁独健、张纪元、葛志成、秦伯未、徐彬如、王之相、金克木、袁翰青、游国恩、程希孟、薛愚、关瑞梧、侯宝林、韩世昌、吴半农、陈岱孙、朱光潜、李麟玉、赵君陶、胡庶华、王子野、吴景崧、曹谷冰、叶心清、方善境、王伯祥、吴景超、何鲁、茅以新、袁世海、钱端升、蒋全、黄药眠、廖沫沙、王葆真、李平衡、楚溪春、古耕虞、吴大琨、吴觉农、资耀华、虞效忠、田富达、经叔平、凌其峻、王炎之、卢心远、张楚琨、巨赞、皮漱石、刘品一、陈撄宁、阎迦勒、王家桢、仇鳌、邓哲熙、叶景莘、刘瑶章、孙孚凌、李觉、何思源、张振汉、陈达、陈铭德、周亚卫、周嘉彬、赵君迈、凌其翰、梁漱溟、萧贤法、梅汝璈、黄翔、黄雍、董守义、焦实斋、陈公培。中共中央机关和其他有关方面负责人平杰三、刘述周、周荣鑫、王新亭、冯铉、武新宇、薛子正、金城、罗青长、连贯、李金德、姚仲康、曹禺、高登榜等,也出席了茶会。(《人民日报》,1965年8月7日,第1版)

**1966年　68岁**

"文化大革命"开始。韩世昌、白云生等被分配到北京市戏曲艺术研究所。

**1969年　71岁**

下放北京市昌平县北京文化系统"劳动大学"。

**1970年　72岁**

因病回家休养，人事关系转北京京剧团。

## 1976年　78岁

12月7日，因病去世。

著名书法家萧劳书《韩世昌先生墓志铭》。

【案】

1976年12月15日，韩世昌同志治丧委员会发布讣告："中共党员，第三届、第四届全国政协委员，原北方昆曲剧院院长，著名昆曲艺术家韩世昌同志因病于一九七六年十二月七日上午八时逝世，终年七十八岁。定于十二月十七日上午十时在八宝山革命公墓礼堂举行追悼会。"中国人民政治协商会议全国委员会、中华人民共和国文化部艺术局、北京市革命委员会文教组等送了花圈。王昆仑、张庚、曹禺、欧阳山尊、张伯驹、金紫光、马少波、马彦祥、张君秋、尹瘦石、侯宝林、阿甲、许姬传、梅葆玥、王金璐、郝成等以及侯永奎、马祥麟、李淑君等首都文艺界500余人参加了追悼会。韩世昌长子韩洪林、长妻曹连英、次子韩海林、次媳郭春顺、女儿韩景华、三子韩景林参加了追悼会。俞振飞、周传英、沈传芷等南方昆曲界名人以及萧劳等送了唁电、唁函及挽联。

周传家《韩世昌——北方昆曲的旗帜和灵魂》载：昔日《伶史》曾赞曰："伶中之有俊山（按：指梆子名旦侯俊山），犹兽中之有麒麟，鸟之中有凤凰也。"此语用在韩世昌身上同样贴切。韩世昌堪称上天之骄子、人间之幸运儿、艺术之弄潮儿。他的成功固然与他的天赋资质和个人努力有关，但更是历史的合力，主客观的结合，偶然中的必然。一句话，韩世昌的出现乃天时、地利、人和的综合效应。首先，从天时来看，韩世昌开始接触昆曲时，老生渐衰，旦角崛起。民间昆弋班虽还兴旺，但在艺术上停滞不前。正宗的南昆特色逐渐淡化，乡村戏班老师傅大多不识字，全凭口传心授，难免走样，以讹传讹，因袭守旧，日渐粗疏。北方昆弋正呼唤着剧种的返本归根和艺术上的精致规范，以增强与花部竞争的魅力，以适应新的时代和新的观众。恰在这时，韩世昌脱颖而出，担当起历史的使命。他以戏为天，视戏如命，勤奋刻苦，艰苦砥砺，终于登堂入室，技艺大进，成为荣庆社的台柱子和领军人物。不仅他个人艺术有了质的飞跃，而且影响了荣庆社的总体风格，在演出剧目、演唱风格和演出形式上发生了重大转变。北方昆曲在雅俗的博弈互动中，进行适度调整，得以健康发展，日趋规范化、精致化、典雅化。既保留了北昆的特色，又承传了昆曲的总体风貌。因此，如果说昆曲、弋腔北上南下的数度交融，民间宫廷回环交叉的动态流播，并催生出鲜明而独特的北方昆曲是韩世昌的前世的话；那么，通过韩世昌实现了北方昆曲和南方昆曲在新的历史条件下的又一次握手和拥抱，进行了又一次深度交流，则可以说是韩世昌灿烂的今生。不仅推动了整个昆曲艺术，也使他站到了昆曲舞台的制高点，攀登上昆曲艺术的光辉顶峰。从地利来看，京师乃天子脚下，首善之区，典章文物，博大精深。从元代以来，一直是戏剧的重镇和中心。京东、京南系京畿腹地、京师门户，宫廷文化、士人文化与民间文化辐射交织。高阳为古来重镇，尚武好侠，英雄辈出，古风犹存。京南、京东乃武术戏曲之乡，燕赵悲歌,人杰地灵,韩世昌就是这块土地孕育出的奇葩异卉,结出的丰硕之果。从人和来看,韩世昌可以说是"得道多助":早年得到侯瑞春、王益友等昆弋老艺人的垂爱与栽培,入京后得到南昆泰斗吴梅、"昆曲全才"赵子敬、南昆名家徐凌云等人的悉心指点,得到蔡元培等文化精英的呵护鼓吹,得到梅兰芳、陈德霖等京剧同道的呼应与支持,还有意想不到的经济援助和外力推动。吴梅是南派昆曲的著名学者,其曲学研究涉及度曲、制曲、曲史等众多领域,代表着20世纪前半期昆曲曲学的最高成就。他应蔡元培之邀来北京大学执教,与到北方的南方曲家如赵子敬、王季烈、许雨香、俞平伯等一起为北方昆曲注入南方昆曲的营养,承担了沟通南北昆曲和清曲剧曲两大系统的责任,而韩世昌有幸成为他们选中的薪火相传者。

胡明明、张蕾《韩世昌年谱考略》载:韩世昌在中国昆曲(北方)近现代历史上占有极其重要、无可替代的位置。他出身河北高阳县河西村一个没有任何戏曲世家背景的农民家庭,因生活所迫从小进入了一个农村戏班,后逐步地成长为北方昆曲一代名伶,其传奇人生本身就是中国昆曲(北方)近现代史赓续变化的一个缩影。韩世昌上承"南昆北弋"、"内廷承应"之渊源,下开北方昆曲一代"乾旦"之新河,是中国戏曲史上自民国以来唯一一位以"梅郎(梅兰芳)、君青(韩世昌)"并称的在北方昆曲史上最具代表性与影响力的百年演艺人物;是研究北方昆曲史具有承上启下"标本"意义的"里程碑"式的百年演艺人物;是北方昆曲延绵百年间"北方昆弋时代"的"最后一个"和"北方昆曲时代"的"最初一个"的最重要的践行者和引领者;是北方昆曲剧院最主要的创建人之一。如果说梅兰芳是京剧史上"京昆合璧"的京剧"乾旦"大家,韩世昌则无疑是北方昆曲历史上唯一称得上"北南合璧"的昆曲"乾旦"领袖。[《戏曲艺术》(增刊),《中国戏曲学院学报》,2013年]

1978年12月22日,《人民日报》发表《北京文化局平反昭雪工作进展快》一文:北京市文化局加快步伐,落实党的干部政策和知识分子政策。今年五月以来,在为原北京市文联主席、人民艺术家老舍平反昭雪后,又相继为被林彪、"四人帮"迫害致死的马连良、荀慧生、李再雯(筱白玉霜)、叶盛章、焦菊隐、韩世昌、秦仲文等著名艺术家平反昭雪,为受诬陷迫害的曹禺、赵起扬、张子余等一大批干部和知识分子落实了政策。

1982年9月,由韩世昌口述张琦翔整理《我的昆曲艺术生活》在经历了20年后终于得以出版。但韩世昌已经去世6年了。张琦翔在《我的昆曲艺术生活》的后记中写到:"1976年唐山地震后,韩老住在防震棚内,饮食起居均不适宜,时届寒冬,以久病之身,心脏病发作,终致不起。我参加了追悼会,并挽以联曰:'亦友亦师,四十载交游成寻梦;同声同气,六曲霓裳化广陵。'(注:六曲系韩老的拿手戏"两刺一闹,思期带拷",即《刺梁》《刺虎》《闹学》《思凡》《佳期》《拷红》。)我开始听昆曲是在20世纪30年代,第一次看的韩老的戏是《牡丹亭》(《闹学》《游园》《惊梦》《拾画》《叫画》),韩老饰丽娘,白云生师兄饰柳梦梅,庞世奇正当年,饰春香。前场有陶显庭的《弹词》,郝振基的《偷桃》《盗丹》。后来我到北大读书时,参加了当时校办的艺文研究会昆曲组,学习昆曲,导师为许雨香和王益友两先生。王先生也是韩老、白老(云生)、侯老(永奎)的老师。韩、白、侯三位常参加我们的昆曲活动,我们也常参加他们的演出,这样当然就熟识起来了。'八一五'以后,我和傅雪漪、刘吉典、吴龙起、李体杨、许希道等组织北平昆曲学会时,请高步云先生拍曲子,请韩老教身段,因之过从甚密。解放后,我协助载涛、张伯驹两先生办北京京剧基本艺术研究社时,也约韩、白、侯三位参加了,并当选为委员。北方昆曲剧院建院时,我也被约参加筹备工作。昆曲是我国古典戏曲艺术中流传最久、影响最广的剧种之一。韩老幼年得王益友、侯瑞春先生教练功底,壮年又得赵子敬、吴瞿安先生点金琢玉,艺事超绝,蜚声艺坛。当时有'昆曲大王'之誉,与梅兰芳先生并驾齐驱,实为昆曲表演的代表人物。韩老的艺术生涯,也可说是近代昆曲艺术史的线索所寄。1960年,韩老患肺气肿,濒于殆者凡几。韩老口讷健忘,记录其艺术生活刻不容缓。自1962年冬,经友人叶仰曦先生怂恿,我开始动笔为韩老整理回忆录。关于韩老早年生活以及赴日演出情况,曾向傅惜华师、刘景昆先生、徐楷书先生征询。业余昆曲界活动情况,多得俞平伯师指教。韩老生平,多得侯玉山、白云生、侯永奎诸先生提供情况。历时两月,底稿厥成,分为'生活记事'和'艺术表演'两部分。时逾数载,却一直未得付梓。'文化大革命'中'八二三'文庙武斗时,韩老患病住北京医院,幸免挨打。但抄家批判,是所难免。我写的那份底稿凡录三份,至此也仅存半份,即上面刊出的这一篇。今得以《我的昆曲艺术生活》为题贡献于广大读者,也了却我多年之心愿。惟韩老不及亲见,宁不可伤欤!"

韩海林、韩景林《忆我的父亲韩世昌》一文中回忆了《我的昆曲艺术生活》手稿当年在"文革"中保存下来的一些情况:"……母亲做了一件至今都让我们佩服的事情。在红卫兵抄尹先生家时,母亲料到红卫兵会很快抄我们家的,于是,在红卫兵来到之前她将由父亲口述张琦翔先生整理的《我的昆曲艺术生活》手稿用塑料袋包好后,从家里小厨房的墙上抽出了两块砖,将手稿放进去藏了起来,然后又将砖头复原,从外面看不出来。这些事情刚做完,红卫兵就过来准备抄家了,手稿免遭一劫。1975年从这里(西兴隆街197号)搬到龙潭湖时母亲才将此手稿取出。此前,母亲从没提过,我们也没有人知道此事。这份手写稿一式两份,由张琦翔先生手抄誊写,张琦翔先生手里那份手稿由于家被抄遗失了。父亲1976年故去后,家里保存的这份唯一的手稿后由张琦翔先生和北京曲社的朱复先生借走,于1982年9月由中国人民政治协商会议北京市委员会文史资料委员会编辑、北京出版社出版的《文史资料选编》第十四辑中首次公开发表。正是这份由母亲在'文革'中藏起来的珍贵手稿,成为了后人研究父亲经历与艺术,研究北方昆曲历史的最直接、最真实、最基本的历史资料和历史依据,不然,父亲的一切都无从谈起。后来我特意问过母亲藏匿这份手稿的情况,我说,您怎么会想到把这份手稿要藏起来啊?母亲说:'这是你父亲一生中唯一以他口述张先生给整理的文稿,从1962年冬就开始做这项工作,但由于你父亲身体不好,记性也差了,很多事情的经过与描述,因时间久,他说的不是很清楚,所以涉及的一些人和事都是我去找当事人去一一核实落实的,我付出了辛苦,因为我知道这个文稿的分量和重要性。'"

# 附录一

第一章

# 韩世昌先生墓志铭

### 开封萧劳撰并铭[1]

先生讳世昌,字君青,姓韩氏,河北省高阳县河西村人也。生于寒素之家,以食指众多,婴儿堕地,几遭遗弃,以姊营救得免于难。渐长读书识字,颖悟过人。年十二学徒于庆长班,继入荣庆社,生旦净末以至五花爨弄[2]无不娴习,而最后成名于旦角。民六丙辰[3]随荣庆社由高阳来京演出于前外天乐园,一时首都名流咸临观赏。北京大学教授吴梅、黄侃、赵子敬诸老均为天乐园座上顾曲之客。当时海内曲学首推长洲吴梅瞿菴先生为一代宗师,是时君青乃束修受业于吴先生之门,同时并就学于赵子敬先生,得名师薪传,艺乃大进。晚清皮黄梆子盛行于北京,明代之昆曲已绝迹于舞台。赖荣庆之来自高阳,得文人雅士之教导揄扬,可称昆曲复兴时代。君青远游南北六省市,更东渡日本献艺,君艺愈高而名愈噪。孰料歌舞升平之际而日寇入侵,昆曲又复衰微。祖国解放百废俱举,而昆曲亦因周总理之嘘植再度复兴,遂有北方昆曲剧院[4]之设立,君青乃任院长。余与君青均列吴先生门墙[5],君溘然长逝,勒铭为文,义不容辞。君卒年七十九,夫人淑香刘氏,子洪林、海林、景林各有所业,女景华已适人。余既专文复为之铭曰:阳春白雪兮歌于郢人,上溯元明兮实赖传薪。俫色揣称兮独得其神,剧曲论交兮同列师门,一朝溘逝兮翦纸招魂。

---

[1]本文系萧劳先生1976年亲笔书写,原件现存韩世昌之子韩景林处。萧劳(1896—1996),河南开封人,著名词学家、书法家,曾与韩世昌等同列吴梅门下。
[2]金元院本名目。泛指戏曲各行当表演的成熟。
[3]疑民七戊午之误。
[4]1957年6月22日北方昆曲剧院成立,韩世昌先生为首任院长。
[5]萧劳先生1920年入北京大学,师从曲学大家吴梅先生习词曲。

萧劳手书《韩世昌先生墓志铭》(1976年)

# 韩世昌先生墓志铭

开封萧劳撰并书丹

先生讳世昌字君青姓韩氏河北省高阳县河西村人也生于穷素之家以辰指众多瞪兒随地牵连远业以姊婺敗潯免於难渐长读书识字颖悟过人自十二学徒於庆长班继入荣庆社生旦净丑五花爨齐奋不媚习而长海成名於旦角民以丙辰随荣庆社由高阳东出京演似於前介天香园一时首都名流咸晤观赏蓝上北京大学教授吴梅昔侃趙子敏诸昝

# 韩世昌家谱谱系表

韩景林

| 序号 | 姓名 | 性别 | 与韩世昌关系 | 工作单位 | 主要经历、职业 |
|---|---|---|---|---|---|
| 1 | 韩老天 | 男 | 韩世昌之祖父 | | 农民 |
| 2 | 韩侯氏 | 女 | 韩世昌之祖母 | | 农民 |
| 3 | 韩玉琢 | 男 | 韩世昌之父 | | 农民 |
| 4 | 韩齐氏 | 女 | 韩世昌之母 | | 农民 |
| 5 | 韩凤鸣 | 女 | 韩世昌之姐姐 | | 农民 |
| 6 | 韩德兴 | 男 | 韩世昌之大哥 | | 农民 |
| 7 | 韩德良 | 男 | 韩世昌之二哥 | | 农民 |
| 8 | 韩志成 | 男 | 韩世昌之三哥 | | 农民 |
| 9 | 韩世昌 | 男 | 1898.03.09—1976.12.07 | 北方昆曲剧院 | 著名昆曲表演艺术家 |
| 10 | 刘书香 | 女 | 韩世昌之妻 1916.05.23—1999.06.29 | | 家庭主妇 |
| 11 | 韩洪林 | 男 | 韩世昌之长子 1945.03.27—2013.07.22 | 北方昆曲剧院 | 笛师、中国民主促进会会员（已病故） |
| 12 | 韩海林 | 男 | 韩世昌之次子 1949.05.13— | 市政机械施工公司 | 工人（已退休） |

续表

| 序号 | 姓名 | 性别 | 与韩世昌关系 | 工作单位 | 主要经历、职业 |
|---|---|---|---|---|---|
| 13 | 韩景华 | 女 | 韩世昌之女 1953.05.02— 2011.01.05 | 北京前进鞋厂 | 工人（已病故） |
| 14 | 韩景林 | 男 | 韩世昌之三子 1953.05.02— | 北京金工美科技有限公司 | 退休 |
| 15 | 韩旭辉 | 女 | 韩世昌之长孙女 1970.11.22— | 北京海淀区太平路小学 | |
| 16 | 韩晓鹏 | 男 | 韩世昌之长孙 1973.04.13— | 北京朝阳邮政分公司水锥子邮政支局 | |
| 17 | 韩宝霞 | 女 | 韩世昌之次孙女 1979.06.19— | 中国盲人协会 | |
| 18 | 韩雪 | 女 | 韩世昌之三孙女 1984.01.04— | 托斯博思（北京）广告有限公司 | |
| 19 | 李岩 | 女 | 韩世昌之外孙女 1980.04.30— | 交通银行北京分行 | |

# 附录二

# 忆我的父亲韩世昌

韩海林[1]　韩景林（执笔）[2]

父亲离开我们已经40年了，但梦里还是时常梦到他。

父亲12岁学昆曲，1918年初（民国七年）从河北随著名的北方昆弋"荣庆社"进京在前门"天乐园"驻场演出开始，父亲就再没离开过昆曲，一直到1976年去世。可以说，父亲一生就干了一件事，唱昆曲，演昆曲，培养昆曲后人。父亲是1957年由周恩来总理任命的北方昆曲剧院第一任院长，是著名的昆曲表演艺术家，跟梅兰芳先生齐名。但在我小的时候，我们做儿女的都不知道他的这些事情，他也从没跟我们提起过。所以，我心目中的父亲就是一位以唱戏为生的昆曲演员，一位好父亲。

■ 韩海林

父亲的身教比说教要有用得多，我们四个孩子，我和我的两个哥哥、一个姐姐在一起时只要谈起父亲都认为父亲给我们的教育更多些。因为在家里，父亲比母亲威信更高些。父亲经常说起的一句话就是：你们到哪儿，不管今后干什么都要本本分分做人、老老实实做事。这是我听到父亲最多的一句话，一个

■ 韩景林

---

[1]韩海林，男，河北高阳人，1949年出生，韩世昌次子。
[2]韩景林，男，河北高阳人，1953年出生，韩世昌三子。

教诲，而且是很温和地说给我们听。

父亲慈祥、温和、亲切。在我的记忆中，没看见过他跟别人乃至我们孩子们发过火，瞪过眼，永远是面带笑容。他没有架子，平易近人，从不背后议论别人，凡跟他接触过的人没有说他不好的。

由于忙于演戏、教戏，父亲在家很少做家务，一切家务都由母亲承担。包括对我们的学习、管理，开家长会等，父亲似乎从不怎么过问。他自己的生活也基本是靠母亲打理。而母亲对我们却很严厉，犯了错不是罚跪就是挨揍，即便父亲给我们说情，有时母亲也不买账，父亲没办法也只有听任母亲对我们的惩罚。

在我的记忆中，父亲哄我和姐姐过家家现在还记忆犹新，那是我们俩（我和姐姐是双胞胎）5岁多时，母亲生病去看医生，父亲在家，他在床上让我俩轮流把他当大马骑，已经61岁的父亲在床上爬了一圈又一圈，还给我俩剥花生吃，现在想起来印象深刻，满幸福的。但只有这一次，如果母亲在家这是不可能的事情。

我6岁时第一次看父亲演戏，记得是母亲带我和姐姐坐三轮车去的西单剧场，那天父亲的戏码是《春香闹学》，他演小丫鬟春香。当看到舞台上先生用戒尺打父亲的手时，我在台下不干了，边哭边往台上跑，结果让工作人员把我和母亲请到了休息室。母亲给我讲说这是在演戏，是假打，不是真打，我当时并不理解，说不对，看父亲的脸上痛苦的表情就是被打了，因为父亲的"挨打"我哭了很长时间，结果后边的戏也没有看成。父亲回到家我还问了父亲，那先生是真打您了还是假打您了，父亲笑着说，那是演戏，哪能真打啊，我这才相信了。记得还有一次是1960年的6月份，母亲带我们去西单剧场看戏，其中有一折戏是《武松打虎》，看完回来第二天在院子里就和高景池（北昆笛师）的孩子玩儿起了武松打虎，结果我学着戏里的武松在地上打起了旋子，因没有练过，身子旋起来了，但脸先落了地，结果把鼻子摔了，满脸的血，正好那天父亲和母亲要去保定河北省昆剧团，车在外面等着，母亲也没时间带我去医院看，只能由保姆带我去了打磨厂一家诊所看了一下。不过从那以后母亲很少再带我看戏了，怕我回来再做什么危险动作。

记得那时单位给父亲配有小汽车，在我的记忆中我们从没有坐过这辆车，父亲除了公事用车，从没因私用过。我们去剧场看戏也从不坐父亲的车，都是由母亲带着我俩坐人力三轮车去，散戏后，还是坐人力三轮车回家。我也曾经哭着要坐父亲的车去看戏，但没有一次成功过。后来因当时汽油供应很困难，父亲的专车被取消了，被代之的是用车"三联单"办法，就是拿专用的"三联单"可以叫出租车，父亲可以打电话叫出租车外出，可我们家属没有一次享受过使用"三联单"结账的待遇。记得在一个寒冷的冬天我发高烧，母亲叫了个出租车带我去同仁医院看病，想用父亲的"三联单"，结果被父亲说了一顿，最后还是自己掏钱去的。从那以后，家里没人再提过用"三联单"打车结账的事了。至父亲离世后，在整理他的遗物时，在他的大衣兜里还找到了两本未用的"三联单"。父亲办事公私分明，从不向组织伸手要福利、要待遇，一切听从组织安排。他的身教重于言教，父亲就是这么一位让我们至今很敬佩的人。

前几天我的小学同学一起聚会时，一位已经当了奶奶的小学女同学还谈到了一件当时很有趣的事情。那时我们小学生是半天上学，半天在某一学生家中建立的学习小组学习。由于我家里相对屋子大一些，被班主任安排了两个学习小组。一组是男生，一组是女生。聚会中这位同学还提到了当时我们四年级过"五一"劳动节时候的情景：学校有演出，几位女生被安排了节目，这可愁坏了她们。她们在我家院子里编排节目，但怎么也排不出来，后来父亲看到了，就主动给她们编了一段小歌舞，边唱边舞，演出后还获得了好评。这位曾经的小学同学还说，这段小歌舞后来她教会了她的儿子，现在又教会了她的孙子。

父亲就是这样一位热心的人。

父亲因患哮喘、肺气肿、糖尿病等多种疾病，逐渐严重，建院后，就很少登台表演了，甚至到后来上班都很困难了。但他一直坚持在家里教学，培养青年演员，在教学中他不厌其烦地对学生们讲解剧情和人物的内心活动，并且一遍一遍地给学生们做示范动作，记得经常来家里向父亲学戏的学生有李淑君、林萍、孔昭、王燕菊、乔燕和、李倩影等。父亲不仅要教剧院的青年演员，还要教院外的学生。记得有一次保定戏校昆曲班有7个学生由带队老师带着到家里来学戏，其中有个学生有个攥小鸡的动作怎么也学不上来，这个来源于生活的动作在表演中父亲给它加上了舞台艺术的表演程式，一直到中午吃饭时也学不好，总是与舞台表演结合不起来，带队老师就让这个女生跪着，也不许吃饭，父亲看到后严厉地批评了带队老师，并且亲自将她扶起来，让她与其他孩子一起吃饭。父亲对带队老师说，不要像旧戏班里那样管理学生，要让孩子有一个理解和消化的过程，等孩子们吃完饭先休息一会儿，下午我再给她讲也许就理解了。果然，下午经过父亲的耐心启发和示范辅导，这名女生终于学好了这个表演动作。带队老师也向父亲承认了错误。他说，韩老师，我是着急，因为我们不在您跟前，不能天天来学，这次机会难得，她这么笨要真学不会，我回去没法交差。父亲听了后说，我理解你的心情，但不能用惩罚的方法教育学生，特别不能当着孩子说笨字，这样会伤孩子的自尊心，对孩子心灵打击很大，会影响孩子学戏的积极性。父亲教过很多学生，我们从没听他说过哪个学生笨，都是给以鼓励。

父亲也很好学习，在家除了研究剧本外，就是听广播和阅读报纸。那时家里订有3份报纸，《北京日报》《北京晚报》和《参考消息》。

父亲每天都要用很长时间阅读这些报纸，尤其是《参考消息》，基本是全版阅读，对国家大事和国际大事谈起来津津乐道。只要老朋友来家，国际时事是必谈内容，也时常高谈自己对时局的看法。

我更多的记忆是"文革"时期，父亲是在无奈和郁闷中度过。

1966年"文革"开始，北昆被撤销，父亲被分配到北京市戏曲艺术研究所工作，当时父亲已经68岁了，没人提出让他退休。从那时开始，父亲每天坐公交车去戏研所上班，听父亲说去了也没什么事情可做，但每天的政治学习是少不了的。父亲先早早从家徒步到前门一带，练习打太极拳，然后做22路公交车到电报大楼下车，有时早到了，单位大门还没有开，便在大门口继续练习太极拳。父亲说进了单位门第一件事情就是打扫卫生和给诸位同事打热水，干些力所能及的事情。

1966年我已经13岁，6月中旬的一天，中午放学回家，一进院子就看到很多红卫兵（后来听说是女十五中的）正在抄尹瘦石先生的家（我们跟尹家是邻居，尹家住前院，我们住后院），看见很多字画和书籍在院子中间被点燃焚烧，尹瘦石先生蹲在自己的书房里正在挑书籍。红卫兵因很多书看不懂，于是勒令尹瘦石先生自己挑选，有"问题"的书籍要全部烧毁。我正看着的时候，从后院传来了摔东西和嘈杂的叫嚷声，于是我急忙进了后院想看个究竟。结果，进了后院我就傻眼了。原来是红卫兵正让我家"自我革命"，父亲上班不在家，我的两个哥哥和母亲在摔家里的瓷器等，几名红卫兵在一旁喊着：自我革命就要彻底，如果不彻底我们就会帮着你们革命。我和姐姐那时吓得不敢说一句话，只是站在一旁默默地看着。家里的瓷器（包括吃饭用的细瓷碗）、老唱片等被粉碎一空。最后，父亲的一些大幅剧照、行头（戏服）、字画和书籍等在红卫兵的监视下分装进6个大箱子里，由红卫兵押送，最后是我的两个哥哥蹬着三轮车将这6个箱子运送到市文化局，交给了有关部门，开了一个收条拿回来给红卫兵的一个头头看了后才算完事了。哥哥他们送东西走后，我和姐姐、母亲开始打扫院子，记得当天晚上吃饭都没有碗，是跟邻居借的。第二天母亲买了一摞碗和盘子回来，记得全是几分钱一个的大粗瓷饭碗和盘子，一直用到"文革"后期。

　　这些东西送到市文化局后并没有被放到库房，而是放在了露天的一个角落里。有一次下大雨，父亲从单位下班回来跟母亲说：跟了我一辈子的东西全完了，就在雨中淋着，找了些东西盖了盖也不管用。这时我看到父亲眼里有泪水但没有落下来，这也是我第一次看到父亲这么的不快和无奈。母亲也叹气地说，你的这些照片（剧照）也是我背了大半个中国保留到现在的，但毁在了今天，好在咱们人没事就好，已经交了的东西就随它去吧。

　　后来听父亲说看不到这些东西了，又听说这些东西被放到了一个库房里，但父亲心已冷，以后再也没有提起过此事。

　　自那以后，父亲回到家经常让我和哥哥去给他打酒，吸烟也比较多了，现在回忆起来，父亲是借酒和烟消愁。

　　"文革"后期落实政策时，市文化局曾派人来家里问过此事，让拉个清单，说尽量帮着找回。但当时没有清单，收条只是写到：收到韩世昌交来戏装等物品，共计6箱。最后父亲决定放弃索回的要求，跟来人说，我不要了，那都是身外之物，拿回来我也没地方放（"文革"中我家被占，从五间房被挤占的剩下两间房了）。父亲故去后，在给老舍先生平反落实政策时，还是老舍先生家人

■ 韩世昌与家人合影（1964年）左起：韩世昌之女韩景华、韩世昌夫人刘书香、韩世昌、韩世昌之子韩景林

在整理退回的物品中看到了两本书和一幅画，上面有赠款，写着父亲的名字，于是将这两本书和那幅画还给了我们。

母亲还描述了当时藏匿的过程，她说："当时也是急中生智，放了好几个地方都感觉会被红卫兵翻出来，最后跑到厨房，先是放在了一个腌菜的小坛子里，但感觉不妥，后看到厨房墙上的砖头有的已经松动，就用炒菜铲子撬了几下，居然很好撬动，外面一层整砖，里面就是黄土和碎砖头了（老房子，不是用水泥砌的），于是把两块砖抽出，又掏出一些碎砖头，将文稿用塑料袋包好塞进去，将表面两块砖头复原放了回去，赶紧将地上的土和碎砖头收拾了一下，回到屋里不一会儿红卫兵就过来开始准备抄家了。经过跟红卫兵交涉，实行'自我革命'方式抄家，文稿免于一劫。"

回头看，母亲无疑也为昆曲尤其为北方昆曲做了一件很了不起的事情。

张琦翔先生解放前在北大读书时就酷爱昆曲，工作后一直从事教育工作，人生格言：一生不当领导不做官，只做学问，研究国学。

在我的记忆中，那是我上小学三年级时，张琦翔先生每周日都到家去（崇真观18号，后改为西兴隆街197号），跟父亲一边聊天一边做笔记，多是张先生问，父亲答，因父亲身体原因，每次时间不是很长，一般两个小时左右就结束了，张先生回去整理成书面文字后，在下一次来时念给父亲听，有出入的当时就改过来，还有时因年久父亲对事件或时间描述的不是很清楚，就把母亲喊过来一起回忆，都回忆不起来时，张先生就记录下来，有时是母亲自己，也有时是张先生陪着母亲一起去找当事人询问，落实这些问题。傅惜华、刘景昆、徐锴书、俞平伯、白云生、侯玉山、侯永奎等诸先生都是被麻烦过的老朋友老同事。母亲是个有心的人，有时父亲的朋友到家来做客，母亲也经常问来客朋友一些关于父亲的活动详情，当然，有收获也有失望。总之，张琦翔先生为父亲《我的昆曲艺术生活》一文的记录整理工作付出了很大的劳动和心血，母亲也做了大量的具体工作。

父亲、母亲和张琦翔先生虽都已作古，我作为韩世昌的后人，首先感谢父亲给我们和北方昆曲留下了这份珍贵的遗产，同时也要感谢张琦翔先生对父亲口述的记录做的整理工作和母亲付出的心血。

这份手稿历时两个多月完成。当时计划分为两部分："生活纪事"和"艺术表演"，因诸多原因，"艺术表演"部分还没来得及动笔，不久"文革"就开始了，此项工作也就停止了，这是一件不可挽回的憾事。

父亲常跟我们说，人在做，天在看，要积德行善，多做好事。而且还时常拿事实说明一辈子做好事，关键时候老天会保佑你的。

1966年8月23日，父亲像平常一样去单位上班，到了班上不一会儿就感觉身上发冷，到医务室测了一个体温，结果38℃多，医生给服了退烧药，回到办公室过了一会儿感觉更不舒服了，又去医务室测了个体温，结果39℃多了。因年龄高，医务室的医生怕出问题就劝父亲到医院去看，并且还给叫了一辆三轮车，父亲自己坐着三轮车去了北京医院，到了急诊室，医生给做了检查后，打了退烧针后留观，并通知了家属，母亲赶了过去。经过一个多小时留观高烧还是不退，于是，医生给父亲开了住院手续，进了病房，经过医生的治疗，下午父亲的高烧退了，但不能退了烧就出院，还要全面检查和调理治疗，一周后父亲出院了。

就在去医院的这天，北京文艺界发生了一件大事，当天下午北京八中的红卫兵进入市文化局，说要揭开文联的盖子，开始批斗老干部、艺术家等，将这些人挂上牌子拉到文庙跪在地上围成一个圈，里面点起大火，烧书、字画、戏服等。剃阴阳头，坐"飞机"，用武装皮带抽打这些人，老舍先生就是这次被批斗、毒打后第二天投湖自尽的。

后听在场的当事人讲，在文化局"批斗会"的时候，红卫兵喊，把封资修、走资派黑帮都揪出来，大家检举。很多人都是被别人点名后从办公室里带走的，当时有人喊了一声，还有韩世昌呢。红卫兵便在楼里找父亲，没有找到，出来就喊，没有他，藏哪去了？这时就再也没有人说出父亲的去向了，僵持了一会儿，见没人吭声便拉着这些人去了文庙。

父亲躲过了一劫。

后来父亲分析，喊父亲名字的人一定不知道父亲的去向，但医务室的医生应该知道，可是医生没有检举回应红卫兵。父亲就总说，这次就是老天长眼，平时跟群众关系很好，关键时刻让我发烧，群众（医生）也没检举他。

父亲后来一直很感激那位不知名的医生。

父亲到了戏研所，遇到的第一件麻烦事儿就是军代表进驻后说父亲对共产党不满，有反革命言论，让父亲交代。当时父亲不知是怎么回事，想了很长时间也不知道自己哪里说错了话。后由军代表提示父亲才明白，原来是在北昆建院时父亲的一个发言，《我的感想和希望》建院院刊中这篇文章里有这么几句：1949年北京解放，党使我和白云生、侯永奎、马祥麟等同志参加了革命，并且给了我们不少教育，把我们从"戏子"的地位提高到"艺术家"的地位。不过近几年来我们只做了一些民间戏曲的导演和古典舞的教学工作，未能充分发挥我们的作用，那主要是因为昆曲艺术在这几年里未能得到和其他剧种同等的待遇。军代表就以最后一句认定父亲对共产党不满，说是反革命言论。好在父亲是个细心人，原稿还留着，原稿中就没有"那主要是因为昆曲艺术在这几年里未能得到和其他剧种同等的待遇"。这句话是在印刷时由汇编的同志加上去的，父亲把原稿交给了军代表，经过他们研究决定，父亲对共产党不满，有反革命言论不予认定了。父亲写了一份说明此事算过了关。在那个年代，一句话、一段文字就有可能被整、入狱，以致搭上性命。

随着"文革"的"深入"，父亲也被下放到"干校"（北京西三旗）接受教育和改造，那时父亲病得很厉害，哮喘的不行，但也不准假。每次去时都是由我的二哥韩海林陪同，下了长途汽车还要走很长的路，父亲走不动就由二哥背着送到"干校"。

父亲时常跟我们提起作家萧军（东北作家群的著名代表，延安时期的作家），其实他们以前并没有过多的交往，只是在"干校"看到萧军被整时的表现。他很佩服萧军，说萧军是有血有肉的人，宁折不弯。父亲说，有一次，在冬天很冷的时候，军宣队安排萧军先生攥煤球，结果，从早到中午萧军先生只攥了两个煤球，这下可坏了，开始对萧军先生进行批斗，并拳脚相加。后来父亲听萧军说他会气功，从小习武，那次挨打只是皮肉伤，并没有伤害到内脏。另外，每次批斗萧军时，萧军都是以理据争。他当场质问批斗他的这些人，你们看过我的作品没有，凭什么说我的作品是大毒草，是反党反社会主义的？父亲看在眼里，佩服萧军的勇气。

在"干校",父亲跟白云生先生住在一个宿舍,由于白先生说梦话,大概意思是:我不是坏人,我跟你们没完等。被同屋的军宣队(起监视作用)听到了汇报了领导,白先生被批斗了,被扣以要秋后算账,死不悔改的罪名。在批斗会上白先生坚持不承认自己说了此话(因梦话自己不可能知道),后军宣队就当场要求同屋的人检举,问到父亲时,父亲说他睡着了,没听到。其实父亲失眠很厉害,父亲是听到白先生说梦话了。父亲说本想把他唤醒,但由于床位离得远,又有监视人员在一起住,就没敢动弹,父亲说记得那天夜里白先生说了两次梦话,第一次比较清晰,第二次就含糊不清了。

父亲到了"干校"后工资被扣,每月只给开68元的工资。一直扣了半年多,后军宣队找父亲谈话,说对你审查已经结束,你出身贫苦,没有历史问题。另外关于别人揭发你有手枪一事也调查清楚了,从现在起你不再属于被管制人员了,但你还是走资派,你宣传了牛鬼蛇神,属于"三名三高"人员(三名:名作家、名演员、名教授,三高:高工资、高稿酬、高奖金),还是要继续认识你的问题和好好改造你的世界观,工资我们就不扣了,还按原薪水发放,但你自己不能就领这么多工资。父亲说,那你们就接着扣吧,我没意见。军宣队说,那不行,我们要按政策办。又说,我给你出个主意,表示你对党的忠心,你要"自我革命",向广大的革命群众看齐,你可以交党费,还领68元就行了。在那种情况下父亲只能按军宣队画出的"光明大道"走。工资就这么一直拿了好几年。直到后来父亲被分配到北京京剧院二团再交党费时,负责收党费的人说,韩先生不用交这么多,党费是按工资比例交的(其实父亲是知道的)。父亲还是说,我的工资高,还是多交一些吧,最后是每月交党费80元,其余工资领回,直到父亲离世。

即便这样,"文革"后期父亲见到该同事还跟从前一样,热情接待。从不提及此事,这就是父亲的胸怀。

1968年进行整党,毛泽东提出党内要吐故纳新,将没有朝气的党员劝其退党,吸收新鲜血液。于是,军宣队在单位就做父亲的工作,让父亲自己写一份退党申请书,只因年岁大,没有朝气,按照最高指示,是属于被吐故的对象,父亲一直坚持不写。后军宣队找到家里来做父亲和我们家属的工

■ 韩世昌与北昆青年演员合影。左起前排：王燕菊、马锦林、韩世昌、李秀玉；后排：马锦春、白小华、张毓文（1959年）

作，记得一共来过三次，前两次父亲只听他们说，自己一言不发，最后没趣，只能告辞退走。最后一次，好像是深秋了，也就是第三次来家里做工作了，父亲听他们说完来意，掷地有声地对着军宣队们说："我想好了，我是年岁高了，没有年轻人的朝气了，但我韩世昌是共产党给了我第二次生命，没有共产党就没我韩世昌，早不知道我在哪儿呢，也许早就没了，党觉得我不行可以开除我，我接受，因为那是组织的决定，但我的心还是会跟着共产党的。但要我韩世昌写退党申请书，离开党，你们想都别想，这就是我的意见，你们回去研究吧，我等你们的处理结果。"

就这样，军宣队们面面相觑谁也不说话了，从这次他们走后再也没有提及此事。父亲继续上班参加整党活动，记得，每次父亲回家都让我的一个叔伯哥哥到家来帮着写一些材料。检查、认识、总结等，写了很多份，但总是不合格，就是过不了关。

1970年5月12日傍晚，父亲突然从"干校"回来了，把我们都吓了一跳，不知道出了什么事情，母亲也急忙问：怎么今天就回来了？出什么事了？你生病了吗？（其实父亲长期肺气肿、哮喘加糖尿病，这些慢性病在当时已经不算他的病了）等父亲定下神来才跟我们说，没别的事，是今天军宣队又找我谈话了，要求我响应毛主席的号召支持子女上山下乡，说你的小儿子被学校分配到了云南生产建设兵团，他不走，你得回去动员他走。父亲说，我四个孩子，老大（韩洪林）因北昆解散被分配到了工厂，剩下三个孩子（二哥韩海林、姐姐韩景华和我）走了两个了，小儿子是因身体情况（患有哮喘）经学校答应留在北京了。但军宣队不听那一套，拿着学校发给父亲单位的公函给父亲看，说，留下了怎么还会被分配云南？言外之意不相信父亲的解释。并说到了云南，那里四季如春，适合他养病，你要继续响应毛主席的号召，支持动员你的小儿子去云南。不然你的整党过关是个问题，思想不坚定，和党中央步调不一致。被扣上了这么个大帽子，父亲没办法，当即请了假回来做我的工作。

事情是这样，二哥韩海林是"68届"高中毕业生，当时插队地是陕西，但他没有跟大拨走，于是二哥回了我的姥姥家东河村落了户。我和姐姐是双胞胎，是"69届"初中毕业生。我当时患有哮喘，体检时没过关，东北建设兵团和内蒙建设兵团都拒绝了我的志愿。学校提出让姐姐走，我留在北京等待分配工作，姐姐于是将户口迁往了河北高阳东河村（姥姥家）落户，我等待分配。谁知姐姐插队走后不久，在学校军宣队的带领下，敲锣打鼓给我送喜报来了，说我被分配到了云南生产建设兵团。我跟学校军宣队说是工宣队刘师傅（刘师傅来自新华印刷厂）来家跟我们说的我被留在北京了。但军宣队说，刘师傅说话不代表党和学校革命委员会，而且他犯错误了，已被退回工厂了。基本上两天敲锣打鼓给我送一次被分配到云南的喜报。就这样我坚持了一段时间，可能他们看我无动于衷，于是打起了父亲的主意。为了不给父亲添麻烦，我第二天就迁了户口，也回到了东河村姥姥家落了户，父亲第二天也就回"干校"继续他的整党过关去了。

1971年，深秋一天的下午4点多种，母亲接到军宣队打来的电话，说父亲病得很重，要家里去人接他回来，于是，母亲到了前门出租车站跟出租车调度室商谈了半天，告知天已晚了，5点就要下班了路又这么远，值班司机也不会去这么远的地方了，母亲死说活说还是没能租到车。

于是，母亲转到隔壁的三轮摩托车出租点去协商，最后终于加价后有一位老师傅同意去昌平清河接父亲，来回用了4个多小时，父亲到家已经很晚了。从那次父亲回来就再也没去"干校"上班。

在"干校"过了关的人员后来都陆续分配了工作，只有父亲和少部分人不过关。1972年上半年这批人被分配到北京市委第二学习班。从昌平清河搬到新街口一个部队大院里去了。

父亲接到通知去报到了，开始时每天上班，后因身体原因，交了病假条就可以不去了。除了重要会议和学习通知他必须去，一般就在家休养了。

在这期间父亲病重的很厉害，喘的相当严重，连自己洗脚都很困难了，母亲提出让我们孩子或她来帮助父亲洗脚，但父亲坚持还是自己洗，他想了一个办法，就是洗一次脚要用两天完成，第一天洗一只脚，第二天再洗一只脚，而且还说，活人不能让尿憋死，办法总比问题多。父亲就是这么一位可爱的老头儿。

那时父亲连上厕所也很困难了，由于喘的厉害蹲不下（那时住平房厕所在院里，没有坐便器），在外面也买不到蹲坑坐便器，于是我就想着给父亲用木材做一个小凳子，将中间掏空，以便如厕时方便之用。但那时一切物品供应都很紧张，家里没有木材，在市场上也买不到，于是就将父亲收藏了几十年的荣庆社的牌匾拿出来做了这个坐便器，当时看得出来父亲是不情愿舍不得的，但也没办法，加上"文革"的现状，父亲最后说，用了吧，留着也没用了。那时我对这些东西也没有认识，不知道它的历史价值，现在想起来真很后悔。

1974年北京市委第二学习班撤销，父亲被分配到了北京京剧团二团，由剧团的张觉非负责与父亲联系，这时父亲就不用再去学习和上班了。

那些年父亲看病很困难，他的合同医院是北京友谊医院，每次看病我要早起骑车去医院排队挂号，把看病本排到医生桌子上，看快到了，算好时间，就骑车往回赶，用推小孩儿的小竹车，将父亲从鲜鱼口西兴隆街197号推到珠市口，把小竹车存在自行车存车处，扶着父亲坐5路公交车到友谊医院下车，再去看医生，有时过号了，还要再往后排5个位置，每次看病基本要半天的时间。

那时文艺界掀起一股给江青写效忠信的热潮，很多人都得到了关照，有的安排了专车，看病去了高干门诊、病房，有的解决了住房等。于是很多人来家动员父亲，让父亲给江青写一封信，说这样您看病和交通工具等问题就解决了，工作也可能就恢复了。但父亲没有写，委婉地谢绝每个人，父亲总是说：谢谢你们的关心，不给组织找麻烦了，我儿子带我看病就行了，挺好的。再说了，我这么大岁数了，还能干什么工作啊。

父亲在大是大非面前总是能把住自己不动摇的信念，本本分分做人，老老实实做事。

一次父亲的爱徒李淑君来家看望父亲，从"文革"开始师徒俩已经有8年没有见面了，师徒俩聊得很开心。在闲聊中，听到李淑君说她患有重度脂肪肝，不能吃荤油，每月的半斤花生油不够用等情况。父亲当时并没有许诺什么。等李淑君走后，父亲就跟母亲商量，让母亲问问院里邻居有没有不吃素油愿意吃大油（猪油）的，可以每月给人家买猪油换花生油指标。结果有两家邻居很愿意。就这样，每月母亲给邻居买上一些猪板油，用人家的副食本去买那半斤花生油，让我给李淑君送去。那时李淑君住在教子胡同，直到我们搬到龙潭湖去住，才没有再给李淑君送油。

1974年8月份，父亲听朋友说吴晓铃先生的女儿因"文革"的迫害和打击自尽身亡，吴先生一直沉浸在悲伤和痛苦之中。于是就召集了一些老朋友在西单曲园饭庄一起吃晚饭，给吴先生解心宽。记得当时参加晚餐的有：吴晓铃、金紫光夫妇、任桂林、王西徵、顾卓民、父亲和我共8人。除顾卓民（文化局负责与父亲联系的干部）外，都是父亲"文革"期间就很少再见面的老朋友。因顾卓民有他们的联系方式，这次聚餐是由他接洽的以上诸位。

因为大家都是很长时间没有见面了，老朋友见面格外亲切，他们聊昆曲、聊家常到很晚，大部分用餐客人都已经离座了，最后由王西徵先生当场填词唱了一段昆曲，大概内容就是赞誉朋友相见高兴（不敢唱老戏曲）。一些服务员听到曲声都跑了过来问：怎么这么好听，是什么歌曲？说没听过。其中一位年岁稍大的男同志走过来直奔父亲说道，韩院长，您还认识我吗？父亲想了半天没有答上来，后来他自我介绍说，当年您每天中午都到我们这里来吃饭，我是那时的服务员，现在是这的经理了，看到您很高兴。还说，您最爱吃的就是葱烧海参，总是我给您上盘。父亲这才与这个经理寒暄起来。经理说，你们唱吧，现在客人走得差不多了，我这里没事，不会有人汇报的。这也是父亲"文革"以来第一次召集老朋友下馆子。那天看得出，虽然大家都很高兴，但说起话来还是都很谨慎，谈到敏感话题都压低声音，或用眼色交流。

1975年12月中旬，父亲因哮喘、肺气肿住进了友谊医院普通病房。这时正好王昆仑先生也在医院住院，他在高干病房，正好还在一层，他俩经常在一起聊天。

1976年1月8日，噩耗传来，周总理病逝了。父亲听到这个消息两眼充满了泪花，马上令我和哥哥们回家准备了总理的遗像和黑纱摆在了他的病床的床头柜上，供瞻仰之用。父亲说，等总理瞻仰遗容时我一定要去最后见他一面。父亲最后一次见到周总理是父亲任全国政协委员时期，李宗仁先生偕夫人郭德洁回到大陆，周总理在人民大会堂举行招待宴会宴请李宗仁先生和夫人郭德洁，父亲作为全国政协委员接到通知赴大会堂参加了那次周总理举办的招待宴会。但一直等到瞻仰总理遗容时，父亲没有接到单位和任何部门的通知，王昆仑先生那天去了，父亲看着王昆仑先生离开医院时，我看得出父亲内心的痛苦，父亲眼里含着泪花回到了病房，向总理的遗像深深地鞠了一躬。父亲忘记不了他有一次到中南海演出，当谢完幕回到后台时，总理拿着一盘点心走到父亲跟前请他吃点心的情景，俩人还拉了家常，攀了岁数大小，但现在……

父亲心情低落到了极点。等到父亲出院回到家里，令我们把他住的那间屋子摆上了总理的遗像黑纱，还供上了糕点水果。

1976年7月28日凌晨唐山大地震，因家中没有任何防震措施，父亲投奔韩海林所在工作地点河北定县焦化厂。两个月后父亲回到了北京龙潭湖家中。

1976年10月6日"四人帮"倒台。记得那天早上重要新闻，父亲拿着半导体听了一遍又一遍，说道早就应该打倒他们，这十年他们祸害了多少人啊！记得"文革"中，父亲的老朋友徐楷书老先生到家中看望父亲，当时我在身边，看到俩人看着毛主席像，父亲揪着一只耳垂向徐楷书小声说道：明智了一生，让这个女人给弄坏了。我当时并不理解。客人走后，我问父亲：你们那是什么意思（揪耳垂）？父亲说：你不懂，跟你说你也不会明白，别在外边瞎说去就行了。现在想起来父亲说的和动作我已经全能够明白了。

这年父亲的病情越发严重了，连早起遛弯儿都很困难了，母亲每天拿着一个棉垫子搀扶着父亲在龙潭湖附近走一段休息一段。很短的路要用很长时间，有时父亲觉得体力不行就不愿意出去遛弯儿了，但母亲还是坚持动员父亲，陪他去遛弯儿，盼着父亲能恢复体力，度过这个严寒的冬天。

1976年12月7日早8时父亲病逝于龙潭湖地震棚中，父亲是带着对昆曲的留恋和遗憾而永远地离开了我们。

1976年12月15日由"韩世昌同志治丧委员会"发布讣告：中共党员，第三届、第四届全国政协委员，原北方昆曲剧院院长，著名昆曲艺术家韩世昌同志因病于一九七六年十二月七日上午八时病逝，终年七十九岁。定于十二月十七日上午十时在八宝山革命公墓礼堂举行追悼会。特此哀告。

追悼会上全国政协、文化部、北京市委文卫组、北京市文化局等单位送了花圈。亲属及社会知名人士、文艺界著名演员及韩世昌弟子等送了花圈、挽词、挽联。参加追悼会的有：王昆仑、王金陵、欧阳山尊、曹禺、张伯驹、萧劳、金紫光、黄励、侯宝林、吴晓铃、王西徵、侯玉山、侯永奎、张君秋、马少波、张琦翔、尹瘦石、李和曾、李忆兰、杜近芳、马彦祥、任桂林、阿甲、朱家溍、许姬传、梅葆玖、梅葆玥、傅雪漪、李金鸿、戴爱莲、陈爱莲、张梦庚等社会各界500多人。

郝成主持了追悼会。王昆仑、张伯驹、萧劳、张琦翔送了挽词和挽联。张伯驹先生的挽联写到：共继陈德霖，京国芳名齐缀玉；同师赵子敬，洛川文采忆寒云。张琦翔先生的挽联写到：亦友亦师，卅载交游成寻梦；同声同气，六曲霓裳化广陵。

俞振飞、周玑璋、童芷苓发了慰问函；陈古虞发来了慰问电报；周传瑛、王传淞、沈传锟、姚传芗、周传铮、包传铎、张娴、晏甬发了慰问函。

1976年12月31日《北京日报》第二版刊登了父亲逝世的消息。

1978年北京市文化局发文正式为已故的父亲平反昭雪。

父亲一生只做了一件事，就是他所热爱的昆曲。

父亲孜孜不倦地追求着昆曲的最高艺术境界。

# 我的爷爷——韩世昌

韩旭辉[1]

■ 韩旭辉

韩世昌是我的爷爷，我父亲是韩洪林[2]。在别人眼中爷爷是著名戏剧艺术家，是北方昆曲剧院第一任院长，是一代"昆伶大王"，而留存于我记忆中的那位老人只是一个从不发脾气，极其疼宠孙女的爷爷。

我出生在1970年，那时的爷爷已经72岁高龄，父亲（父亲韩洪林是北昆乐队演奏员——笛师，"文革"时被下放到工厂改行当了一名工人，"文革"后北昆恢复又回到了北昆做演奏员。）是家中老大，我自然就成为了家里的长子长孙，虽然我并不是男孩子，但是对于爷爷来说我是他老人家的第一个隔代人，因此我的出生让整个家中都充满了欣喜。

听父亲讲，母亲出院带我回家后，爷爷曾高兴地把我放在他睡觉的床上，用半边身子挡住我的小脸，对大家开玩笑地说："我的孙女儿可不能白看，要看得交钱。"虽然只是一句玩笑话，但从中可以看出我的到来是在爷爷期盼之中的。小叔也曾对我说起过，当我八九个月刚刚学会扶墙站立时，爷爷会在床上哄着我一遍又一遍地玩着把积木搭起来，等着我爬过去再推倒的游戏，一玩就是大半天，从不会觉得厌烦，因为我的笑声就是他老人家的快乐源泉。

出生后的三四年的时间里我和父母，以及刚刚结束知青生活回京等待安排

---

[1]韩旭辉，1970年出生，女，河北高阳人，韩世昌之孙女。现为海淀区太平路小学教师。
[2]韩洪林（1946—2013），男，河北高阳人，韩世昌长子。

工作的小叔（韩景林）、小姑（韩景华）一起生活。那时候我们一大家人住在鲜鱼口西兴隆街197号的一个大杂院中。如今，已过去四十六年了，对于那个时期的记忆已经不多了，只记得那时父亲、母亲要上班，小叔、小姑因为还没有安排工作，所以在家和奶奶一起照顾爷爷和我。

  20世纪70年代初，很多日常生活用品都还是定量制，吃穿用的很多东西都有定量，大人、小孩儿也有不同。爷爷当时年事渐高，身体越来越不好，奶奶她们总是想方设法为爷爷做点好吃的补养身体，当然这些营养又美味的食物别人是无法享受到的，只有我和爷爷能够享用。乃至后来渐渐长大听到许多人说到那个时期的生活不易时，我总感到很诧异，因为在我的记忆中，那又脆又香的"爆米花"，酸酸甜甜的"果丹皮"，还有又香又甜的"大虾酥"，在那个略显破旧的军用书包中总是拿也拿不完。夏天里每天吃上一个冰凉甜腻的冰淇淋"小碗"也不是什么困难的事情。让我印象最深的是那一个又大又甜的水蜜桃，估计是那时候人小手小，记得爷爷放在我手中的那个水蜜桃，我用两只手都捧不过来，足有我的小脸那么大，我捧着大桃子站在院子里，一脸得意地对同一个大院里的孩子们说："不给你们吃！"

  现在想起来，我的童年时期能够拥有这么多的快乐、幸福，用我小叔常说我的那句话说就是——你这都是沾了爷爷的光。

  有很长一段时间我一直想不明白，爷爷这么喜欢我，他自己又是一个艺术水平如此之高的昆曲名家，为什么我的记忆中从来没有爷爷教我唱一句戏或是希望我传承他的昆曲艺术的只言片语。那时我年龄小不懂，等长大了有了这样的疑问，爷爷已经不在了，乃至后来读了爷爷的自传，我才猜想可能是爷爷有感于自己在学戏的过程中吃了那么多的苦，受了那么多的罪，不想让我也像他一样辛苦吧。

  由于年事已高，身体又不好，在我六岁那年，爷爷永远地离开了我们。对于爷爷的离世，年幼的我懵懵懂懂，伤心地哭泣着，只知道再也看不见爷爷了。

  随着时间的流逝，失去爷爷的伤痛虽然渐渐被时间的双手抚平，但爷爷在潜移默化中带给我的那份对昆曲艺术的深深爱恋却早已浸润到我的血液里，渗透到我的骨髓中。

还记得每年学校放寒暑假，因为父亲、母亲要上班不能照顾我们，每天早上上班时就把我和弟弟一起锁在家中，下班回来后再放我们出去玩。当时我们住的两居室很小，只有四十多平方米，没有客厅，小的一间属于二叔（韩海林）、二婶一家，我们一家四口住在大的一间（那时我已经有了一个弟弟），于是父亲、母亲以及弟弟睡觉的那张木质大床就成了我的舞台。

一条大大的毛巾被往身上一裹再用晾衣绳横七竖八地系上就是戏服了，两块已经褪色的枕巾用橡皮筋勒在胳膊上就成为了长长的水袖，高高的马尾辫摘下头筋，把长长的头发披散下来，再在鬓角别上两朵假花，打开爷爷那破旧的留声机，随着爷爷唱片中不太清晰的唱段，按照记忆中父亲曾带我观看过的戏台上演员们的动作、眼神一板一眼地表演起来。当时只是把这些当作了有趣的儿时游戏，乐此不疲，现在回想起来，才知爷爷对我的影响那时就已经在不知不觉中了。

记得那是1982年，我正上四年级。一次父亲下班回家和我们闲聊时说起，北昆要招收一批小学员。说者无意听者有心，听到这个消息，我特别兴奋。于是向父亲、母亲表达了我想去考一考的心愿。父亲并不是特别热心，一个可能是觉得我嗓音条件不好，希望不大；另一个是当时北昆处境艰难，发展前景不乐观，父亲看不到北昆崛起的希望，可能也不愿意让我干这一行。母亲倒是很支持我，不知是怎样做了父亲的工作，最终父亲答应让我去试一试。为了参加这次面试，我还是很下了一番功夫的。每天就盼着父亲没有演出能够按时下班，这样吃完晚饭后在父亲喝过一杯热茶，抽过一支烟空闲下来时，就会拿起笛子给我吊嗓子。记忆中我只有在那个时候才真正地、大声地、不羞涩地唱出过一首完整的歌曲。

小时候的很多事随着时间的推移渐渐淹没在记忆的海洋中，但是去考试那天的事情我至今记忆犹新。那天一共进行了三项测试，在一个铺了地毯的屋子里老师扶着我们下腰，我虽然没练过，但我努力地向后够，向后够……终于双手摸到了地面，当时心里想的是：爸爸可是说过，爷爷七十高龄还能很轻松地做出踢腿、卧鱼、下腰等动作，我怎么就这么费劲。在听音的考核中，我特别紧张，老师用钢琴弹一个音，我们要用"啊"来找到音高并唱出来，那个场景至今在我的脑海中依旧那么清晰。一共听了五个音，在听唱第四个音的时候，我因为紧张唱错了，这时我一下子蒙了，耳中听到的音高就是和嘴中唱出的音高不一样，我知道我没有希望了，最后一项的歌曲测试我差点就不想去参加了。

　　招考结束的那天晚上，我拿着爷爷的照片在被子里默默地流了很久的泪，我在心里对爷爷说：对不起，爷爷，我虽然很喜欢唱戏，也想像您一样做一个人人敬仰、受大家喜欢的演员，可是我没有做到。自此之后这个愿望我再也没有对人提起过。

　　时间转瞬即逝，爷爷已经离开我整整四十年了，多年来，我把对爷爷的思念、把对昆曲艺术的喜爱都深深地埋在了心底。因为没有能继承爷爷的艺术传承，心底总是存着那一份愧疚与遗憾，所以这些年我从不对人说起我是韩世昌的孙女，也很少有人知道我与爷爷的关系。放下了这个梦想，我成为了一名人民教师。

　　当我以为我与昆曲艺术越来越远再也不会有所交集的时候，当我以为我会一辈子背负着这份对爷爷的愧疚与遗憾时，一个契机出现了，北京市高校参与小学艺术教育课程建设方案出台了。北方昆曲剧院作为我国北方唯一的专业昆曲艺术表演团体，作为"人类非物质文化遗产"名录中的一员参与到其中。当我知道这个消息后，心头早已熄灭的火苗又跳动起来。此时我在学校内负责的主要工作其中就有学生兴趣活动管理、学生特长发展这两方面。听到北昆成为了"高参小"项目中的单位后，我马上找到我们学校的校长孙庭春谈起想将昆曲艺术的学习引入校园这一想法。孙校长听了之后认为让学生能够有机会了解中国传统文化的魅力，感受昆曲艺术之美，在弘扬民族文化的同时更是全面提升学生感知力、情感表达、创新及审美能力，是功在当代利在千秋的一件大好事。因此非常支持我，而且还安排德育主管闫志玮副校长、艺术教育主管杨璇主任共同负责此项工作的实施与推进。

　　2015年9月，当我再一次走进北方昆曲剧院，我的心中百感交集。终于，我能够以另一种方式去实现我儿时做一名昆曲演员的梦想，终于我能够以另一个途径去完成爷爷振兴昆曲艺术的心愿。我没有能继承爷爷的昆曲艺术，但是我可以让我的学生认识昆曲（剧）这一艺术形式，对昆曲文化有所了解，在传承中华优秀传统文化的同时提升他们的综合艺术素养，我觉得这比我个人成为一名昆曲艺术表演者具有更深远的意义。

  在北京市教委、海淀区教委的支持下，经过校方与院方的反复沟通，多次协商，2016年3月4日，北京市海淀区太平路小学与北方昆曲剧院正式签约"高参小"项目。签约仪式上，当我看到孙校长与杨院长交换合作协议，握手留念的那一刻，我的心激动得跳个不停。

  2016年3月18日，昆曲这一悠久而美丽的戏剧艺术走进了北京市海淀区太平路小学，"昆曲"两字第一次出现在学生们的课表中。驻足在教室门外，听着孩子们用稚嫩的嗓音唱出的虽不是那么婉转动听但却已略有韵味的曲调，看着孩子们一板一眼虽不标准却有模有样地学着身段、步法的样子，我的心里充满了满足和感动。

  爷爷的愿望，儿时的梦想，在这些孩子们的身上我看到了希望。此时，爷爷那带着一脸慈祥笑容的面庞仿佛又出现在了我的眼前……

# 附录三

# 昆伶韩世昌民国小史[1]

胡明明

韩世昌[2]（1898—1976），男，字君青，冀地高阳河西村人，一代昆伶人杰者。亦北方昆弋"最后一位"和北方昆曲"最初一位"大师[3]。曰之北方昆曲"北南合璧"集大成者；亦曰之北方昆曲"一代乾旦"领袖者；又曰之世昌与兰芳齐名者；更曰之"中国昆曲最伟大的复兴者"[4]；再曰之北方昆曲历史最重要的代表者，北方昆曲剧院最重要之创建者。

民国初年，时逢昆曲式微，大厦将覆，而皮黄当道。世昌1918年（民国七年）都中出道，京津冀沪，一路高歌，独树一帜，势不可挡，傲视北南昆坛，救昆曲于"广陵散"中，论功论德，无一人能与之比肩。《春柳》杂志诗曰："莺声娇脆叶宫商，歌罢余音尚绕梁。烂缦聪明称绝世，韩（君青）郎端不让梅（畹华）郎[5]。"

---

[1] 本文主要记述韩世昌1918年至1949年间的主要历史背景和艺术经历。
[2] 韩世昌（1898—1976），在中国昆曲（北方）近现代历史上占有无可替代的位置。他出生在河北高阳县河西村一个没有任何戏曲背景的农民家庭，因生活所迫从小进入了一个农村戏班，后逐步成长为北方昆曲一代名伶，其传奇人生本身就是中国昆曲（北方）近现代史赓续变化的一个缩影。韩世昌上承"南昆北弋"、"内廷承应"之渊源，下开北方昆曲一代"乾旦"之新河，是中国戏曲史上自民国以来唯一一位以"梅郎（梅兰芳）、君青（韩世昌）"并称的、在北方昆曲史上最具代表性与影响力的百年演艺人物；是研究北方昆曲史具有承上启下"标本"意义的、"里程碑"式的百年演艺人物；是北方昆曲绵延百年"北方昆弋时代"的"最后一个"和"北方昆曲时代"的"最初一个"最重要的践行者和引领者；是北方昆曲剧院最主要的创建人之一。如果说梅兰芳是京剧史上"京昆合璧"的京剧"乾旦"大家，韩世昌则无疑是北方昆曲历史上唯一称得上"北南合璧"的昆曲"乾旦"领袖。［胡明明、张蕾：《韩世昌年谱考略》，《戏曲艺术》（增刊），中国戏曲学院学报，2013年］
[3] 恩格斯称意大利文艺复兴时期诗人但丁为中世纪"最后一位诗人"和新世纪"最初一位诗人"。但丁著有世界级不朽长诗《神曲》。
[4] 傅惜华：《北京画报》，1929年。
[5] 胡明明、张蕾：《韩世昌年谱考略》，《戏曲艺术》（增刊），中国戏曲学院学报，2013年，第58页。

清光绪二十四年（1898）三月九日（农历二月十六日）生于河北高阳县河西村。世昌之祖父韩氏，人称老天，祖母侯氏，亦高阳土著。世昌之父韩氏玉琢，母齐氏，属高阳齐氏一族，亦皆为高阳土著。育四子一女，世昌排行第四，四子之末，亦乳名"小四"。世昌坠地，祖父韩氏已亡。是年，戊戌变法，大江南北，皮黄横扫内廷民间。强弩昆弋，只落皇胄玩赏，亦田野草台，点点星星，偏安一隅之末也。

高阳位处北京之南，今属京（北京）、津（天津）、石（石家庄）、保（保定）、沧（沧州）华北平原五城之腹也。

高阳之上古，颛顼帝之封地也。华夏黄帝之孙颛顼二十帝位，初国于高阳，建都于高阳古城（今河北省高阳县），故称高阳氏。屈子《离骚》曰："帝高阳之苗裔兮，朕皇考曰伯庸。"太史公《史记·五帝本纪》载："黄帝崩，葬桥山。其孙昌意之子高阳立，是为颛顼帝也。"高阳县在唐尧时属冀州，虞舜时属幽州，夏商时属冀州，周朝时属并州，春秋为燕，三国时期为魏国之地也。

世昌之生地，高阳河西村位高阳县城东南四十里潴龙河之西岸。古传后周期，因后周帝王郭威属猪，大将赵匡胤属龙，故得名猪龙河。后又因河之积水之地，《周礼》云："以潴蓄水，以防止水。"后人亦把猪龙河的"猪"改成"潴"，其河改曰潴龙河。

高阳出帝王亦出朝廷之重臣。《明史》载：明天启熹宗朱由校即位，高阳孙承宗出任帝师，后至兵部尚书兼文渊阁大学士及辽东经略。明崇祯十一年，清兵多尔衮围攻高阳城，承宗不惧，亲率全家老小及城内妇孺登城拒守，高阳保卫战三日，终城破，承宗俘，不降，望阙叩头，投缳自缢，年七十有六，全家子孙男女四十余口亦无一生还。生前著有《高阳集》和《高阳县志叙》传世。嗟乎，满门忠烈，高阳不屈之气概，谥号孙文正公也。

清末民初期，冀地高阳、安新等县，北方昆弋肇兴，筚路蓝缕，以启山林。曲宗元人之"北剧"传统，腔宗清以来内廷之"昆弋"双腔。亦昆亦弋，清音檀板，豪放大气，蔚然成风。其传承之脉络，上自京城皇族贵胄之府邸，下接京东南俚俗百姓之乡间戏台。其"北方昆弋"之弋腔亦称高腔，人谓之"盖盛取清昆曲之词，移就长山白水之调，使东北健儿唱做得胜歌之举，习之既久，音调话白俱成京音,故云京腔"。高阳人齐如山曰:"高腔在国剧中最有艺术价值,在国际歌剧中,可占有一席重要地位。"嗟乎,前有高阳齐如山辅皮黄之梅畹华者,后有高阳侯瑞春辅昆弋之韩君青者,此高阳之幸哉,此国戏之大幸哉。

高阳世昌,年少,纳言,敏行,心善。生寒素之家,世代躬耕,上无唱戏者。为其生计,十一岁(1909)入早期北方昆弋"庆长班"习昆弋,虽尚属青涩,亦勤学苦练,乃可造之才。十三岁辛亥年(1911)入"荣庆社"登台,从王益友、白云亭、侯瑞春、许金修等学戏,昆弋两腔,生、旦、丑及武生等行当无一不习。世昌开蒙初戏乃弋腔《敬德钓鱼》是也。然幼小年纪,世事艰难,家人命运多舛。世昌自述:宣统二年(1910),当我在外面跑大棚时,我的姐姐死了。她才活了三十一岁,死时我没在家,没能见着。想起当我出生时,因为兄弟们多,家里想把我扔了,多亏姐姐再三央乞劝说,我才得保全下来。她死了,使我加倍悲哀。哪知道第二年(1911),又有一件悲痛的事,我的父亲在阴历八月二十四病故了,享年五十三岁。那时我恰好在家,我的大哥仍在西口没回来。父亲死了以后,荣庆刚刚成班,我随班又到各地跑大棚去了。

1916年(民国五年,丙辰年),世昌十八,秉性忠厚,性情内敛,聪慧善学,悟性极高,师侯瑞春力主世昌改习乾旦。第一出昆腔"应工戏"《百花点将》出演于河北正定县是也。世昌自述曰:在河北正定府乡下唱戏,已经是末天了,早场戏散时,我往下处走,这时本村负责联系戏的"会头"(旧指联系安排演出的)跟在我后头,和我随便聊起天来。因为我那时只唱些《佳期》的莺莺,《闹学》的小姐,一般人认为唱得很不错,于是这位"会头"问我:你会不会唱单出戏?我答说:会。他问:为什么不唱呢?我答说:他们"下会"的人"应工"唱,不让我唱,若让我唱,须和"下会"的说。他说:我今天后半晌点你一出《百花点将》,他嘱咐我好好准备准备。果然下午定的戏目中有一出我的《百花点将》,于是我开始唱起"应工"来了。至此,世昌一生专乾旦也。嗟乎,功夫不负有心人,虽看似偶然,实则必然,天生我材必有用,一代昆伶终"破茧"而出,青出于蓝,势不可当,必胜于蓝也。

1918年(民国七年,戊午年),世昌随"荣庆"晋京。一出天乐园之韩氏《刺虎》"青葱"粉墨献演,初显青年才俊,时年二十。是年,都城之"天乐",

文人墨客，冠盖云集。世昌一出北曲独角《思凡》得北大子民（蔡元培）振臂：宁捧昆，毋捧坤。众韩党"伤寒"者，赢粮景从，推波助澜，袅袅余音，绕梁三日不尽，京都昆弋，观客流连，市场顿旺，票房看涨，一扫晚清民初之颓势，与皮黄成鼎足也。《申报》发表署名的《都门竹枝词》一首曰："残山绿水夜漫漫，歌舞瘅平兴未阑。梅毒（梅兰芳）流行何日已，满城风雨又伤寒（韩世昌）。"（京伶梅兰芳倾倒各界人士久矣，今又有名韩世昌者出，工昆剧姿韵不亚于梅，都中士夫趋之若鹜，时人号为伤寒症云。）

是年世昌拜苏州瞿安（吴梅）一代南曲名门之下，得曲学真传，世昌一出南曲《拷红》，一炮走红，有《韩世昌初演〈拷红〉》一文证曰："星期六，韩郎世昌初演新排之《拷红》。下午三点钟后记者偕二三友人往观时，天已阴雨而观客绝不因之少减，楼上楼下几无插足地"，"该社排演此剧不过两星期，且世昌平日所演皆为北曲。此剧乃北京大学教员吴君教授为南曲"，"吴君原准备为世昌吹笛，因雨未到，临聘由侯瑞春代替"。纵观瞿安一生弟子，麾下昆伶只韩、白二人北方青年，无一南方，足见瞿安良苦用心，知人识艺高远也。同年11月，世昌再拜常州逸叟（赵子敬）为之恩师，如父如母，精雕细琢，哺育成长。世昌之《胖姑》《佳期》《痴梦》《琴挑》《游园》等"韩剧"领一代风骚，成后人之楷模。逸叟赠墨香曰："君青聪颖孝厚，勤学性纯，幼年失怙，艰苦备尝。戊午，负笈于予，葛裘两易，名噪一时。"后之，世昌亦续请曹心泉、高步云诸人，曹、高制谱横笛，皆德高望众南人也。拜请众南人为己师，吐字发音，拍曲踏戏，扫土音凉调者，高阳青年才俊世昌始也。嗟乎，人生得一知己者足矣，然君青有四：吴中瞿安（吴梅）、常州逸叟（赵子敬）、怀宁心泉（曹心泉）、太仓步云（高步云），经诸江南曲家先生点拨幻化，世昌深得吴门曲学真谛。天助年少君青，焉能不成大事乎？

民国之京都津门申城北南三大城邑，实乃皮黄天下。然世昌及众北方昆弋之众伶工，风萧萧兮，义无反顾，弃乡离土，晋京"天乐"赶考，果然学作斑衣舞，一支别占领头先，不负众望，挽昆腔于水火之中。北大"韩党"之一王小隐热情撰文曰："昆曲销歇垂数十年，而异军突起，震动一时，至引起文艺思想界之波澜者，则有韩世昌其人焉。"小隐甚至鼓与呼道："新青年杂志为改革运动之先锋，其发刊戏剧专号之动机，实以韩为导线。"同年10月23日，世昌在北京"第一舞台"参加赈灾义务演出，参加演出的有韩世昌、陶显庭、郝振基、侯玉山、尚小云、王瑶卿、姜妙香、荀慧生（白牡丹）、孙菊仙、梅兰芳、陈德霖、程艳秋（程砚秋）、杨小楼、余叔岩、王凤卿、高庆奎、俞振庭等。其昆伶者韩世昌、陶显庭、郝振基、侯玉山皆冀人也，年纪最小者，世昌也。亦世昌第一次与皮黄"四大名旦"众伶人同台献艺也。《顺天时报》载文曰："近年来北京一带昆曲颇为盛行，因之各戏园对昆戏亦极为注意，考其原因，实由于荣庆社在北京演唱纯粹昆曲之故也。自该社入京颇蒙素爱昆曲之诸君赞许，且该社诸伶之技艺亦各有擅长，实能耐人寻味。其重要角色如韩世昌、侯益隆、王益友、侯玉山、陶显庭、陈荣会等诸伶真当时昆曲界之杰才也。"又《新出青衫之二人》一文曰："近来京师剧界有二青衫新出焉，每一上台颇受欢迎，一曰程砚秋，一曰韩世昌，程伶唱皮黄，韩伶唱昆弋"，"捧程伶者多以其色艺比之尚小云，捧韩伶者亦多以其歌舞与梅兰芳相较"。再以《梅兰芳与韩世昌》曰："近日评论者多谓韩世昌比梅兰芳强"，"吾人平心论之，韩世昌与梅兰芳诚不能比"，但"韩世昌所演之《思凡》《佳期》则确比梅兰芳所演者强"。更尤其，考证世昌1918年"天乐"之《百花亭》（亦称《贵妃醉酒》）、《别虞姬》两出昆腔戏，北方昆腔骨子戏属不虚也，实则早于梅之皮黄《贵妃醉酒》《霸王别姬》。1918年，京城"天乐"初战告捷，世昌未飘飘然，一日，一看客撰文《白璧之瑕——告韩世昌》，指世昌《思凡》一剧存有改词的现象曰："非时髦之新戏可比，一切科白化装均宜恪守先正典型，不可自作聪明，尤不可专务趋时，愿世昌及他伶共勉之也。"不想世昌竟受之。日余，此看客再发《韩世昌虚怀若谷》一文叹曰：《思凡》一剧吾文"念白有不甚其妥善之处"，不想"韩郎遂已一一改正，正可见其每日必阅报纸，对于报纸批评必格外留心且报纸之言苟有可采者必力加改正。"其称曰："韩世昌既具有天赋之绝顶聪明，又能处处留心虚怀若谷，其前途之成就自不可限量。"余后，世昌携《闹学》《思凡》《刺梁》《刺虎》《金山寺》等津门博物馆首次献艺，大获反响。斩获京畿余后，世昌乘胜之，岁末，君青在京首演《游园惊梦》，闺门旦应工杜丽娘，四座皆惊。傅惜华著文曰：此剧数十年来，已罕睹于梨园，几成绝响。1918年，韩世昌演于天乐园，而吴富琴、梅兰芳、俞步兰、尚小云、程艳秋诸人陆续演唱[1]。富察氏宝泉属同时代观者，亦属学者贤士，此言终一锤定音，京城谁是职业昆腔《游园惊梦》一出首演者？非君青莫属也！今日大红大紫之《游园惊梦》，遥想当年，如无君青肇始，恐仍深闺无人待识也，无疑君青功臣也！戊午之年，真可谓之世昌之年，风华年少，独领风骚，已然是"荣庆"无可争辩唱"大轴"名伶也。

1919年（民国八年，己未年），君青携《游园惊梦》《出塞》《思凡》《佳期》《拷红》《刺虎》《琴挑》《痴梦》《藏舟》《瑶台》《翡翠园》《蝴蝶梦》《牡丹亭》《西厢记》《钗钏记》等南北诸剧下浦江申城，单刀闯沪，丹桂驻台连演月余，沪上观客连呼过瘾，不放韩郎离沪。尤与皮黄麒派信芳合演《刺虎》更传昆乱同台佳话。此沪上之行，世昌亦首开北方昆弋南方出演之先河，遍览寰宇，前无古人，后未有来者，功绩海量，意义体大，令南方诸昆伶曲家刮目相看，赞叹不已。沪上《申报》称世昌曰："名震南北，色艺双绝，昆旦泰斗。"世昌沪上丹桂惊艳时，南人"传"字辈者尚处开蒙，前后间，更未闻南人昆伶者北上京畿出演之事实。又遍览民国报社报人之广告之文章者，皆曰高阳世昌。一代昆伶乾旦领袖之座次，高下毕见，嗟乎，梨园昆坛者无人能与之匹敌，孰先孰后，孰早孰迟，桃李无言，下自成蹊。还其本真，当数典不忘也。嗟乎，高阳世昌，实晚清昆腔式微以来令北南昆腔再度中兴之第一昆伶也！民国之昆坛，北人栽树，南人乘凉，申城丹桂，激影江南，世昌头功，实至名归，此不争历史之事实也。尤盛赞世昌此次沪上之《游园惊梦》："吴中为昆曲发源地，而上海舞台久已不闻此等雅乐。韩伶此次排演，其能唤起沪人之文艺趣味而为昆曲中兴之先驱乎！"

1924年（民国十三年，甲子年），世昌以京都"城南游艺园"演出为标志，终成正果，一表才华，挥洒自如，无争议地成为北方昆弋最具影响力的一代昆伶，成为北方昆弋公认乾旦之领袖，年仅二十有六。自此，世昌之人，北昆众伶之楷模，世昌之剧，北昆旦角艺术之圭臬。此距世昌晋京天乐四年有余。是年，恩师逸叟溘然长逝。逸叟于世昌，如父如母，如育如哺，如形如影，虽非父母，胜似父母。逸叟卒，世昌痛心怅然，使其厚葬。后，常州知名戏剧评论

---

[1]王文章：《傅惜华戏曲论丛》，文化艺术出版社，2007年。

家张肖伧专门撰文《海内二义伶》，一曰程砚秋"瘿公卒，砚秋为辍歌半月以致哀"。二曰韩君青"逸叟视世昌如子弟，世昌敬逸叟若家长"，"逸叟病卒，一切丧葬，悉由世昌任之"。肖伧感曰，十步之内，必有芳草，砚秋与世昌"其高风足传千古矣，谁谓戏子无义哉"。时年，刘君半农发声《记韩世昌》，赞世昌之义举曰："韩世昌，伶人也。尝从武进赵子敬习昆曲。子敬老病死京师，世昌出五六千金为料理后事。此在梅兰芳等当如九牛之拔一毛，于世昌则为难能。"又曰："世昌演剧，尝见赏于新闻记者邵飘萍[1]。及飘萍为张宗昌所害，故旧莫敢往收尸，独世昌毅然往。"后人称刘君半农《记韩世昌》一文曰："短短百十来个字，立一伶人于史也。"今更有《韩世昌年谱考略》[2]曰："如果说韩世昌1924年为赵子敬办理后事出于恩，可以说，韩世昌1926年冒着极大风险为邵飘萍办理后事则完全是出于信与义，当时韩世昌并不知道邵飘萍是中共党员的真实身份[3]。呜呼，世昌伶人也。然，虽伶人也，亦非伶人也，世昌乃凛然侠义之真性情也。"

1926年（民国十五年，丙寅年），张肖伧以《菊部丛谈》一书尽列晚清民国之"昆旦十四绝"，欲比肩清之"同光十三绝"，世昌列为第十四，属唯一昆旦后起之秀也，时年二十八[4]。前十三位昆旦前辈计有：朱莲芬（陈德霖之师）、沈宝珠、朱霞芬、钱秋菱、褚桂枝、刘倩云、王绚云、沈芷秋、万芷侬、杜蝶云、任小凤、乔蕙兰、陈啸云，硕果仅存已然二三位也。肖伧感叹，欲为其正名，高阳世昌乃"京华世昌"也。曰："温和知礼，平时讷于应对，而抹粉登场，独能淡宕闲神，丰致可人。"常州肖伧之声音，虽一家之言，但考其究竟，可信不虚也。有今人戏曲史评家沈达人先生评肖伧曰："张肖伧一生发表了多篇独

---

[1] 韩世昌《我的昆曲生活》载："邵氏死后，被外五区警察署用薄棺草草葬埋在永定门外西城根。这时邵的许多朋友都躲了。我们先生侯瑞春出的头，为邵办理后事。邵家经济能力还很好，又买了好棺材，重新扒出来入殓。灵柩就停在小马神庙。开吊那天我去了。侯先生为此忙活了一阵子。""因为刘半农曾提到我收过邵飘萍的尸，所以我想把当时情况说明。那时，我的一切事，不管大小，全由侯瑞春先生办理。邵振青（邵飘萍）的后事，就是我请他办的。"
[2] 胡明明、张蕾：《韩世昌年谱考略》，《戏曲艺术》（增刊），2013年，第74页。
[3] 《邵飘萍年谱》载：1925年春，飘萍加入中国共产党。介绍人为李大钊、罗章龙。见中共中央中组建字103文件：认邵飘萍同志一九二五年春加入中国共产党。郭佐唐：《邵飘萍年谱》，《浙江师范大学学报（社会科学版）》，1986年第4期。
[4] 张肖伧：《菊部丛谈》，大东书局，1926年。

树己见的表演评论,并以无所依附的自由撰稿人的姿态,善者扬之,恶者贬之,力主艺员演戏应有艺术良心和正派作风,成为近代中国剧坛一种清醒、刚正的声音。"[1]嗟乎,好一个善者扬之,众望所归,此公铮言,列昆旦十四绝,世昌受之无愧哉!

1928年(民国十七年,戊辰年),世昌出津门,轮渡大连,携《闹学》《思凡》《拷红》《惊梦》纯粹之昆曲开启东瀛之旅。之前皮黄诸伶已多赴东瀛,赢得喝彩,然昆伶却从未出走国门。世昌东渡扶桑之目的,京城日籍报人听花曰:"查近年来,中国名伶前后东渡献技者,虽有梅兰芳、高庆奎、绿牡丹、小杨月楼暨已故坤伶十三旦等,而其所演者,均系皮黄戏剧,至专唱纯粹昆曲者,则未曾有之,况且日本的一种大曲所谓谣曲狂言者,本与元代杂剧有历史的关系,而南北曲词皆昆曲脚本,亦多为彼帮文人学者久所爱诵研究者,果尔则韩伶者,一游扶桑,粉墨献技,阳春白雪,高山流水,深受一般雅客之热烈欢迎,且有补两国剧界之联络,不卜可知矣。"《昆曲盛衰与韩世昌》一文曰:"昆曲垂危之秋,忽有一人自高阳一乡村,于京师天乐园高竖昆曲中兴之旌旗,此人为谁?既此次来连韩世昌也。"《昆曲——韩世昌之东渡》一文亦曰:"自昆曲献艺京师,北方昆学一振,学生士夫多喜研究,激影江南,亦呈活动。今番韩伶东渡,昆曲二字且向国际辉煌矣。"一时间,诸如"昆曲大王"、"最后的昆伶"、"剧界盛事"、"远胜梅兰芳的中国名优韩世昌"等名号纷至沓来,立见报端。是年,傅惜华《北京画报》发出"韩世昌东游纪念专号"曰:"韩世昌此次东游演剧,我们确认他能使昆曲的地位与价值,日渐增高,且引起国际的推崇,足以发挥三百年来昆曲光大的历史也。"世昌三十有整,扶桑献艺,场上之曲,气象万千,堪比海宁静安[2],日人折服,鼻祖学者倾巢而出,尊世昌为上宾,试问史上诸昆伶谁人能与乎?足可大书特书,彪炳昆史,激励后人。嗟乎,此情此景,止昆曲大王世昌一人也,后再无一人重现也。时称"梅党"中坚人物,梅氏"左右史"青浦张厚载[3](张聊公)写文曰:"昆剧亦赖韩之支柱而得中兴,时人尊称之为昆剧大王,殆非溢誉。日本剧场亦慕韩名,特聘往登台,彼

---

[1]沈达人:《京剧评论家张肖伧》,《艺术百家》,2008年第3期。
[2]王国维(1877—1927),字静安,浙江海宁人。1912—1914年间于日本完成名作《宋元戏曲史》。
[3]沈达人:《张厚载及其京剧评论》,《中国京剧》,1997年第6期。

■ 韩世昌昆曲《游园惊梦》剧照

都人士莫不深致赞美。自梅兰芳赴日演艺之后，吾国名伶能继踵媲美者，惟韩而已。"京都名士傅氏宝泉（傅惜华）遂撰《昆曲与韩世昌》[1]曰："昆曲在吾国演艺史上，有三百余年之灿然的历史。又述昆曲与元明戏曲之关系，谓当昆曲极衰微时，忽有高阳韩世昌率荣庆班一行来京，演于天乐园，振兴昆曲之旗帜，遂飘然矗立于北京剧坛之上矣！韩伶既天赋异才，复益以曲学家吴梅（瞿安）、赵子敬（逸叟）二氏之指正，遂称雄于吾国剧坛。"傅氏曰世昌："复兴昆曲之伟人哉！"

1934年（民国二十三年，甲戌年），晚世昌四岁京东安新之新秀白云生由侯瑞春力荐改旦为生与世昌组合。云生年轻俊朗，识文断字，家风渊厚，悟性极高，时世昌亦昆旦名角也。韩白生旦，若金童玉女，年轻靓丽，组合扮戏，如天作之合，乃民国戏界潮流也。韩白合作，若伯牙子期，如高山流水，珠联璧合，将遇良才，令台风顿变，观众入眼，市场强烈。韩白天作，同台同班同籍也，爱情戏丝丝入扣，如鱼得水；情感戏你来我往，凤兮凰兮。韩白顺应时势，领北方昆弋生旦时尚潮流之先。嗟乎，北人韩白者同为瞿安门下，南山北斗，谈韩者不能离白，说白者亦不能离韩，共执牛耳，创造了长达近半世纪之久北方昆弋乃至北方昆曲自民国以来熠熠生辉"第一生旦"之煌煌历史哉。

1936年（民国二十五年，丙子年），荣庆社"分箱"，花开两枝，一曰"新荣庆"，领衔侯永奎、马祥麟诸伶，一曰"新祥庆"，韩白头牌。二庆昆伶亦分亦合，实不分彼此，世昌昆旦大牌，绝无架子，老乡助老乡，亦搭班助荣庆，亦搭班助祥庆，分家不分人。一日，世昌正在天津演出，突报爱女韩秀冬病危，世昌仍坚持当天演出后，方急赶回北京，不想竟与年仅十六岁爱女天地之隔，料理完后事，世昌毅然又折返津门继续登台，戏比天大，世昌不能违也，其职业操守令荣庆、祥庆二社诸伶及津门众观客无不感动。是年，韩白领衔，祥庆诸伶开启六省十二市持续近二年之久的南下"长征"。前有中央红军之长征，后有北方昆弋之"长征"，此"长征"虽非彼长征，意义暗合。一个北上，拯救中国之命运。一个南下，复兴昆曲为己任。世昌身先士卒，入山东，下河南，进江苏浙江，挺湖北湖南。一路风餐露宿，千辛万苦。旅途艰难自不必说，形

---

[1]傅惜华：《昆曲与韩世昌》，《北京画报》，1928年12月第25期。

势之乱更雪上加霜，内有西安之事变，外有日军之入侵，一干祥庆人马，大有风萧萧兮易水寒，壮士一去不复还之悲壮感。世昌每演，必精神饱满，满宫满调。所到之处，百多余场演出，百余出文武剧目，戏品上乘，文武精湛，南北通吃，申杭嘉苏无锡镇江两湖之地昆曲、申曲、滩簧等诸腔演员曲家与观客趋之若鹜，无不赞叹，《申报》全程冠以"昆弋文武剧团，全班艺员登台"之通栏。韩白领衔，祥庆南下，似宣传队，如播种机。在金陵，韩白得瞿安赠诗，一句"万人空巷看双卿"竟成绝句。在申城，苏滩昆之南派昆旦名伶施湘芸与韩白同台合演，在河南，金紫光开封观世昌诸伶之昆曲，竟投笔从戎，改行文艺，投奔延安，演戏写剧作曲，成为新中国第一批新文艺工作者。祥庆南下，亦付出惨烈之代价。在山东，世昌一行因战事被困烟台数月余，采野菜，捡海带，穷困交迫，无粮充饥，祥庆竟有张荣茂等三伶饿毙鲁地。呜呼，"前不见古人，后不见来者"，子昂前二句，乃世昌诸伶南下真实写照。即便如今，北昆后生亦很难做到！世昌诸伶南下之磨难，又亦如子昂后二句，"念天地之悠悠，独怆然而涕下"，让人潸然泪下，尊崇之意，油然而生。嗟乎，世昌诸伶，义无反顾，千里南下，感天动地，敢问南北昆坛之历史，谁人能比之乎？世昌诸伶，在日寇铁蹄下，为复兴昆曲，跋山涉水，万苦千辛，不惜负债累累，更付出死伤之代价，挽狂澜于既倒，扶大厦于将倾，天地可表，日月可鉴矣。

1938年（民国二十七年，戊寅年），世昌诸伶返京，为还此行负债，世昌无暇安顿，修养生息，马不停蹄，即身赴津门演出，筹款还债。津门小广寒，历史一幕，北昆诸伶打出横幅"不惜歌者苦，但伤知音稀"。此情此景，天地动容，甚为悲壮。

1939年（民国二十八年，己卯年），恩师吴梅去世。曲学巨擘瞿安生前曾赠世昌楹联二首曰：风月暗消磨，见水阁摧残画船抛躲；举止都停当，爱人全风韵花有根科。燕市筑声稀，问十里莺花都成陈迹；秦淮酒家近，仗一尊鸡黍重整歌喉。瞿安生前曾亲收昆伶二弟子，非南人也，唯北人世昌、云生也，而世昌更为吴门巨擎瞿安之昆伶第一大弟子[1]，北南无一人能超越。"漫道西昆无后赏，万人空巷看双卿（韩世昌、白云生）。"足见瞿安对北方昆伶之厚爱也。

---

[1] 王卫民：《曲学大成，后世师表——吴梅评传》，上海古籍出版社，2010年。

事后历史之证明，瞿安高瞻远瞩，慧眼识珠，而世昌更未辜负其厚爱，终成"吴门曲学"众弟子中最优秀之昆伶。世昌追忆曰："那时我正在北京，吴先生逝世后一个月我才听说的。""南北昆曲专家们认为我唱曲子的吞音吐字还合乎规范，有根有据，是同吴先生的指点教正分不开的。"瞿安生前曾专为世昌写了《访翠》《眠香》《却廉》《守庐》《寄扇》等曲本，然因皮黄名角徐碧云排了皮黄《桃花扇》，世昌不愿与之争，忍痛割爱，不想，吴氏五折曲本未演已绝唱也，甚遗憾也。然此非孤例，一曰《醉酒》《别姬》二剧原内廷昆弋"时剧"也，戊午晋京，世昌粉墨登台唱昆腔二剧实之前也，而梅氏演皮黄二剧实世昌之后也。世昌昆腔之《醉酒》《别姬》至此绝唱，不然二剧昆黄双璧也。嗟乎，昆伶世昌，不是不能也，是不争也，不抢戏饭矣。二曰世昌之学生马祥麟，同高阳河西村人，自扶祥麟《昭君》登台，为提后生，世昌决意不再演《昭君》。昆伶世昌，为人敦厚，成人之美，艺德艺品，高风亮节，心胸宽厚矣。

1939年（民国二十八年，己卯年），津门天灾人祸，洪水肆虐，瘟病流行，饥寒交迫，日军占领。北方昆弋之时间最久影响最大之荣庆名班，津门走到了尽头。荣庆昆弋诸伶郝振基、陶显庭、侯益隆、马凤彩等竟二十余人死于水灾瘟病。断壁残垣，支离破碎，荣庆已无法成班，遂自谋出路，宣告解散。更令遗憾者，随荣庆众弋腔老伶工相继离世，京师弋腔（高腔）消亡已然定局矣。呜呼，众伶陨落，黯然神伤。回首岁月，天降大任，荣庆名班，亦"韩世昌班"也，受任于昆弋式微颓弱之际，奉命于救昆弋水火危难之间。若未荣庆，亦未北方昆弋，若未荣庆晋京，亦未后来之韩白侯马之众昆伶矣，亦更未北方昆曲矣，可谓一代荣庆，一代名社，一代名伶，一代昆腔脊梁矣！

1940年（民国二十九年，庚辰年），抗日战争全面爆发，内忧外患，祸不单行。继"荣庆"解散后，北方昆弋又一名社"祥庆"亦告解散。世昌自述："从天津回北京以后空了些日子，结果据说亏空三百元之谱，在北京也捞不上来了，于是和祥庆社班主商量，去保定把亏空弥补一下。1940年我去保定演唱了二十多天，把亏空填齐，我就回来了。班里其他人又去石家庄演唱。白云生的母亲就是在这时去世的，他没有回来，托我带回来一些钱，并托我照料丧事，祥庆社就此散班了。"是年，世昌二哥韩德良被日军杀害。叹曰："人曰蜀道难，然昆弋之道亦难于蜀道之难上难。蜀道之难，谓之荆棘丛生，亦还有道可寻也；昆弋之难，谓之天灾人祸，亦无道无常也。呜呼，两难之下，孰难之更难乎？"

1942年（民国三十一年，壬午年），世昌四十四岁。孰难之更难乎？似又再次摆到世昌面前，世昌述："1942年前后，由于我不大演唱，只在国剧学会及中大两处教戏，所以收入菲薄，支应不了这一大家子生活了。经王雅恒、石小川、张伯林、许瑞林几位的建议，我和侯先生分开过活。侯先生除国剧学会外，又兼在荣春社教戏，收入尚可维持。我则仅国剧学会一处收入，生活就非常窘困了。"曰师徒分手亦最难乎。究其缘由，世昌亦述曰："北平沦陷期间，我的生活陷入非常困窘的境地。自我十四岁跟侯瑞春先生学戏以来，几十年光景，虽然也曾拜陈德霖老夫子为师，和赵子敬先生学了几十出戏，但总的一切都由侯先生经营。经济生活更是由侯先生一手负责。那时唱戏有戏份，每场几十或一百，出外演唱有包银，一个月多少或者一期多少。首去上海一个月包银是三千六，去日本包银一共一万五，巡回六省演唱包银总计大约两万光景，唱堂会除正项戏份以外，还有由社会的陋习加赏。凡此种种，我一概不知，也一概不管，都由师傅或管事的人经理。管事的拿二成，师傅全部掌握。大至我娶亲接家眷，给我家买几十亩地、五六间房子，小至买双鞋，给车钱，甚至我爱人买个针，花个零钱，通通是师傅经手。"一如高阳皮黄齐如山前之与梅畹华分道，如山隐居，后赴台湾，齐梅此生再未相见；二如高阳昆弋侯瑞春与韩君青分手，国剧学会之后，瑞春亦告老归乡，侯韩亦再未相见。君青与瑞春，如山与畹华，命运竟如此相同。茫茫人世间，亦情亦怨，亦是亦非，说不清亦道不明。为争自由身，君青失瑞春，亦如畹华失如山，天各一方，再看不到他们合作之新果，泾渭不合，昆弋之殇，皮黄之痛，乡愁之绪，叹矣。难天下真有不散之筵席乎？难"人生若只如初见"亦真难乎？亦伤亦悲，宿命乎？呜呼，昆弋两腔，中道解散，折兵折将，师徒失和，伤筋动骨，复兴受阻。眼看诸前努力，即将夭折，付之东流，危急存亡之刻，命悬一线之际，谁人者可受命于乱世？擎北方昆弋大旗于不倒者，又谁人能之欤乎？

此时此刻，国仇家难，外患内忧，接踵而至。北昆一千众老伶工，有的谢世，有的息影，有的告老还乡。剩下年轻些的则纷纷改换门庭，搭班或改皮黄，

■ 韩世昌昆曲《琴挑》剧照

抑或梆子、评剧等，以谋生路。京城弋腔（高腔）已然不再，"北方昆弋时代"彻底结束，而图皮黄而救昆者亦日陷困顿。昆曲之路又在何方？北昆之命运又在哪里？

世昌曾回忆北昆最艰苦时节：幸亏那时北京唯一的业余昆曲组织——北京昆曲学会同人帮忙，才开了戏。北京昆曲学会是原国剧学会的傅雪漪、吴龙起，原北大的张琦翔、张荫朗，原辅大的许希道，原中大的李体杨、刘吉典等爱好昆曲的青年同人们联合组织的。会址仍借原西长安街二号国剧学会的老地方。1945年筹备，开始活动，1948年正式成立。所以正式成立是得到当时社会局允准。但他们很早就已开始拍曲、播音了。高步云担任拍曲，我被约教练身段。他们还聘请了夏枝巢、俞平伯、傅惜华、陆颖明、许雨香、童曼秋、刘仰乾等为顾问，有点苦干实干的劲儿。最初没有会址，轮流在各社员家聚会，也曾在"居士林"借地拍曲。没有乐器，大家拼凑；没有经费，大家捐助。他们的活动以播音最多，每周在北平电台、胜利电台、北洋大学电台播音一两次。别的私营电台有时也邀请他们播音。白云生当时演出就多靠他们协助，张荫朗、傅雪漪、李体杨等常担任个角色或演个单出。吴龙起、刘吉典、张琦翔等在场，担任二胡、琵琶或其他打击乐器。演出地点主要在建国东堂（灯市口东口路北），日期是每周星期三，偶尔也在吉祥、华乐、长安演一两场。

当时上座情况很不景气，每场门口售票不过几十张或百张上下，连"揣红票"（让朋友代销，靠面子卖票叫"揣红票"）不过二百张，顶多也不到三百张。每张票价法币两三千，合计一场收入三十万到六十万元。当时建国东堂不要园租，但要灯水费。侯永奎那时住在天津，来一次住两天，车饭钱就得十几万。我几乎分不着什么，顶好了也就是拿上五六万元，有时还"拍巴掌"（一文不拿）。有一次上座甚少，除去灯水费、永奎天津来往路费、笛师费以外，连一顿饭钱都凑不上。当时物价奇昂，一万法币不如今天一元。在建国东堂持续演出了半年多就停止了。以后的演出越来越少了。那时有张报纸曾登过这样新闻说，春节各班全都大唱特唱，但是却在报上看不到昆曲演出的广告。戏园子里很少演昆曲戏了，即在堂会或晚会上也不见昆曲演出。即便有时演出，情况也非常糟糕。有一次晚会要演出昆曲，那次只有四个人参加，怎么也凑不好一出戏，结果李凤云只唱了一出《思凡》，高步云吹笛子，张琦翔打鼓，白云生打小锣，四个人凑合下来了。昆曲演出情况如此，我个人经济也就更趋困窘。同时侯瑞春先生分家以后不久，他就回乡去了，我除了一两个月可以从电台播音当中得很少代价以外，昆曲学会的津贴也很少。那时还在大同中学教昆曲，教过《功宴》和《惊变》，时间并不长。有些朋友和昆曲界票友来学昆曲，但都谈不上什么报酬。在物价上，一日三涨的情况下，杯水车薪的收入难抵支出，于是我也要效法白云生、侯永奎、魏庆林的谋生之术做小生意。

冀人香河张中行《负暄琐话》一文中叙述当年真实世昌之情境："韩已经半百之人，我们招待他，奉茶，闲谈。韩朴实，温厚，没有一点曾是名演员的架子和习气。话题自然也转到昆曲的没落，大家都为此表示惋惜。问起为什么不改走其他的路，他说，他并不是不能演京剧，只是总觉得唱词太俗，没意思，所以甘心闲着。"

世昌之所言不虚。世昌之皮黄，大家之范，不是不能也，是不为也，不争也。自世昌从昆腔，赴汤蹈火，宁为玉碎，不为瓦全。世昌明白，时下昆曲存亡，系世昌一人。鞠躬尽瘁，人在阵地就在，北昆大旗就在，哪怕仅存世昌一人。世昌清楚，艰难世事，如他这杆昆曲大旗一倒，北昆休矣！陶令古训"不为五斗米折腰"，世昌骨气哉！远见哉！不愧扛北昆大旗不倒第一人哉！诚如近人撰文赞曰："昆曲渐趋式微之域，有劝君青改习皮黄者，君青虽未服从，然亦引起其兴趣，故于民十二间，聘冯蕙林为师，于演昆之暇，皆习乱弹，而一般主张保存剧粹者，以藉此昆曲行将成为广陵绝响之时，唯赖君青作中流砥柱，又安忍并将此一线之光而亦灭之，故极力反对。君青尊舆论，对皮黄戏剧，虽习之，而未敢演之，及夫今日，昆腔之不至中斩者，未始非君青强持之力也。民十三，君青因友人之介绍，列入陈德霖之门，习皮黄之正工青衣戏，陈德霖为当年旦角之通天教主，梨园中当年之著名青衣，均为陈门佳子弟，故梨园中称老夫子而不名，陈氏于皮黄外，亦精昆曲，对君青尤加青睐，指示不吝，如《孝义节》《探寒窑》《三击掌》《御碑亭》《虹霓关》诸戏，均为陈氏所授者，成绩极佳，但君青始终服从舆论，维持昆曲，对于皮黄戏，未曾正式一演唱也。"

世昌虽不唱皮黄，但却古道热肠，传授了不少皮黄人之昆腔，如蒋英华、周金莲、白玉薇、李金鸿、梁小鸾、章遏云、黄玉华、童芷苓、童葆苓、虞俊芳、厉慧芳、杨荣环、李世芳、梁桂英等。世昌回忆曰："蒋英华向我行拜师礼，只是他母亲带着他来我家行个礼，并没请客。一来他家庭环境并不太好，二来我不主张铺张，同时也表示我不敢为人师，所以一切从简。周金莲向我学戏，也只是受了一头之礼。其他很多向我学戏的都没有正式行拜师礼。白玉薇、李金鸿、梁小鸾、章遏云、黄玉华、童芷苓、童葆苓、虞俊芳、厉慧芳都和我学过戏。杨荣环向我学过《奇双会》，李世芳向我学过《游园惊梦》，当我最困难时，他还和我唱过一次搭桌戏，唱的是《游园惊梦》。"世昌之高风亮节，天地可鉴。世人为此赞道："《游园惊梦》的杜丽娘，在世昌歌来，可为典型之作。近年传授白玉薇、黄玉华、李金鸿等男女弟子也差不多全靠它和《闹学》为启蒙。"又曰："《赠剑联姻》《百花点将》，由君青演来，更是温柔婀娜，其功夫确在马祥麟等以上。其余如《狮吼记》之柳氏，《金雀记》之井文鸾，《水漫断桥》之白娘子，《玉簪记》之妙常，《三笑缘》之秋香，《青冢记》之昭君……其台上扮相与表情做工，无不印入笔者的脑蒂，认为终身不能磨灭者，斯人斯艺，足以千秋。"

  1948年1月（民国三十七年，戊子年），世昌生活异常艰苦，同人不忍，白云生吁北平戏曲界发起"救济韩世昌贫病义演"曰：值此天寒岁暮之际，冻馁交逼，困苦无告，情实堪悯，而硕果仅存之昆曲名伶韩世昌困居平市，谋生乏术，平日生活已赖典质，近以其妻病重，危在旦夕，举凡医药之需以及筹备善后莫不需款，而家徒四壁，忧急万状。同人等不忍坐视，拟于本月十四、十五两夜联合国剧演员尚小云、谭富英、杨宝森等在华乐、长安义演两场，以资救济敬乞，准予出演，实感德便，谨呈。世昌也在自述中描述了他当时的生活窘况：这个阶段我的生活十分困窘。1947年冬原配续氏死了，终年四十七岁。她死后不久，我离开了居住三十多年的德泰皮店，搬到偏僻的东直门内白衣庵九号去了。"救济韩世昌贫病义演"实出无奈，其悲怆举动，谓之感天动地，令京都舆论界哗然。曰：深惜韩生非其时也，以此具此超越之艺术，若生于清乾嘉之间，或昆曲重兴之后，必名利兼收，不仅有大王名，而亦得其实也。韩之郁悒不得志，乃为文化不振之先声乎。果如是，应为中国文化前途放声一哭也。困顿中之韩世昌，应加以援助，以勉后之学者。其援助之法，非各倾私囊，盖望有力者，于国剧科班，或学校，增设昆曲科，延韩为教授，其薪金应仿照皮黄名角，不能因昆曲衰微，而故抑其价，启轻视昆曲之端。如是不独韩生活有着，且为后之学昆曲者，开一新途径，如是则昆曲不但有重兴之望，且可精进。而吾国数千年之文化，亦因之而盛矣。吾犹有望于韩世昌者，则愿其再卖余勇，作冯妇重来，仍现身舞台，吾非因不识韩，而轻视其今名，盖凡有真正艺术者，不关年岁长幼，如陈德霖是矣，况韩正在壮年，且昆旦后起无人，脱有继起者，各擅其长，以韩之难能可贵之艺术，岂足谓者。又曰：昆曲，难在专家要有尺寸，处处要守规矩，歌舞是不能分开的，君青之身法步，可独步今日名旦中间。至于气象在其"来自田间"之昆班中，虽为秀出，却难与"久在都市"之黄班比华贵，但是，功夫之地道，台风之圆整，所谓"四大名旦"，什么"四小名旦"八位女佳人，无一是韩对手。赞曰：世昌之《刺虎》，身段之干净利落，自不必言，表情之迭相变化，尤非他人所可学步，"身君欢笑背君啼"之诗意，是韩一人独得，此乃人力所至，无所谓传授，程梅二位，皆不能比。再曰：韩素性诚笃，无伶人习气，洵洵儒雅，颇敬重文士，故徐凌霄、王小隐诸氏，皆与友善。昆曲亦日益衰落，居尝引为深忧，每思传之后起诸伶，庶他日或有复兴之望。李世芳近从韩习昆剧，韩以其前途无量，思托以振导昆曲之大任，故竭其心力，教诲不倦，李亦深以得良师为幸焉。复曰：韩世昌的昆曲戏，可以说出出是好的，不愧昆弋大王之号。如目下露演的《思凡》《刺虎》《游园惊梦》《佳期》《拷红》，更是好得无可再好的拿手剧作。《思凡》《刺虎》之面部表情功夫，早年据名家公正批评，谓为梅大王兰芳所不及，然而梅氏驰誉海外，也全是《刺虎》一出的效力，所演之《汾河湾》等皮黄戏，外国人并未注意，于此可见昆曲戏的真价值。关于《西厢记》一戏，君青的《跳墙着祺》《佳期》《拷红》，认为标准杰作，《佳期》中"十二红"的唱做，较比"寄柬"更累更难，而君青做来不显红娘之老，得"乐而不淫"之旨，与评剧白玉霜的做法，绝对不同。昆曲所以风雅之点，不待强词多辩，有台上扮演的事实，可以充分解答。又复曰：十步之内，必有芳草，菊部中得二义伶焉。程砚秋得罗瘿公倾财为其脱离荣蝶仙之羁绊。及罗瘿公之病也,砚秋日夜侍奉汤药。瘿公卒,砚秋为辍歌半月以致哀,无或疏漏。砚秋每远游返旧都,必先谒墓以志敬,此求诸士大夫中亦不易得也。韩世昌在北平昆班,庸碌一如常伶。愚忘年友赵逸叟(子敬)特识拔之。令世昌与赵同居,朝夕亲授出音归韵之诀,身段表情之法。逸叟视世昌如子弟,世昌敬逸叟若家长,历若干年如一日。逸叟在乡间与愚为邻,论年辈,应列父执。在旧都把晤,聆愚歌曲,称愚如唱昆曲之纱帽,必有成就。引世昌见愚。世昌彬彬执弟子礼,必呼愚曰先生。逸叟尝慨然语愚有子六七人,无一能及世昌之好学者。后顾茫茫,殊堪浩叹也。及逸叟病卒,一切丧葬,悉由世昌任之。世昌致电逸叟之子,入都迎榇。至则一寒骨,川资亦告缺如。世昌为举债出巨资,授逸叟之子,命迎榇南归,妥为营葬。若程砚秋、韩世昌,其高风足传千古矣,谁谓戏子无义哉。

青浦聊公(张厚载)撰文曰:"韩君青,名世昌,高阳人,民国七年率所部昆弋班,自高阳入都,班中陶显庭、郝振基、侯益隆诸名宿,咸与同行,声容之盛,都人诧为向所未见,于是韩名大噪。时吴中昆曲巨擘吴瞿安、赵逸叟诸士,同客都门,喜韩之剧艺可造,为之指疵导窍,尽传其奥,而韩之昆曲,乃益精妙,昆曲亦赖韩之支柱而得中兴,时人尊称之为昆曲大王,殆非溢誉。日本剧场亦慕韩名,特聘往登台,彼都人士莫不深致赞美。自梅兰芳赴日演艺之后,吾国名伶能继踵媲美者,惟韩而已。韩素性诚笃,无伶人习气,洵洵儒雅,颇敬重文士,故徐凌霄、王小隐诸氏,皆与友善。近十年来,不常出演,昆曲亦日益衰落,居尝引为深忧,每思传之后起诸伶,庶他日或有复兴之望。李世芳近从韩习昆曲,韩以其前途无量,思托以振导昆曲之大任,故竭其心力,教诲不倦,李亦深以得良师为幸焉。"

曰:"一代有一代之文学,金元北剧,殆成绝响;然降及朱明,犹承其遗绪,而南戏复兴,海盐、弋阳、水磨诸调,新声竞制,踵事增华,传奇短剧,作家辈出,一洗古鲁兀剌之风,浸成一代之特殊文学焉。"[1]又曰:"阳春白雪兮歌于郢人,上溯元明兮实赖传薪。"[2]复曰:"烂缦聪明称绝世,韩郎端不让梅

---

[1]王文章主编:《傅惜华戏曲论丛》,文化艺术出版社,2007年。
[2]萧劳:《韩世昌先生墓志铭》,1976年。

郎。"[1]叹曰：世昌乃南北昆曲近现代百年历史之缩影者、践行者、赓续者、传奇者、复兴者、引领者，人品、艺品、德行之翘楚者，无出其右者哉！

"桃李不言，下自成蹊"，嗟乎，世昌乃一代真昆伶哉！

---

[1] 涛花：《观韩郎君青演〈思凡〉一剧袅袅余音三日不尽戏赋八绝赠之》，《春柳》，1918年第7期。

# 傅惜华与韩世昌[1]

张 蕾

本文试以20世纪上半叶为历史背景，以在中国古典戏曲与中国古典戏曲文献学等方面有着开拓性、历史性贡献的著名学者傅惜华先生和同样对中国昆曲（北方）表演艺术有着开拓性、历史性贡献的著名昆伶韩世昌先生之间的部分历史交集为例，从学者与名伶的关系去回顾那难忘的历史一幕。

在中国戏曲艺术发展史上，20世纪上半叶是一个承上启下、继往开来的极其重要的时期。这个时期的中国戏曲艺术犹如中国历史上的"春秋战国"时期，是一个百家争鸣、名家辈出、流派纷呈、班社众多、革故鼎新、竞争激烈、发展迅速的时期。这个时期无疑是中国戏曲发展史上的一个"金矿"与"富矿"阶段，在剧目、演员、唱腔、表演、学术研究、著书立说等方面都为后人留下了令人无比神往的丰厚的取之不尽的"矿藏"，是一个至今让我们无法超越其灿烂成果的光彩夺目的时期。时至今日，我们仍在其累累硕果的荫泽下，学习、传承、探究，趋步而前行。而这个时期学者与名伶之间互为依存、互为帮衬、教学相长的现象及作用尤为值得深入探讨。

傅惜华先生（1907—1970）治学领域广泛且极有建树。关于傅惜华先生在昆曲的研究与践行方面的贡献，中国艺术研究院院长王文章先生曾在《傅惜华：筚路蓝缕，以启山林》一文中做了如下简要概括："傅惜华先生不仅是一位学者，也是一位社会活动家，他曾参与发起、组织了多个戏曲民间组织。远在

---

[1] 本文原载《戏曲艺术》（增刊），中国戏曲学院学报，2013年。

1923年春，傅惜华先生便与兄长傅芸子及作家宗澹云一起，共同发起创办了业余曲社醉韶社。1929年，傅惜华先生又组织了昆曲研究会。这两个组织均以研究曲学提倡昆曲为宗旨，兼重理论研究与舞台实践。1931年以后，傅惜华先生在余叔岩、梅兰芳、齐如山等组织的北平国剧学会中任编纂部主任兼任北平戏曲专科学校京剧剧本审查委员会委员、国剧学会图书馆主任、国立北平图书馆戏曲音乐文献展览会筹委会委员，并在国剧学会创办的《国剧画报》《戏剧丛刊》等期刊中担任主编，参与编辑《中国戏剧大辞典》。1933年底，傅惜华先生与北大教授刘半农以及郑振铎、陆宗达、余上沅、孙楷第、马隅卿、许之衡等社会名流一起以提倡和保存昆曲弋腔为旨趣，共同发起组织了昆弋学会。在成立大会上，傅惜华先生与刘半农、齐如山一起被大家推举为昆弋学会的常务委员。1937年，北平国剧学会改组为北京国剧学会。1938年，他发起组织了昆曲研究会。1940年，他组织了中国音乐研究会，1941年又组织了京剧研究会。这三个组织均隶属于北京国剧学会，以研究和复兴昆曲、京剧为宗旨，既重视理论学习研究，又重视艺术实践。傅惜华先生发起的这些戏曲民间组织，为弘扬我国的戏曲艺术及民族文化做出了贡献。"[1]

本文以20世纪上半叶为历史背景，试图从傅惜华先生与韩世昌先生之间学者与名伶的关系去回顾那难忘的历史一幕。

过去很长时间，戏曲学术理论界对韩世昌先生的研究是不够的，著名戏曲史学者周育德先生对此有一中肯评论：

> 数十年来，研究韩世昌先生的史论著述也有几种，但是不深不透，需要有更全面更深入的研究。在讨论韩世昌的几种著述中，大概只有韩世昌口述、张琦翔整理的《我的昆曲艺术生活》最具权威性。可是，作为艺术家的自述，出于谦虚而不可能把时人的高度评价写进文稿。
>
> 韩世昌从1918年进北京演唱起，就受到北京学术界、教育界、新闻界的关注，其后随着他艺术的成长和精进，外界评价越来越高，有些属于夸张的商业广告，但也有许多评价是实事求是的。在《中国昆曲（北方）

---

[1] 王文章：《傅惜华：筚路蓝缕，以启山林》，《戏曲研究》，第75辑，文化艺术出版社，2008年。

史稿》的编纂过程中，对韩世昌的研究成为非常重大的工作。为使这一项工作取得超越前人的成果，史稿的编纂者煞费苦心，多方搜寻与开掘，果然有发前人之未见的许多收获[1]。

周育德先生所述"果然有发前人之未见的许多收获"中包括了傅惜华先生早在民国时期就高度评价并极力推崇韩世昌先生昆曲表演艺术的许多文章和论述。在这个方面，由傅惜华先生当时任主编的《北京画报》尤为突出和出色。

《北京画报》办刊宗旨如该报"编辑者言"中所述："本报第一期譬如演一出开场戏以后文的，武的，都正在扮演，生旦净末丑的角色延揽齐全，不是夸口，管保这台戏，唱得有声有色，诸位等着看罢。"[2]

  1928年8月18日第9期《北京画报》又特辟《戏剧号》（后更名为《戏剧特号》），由傅惜华主编。举凡戏曲照片、伶人及戏曲研究者书画、收藏及展览介绍、研究者及著作宣传、班社及演出信息、剧评、戏单、专论、杂著等都在刊登之列，主要供稿人除傅芸子、傅惜华兄弟外，还有齐如山、陈墨香、周公旦、李蚕厂、吴絮厂、朱涤秋、吴幻荪、郑子褒（梅花馆主）、垂云阁主，以及署名神京、春水、翠微、灵犀、软红者等[3]。

如在1928年12月8日出版的《韩世昌东游纪念号》上，傅惜华先生亲自撰写了《昆曲与韩世昌》一文，文章借介绍石田贞藏所著日文版《昆曲与韩世昌》一书表达了他对韩世昌先生昆曲艺术的赞美与肯定，讴歌了韩世昌先生1928年10月代表中国昆曲首次赴日演出所取得的成果：

  中西学者，关于介绍吾国惟一高尚的昆曲有统系的著作，据余个人所知，止有日本东北帝大教授青木正儿氏之《南北曲源流考》（支那学论

---

[1] 周育德：《为北方昆曲编纂一部信史》，《戏曲艺术》（增刊），中国戏曲学院学报，2013年。
[2] 《北京画报》，第2期，1926年11月1日。
[3] 张静：《傅惜华与昆曲（1926—1932）：以〈北京画报〉为视点》，《戏曲研究》，第75辑，文化艺术出版社，2008年。

丛本)一篇,其他未见。最近大连中日文化协会日人石田贞藏氏,以名伶韩世昌赴日演艺,故编一书,名曰《昆曲与韩世昌》(原文为日文)介绍吾国之昆曲,使彼邦人士,明了昆曲之历史、组织、价值,复介绍吾国名伶韩世昌之艺术,及在吾国戏剧史文学史上之位置——复兴昆曲的伟人!书中所述,颇有精确处。共分三章,第一章为《昆曲史与韩世昌》述吾国旧剧之种类,并言梅兰芳诸名伶曾介绍二黄于日本,至完全介绍昆曲则尚未见有人。又谓:昆曲在吾国演艺史上,有三百余年之灿然的历史。又述昆曲与元明戏曲之关系,氏谓当昆曲极衰微时,民六间(原文如此),忽有高阳韩世昌率荣庆班一行来京,演于天乐园,振兴昆曲之旗帜,遂飘然矗立于北京剧坛之上矣!韩伶既天赋异才,复益以曲学家吴梅(瞿安)、赵子敬(逸叟)二氏之指正,遂称雄于吾国剧坛……[1]

关于石田贞藏所著日文版《昆曲与韩世昌》(《崑曲と韩世昌》)一书情况,在韩世昌先生的《我的昆曲艺术生活》大致提到过,在《韩世昌1928年大连演出活动考》一文中是这样叙述的:

  对于邀请韩世昌来大连演出,日方十分重视。1928年秋,韩世昌赴日演出的事情确定下来之后,中日文化协会立即组织人员编写、刊印昆曲和韩世昌的介绍和相关的说明材料。其中,石田贞藏编写了一本小册子——《昆曲与韩世昌》。这本小册子是为了让日本人士了解昆曲的历史、组织、价值,同时还介绍了韩世昌的昆曲表演艺术特点。《昆曲与韩世昌》主要有三部分内容:第一章为《昆曲史与韩世昌》,这一章内容介绍了中国旧剧的种类,昆曲三百年的灿烂演艺史,以及昆曲与元、明戏曲的关系;这一章还介绍了青木正儿教授的论昆曲与皮黄艺术的比较;刘振修、傅斯年的论昆曲之价值;以及介绍韩世昌和梅兰芳先生。结尾提到昆曲复兴之倾向。第二章为《昆曲之组织》,主要介绍了昆曲的结构——唱、舞台的构造、幕、背景、道具,伴奏乐器和伴奏者的位置,末、小生、旦、净、

---

[1] 傅惜华:《昆曲与韩世昌》,《北京画报》,1928年12月,第25期。

丑等行当，以及表演上的规则等内容。第三章为《思凡》《琴挑》《闹学》《惊梦》《拷红》《刺虎》六个剧目的梗概。这本小册子前面还附有韩世昌的便装像及化装像六帧、昆曲乐器照片二帧、昆曲研究团体醉韶社（傅芸子、傅惜华主办）同仁合影[1]。

傅惜华先生所写《昆曲与韩世昌》与石田贞藏所著日文版《昆曲与韩世昌》其题目完全一样，而文中把韩世昌先生提到"矗立于北京剧坛之上"、"称雄于吾国剧坛"、"复兴昆曲的伟人"这样一个历史的高度，其价值诚如傅惜华先生所述："有功于中日昆曲研究者，诚弗浅也。"[2]更是因为"余恐吾国人士尚不知有此种著作，特介绍于此"[3]。

从1918年到1928年，这10年是韩世昌先生从20岁到30岁的时间，也是韩世昌先生从艺道路最重要且最辉煌的10年。他从一名默默无闻的普通北方昆弋演员成长为一代北方昆曲名伶，成为了"复兴昆曲的伟人"：

> 韩世昌基本完成了他人生最重要的五个转变：1.从河北农村民间艺人到大城市职业化艺人的转变；2.从农村田间地头露天舞台到大城市现代化剧场的转变；3.从一般演员到主要演员的转变；4.从原来什么行当都演到以应工"旦角"为主的转变；5.从原来一个默默无闻的乡间艺人到在大城市能和其他戏曲大牌名角比肩并受到京城知识界大牌文人追捧的转变。

受韩世昌的重大影响，"荣庆社"在其演出剧目、演唱风格和演出形式上也发生了一些重大转变：1.由晋京前主要以昆弋合演剧目为主逐步过渡到了以昆腔为主要演出剧目，自此"高腔"逐步退出了城市舞台，"荣庆社"从"昆弋"班逐步转变成了以唱昆曲为主的北方昆曲历史上最重要的"昆腔"班社之一；2.南方昆腔的演唱方法逐步占了上风，成了气候；3.以北方昆弋武生、武戏为主要行当和演出剧目的传统逐步被越来越多的以旦行和文戏为主要行当和主要演出剧目的情况所打破；4.以武戏为

---

[1] 夏荔、李珠：《韩世昌1928年大连演出活动考》，《戏曲艺术》（增刊），中国戏曲学院学报，2013年。
[2] 傅惜华：《昆曲与韩世昌》，《北京画报》，1928年12月，第25期。
[3] 傅惜华：《昆曲与韩世昌》，《北京画报》，1928年12月，第25期。

"大轴"的传统被以文戏为"大轴"的情况所替代[1]。

显然，傅惜华先生已经敏锐地感觉到韩世昌先生对中国昆曲的复兴与发展是极其重要的，这点与《韩世昌年谱考略》中对韩世昌先生的最新研究所取得的成果是一致的，在《韩世昌年谱考略》中对韩世昌先生是这样评价的：

> 韩世昌在中国昆曲（北方）近现代历史上占有极其重要无可替代的位置。他出身河北高阳县河西村一个没有任何戏曲世家背景的农民家庭，因生活所迫从小进入了一个农村戏班，后逐步地成长为北方昆曲一代名伶，其传奇人生本身就是中国昆曲（北方）近现代史赓续变化的一个缩影。韩世昌上承"南昆北弋"、"内廷承应"之渊源，下开北方昆曲一代"乾旦"之新河，是中国戏曲史自民国以来惟一一位以"梅郎（梅兰芳）、君青（韩世昌）"并称的在其北方昆曲史上最具代表性与影响力的百年演艺人物；是研究北方昆曲史具有承上启下"标本"意义的"里程碑"式的百年演艺人物；是北方昆曲延绵百年间"北方昆弋时代"的"最后一个"和"北方昆曲时代"的"最初一个"的最重要的践行者和引领者；是北方昆曲剧院最主要的创建人之一。如果说梅兰芳是京剧史上"京昆合璧"的京剧"乾旦"大家，韩世昌则无疑是北方昆曲历史上惟一称得上"北南合璧"的昆曲"乾旦"领袖[2]。

韩世昌先生在其艺术成长之路上固然得到了诸如吴梅、赵子敬等曲家名师的大力提携，而能得到如傅惜华先生这样的学者文人的鼎力襄助则显得尤为重要，这是因为：

> 上述转变标志着"荣庆"的演员、剧目、演出等信息开始进入了大城市现代媒体关注的宣传视线范围；标志着"北方昆弋"（昆腔与弋腔同台

---

[1] 胡明明、张蕾：《韩世昌年谱考略》，《戏曲艺术》（增刊），中国戏曲学院学报，2013年。
[2] 胡明明、张蕾：《韩世昌年谱考略》，《戏曲艺术》（增刊），中国戏曲学院学报，2013年。

■ 韩世昌（右一）与醉韶社部分成员合影（1924年）

自"荣庆社"晋京后逐步被"北方昆曲"（南北曲兼蓄）所取代；标志着"北方昆曲"与"京朝派"（昆腔与皮黄同化）相比具备了更加独立的艺术风格；标志着"荣庆社"的演员们进入了一个更广阔、更残酷、要求则更高的艺术发展平台。这些根本性的深刻的转变也标志着对"荣庆社"这些来自河北农村的艺人们无论在剧目、表演以及大城市演出运作方式及文化情趣、审美趋向、个人形象等方面都必须要适应这些根本性的深刻的转变[1]。

正如当时梅、尚、程、荀等人身边都有一批学者文人一样，韩世昌先生身边也需要这样的学者文人，傅惜华先生无疑担当起了这样一个重量级角色。不仅如此，傅惜华先生的哥哥傅芸子（1902—1948）也是一位很有成就的古典戏曲研究者。傅氏兄弟利用其主编《北京画报》的机会，对韩世昌先生及其代表的北方昆曲进行了空前的宣传报道，《北京画报》成为了当时民国时期大量报

[1] 胡明明、张蕾：《韩世昌年谱考略》，《戏曲艺术》（增刊），中国戏曲学院学报，2013年。

道韩世昌和北方昆曲的一份有代表性的刊物。

如围绕1928年韩世昌先生赴日演出之事,北京的《顺天时报》《北京画报》与天津的《北洋画报》等前后呼应,对韩世昌先生的宣传达到了高潮:

> 11月10日,天津《北洋画报》在头版位置发表大幅韩世昌剧照,标题为"为日皇加冕赴日演剧之名伶韩世昌"。
>
> 同日,《北京画报》登载《誉满归来之韩世昌——东西日学界欢迎韩之盛况》一文。
>
> 11月24日,《顺天时报》"听花"专栏发表《韩世昌东渡之结果——各界士媛热烈欢迎》一文。文中写到:"初赴日本,在京都、大阪、东京三地,献技十日,到处博彼邦各界士媛热烈欢迎,日前回平,归家修养,诚可谓中国剧界一时盛事。"文中认为"韩伶此次之行,其功劳之至大,亦决不可没却也"。
>
> 12月8日,由傅惜华主编的1928年第5号《北京画报》刊发"韩世昌东游纪念号",在出刊说明中,傅惜华写到:"韩世昌此次东游演剧,我们确认他能使昆曲的地位与价值,日渐增高,且引起国际的推崇,足以发挥三百年来昆曲光大的历史也。我们除设宴欢迎外,并特出此刊纪念之。"
>
> 12月21日,《顺天时报》"听花"专栏发表文章《韩世昌东游纪念号》。文中盛赞傅惜华主编的《北京画报》出版"韩世昌东游纪念号"一事:"韩伶他年若有再渡之事,翻阅此号,回想曾游,岂无感于怀耶。"其认为这本《北京画报》"韩世昌东游纪念号"定是一本"绝好之纪念品"[1]。

值得注意的是,在这期《北京画报》"韩世昌东游纪念号"上,傅惜华先生还特意刊发了一篇韩世昌先生写的文章,题目为《我对〈能乐〉的观察》:

> 我这回东游,到了日本,承大仓社福岛行信先生之约,参观日本旧剧《能乐》。观后我以为与我国的高腔很相近,曲调很优雅淡白,身段还

---

[1] 胡明明、张蕾:《韩世昌年谱考略》,《戏曲艺术》(增刊),中国戏曲学院学报,2013年。

是很古很简的样儿。这层意思已经和日本文艺家长泽规矩也先生说过。他当时跟我说："这是你一个新发现，不过还得有研究上的工夫，才能成功。"我现在特意把这种意思写在这里，望中日艺术家研究研究，我自信是没有这门大能力的。

韩世昌先生因受自身文化所限，很少在报刊上发表署名文章，韩的这篇文章难得一见。韩世昌先生提到的有关"高腔"之事，显然被傅惜华先生注意到了。

1930年12月至1931年1月，傅惜华先生在《北平晨报》"艺圃"专栏连续发表《剧谭——高腔剧本提要》共19篇，其内容包括：《引言》《八仙》《闻铃》《小宴》《奉马》《扫松》《断后》《挑袍》《讨盆》《六殿》《挡曹》等10部高腔剧本的提要；1931年3月至4月，傅惜华先生在《北京画报》上先后发表《高腔十三绝图考》和《弋阳腔非高腔》两篇文章；1932年10月在《国剧画报》上发表《高腔之〈扫松〉》一文；1932年12月在《国剧画报》又发表《说高腔之〈闻铃〉》文章。1935年1月傅惜华先生在天津《大公报》"剧坛"专栏发表《高腔之〈断后〉》一文；1935年6月在天津《大公报》"剧坛"专栏又发表《高腔之〈挡曹〉》的文章。

傅惜华先生的上述研究成果至今已成为了研究早已绝迹舞台的高腔戏目不可多得的珍贵艺术史料。

除上述《北京画报》发表的有关韩世昌先生赴日演出情况的文字与图片外，《北京画报》1928年至1932年间还相继刊登了一些韩世昌先生的剧照。如1928年《北京画报》"韩世昌东游纪念号"上发表的韩世昌与美国著名舞星Ruth Page的合影，并附有傅惜华先生以"餐英"笔名发表的《韩世昌与美国舞星》的文章，介绍了韩赴日回国途中在轮船上巧遇正好也要去中国演出的当时美国著名百老汇舞星Ruth Page的情景；1929年《北京画报》第二期上登载的注有"北京画报惠存 韩世昌敬赠"字样的韩世昌《百花点将》剧照；1929年《北京画报》第一卷第二期登载的《昆曲唯一之名伶韩世昌在本社所摄〈琴挑〉戏影之一》韩世昌饰陈妙常的剧照，同时登载有傅惜华先生写的《韩世昌之〈琴挑〉》一文；再如《北京画报》1930年第65期《昆曲名伶韩世昌之〈游园〉戏像题记》剧照,同时还附有傅惜华先生撰写的题记:"此照系韩世昌去岁东游时在西京帝国剧场摄《游园》之戏影,表演《醉扶归》曲中之'那牡丹虽好,他春闺怎占的先'之情态。其身段之优美,表情之曼丽,俱见其对于昆剧研究之老到。此亦韩平生最优美之戏影,余所珍藏者也。"

傅惜华先生不仅仅是名学者、戏曲研究家、戏曲文献史料收藏家,其繁忙之余还亲自粉墨登场演昆腔,与韩世昌先生合演过《长生殿·惊变》(傅惜华饰唐明皇,韩世昌饰杨贵妃,1929年),《北洋画报》1926年曾刊登该刊记者王小隐[1]拍摄的一张傅惜华先生与韩世昌先生合演《玉簪记·琴挑》的照片,弥足珍贵。在这张照片旁边,王小隐写有《记韩世昌》一文:

昆曲销歇垂数十年,而异军突起,震动一时,至引起文

■ 名伶韩世昌(左)与傅惜华君合扮《琴挑》摄影(《北洋画报》,1926年)

---

[1] 王小隐(1895—1947),山东人,原名王乃潼,又名王小隐,字梓生。1915年入北京大学预科,初习土木工程,后改习历史,与傅斯年同班。在北京大学学习期间,就曾投稿报社,发表文章。1922年毕业后,任教平民大学,主教新闻学,与新闻界名人邵飘萍、张季鸾等关系密切,后担任上海的《上海时报》,北平的《京报》,天津的《益世报》《北洋画报》,山东的《民国日报》等报社特约记者、记者、主笔、主编等职,逐渐成为了有一定影响的新闻记者。1924年,王小隐以《京报》记者身份随鲁迅、蒋廷黻、王桐龄、陈钟凡、李顺卿、陈定谟、刘文海、孙伏园、李济、夏元瑮、关颂声等12人赴西安讲学,观看西安易俗社秦腔演出后,赠由鲁迅书"古调独弹"匾额,上款"陕西易俗社十二周年纪念",下款"中华民国十三年八月谷旦",并署"同颂"者十二人的名字,王小隐为左起第三人。王小隐在北大读书时就喜欢昆曲,尤其对韩世昌极为倾倒,及顾君义、刘步堂等人对韩世昌及荣庆社之捧场宣传不遗余力,亦常提供经济帮助,故被称为北大"韩党十君子"。徐凌霄著《伶工特记——韩世昌》一文有云:"韩世昌知道自己的弱点是乡土口音不合唱曲之正轨,而本地教师所授之昆曲未免有缺精细。既是专家名流加此赏,正好就正于道,以登大雅之堂。那些名流,尤其是吴瞿安、赵逸叟二公,还有顾红叶、王小隐诸君,对于世昌特别提携,使其拜在瞿安、逸叟门下。"

艺思想界之波澜者，则有韩世昌其人焉。《新青年》杂志为改革运动之先锋，其发刊戏剧专号之动机，实以韩为导线……本刊所载《琴挑》摄影，系与昆曲名家傅惜华君合演……今日能此剧者，南北已无几人，韩则得赵逸叟，真当世之绝响，弥堪珍惜。

在1928年12月8日出版的《北京画报》"韩世昌东游纪念号"上还登载有傅芸子撰写的《蔡子民与〈思凡〉——宁捧昆，勿捧坤》一文，介绍了蔡元培先生"宁捧昆，勿捧坤"这句话的背景。"根据傅芸子的文章，可以看出，蔡元培的'宁捧昆，勿捧坤'这句话出自'《顺天时报》载北大黑幕新闻中'，是'有戏蔡氏者曰'为之，间接地反映了'五四'及'新文化运动'前后当时社会上以及北大里保守派、维新派与激进派各派之间的争论和较量。"[1]

傅惜华先生之兄傅芸子先生1932年赴日本留学考察，1942年回国。在日本的10年间，傅芸子对日本所藏中国戏曲文献给予了特别的留意。他先后重点考察探访了日本内阁文库、早稻田大学图书馆、宫内省图书寮、东京帝国大学支那哲文研究室、尊经阁文库、静嘉堂文库以及日本汉学家、版本学专家长泽规矩也的私人藏书等，对作者、版本、内容等情况进行了较为详细的研究，填补了中国戏曲史研究中的一些空白，基本摸清了日本所藏中国戏曲文献的大致情况，取得了很重要的成果。之后，在青木正儿的帮助下，傅芸子将他在日期间考察的日本所藏中国戏曲文献的成果集成了《白川集》[2]一书在日本出版，该书内容丰富，资料翔实，具有很高的史料研究价值。

1927年9月7日《北洋画报》副刊登载了一篇《城南一日》署名"涤秋"的文章。文中很生动地写到了傅惜华、傅芸子等在"三庆园"看韩世昌出演《思

---

[1] 胡明明、张蕾：《韩世昌年谱考略》，《戏曲艺术》（增刊），中国戏曲学院学报，2013年。
[2]《白川集》，傅芸子著。全书分《正仓院考古记》和《白川集》两部分。《正仓院考古记》主要记述了日本皇家宝库正仓院所藏珍贵文物。《白川集》则为文学艺术研究方面的论文集，所收《东京观书记》《内阁文库读曲续记》两文记录了作者在日本寻访中国戏曲文献的情况。其中《东京观书记》着重记录了包括《词林一枝》《八能奏锦》《玉谷新簧》《摘锦奇音》《新刊葫芦先生杂剧》等5部明代戏曲选集所选罕见曲目以及对作者、版本、内容等情况进行了较为详细的介绍。傅芸子还撰写《释滚调——明代南戏腔调新考》一文，对明代戏曲唱腔问题进行新的考察，填补了戏曲史研究中的一个空白。《正仓院考古记》和《白川集》分别于1941年和1943年在日本出版，青木正儿和周作人为该书作序。

凡》时傅芸子"以在后台为韩摄影",而傅惜华则"持曲谱拍板,每段必大喝彩"的情景。

雷喜福出台三庆,邀韩世昌帮忙。不闻昆腔久矣,得此讯为之一快。会芸子、惜华,函约一听,遂冒暑而往。入园晤姚君素、周公旦、辻听花、耿幼山、徐燕如、徐唐君等均为捧世昌而来……时芸子以在后台为韩摄影,怱余往观。乃至后台,看韩上装扮相……《思凡》即上,此剧不带下山,非常吃力,盖独角戏也……世昌演之纯熟,无瑕可击,而丝丝入扣,音节疾徐顿挫,

■《城南一日》(1927年9月7日《北洋画报》副刊)

宜乎全场一致鼓掌。白口之清楚,台步之稳娴,尤非余子所能及。台下盖亦久旷夫昆曲,以是静默无声,细心聆听,仿佛如在古刹听经,其魔力可见。惜华持曲谱拍板,每段必大喝彩。是以刘步堂言,王小隐之缺,现请傅惜华代庖,其语诚然。最妙者,厢中有女孩,年仅十三四,亦倾耳细听,芸子谓其非韩世昌不听,亦足见昆曲之静雅。

关于傅氏兄弟与韩世昌先生在民国时期的交往,韩世昌先生在他的口述记录《我的昆曲艺术生活》一文中曾先后几次提到:

第一次交往韩世昌先生提到:

1931年(原文如此,疑为1924年之误),傅芸子、傅惜华、宗澹云等组织醉韶社,提倡曲学,研究昆曲。其中还有三个外国社员。教授人为

侯瑞春、田瑞庭二位。我和这个社里的人都很熟,也去参加过他们的活动,并曾和他们合过影。醉韶社的社址在东城甘雨胡同[1]。

韩世昌先生这里提到的"醉韶社"是傅氏兄弟很用心开办的一个很有名也很专业的曲社,以致1928年10月韩世昌赴日本演出时还专门挑选了该社一名拉二胡的王玉山一起随韩世昌先生赴日。

第二次交往韩世昌先生说道:

> 1938年,我应北京国剧学会昆曲研究会约请担任指导。当时国剧学会主持人是傅惜华,我们是老朋友。昆曲研究会会长是曹心泉。傅先生网罗了当时有名的昆曲专家,或为顾问,或为教师[2]。

韩世昌先生文中提到的"北京国剧学会昆曲研究会"成立于1938年8月15日,会长曹心泉(1864—1938),著名戏曲创作家、音乐家,精通京昆,通晓打本制曲,曾先后为梅兰芳《太真外传》、程砚秋《文姬归汉》与荀慧生《钗头凤》等剧目谱曲。1934年,曾为韩世昌、白云生等量身定制昆曲神佛剧《归元镜》赴山西演出。该会的主持为傅惜华先生,该会的顾问有王季烈、俞振飞、韩世昌、许雨香、包丹庭、童曼秋等,该会还聘请了田瑞庭、高步云、侯瑞春等为导师。

韩世昌先生提到的第三次交往已经是1945年以后的事情了:

> 北京昆曲学会是原国剧学会的傅雪漪、吴龙起,原北大的张琦翔、张荫朗,辅大的许希道,原中大的李体杨、刘吉典等爱好昆曲的青年同人们联合组织的。1945年筹备,开始活动,1948年正式成立。但他们很早就已开始拍曲、播音了。高步云担任拍曲,我被约教练身段。他们还聘请了夏枝巢、俞平伯、傅惜华、陆颖明、许雨香、童曼秋、刘仰乾等为顾问,

---

[1] 韩世昌口述,张琦翔整理:《我的昆曲艺术生活》,《文史资料汇编》,第14辑,1982年。
[2] 韩世昌口述,张琦翔整理:《我的昆曲艺术生活》,《文史资料汇编》,第14辑,1982年。

有点苦干实干的劲儿[1]。

综上，可以明显看出傅惜华先生及傅氏兄弟与韩世昌先生在20世纪20年代、30年代和40年代不同时期的交往情况。

20世纪20年代韩世昌先生正处在艺术上升期，傅惜华先生及傅氏兄弟利用其学识和掌握的媒体资源对韩世昌先生的艺术进行宣传，使其在更广的范围被认知，并让更多的人了解热爱昆曲艺术，还率先提出韩世昌先生是"复兴昆曲的伟人"，而傅惜华先生提出的"提倡曲学，研究昆曲"的主旨更使得韩世昌先生获益匪浅，一生不曾改变。

20世纪30年代昆曲艺术处于低潮，傅惜华先生及各界有识名流先后参与建立了"北平昆弋维持会"、"北京国剧学会昆曲研究会"等民间组织，继续调动各种舆论工具给予了北方昆曲及韩世昌先生，尤其是韩世昌先生、白云生先生率"祥庆社"南下6省巡演很高热度的关注和支持。这次北方昆曲南下巡演是继1919年至1920年韩世昌先生及"荣庆社"上海演出之后的又一次"复兴昆曲"之高潮。

20世纪40年代北方昆曲处于濒临灭绝的边缘，韩世昌先生甚至已经到了衣食无着的境地，傅惜华先生义无反顾，联合众多名家名流，成立北京昆曲学会，再次给予了韩世昌先生最大的支持，保存了北方昆曲的火种，这为1949年后北方昆曲的再度崛起发挥了极为重要的作用。

1957年6月22日，对北方昆曲有着殊荣贡献的傅惜华先生应邀出席了北方昆曲剧院建院成立大会，并热情地为北方昆曲剧院庆典留下了《昆曲艺术漫谈》一文，登在了《北方昆曲剧院建院特刊》上，韩世昌先生在回忆中提到了此事："傅惜华、徐调孚、周贻白、杨绍萱、罗常培、吴晓铃诸位先生还给我们建院特刊写了文章，这些盛情，非常可感。"

傅惜华先生"能够为昆曲如此尽心，同时并不仅是凭借一腔热情，而是身体力行地探索了很多办法，实际也为后人积累了保护和传扬昆曲的宝贵经验"。傅惜华先生"集研究、收藏、组织曲社、参加演剧、主持报刊于一身，将每一

---

[1]韩世昌口述、张琦翔整理：《我的昆曲艺术生活》，《文史资料汇编》，第14辑，1982年。

个方向上可能为昆曲添砖加瓦的能量都最大释放,并且是持续释放,从今天看来,这也是令人惊叹的"[1]。

傅惜华先生对韩世昌先生的关注以及对北方昆曲的关注,无疑得益于傅惜华先生对"北剧"的关注与研究:

> 在傅惜华看来,"自宋代起到清末止,在这约有八个世纪的长久时期的剧坛中,无论是杂剧、戏文、院本、传奇的任何形式的戏曲作家,现在可以肯定地说:从来没有一个作家有如关汉卿这样数量丰富的戏曲创作"。与此同时,他还十分明确地指出:"关汉卿的杂剧作品,对于元明以后,以至今天的各种戏曲、曲艺、小说的作品方面,实给予了莫大的影响,起了巨大的作用。"所以他在我国戏曲史上足以称得起是一个继往开来的伟大的戏曲家。
>
> 如果说王国维的《曲录》是20世纪第一部重要的戏曲目录学著作,形成并决定了王国维《宋元戏曲史》的主要特色与价值,揭开了20世纪戏曲研究的第一页,那么,傅惜华的《元代杂剧全目》则不仅是元杂剧研究的标志性成果,而且它与随后出版的几部戏曲目录学著作一起,使傅惜华成为了20世纪戏曲目录学的集大成者。
>
> 从王国维的《曲录》到傅惜华的《元代杂剧全目》,戏曲目录的搜集与整理,不仅为元杂剧研究提供了重要的学术资源,而且影响了元杂剧研究的整体面貌与特色。元杂剧研究之所以被认为是20世纪戏曲研究成果最为丰富的领域,正是以丰富的戏曲目录与文献资料为重要基石的结果。在20世纪的戏曲学术史上,抽掉了《元代杂剧全目》,结果是难以想象的[2]。

傅惜华先生对"北剧"的研究成果是继王国维先生之后的又一个戏曲史学高峰,成为了中国戏曲史上"筚路蓝缕,以启山林"开戏曲现代学术研究风气

---

[1] 张静:《傅惜华与昆曲(1926—1932):以〈北京画报〉为视点》,《戏曲研究》,第75辑,文化艺术出版社,2008年。
[2] 朱伟明:《傅惜华与20世纪元杂剧研究》,《戏曲研究》,第75辑,文化艺术出版社,2008年。

的领军人物。

如今傅氏兄弟的各类研究成果和大量的各类著述及众多收藏，特别是傅惜华先生"碧蕖馆"[1]大量珍贵藏书对今天的中国古典戏曲史学、古典戏曲文献学、古典戏曲目录学、古典戏曲演剧史等方面都有着极高的史料与研究价值。

回望一代学者傅惜华先生与一代昆伶韩世昌先生的历史交往，更多的交集是一种神交，这是一种精神上对中国戏曲共有的理念上的敬仰与情感上的挚爱；这是一种行动上值得毕生为之付出的一种人生远大抱负和无怨无悔以上下求索的态度。回望两人经年之交，读其文，恬淡似水，清澈通透；观其行，韵浓如酒，甘厚醇香，实在令人感怀与神往。本文撷取其点滴过往，以飨后世来者焉。

---

[1]碧蕖馆，傅惜华先生的书斋号，收藏有数万册各类版本书籍，其中包括大量的戏曲剧本、演出本、曲谱、身段谱、各类清代宫廷抄本、文人抄本、艺人抄本、戏社用本等，非常珍贵。

# 青木正儿与韩世昌
## ——韩世昌1928年赴日与日本"京都学派"[1]

张蕾 李霄

韩世昌是北方昆曲一代名伶，其1928年代表中国昆曲第一次赴日演出更是被日本学界称为"复兴昆曲的伟人"。而作为韩世昌1928年赴日演出邀请人之一的青木正儿则是战后日本著名的"京都学派"中承上启下的一位研究中国古典戏曲的知名日本学者。20世纪上半叶，狩野直喜、内藤湖南、铃木虎雄、青木正儿等一批受近代西式教育成长起来的日本学者以实证论为其"支那学"（中国学）的理论支撑，以"实事求是，义理明彻，不恃聪明而向壁虚造，不务易入俗耳以邀世誉"的治学精神，以"卓然自守，持风气而不为风气所动，斯之谓真读书人"的治史态度，对"中国学"特别是中国古典戏曲进行了一系列不懈的深入研究，取得了卓尔不群的研究成果，青木正儿正是他们当中杰出的代表之一。

2007年10月1—19日，日本名古屋大学图书馆（Annalsof Nagoya University Library）举办青木正儿诞辰120周年秋季特别展，内容均为日本名古屋大学图书馆1973年建立的"青木文库"中所藏部分青木生前收藏的历史实物。该展的主题为

■ "遊心"の祝福 —— 中国文学者・青木正儿的世界（日本名古屋大学图书馆，2007）

---

[1]本文原载《戏曲艺术》（增刊），中国戏曲学院学报，2013年。

■ 青木正儿（原图存日本名古屋大学图书馆"青木文库"）

"'遊心'の祝福——中国文学者·青木正儿の世界"。"游心"一词在汉语中有"潜心"、"浮想"、"骋思"之意，嵇康《赠兄秀才入军》诗曰："俯仰自得，游心泰玄。"其"游心"很形象地诠释了青木正儿先生一生致力于研究中国传统文化上下求索得其真谛的漫漫心路历程。展览上主办方还特意向世人展示了青木正儿先生珍藏的两位近世中国戏曲知名人物京剧名伶梅兰芳先生和昆曲名伶韩世昌先生当年与青木先生交往的部分书信、照片等历史实物。

青木正儿（1887—1964），字君雅，号迷阳。（青木正児，字は君雅，号は迷陽）早年就学于日本京都帝国大学（战后改名为日本京都大学，以下简称京大），师承京大中国学"京都学派"狩野直喜[1]、内藤湖南[2]、铃木虎雄[3]等研习中国传统文化，其1911年在京大的毕业论文为《元曲的研究》（卒業論文《元曲の研究》），指导老师狩野直喜。从此，青木先生对中国戏曲的兴趣一发而不可收拾，一生痴迷于对中国戏曲的研究。

日本学术界习惯上把从明治时代开始至"二战"战败的"中国学"称之为"支那学"，又把战后的对中国的近代性研究称之为"中国学"。为了区别其时代，又划分为"战前中国学"和"战后中国学"。同时必须指出，并不是近代日本所有的对中国文化的研究都具有"近代性"的，也就是说，

---

[1] 狩野直喜（1868—1947），字君山（又称狩野君山）。日本京都帝国大学教授，日本中国学"京都学派"创始人之一。
[2] 铃木虎雄（1878—1963），号豹轩。日本京都帝国大学教授。
[3] 内藤湖南（1866—1934），字炳卿，号湖南。日本京都帝国大学教授，日本中国学"京都学派"创始人之一。

并不是近代日本的所有的对中国与中国文化的研究都可以纳入"中国学"的范畴的，凡仍然运用传统的"汉学"的观念与方法论进行的研究，当然还是传统的"汉学"的延伸，不过，这些只是近代日本"中国研究"中的亚流[1]。

而其主流的中国学"京都学派"则是"日本近代学术史甚至思想史上的一个重要流派，由狩野直喜等奠其基"[2]。狩野直喜是"构建'京都学派'的第一代重要学者"，"是日本中国学的代表人物"。"王国维《观堂集林》称狩野之学为：'自言读书知求是，但有心印无雷同。'"而"狩野直喜曾经对弟子们说过自己的学风就是'考证学'"[3]。

> 吉川幸次郎认为：狩野为经书三礼（《周礼》《仪礼》《礼记》）之大家，文学则精于元曲。他开始阅读《仪礼疏》、元曲等这些前贤不大读的著作，可谓是读"前人未读之书"，其门下学生有武内义雄、青木正儿、小岛祐马、本田成之、仓石武四郎、吉川幸次郎等等[4]。

这些日本中国学"京都学派"重量级人物大都具备了几个共同的特点：
一、他们先后毕业或就职于日本京都帝国大学（Kyoto University）。
二、他们先后有着到西方游历与多次到中国留学考察的经历和背景，这种游历与考察实际上就是"实证论"强调的社会游历或曰之为社会调查。
三、他们先后开设过有关中国古典文学、中国古典戏曲、中国史学、中国敦煌学等讲座或课程。如狩野直喜1900年起先后两次来中国考察，从1906年至1928年他在京都大学开设的"中国哲学"讲座长达22年，他还于1911年赴欧洲考察敦煌文献资料等。

---

[1]严绍璗：《日本近代中国学中的实证论与经院派学者》，《岱宗学刊》，1997年第2期。
[2]刘岳兵：《"京都支那学"的开创者狩野直喜》，《公共性与公共知识分子——知识分子论丛》，第一辑，许纪霖主编，江苏人民出版社，2003年。
[3]江上波夫编，狩野直祯撰，童岭译：《东洋学的系谱·狩野直喜篇》，《古典文学知识》，2013年第4期。
[4]严绍璗：《日本近代中国学中的实证论与经院派学者》，《岱宗学刊》，1997年第2期。

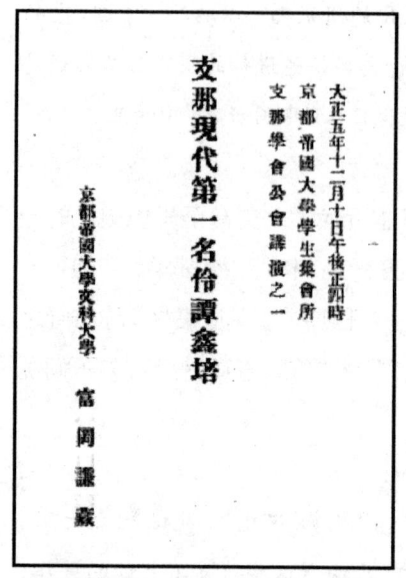

■ 富冈谦藏"支那现代第一名伶谭鑫培"讲座通知（1916年，原件存日本名古屋大学图书馆"青木文库"）

明治三十九年（1906年），狩野直喜在京都帝国大学文科大学开设了哲学科的普通讲义"支那哲学史"，接着明治四十一年（1908年）在文学科开设了同样是普通讲义的"支那文学史"。此外作为特殊讲义又有"清朝学术"（1908年）、"论语研究"（1909年）、"清朝经学"（1910年）、"公羊研究"（1911年）、"左传研究"（1913年）、"孟子研究"（1915年）、"支那小说史"（1916年）、"支那戏曲史"（1917年）、"清朝文学"（1921年）、"清朝的制度与文学"（1923年）、"两汉学术考"（1924年）、"两汉文学考"（1925年）、"魏晋学术考"（1926年）、"魏晋文学考"（1927年）等[1]。

又如内藤湖南曾先后9次来中国游历考察，并在京都大学主讲过中国上古史、中国近世史、清朝史专题、中国史学史、中国目录学史、中国中古的文化等课程；还如青木正儿曾有着数次游历中国和到中国留学的经历，并于1926年在日本东北帝国大学开讲"中国文学"；再如曾在京都大学开讲"支那现代第一名伶谭鑫培"课程的富冈谦藏等。

四、他们研究中国戏曲大都从元曲开始。

狩野直喜作为"京都学派"的创建者之一声名远播，其与中国戏曲尤其元曲结缘亦深。狩野直喜以科学严谨的态度从事戏曲研究，用实证之法考查元曲呈现出了"京都学派"的特点；他的审美趣味和方法，与王国维多有相通之处；他对中国戏曲的兴趣和研究方法影响了他的学生，从而为此后若干年日本的中国戏曲研究发展奠定了基础[2]。

---

[1] 江上波夫编，狩野直祯撰，童岭译：《东洋学的系谱·狩野直喜篇》，《古典文学知识》，2013年第4期。
[2] 仝婉澄：《狩野直喜与中国戏曲研究》，《广州大学学报（社会科学版）》，第9卷第5期，2010年。

五、他们不仅大都能看懂古代汉语,甚至还能写古诗词、写文言文且善用毛笔,书法都不错。

六、他们有一个属于自己的学术阵地,创办了具有代表性的中国学"京都学派"重要学术刊物《支那学》杂志,供其发表大量有关"中国学"的研究成果。该杂志成为了近代日本"中国学"极其重要的有相当影响的学术刊物。

七、他们这些中国学"京都学派"的学者们在其理论支撑与学术研究的方法论上,尊崇信奉实证论,广泛采取"走出去",即到中国去游历去考察,和中

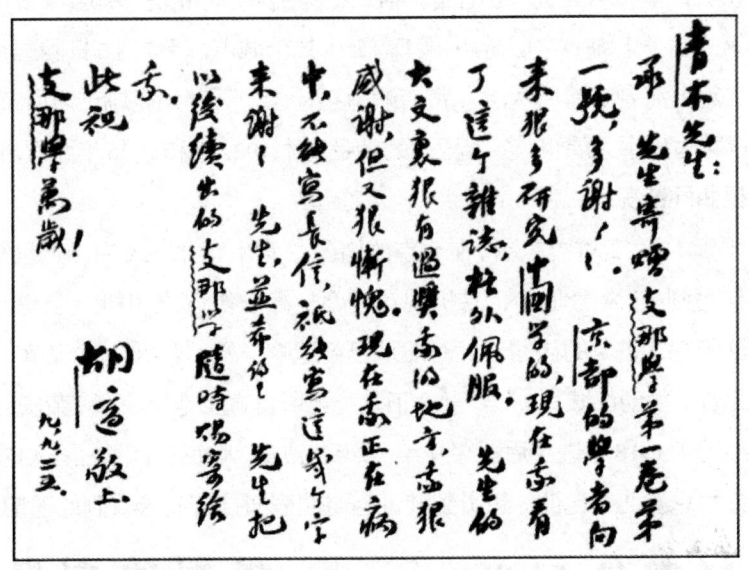

■ 胡适给青木正儿的信(原件存日本名古屋大学图书馆"青木文库")

国在学界、剧界有着重要影响的人物交朋友;以及"请进来",即把这些中国学界、剧界的朋友请到日本来的办法。1928年,昆伶韩世昌赴日之行就是"京都学派"成功运作"请进来"的经典范例之一。而作为中国学"京都学派"承上启下重要人物之一的青木正儿也正是此次韩世昌访日邀请人之一。

青木正儿第一次"走出去"到中国游历做社会调查,时间为1922年3月25日至5月26日,此时,青木32岁。期间,青木正儿以上海为中心遍游杭州、苏州、南京、扬州、镇江等地,4月8日青木见到了王国维(1912年青木在狩野直喜的引领下在日本第一次见到王国维),5月26日回国。此次中国之行青木

未曾到中国北方地区,也未曾到北京。

青木第二次"走出去"是1925年3月至1926年3月,时间为一年。这次青木是作为日本文部省派遣的研究员来到中国,性质虽是留学,实际上还是社会调查。这次他第一站先到的沈阳,然后是北京,之后去了郑州、开封、洛阳、大同等中国其他北方地区。这一年里,青木再次见到了王国维,并见到了胡适和周作人等,还见到了《顺天时报》的日本记者辻听花,此时辻听花的《中国剧》一书已经出版5年。1926年3月26日青木回国。

很快,青木又第三次"走出去"再次来到中国,时间是1926年4月6日,这次青木第一站是上海,之后游历了江南二十几个城市,于7月5日回国。"旋游江南,寄寓上海者,前后两次。每有暇辄至徐园,听苏州昆剧传习所童伶所演昆曲,得聊医生平之渴也。"[1]记述的就是青木1922年和1926年两次游历中国南方听昆曲的情况。

关于青木第二次中国之行在北京的情况,青木正儿在《中国近世戏曲史》序中这样写到:"游学北京,乘机观戏剧之实演,欲以之资机上空想之论据。然余所欲研究之古典的昆曲,此时北地已绝遗响,殆不获听。惟皮黄、梆子激越俚鄙之音,独动都城耳。"[2]青木正儿上述所言真实地反映了"荣庆社"及韩世昌在经历了1918年进京后短短几年"声动京城,响彻申江"后陷入的困顿处境以及青木想看北方昆曲,想看到韩世昌昆曲表演技艺而未看到的遗憾之情。

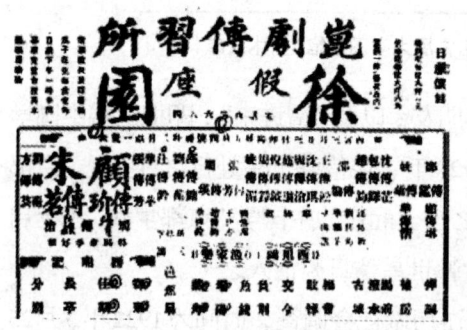
■ 昆剧传习所上海徐园演出戏单(1926年,原件存日本名古屋大学图书馆"青木文库")

■ 昆剧传习所上海徐园演出戏单(1926年,原件存日本名古屋大学图书馆"青木文库")

---

[1] 青木正儿著,王古鲁译:《中国近世戏曲史》,作家出版社,1958年。
[2] 青木正儿著,王古鲁译:《中国近世戏曲史》,作家出版社,1958年。

据《韩世昌年谱考略》载1921年北京昆曲演出情况：

在经历了短暂的昆曲"活跃期"后，北方昆曲的市场越来越艰难，"荣庆社"的演员一方面要面对京剧所带来的压力，以至一些演员不得不学些京剧或与京剧演员混搭，试图以京剧带动昆曲。另一方面北方昆弋还要面对城市媒体报道所带来的一些负面影响，更重要的因素则是来自"荣庆社"内部：一是韩世昌"一枝独秀"，在"荣庆社"所有"男旦"和"小生"行当里，其他演员已经很难适应以韩世昌为"中心"的演出体制，很难适应当时风靡戏曲市场的排新戏、推新人的要求。二是从之前"荣庆社"在"天乐茶园"所演昆弋剧目看，进城以来基本上没有什么变化，基本还是处在一个"老腔老唱，老戏老演"的状况，与基本成长于城市的京剧相比，出身于乡村昆弋戏班的"荣庆社"其文化低、观念旧等弱点暴露得越来越明显[1]。

另据《韩世昌年谱考略》载1926年北京昆曲演出情况：

本年，中国处于"北洋政府"的"奉系统治时期"（1924—1928），全国政局依然混乱，社会依然不安。此时北京的戏曲演出市场还是皮黄的天下，昆曲市场更加萎缩。"荣庆社"此前在天乐园、同乐园、城南游艺园以及吉祥园的演出尤其是在天乐园与城南游艺园的演出盛况已不复存在。"荣庆社"的绝大部分演员陆续回了乡，另少部分较年轻的演员则搭班兼学皮黄。

"荣庆社"成建制的驻场演出骤减，北京的昆曲演出市场再显颓势，除了韩世昌等极少数演员坚守北京，主要以"堂会"演出为主外，其余演员大部陆续回到了河北家乡一带谋生。此时的"荣庆社"已经基本上退出了北京的戏曲演出市场，北京的主要媒体已基本见不到"荣庆社"演出的消息[2]。
青木正儿第二次来中国来北京的目的是专门为了"余所欲研究之古典的昆

---

[1] 胡明明、张蕾：《韩世昌年谱考略》，《戏曲艺术》（增刊），中国戏曲学院学报，2013年。
[2] 胡明明、张蕾：《韩世昌年谱考略》，《戏曲艺术》（增刊），中国戏曲学院学报，2013年。

曲",以"观戏剧之实演",而且此时青木正在为撰写《中国近世戏曲史》做各种准备,但遗憾的是"此时此地已绝遗响,殆不获听"。无奈,青木只能在上海"每有暇辄至徐园,听苏州昆剧传习所童伶所演昆曲,得聊医生平之渴也"。但"童伶所演昆曲"显然并没满足青木"研究之古典的昆曲"之急需。

作为研究中国戏曲的一位日本学者,青木非常清楚,中国的昆曲是唯一一个以中国古典文学与中国古典音乐为基本属性的纯粹之剧种,可来到北京不能"观戏剧之实演",这对于信奉实证论的"京都学派"的学者来说,对于研究中国文学、研究中国戏曲的青木来说,定是件非常痛苦之事。

终于,1928年的日本"御大典"给了"京都学派"以及青木在本土就能"零距离"观赏纯粹之昆曲的一个难得的机会。

就在这一年,一些热爱研究中国戏曲的日本学者们开始关注昆曲,关注北方昆曲,关注"荣庆社",尤其关注早已成为全国昆坛名伶的韩世昌,一些日本学者甚至把"昆曲"称作"韩世昌剧"[1]。

1928年8月(昭和三年,民国十七年),青木向北方昆曲一代名伶韩世昌发出了赴日演出的邀请[2]。

8月,日本南满洲铁道株式会社以寒河江坚吾、青木正儿的名义向韩世昌发出书面邀请:"作为今秋御大典纪念,借此次在京都举办的大博览会为契机,邀请北京昆曲大家韩世昌向我国的风雅客人展示其美妙绝伦的艺伎……"[3]

韩世昌1928年赴日演出的行程分为两个阶段。第一阶段为1928年10月5日至9日共在大连停留5天。停留期间于6日、7日在大连演出两场,剧目分别是《思凡》《刺虎》《琴挑》《闹学》。

---

[1]胡明明、张蕾:《韩世昌年谱考略》,《戏曲艺术》(增刊),中国戏曲学院学报,2013年。
[2]中冢亮:《韓世昌による崑曲来日公演とその背景について》,《日本名古屋大学附属图书馆研究年报》,第6号,2007年。
[3]青木正儿著,王古鲁译:《中国近世戏曲史》,作家出版社,1958年。

"韩世昌能够在大连演出昆曲，并不仅仅是因为大连是其赴日东渡的途经之地，而是与大连这座城市特殊的历史背景密切相关。"[1]

在中国近代史上，大连是一座经历比较特殊的城市。1894年甲午战争，日本占领大连、旅顺；1895年沙俄伙同德、法强迫日本归还中国辽东半岛；1897年，沙俄占领大连、旅顺。次年俄国强迫清政府签订中俄《旅大租地条约》和《续订旅大租地条约》，强占大连湾、旅顺口、金州等地，置关东州，大连属俄国政府远东总督府；1905年日俄战争后，关东州被日本占据，置关东州厅。大连属日本国政府关东局所辖。

> 謹啓愈々御□昌□賀候　陳々
> 今秋御大典紀念として京都に於て擧行せらる、大博覽會を機會に北京崑曲之大家韓世昌氏を聘し本邦之雅客に其妙藝御賞玩願度き希望に御坐候。既に先般來交涉之結果、韓位に於ても弊社之趣旨を解し忻んで承諾□居り、京都博會場局亦之に賛して先帝御大典之際に於ける大饗宴場たりし現市公會堂之貸與方快諾に接し候。左れは別記題目を選び十月中旬又は下旬に於て一週間上演可仕候處、本邦に於ては一部特別之愛好家を除き一般に者未だ崑曲に就て理解せられざるのみならず弊社としても如此計劃は最初之事に屬し全然其經驗を有せざるものに有之。幸に崑曲に關し深き理解と同情とを有せらる、各位之御指導と御後援とを忝くするにあらざるよりは到底其效果を期待する能はさる次第に御坐候。□□□は弊社之□□を□とせられ此計劃に□する御指導と御援助とを賜はり度、乍早速別紙計劃票に基き御示教迄一般之理解に資するため新聞雜誌に揭載し及小冊子に編纂すべき崑曲に關する御研究御感想等御執筆□賜はり度。茲に謹んで御願まで此之如くに御坐候。
> 敬具
> 昭和三年八月
> 南滿洲鐵道株式會社　情報課長　寒河江堅吾
> 青木正兒殿

■ 寒河江坚吾、青木正儿给韩世昌访日演出邀请函（昭和三年八月，1928年8月，"□"原文如此）

1928年，韩世昌在大连演出昆曲剧时，大连地区已被日本占据，成为日本的租借地，属日本国政府关东局所辖。邀请韩世昌来大连演出的是日本满铁设立的两个文化机构，即满铁调查课和中日文化协会[2]。

韩世昌赴日演出第二阶段日程为10月11日抵神户，12日抵京都，25日抵大阪，26日抵东京，11月1日从神户离日乘船回国，在日本共停留20天。其中京都演出6场，大阪演出1场，东京演出4场。所演剧目与在大连演出剧目一样：

---

[1] 夏荔、李珠：《韩世昌1928年大连演出活动考》，《戏曲艺术》（增刊），中国戏曲学院学报，2013年。
[2] 夏荔、李珠：《韩世昌1928年大连演出活动考》，《戏曲艺术》（增刊），中国戏曲学院学报，2013年。

10月18日至23日，韩世昌在日本京都冈崎公会堂公演六场，舞台横标为"韩世昌中国昆曲观赏会"。剧目分别为18日《思凡》《闹学》；19日《拷红》《惊梦》；20日《思凡》《闹学》；21日《拷红》《惊梦》；22日《思凡》《闹学》；23日《拷红》《惊梦》。其中《思凡》韩世昌饰色空；《闹学》韩世昌饰春香、殷斌奎饰陈最良；《拷红》韩世昌饰红娘、马祥麟饰崔莺莺、马凤彩饰张君瑞、殷斌奎饰崔老夫人；《惊梦》韩世昌饰杜丽娘、马祥麟饰春香、马凤彩饰柳梦梅、张文生饰花神、殷斌奎饰杜母[1]。

10月21日下午，青木正儿参加了京都帝国大学"京都学派"创始人狩野直喜教授发起的京都帝国大学文学部欢迎韩世昌的欢迎会。

10月22日下午，韩世昌参加京都帝国大学举办的关于昆曲的讲演会，会上，韩世昌、内藤湖南、青木正儿等分别在会上发了言。期间，青木正儿撰写文章《昆曲剧与韩世昌》(《崑曲劇と韓世昌——其の渡來に方つて之を世に紹介す》)热情地介绍了昆曲与韩世昌。文中，青木先是详述了昆曲的源流，然后介绍《闹学》，青木认为此剧"确能传出雏鬟娇痴神力，博热烈之喝彩"。之后，青木对韩世昌的《游园》与《拷红》两剧给予了"能使邦人有魂飞天外之感"的评价。文章的最后，青木认为："昆曲自清嘉庆以来，为皮黄所压倒。欲挽回昆曲之衰颓，则研究北曲为必要，而韩世昌一派，为北人之昆曲，自为极适宜之研究。"

韩世昌也在自述中记录了这次"京都学派"举办欢迎会的一些情况：

> 日本京都帝国大学文学部特别开会招待我们，到会的有青木（青木正儿）教授、桑京（疑为桑原鹭藏之误）博士、铃木（铃木虎雄）博士、内藤（内藤湖南）博士、小川（小川琢治）博士等人并摄影留念。有些人还在会芳楼招待我们，席上盐谷温教授赋诗相赠。原诗为："相逢欢送眼青青，酌酒劝君杯莫停；幽梦觉来肠欲断，清歌一曲牡丹亭。"

在名古屋大学图书馆"青木文库"中，展示了青木生前收藏的韩世昌在京

---

[1] 胡明明、张蕾：《韩世昌年谱考略》，《戏曲艺术》（增刊），中国戏曲学院学报，2013年。

都演出的节目单、韩世昌给青木正儿的签名照片[1]等历史实物。还展示了青木生前收藏的韩世昌回国后给青木的感谢信。这封感谢信是用文言文写成的,选用了晚清民初知名女画家缪嘉惠(素筠女士)一幅"潭静菊花秋,寒香一树梅"图作为信笺,信中韩世昌用"品题曲,奏北林","知音之幸遇","鞮芬永纫"等词语表达了他对青木的感谢。

1930年,青木正儿"大兴曲学之机运","欲继述王忠悫国维先生名著《宋元戏曲史》之志","言王先生所未言者"的《中国近世戏曲史》成书。

《中国近世戏曲史》分五篇十六章,虽序称以中国明清戏曲为主,"原欲题《明清戏曲史》",但其"明初之杂剧"章节之前,却已占133页之多,约占全书(除译者附录外的559页)24%的比例,经过比照,显然对王国维《宋元戏曲史》的成果吸收良多。此书与国内同类著作比较,风格鲜明。其历史阶段叙述详尽,该长则长,该短则短,往往特征概括准确,直击要害,难寻陈陈相因之气。曲家人选丰富,少有门户之见,评语贴切,口气清新。当是厕身其外,冷目静气,心无挂碍之故。书中表述方式手段丰富,其《录鬼簿》结构列表、古南戏目对照表、南北曲在工尺谱上的区别表等表格,使典籍内容一目了然,值得称道[2]。

虽然此书一出,有关元曲是"活文学",而明清之曲为"死文学"的王国维"鄙弃明清戏曲"之说与青木的"场上方为真戏剧"之说几成公案,但通过1928年青木正儿邀请韩世昌赴日演出的前后过程中还是可以看出,青木正儿在研究中国戏曲,特别是研究中国昆曲中所持有的"实证主义"研究方法在实际中是如何运用的:

> 近代兴起的日本"中国学"在理论与方法上深受欧洲实证主义思潮的影响,特别为德国兰克史学所熏染,认定科学研究不应以抽象推理为依据,

---

[1] 签名照片见胡明明、张蕾:《韩世昌年谱考略》,《戏曲艺术》(增刊),中国戏曲学院学报,2013年。
[2] 王彩君、蔡东民:《场上方是真戏剧——对王国维、青木正儿一段公案的再认识》,《剧作家》,2010年第2期。

■ 韩世昌与日本京都帝国大学青木正儿等人合影：青木正儿（右一）、铃木虎雄（右三）、韩世昌（右五）、侯瑞春（右六）、内藤湖南（右七）（1928年10月21日）

而应以"确实的事实"为基础。这种学风也潜在地承袭了中国乾嘉考据学的理性及实证精神。

这种注重现场社会调查，以占有第一手材料、获得直接观察与体验的传统，是日本"中国学"的特点之一[1]。

综上，通过学者青木与名伶韩世昌的历史交往，日本中国学"京都学派"这种不仅强调"纸上（史料）"与"地下（文物）"的考据，同时也强调"场上（剧场）"之体验的"三位一体"式的"实证"史学研究方法，显然是丰富了王国维"幸于纸上之材料外，更得地下之新材料"的"二重证据法"，这对当今我们戏曲史学研究无疑具有积极的借鉴意义。

从这个意义上讲，日本学者青木正儿的研究态度与他的《中国近世戏曲史》一书着实令我们汗颜与惭愧。当然，也必将大大激发我们对北方昆曲、对一代昆伶韩世昌的重新认识与更深入的研究。因为毕竟昆曲是我们本民族自

---

[1] 冯天瑜：《略论东亚同文书院的中国调查》，《满铁研究》，2010年第1期。

己的优秀文化遗产,它根植于中国的"土壤",我们理应在拿出更好的艺术作品的同时拿出我们自己最好的学术研究成果。

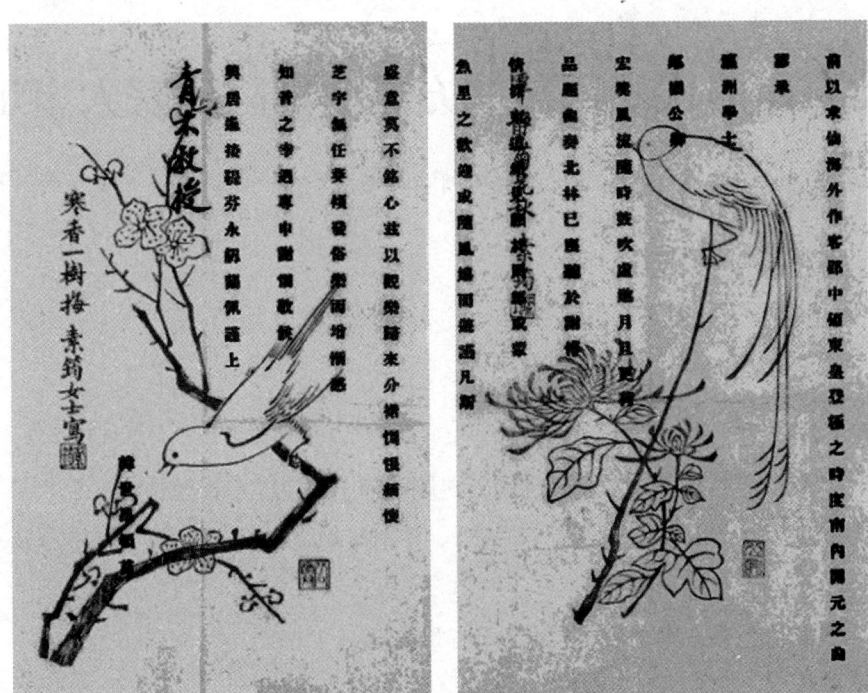

■ 韩世昌给青木正儿的感谢信(1928年,原件藏日本名古屋大学"青木文库")

# 1956年—1957年
# 北方昆曲代表团与北方昆曲剧院建院大事记

*胡明明　张蕾*

## 1956年

### 4月

17日，毛泽东观看由浙江国风苏昆剧团演出的昆曲《十五贯》。

19日，周恩来观看昆曲《十五贯》，并主持座谈会，就昆曲《十五贯》发表第一次讲话。

25日，毛泽东再次观看昆曲《十五贯》。

### 5月

17日，周恩来在中宣部、文化部举行的座谈会上就昆曲《十五贯》发表第二次讲话。

18日，《人民日报》发表社论《从"一出戏救活了一个剧种"谈起》。为配合《人民日报》的社论，中国戏剧家协会主办的《戏剧报》也发表了《反对戏曲工作中的过于执》社论。

### 9月

文化部决定9—12月分别在苏州、上海、杭州举办南北"昆剧观摩演出"。为参加此次活动，文化部决定组织"北方昆曲代表团"参加。

### 10月

25日，北方昆曲代表团离京。

27日，北方昆曲代表团抵达上海。

**11月**

3日，由中国戏剧家协会上海分会和上海文化局主办的"昆剧观摩演出"在上海长江剧场开幕。

晚场，北方昆曲代表团"北方专场"第一场剧目与演员。

1. 剧目:《麒麟阁·三挡》

演员：侯炳武饰杨林，孟祥生饰贺方，傅雪漪饰上官义，白玉珍饰秦琼，赵德贵饰把关将，侯新英饰程咬金，张肇基饰王伯当，侯广有饰王君可，王卷饰柳周臣，景和顺饰尤俊达。

2. 剧目:《宝剑记·夜奔》

演员：侯永奎饰林冲。

3. 剧目:《天下乐·嫁妹》

演员：侯新英饰大鬼，侯广有饰灯笼鬼，侯长治饰伞鬼，王卷饰担子鬼，景和顺饰驴夫鬼，侯玉山饰钟馗，傅雪漪饰杜平，李凤云饰钟妹。

4. 剧目:《牡丹亭·游园惊梦》

演员：韩世昌饰杜丽娘，白云生饰柳梦梅，张凤翎饰春香，孟祥生饰睡魔神，侯炳武饰大花神，魏庆林饰杜母，众花神：崔洁、张凤翎、安维黎、李淑君、孔昭、林萍、刘秀华、义维茹、丛兆桓、白玉珍、景和顺、侯长治、王卷、侯广有、张肇基、赵德贵等分饰。

4日，晚场，北方昆曲代表团"北方专场"第二场演出剧目与演员。

1. 剧目:《昊天塔·激良》

演员：侯玉山饰孟良，张肇基饰中军，侯炳武饰杨六郎，赵德贵饰岳胜。

2. 剧目:《牡丹亭·拾画叫画》

演员：白云生饰柳梦梅。

3. 剧目:《青冢记·出塞》

演员：马祥麟饰王昭君，孟祥生饰王龙，侯长治饰马夫。

4. 剧目:《西游记·学舌》

演员：韩世昌饰胖姑，白玉珍饰王留，孟祥生饰老头儿。

5. 剧目:《义侠记·打虎》

演员:侯永奎饰武松,孟祥生饰酒保,侯长治饰虎形。

5日,晚场,北方昆曲代表团"北方专场"第三场演出剧目与演员。

1. 剧目:《通天犀·坐山》

演员:侯玉山饰许士英,李淑君饰许佩珠,侯炳武饰程老学。

2. 剧目:《单刀会·刀会》

演员:白玉珍饰周仓,侯永奎饰关羽,魏庆林饰鲁肃。

3. 剧目:《雷峰塔·降香、水斗、断桥》

演员:马祥麟饰前白素贞,韩世昌饰后白素贞,白云生饰许仙,张凤翎饰小青,魏庆林饰法海,孟祥生饰小和尚。

8日,晚场,北方昆曲代表团"北方专场"第四场演出剧目与演员。

1. 剧目:《寿荣华·夜巡》

演员:侯永奎饰卞九州,孟祥生饰杜有用,傅雪漪饰寿习文。

2. 剧目:《西游记·火焰山》

演员:侯长治饰孙悟空,安维黎饰翠云,马祥麟饰铁扇公主,张肇基饰灵吉,白玉珍饰牛魔王,赵德贵饰龙王,孟祥生饰猪八戒,丛兆桓饰李靖,侯新英饰哪吒,李淑君饰观音。

3. 剧目:《西厢记·慧明》

演员:李凤云饰莺莺,崔洁饰红娘,沈盘生饰崔夫人,侯炳武饰法本,傅雪漪饰张君瑞,侯玉山饰慧明。

4. 剧目:《狮吼记·梳妆、游春、跪池》

演员:白云生饰陈季常,韩世昌饰柳氏,孟祥生饰院公,魏庆林饰苏轼,丛兆桓饰佛印,李凤云饰琴操,侯炳武饰苍头。

9日,晚场,北方昆曲代表团"北方专场"第五场演出剧目与演员。

1. 剧目:《千钟禄·搜山打车》

演员:白玉珍饰严震直,傅雪漪饰建文帝,魏庆林饰程济。

2. 剧目:《玉簪记·琴挑》

演员:白云生饰潘必正,马祥麟饰陈妙常。

3. 剧目:《聚兽牌·闹昆阳》

演员:侯永奎饰贾复,傅雪漪饰刘秀,侯新英饰王林,魏庆林饰邓禹。

4. 剧目:《九莲灯·火判》

演员:傅雪漪饰闵远,侯炳武饰富奴,侯玉山饰判官。

5. 剧目:《铁冠图·刺虎》

演员:韩世昌饰费贞娥,白玉珍饰李过。

13日,晚场,北方昆曲代表团"南北专场"演出剧目与演员。

1. 剧目:《金锁记·斩娥》

演员:王传渠饰窦娥,朱国梁饰钱士命,包传铎饰蔡婆。

2. 剧目:《宵光记·功宴》

演员:侯玉山饰铁勒奴,傅雪漪饰卫青,侯炳武饰韩安国,丛兆桓饰公孙弘,张肇基饰窦婴,孟祥生饰陈午。

3. 剧目:《鲛绡记·写状》

演员:周传铮饰刘君玉,王传淞饰贾主文。

4. 剧目:《牡丹亭·闹学》

演员:韩世昌饰春香,李凤云饰杜丽娘,魏庆林饰陈最良。

5. 剧目:《惊鸿记·醉写》

演员:华传浩饰高力士,郑传鉴饰唐明皇,张娴饰杨贵妃,俞振飞饰李白。

14日,晚场,北方昆曲代表团"南北专场"演出剧目与演员。

1. 剧目:《牡丹亭·游园惊梦》

演员:上海戏曲学校昆剧班全体同学合演。

2. 剧目:《长生殿·闻铃》

演员:赵德贵饰陈元礼,孟祥生饰高力士,白云生饰唐明皇。

3. 剧目:《绣襦记·教歌》

演员:华传浩饰苏州阿大,王传淞饰扬州阿大,周传瑛饰郑元和。

4. 剧目:《单刀会·刀会》

演员:白玉珍饰周仓,侯永奎饰关羽,魏庆林饰鲁肃。

15日,晚场,北方昆曲代表团"南北专场"演出剧目与演员。

1. 剧目:《连环计》

演员:上海戏曲学校昆剧班全体同学合演。

2. 剧目:《烂柯山·痴梦》

演员:韩世昌饰崔氏,魏庆林饰院子,沈盘生饰衙婆,孟祥生饰无徒。

3. 剧目:《寻亲记·茶访》

演员:华传浩饰茶博士,郑传鉴饰范仲淹,薛传钢饰张敏,张世铮饰张千。

4. 剧目:《白翎记·探庄》

演员:侯永奎饰石秀,魏庆林饰钟离老人,侯玉山饰杨林,白玉珍饰乐廷玉,马祥麟饰扈三娘,孟祥生饰祝小三,侯新英饰祝龙,侯广有饰祝虎,王卷饰祝彪,侯长治饰花荣,侯炳武饰宋江,张凤翎饰孙二娘。

5. 剧目:《雷峰塔·断桥》

演员:言慧珠饰白素贞,朱传茗饰青儿,俞振飞饰许仙。

16日,晚场,北方昆曲代表团"南北专场"演出剧目与演员。

1. 剧目:《草庐记·花荡》

演员:钟维德饰张飞,上海戏曲学校昆剧班全体同学合演。

2. 剧目:《寻亲记·认子》

演员:魏庆林饰周羽,傅雪漪饰周瑞隆,孟祥生饰店家。

3. 剧目:《孽海记·思凡下山》

演员:张传芳饰色空,华传浩饰本无。

4. 剧目:《倒铜旗》

演员:侯永奎饰秦琼,白云生饰罗成,侯玉山饰东方旺。

17日,晚场,北方昆曲代表团"南北专场"演出剧目与演员。

1. 剧目:《千忠戮·八阳》

演员:俞振飞饰建文帝,郑传鉴饰程济,周传铮饰差官,王传淞饰女解差。

2. 剧目:《白兔记·出猎回猎》

演员:上海戏曲学校昆剧班全体同学合演。

3. 剧目:《西厢记·拷红》

演员:韩世昌饰红娘,白云生饰张生,魏庆林饰崔夫人,李凤云饰崔莺莺。

4．剧目:《三国志·交令负荆》

演员:郑传鉴饰诸葛亮,包传铎饰刘备,胡君芷饰赵云,薛传钢饰关羽,沈传锟饰张飞。

5．剧目:《铁冠图·对刀步战》

演员:侯永奎饰周遇吉,侯新英饰李洪基,侯长治饰马童。

18日,日场,重复3日北方昆曲代表团"北方专场"剧目。

19日,晚场,北方昆曲代表团"北方专场"第六场演出剧目与演员。

1．剧目:《雷峰塔·水斗》

演员:孔昭饰白素贞,刘秀华饰青儿,赵德贵饰法海,侯新英饰小和尚。

2．剧目:《长生殿·闻铃》

演员:傅雪漪饰陈元礼,侯炳武饰高力士,白云生饰唐明皇。

3．剧目:《青冢记·出塞》

演员:马祥麟饰王昭君,孟祥生饰王龙,侯长治饰马夫。

4．剧目:《白翎记·探庄》

演员:侯永奎饰石秀,魏庆林饰钟离老人,侯玉山饰杨林,白玉珍饰乐廷玉,马祥麟饰扈三娘,孟祥生饰祝小三,侯新英饰祝龙,侯广有饰祝虎,王卷饰祝彪,张肇基饰花荣,侯炳武饰宋江,张凤翎饰孙二娘。

21日,晚场,北方昆曲代表团"北方专场"第七场演出剧目与演员。

1．剧目:《棋盘会》

演员:侯玉山饰齐王,马祥麟饰无盐娘娘,孔昭饰廉赛花,张肇基饰田昆,傅雪漪饰田常,丛兆桓饰田玉,侯炳武饰田能,赵德贵饰管和,侯永奎饰吴起,白玉珍饰柳盖,侯新英饰焦奎,王卷饰柏忠,侯长治饰韩世龙,孟祥生饰白猿丞相,魏庆林饰楚王。

2．剧目:《贩马记》

演员:孟祥生饰禁卒,魏庆林饰李奇,韩世昌饰李桂枝,赵德贵饰院子,白云生饰赵宠,傅雪漪饰李保童,侯新英饰胡老爷。

22日,晚场,北方昆曲代表团"南北专场"演出剧目与演员。

1．剧目:《长生殿·定情、赐盒、密誓》。

演员：张娴饰杨贵妃，周传瑛饰唐明皇，王传淞饰高力士，张世萼饰永新，朱世莲饰念奴。

2. 剧目：《长生殿·絮阁》

演员：张传芳饰杨贵妃，沈传芷饰唐明皇。

3. 剧目：《长生殿·惊变》

演员：白云生饰唐明皇，沈传锟饰杨国忠，韩世昌饰杨贵妃。

4. 剧目：《长生殿·埋玉》

演员：俞振飞饰唐明皇，朱传茗饰杨贵妃，郑传鉴饰陈元礼。

23日，晚场，北方昆曲代表团"南北专场"演出剧目与演员。

1. 剧目：《渔家乐·卖书纳姻》

演员：郑传鉴饰简人同，张传芳饰邬飞霞，周传铮饰邬渔翁，朱传茗饰马瑶草，王传蕖饰马仆。

2. 剧目：《义侠记·打虎》

演员：侯永奎饰武松，孟祥生饰酒保，侯长治饰虎形。

3. 剧目：《红梨记·醉皂》

演员：周传瑛饰赵汝舟，华传浩饰陆凤宜。

4. 剧目：《雷峰塔·断桥》

演员：韩世昌饰白素贞，白云生饰许仙，马祥麟饰青儿，魏庆林饰法海。

24日，晚场，北方昆曲代表团"南北专场"演出剧目与演员。

1. 剧目：《宝剑记·夜奔》

演员：侯永奎饰林冲。

2. 剧目：《孽海记·思凡下山》

演员：张传芳饰色空，华传浩饰本无。

3. 剧目：《牡丹亭·拾画叫画》

演员：白云生饰柳梦梅。

4. 剧目：《天下乐·嫁妹》

演员：侯新英饰大鬼，侯广有饰灯笼鬼，侯长治饰伞鬼，王卷饰担子鬼，景和顺饰驴夫鬼，侯玉山饰钟馗，傅雪漪饰杜平，李凤云饰钟妹。

5. 剧目：《惊鸿记·醉写》

演员：华传浩饰高力士，郑传鉴饰唐明皇，张娴饰杨贵妃，俞振飞饰李白。

25日，日场，北方昆曲代表团"南北专场"演出剧目与演员。

1. 剧目：《青冢记·出塞》

演员：马祥麟饰王昭君，孟祥生饰王龙，侯长治饰马夫。

2. 剧目：《寻亲记·茶访》

演员：华传浩饰茶博士，郑传鉴饰范仲淹，薛传钢饰张敏，张世铮饰张千。

3. 剧目：《通天犀·坐山》

演员：侯玉山饰许士英，李淑君饰许佩珠，侯炳武饰程老学。

4. 剧目：《占花魁·湖楼受吐》

演员：俞振飞饰秦钟，张娴饰莘瑶琴，华传浩饰时阿大，张凤云饰鸨母。

25日，晚场，北方昆曲代表团"南北专场"演出剧目与演员。

1. 剧目：《绣襦记·教歌》

演员：华传浩饰苏州阿大，王传淞饰扬州阿大，周传瑛饰郑元和。

2. 剧目：《单刀会·刀会》

演员：白玉珍饰周仓，侯永奎饰关羽，魏庆林饰鲁肃。

3. 剧目：《水浒记·借茶、刘唐》

演员：张传芳饰阎惜娇，徐凌云饰张文远，汪传钤饰刘唐，周传瑜饰酒保。

4. 剧目：《牡丹亭·游园惊梦》

演员：韩世昌饰杜丽娘，白云生饰柳梦梅，张凤翎饰春香，孟祥生饰睡魔神，侯炳武饰大花神，魏庆林饰杜母，众花神：崔洁、张凤翎、安维黎、李淑君、孔昭、林萍、刘秀华、义维茹、丛兆桓、白玉珍、景和顺、侯长治、王卷、侯广有、张肇基、赵德贵等分饰。

26日，晚场，北方昆曲代表团"南北专场"演出剧目与演员。

1. 剧目：《天下乐·嫁妹》

演员：侯新英饰大鬼，侯广有饰灯笼鬼，侯长治饰伞鬼，王卷饰担子鬼，景和顺饰驴夫鬼，侯玉山饰钟馗，傅雪漪饰杜平，李凤云饰钟妹。

2. 剧目：《芦林》

243

演员:朱传茗饰庞氏,华传浩饰姜诗。

3.剧目:《长生殿·絮阁》

演员:朱世莲饰念奴,张传芳饰杨贵妃,沈传芷饰唐明皇,周传瓴饰高力士。

4.剧目:《长生殿·惊变》

演员:白云生饰唐明皇,沈传锟饰杨国忠,李淑君饰杨贵妃。

5.剧目:《长生殿·埋玉》

演员:俞振飞饰唐明皇,张娴饰杨贵妃,郑传鉴饰陈元礼。

27日,晚场,北方昆曲代表团在上海的最后一场演出。

1.剧目:《孽海记·下山》

演员:张传芳饰色空,华传浩饰本无。

2.剧目:《西游记·学舌》

演员:韩世昌饰胖姑,白玉珍饰王留,孟祥生饰老头儿。

3.剧目:《连环计·梳妆掷戟》

演员:顾森柏饰吕布,郭建英饰貂蝉,沈传锟饰董卓。

4.剧目:《贾复下书》

演员:侯永奎饰贾复、傅雪漪饰刘秀、侯新英饰王林、魏庆林饰邓禹。

5.剧目:《玉簪记·琴挑》

演员:俞振飞饰潘必正,张娴饰陈妙常。

## 12月

3日,北方昆曲代表团抵达杭州。

17日,北方昆曲代表团抵达南京。

21日,北方昆曲代表团抵达苏州。

29日,北方昆曲代表团返抵北京。

## 1957年

## 1月

北方昆曲代表团在北京举行汇报演出。

**2月**

10日,北方昆曲代表团在北京剧场公演。

1. 剧目:《青冢记·昭君出塞》

演员:李淑君饰王昭君,白玉珍饰王龙,侯长治饰马夫,宫女:安维黎、崔洁、张凤翎、孔昭、林萍、刘秀华、义维茹、王蕊芳、赵三君,朝官:张肇基、赵德贵、丛兆桓、魏庆林,四文堂:侯广有、王卷、景和顺、侯新英,教师:马祥麟、白玉珍。

2. 剧目:《宝剑记·夜奔》

演员:侯永奎饰林冲。

3. 剧目:《天下乐·钟馗》

演员:侯玉山饰钟馗,傅雪漪饰杜平,李凤云饰钟妹,侯新英饰大鬼,侯广有饰灯笼鬼,侯长治饰伞鬼,王卷饰担子鬼,景和顺饰驴夫鬼,崔洁饰梅香。

4. 剧目:《牡丹亭·游园惊梦》

演员:韩世昌饰杜丽娘,白云生饰柳梦梅,张凤翎饰春香,傅雪漪饰睡魔神,魏庆林饰大花神,沈盘生饰杜母,众花神:崔洁、张凤翎、安维黎、李淑君、孔昭、林萍、刘秀华、王蕊芳、丛兆桓、白玉珍、景和顺、侯长治、王卷、侯广有、张肇基、赵德贵等分饰。

乐队:笛:徐惠如、高景池;二胡:沈盘生;箫:马博纯;大锣:侯宝珠;笙:叶仰曦;板鼓:侯建亭、朱可义;小锣:赵鸿林。

舞台监督:侯永奎、田庄。

同日,《人民日报》登载北方昆曲代表团在北京剧场11日、12日的演出广告:11日,《昭君出塞》《林冲夜奔》《钟馗嫁妹》《游园惊梦》;12日,《水斗》《胖姑学舌》《通天犀》《琴挑》《武松打虎》。

2月11日,《人民日报》发表《北方昆剧在京首次公演,艺术的魅力让老演员们青春再现》署名文章:新华社记者沈鼎报道,今晚,北方昆曲代表团在北京剧场举行首次公演。剧场破例把场内柱子后面根本看不到舞台的座位卖给了几位观众,因为他们再三要求说,即使看不到,听唱也是莫大的享受。被人称作"活林冲"的著名武生侯永奎演出了他的拿手好戏《林冲夜奔》。他所扮演的林冲头戴英雄帽，身着箭衣，足蹬快靴，急步出台。刚一亮相，在眉宇之间就表现了横遭迫害、沦落天涯的英雄在当时的悲愤心情；他紧接着按剑回顾，在这一瞬间就表现了林冲正在仓皇逃走的神态。他在短短二十五分钟的表演里，以悲壮激愤的歌声、繁复美妙的身段打动了观众的心弦，让人们对这位英雄的命运寄以无限同情，并且感谢剧作者李开先（明代人）留给后人如此珍贵的遗产。二十三年前，侯永奎还是一个乡下戏班子里的小武生，他到北京第一天演出《林冲夜奔》，第二天就名满北京。这出戏也是他在十五岁时第一次登台演出的剧目，三十年来演出不下上千次，经过了千锤百炼，毕竟不同凡响。北方昆剧表演艺术家韩世昌和白云生演出了《游园惊梦》——明代剧作家汤显祖的名作《牡丹亭》中的一段。韩世昌扮演女主角杜丽娘，白云生扮演书生柳梦梅。当他们演到男女主角在梦境中相会时，脚步轻盈，水袖飘忽，这两位表演艺术家，竟然以自己的动作制造了梦幻迷离的气氛。人们难以相信，舞台上那位美丽娇弱的少女的表演者是个花甲之年的老人；而那位风流倜傥的少年书生也已经有五十六岁了，艺术的魅力，让他们的青春再现。六十四岁的老艺人侯玉山主演《钟馗嫁妹》。侯玉山扮演的钟馗上台一张口喷出无数火星，人们不由得不为这一制造神话气氛的手法叫绝。扮演钟馗妹妹的是北方前辈昆曲艺人中唯一的女演员李凤云，扮演鬼卒的五个演员各有一套翻跟头的绝技，其中四位青年演员都是侯玉山解放前在家乡务农时培养的子弟班演员。《昭君出塞》是名演员马祥麟的拿手戏之一。今晚这出戏由他的得意门生、青年女演员李淑君主演。她成功地表演了绝代佳人王昭君出塞和番时一路上的痛苦心情。她原是中央实验歌剧院的演员，学演昆剧还不到三个月，可是已经像老演员一样的熟练。她的表演，同样得到了观众们热烈的喝彩声。

　　同日，《人民日报》还发表了俞平伯题为《看了北方昆剧的感想》文章：看了北方昆曲代表团在北京的汇报演出，有韩世昌、白云生、侯永奎、马祥麟、侯玉山和其他各位，他们都功力深厚，演得很认真；又青年学生的演奏，成绩也斐然可观……"昆曲"、"昆腔"、"昆剧"这些名词，有一个容易引人误会之点：既名昆山腔，那就是地方戏；昆山在江南，又哪里有什么北方昆剧呢！要解释这个误会：第一，必须寻讨昆曲的渊源，它跟唐宋元明以来，中国音乐戏剧的种种关系；第二，必须考查自明嘉靖魏良辅创调后，四百年间在全国范围内，昆剧分布的情况，发展的历史。这是专门论著或专书的事，绝非这里三言两语所能够说得明白的……它跟唐宋的大曲杂剧、金的诸宫调、元的北曲、元明的南曲这些千丝万缕似断仍连的关系，放着不谈，即看今日实际的情况，便知道昆曲绝非仅仅一地方的曲调，它综合"南曲"各派而加以发展，在明朝末年又把北方的弦索调（即"北曲"的支流）归并了去。昆剧也绝非地方戏，不但北京有它的昆剧，河北高阳有它的昆剧，即其他地区如湖南、云南也各有它的昆剧。昆剧基本上只是一个，却有各种流派，如京昆、北昆、湘昆、滇昆。这些流派并非宗派，并不该各立门户互相排斥；相反的，在昆曲的大家庭里正呈现着百花齐放的盛况。我们若认为只有苏州一带的，或者稍广一些，"苏松太杭嘉湖"一带地区的昆剧才是真正的老牌，那就忽略了历史的事实，把自己给封锁住，局限住，而把曾经通行全国的昆剧贬降为地方戏了。当然，另一方面，怎样保存明代魏良辅创始的"水磨调"较多的昆曲传统，也是非常重要的……不久以前在上海汇演，北方昆戏有一些南方没有的，特别是武戏。我们从前把昆剧叫作"文班戏"，其实昆剧是文武兼备、连唱带做的剧种，不只缓歌曼舞，也能够慷慨悲歌，起打火炽。它不但为过去文士们所欣赏，而且曾为广大的农民们所喜爱。它的表演，有时"太文"，不喜欢昆曲的就说它"太温"，却亦未尝不可相当地改变。如那次汇报演出，其中有《牡丹亭》的《拾画叫画》。这是冷静的"独脚戏"，最容易唱"温"了，而白云生先生演这个戏却生动活泼。听众很欢迎，不觉得沉闷……字音跟工谱密切配合是昆曲的一个特点，我们试从字音应该准确这个角度来看。昆曲既上承金元的传统，所用字音本不应偏于南。但"磨调"既产生、通行于江南，唱曲的南人居多，则字音自然而然地偏南了。正规地说，南人用土音来唱昆曲并不对，用北方土音当然也不对。明代的曲学专家每有正吴音之讹的说法。如沈宠绥《度曲须知》曰："平上去三声南北曲十同八九，其迥异者入声字面。"我们正不必一定赞成这些专家复古的说法，但南音都对北音全讹，却是误解。要北方人先学会了苏州话再来唱昆曲，试想哪有这个情理……这次看了韩世昌先生演《牡丹亭·惊梦》，身段神情之好固不待言。他按着"老路子"演，浅显的如梦神出场一段便没有删去，我认为是对的。因有了梦神出场,就划清了醒梦的界限。否则杜柳二人相逢,便交代不清楚,使观者容易迷惑。而且梦神那个老头儿逗引柳梦梅出来,使他慢慢地和杜丽娘会面,后来他就溜了,身段神态都很有趣,删了未免可惜。主张删去这一段的理由,假如在于破除迷信,那么,花神难道不是迷信,为什么又不删呢?我并不说"惊梦"全不能改。事实上"堆花"一场,已非汤若士原本所有,本来是后添的。只要添得好,又何尝不可呢。"堆花"这一段,用艳阳天气万紫千红的场面渲染出青年男女的恋爱,既美丽,又庄严,且能表现出梦境的迷离惝恍来。借这"惊梦"中梦神、花神两桩简单的事例,就说明了增也可增,删也可删,改是可以改,只要改得好就行。谁都想改好,谁想改坏呢?重要的是,客观上的效果能否符合主观上的企图。文人书房里的空想,从舞台上的实践而得到纠正,剧本的改编亦因参照了研究的成果而更加圆满。这样就可以避免"原封不动"和"任意妄改"的两种偏差。

13日,北方昆曲代表团在大众剧场公演。

1.剧目:《单刀会》

演员:白玉珍饰周仓,侯永奎饰关羽,魏庆林饰鲁肃;大旗:孔昭;四水手:侯新英、王卷、侯长治、侯广有;中军:侯炳武;四将:丛兆桓、张肇基、景和顺、傅雪漪。

2.剧目:《白蛇传·断桥》

演员:韩世昌饰白蛇,白云生饰许仙,马祥麟饰青蛇,侯炳武饰法海。

3.剧目:《青冢记·昭君出塞》

演员:同10日。

4.剧目:《天下乐·钟馗》

演员:同10日。

**4月**

12日,《人民日报》发表白云生《谈〈拾画叫画〉的表演》文章。

**5月**

16日,《戏剧报》召开"首都昆曲界座谈会"。

30日,《人民日报》发表白云生《我的心腹话》。

**6月**

22日，北方昆曲剧院正式建院。

23日，《人民日报》发表《戏曲界的一件大事》：酝酿已久的北方昆曲剧院于昨天（22日）宣告正式成立。这是我国戏曲界的重要事件。北方昆曲剧院建院大会由文化部部长沈雁冰主持，他在会上宣布了剧院的院长是韩世昌，副院长是白云生、金紫光。白云生作了筹备建院经过的报告。昆曲剧院今后的方针任务是：继承和发展昆曲艺术，以演出为主，大力进行昆曲传统剧目的发掘、整理和研究工作，在条件可能下，也准备作革新的尝试。陈毅副总理在会上讲了话，他祝贺昆曲剧院的建立，他说昆曲虽然过去受到压抑，但凡是对社会主义建设有帮助的、为广大人民所喜爱的、形象健康，能培养人们优美的情感和鼓舞人民前进的东西，就一定会存在和发展。康生同志希望剧院的全体工作人员和一切爱好昆曲的社团和个人，都团结起来，克服一切困难，为继承、发展和繁荣昆剧事业而共同努力。到会的还有周扬、钱俊瑞、郑振铎、梅兰芳、田汉、马少波、俞平伯、张伯驹和首都各界人士二百人。北方昆曲剧院的成立受到各方面热烈的祝贺。它意味着昆曲将进入一个崭新的时期。又讯北方昆曲剧院为庆祝建院纪念，今晚将举行庆祝晚会。著名表演艺术家梅兰芳将和韩世昌、白云生一起演出"牡丹亭"中的三折（闹学、游园、惊梦），侯永奎、侯玉山、白玉珍将演出"单刀会"，青年演员李淑君等演出"昭君出塞"。26日起在北京作第一期公演。该院今年共计划演出一百多场，还准备到外地和工厂农村中巡回演出。

同日，《人民日报》发表梅兰芳的文章《欢迎北方昆曲剧院的成立》：在今天"百花齐放，百家争鸣"的日子里，北方昆曲剧院成立了，这对戏剧界来说，是一件十分可喜的事情，我感到非常兴奋。自从魏良辅先生创造昆腔以来，由明嘉靖到清乾隆这二百多年当中，是昆剧繁荣而鼎盛的时期，等到我登台演戏的时候，它已经衰落了。我认为昆剧的特点是不一而足的，它的唱词、表演全都是丰富多彩的。当时我有一个志愿，想把这优良传统而气息奄奄的剧种挽救一下，那么，就应该先从学习昆剧、演唱昆剧做起。我学会了几十出昆剧，时常把《思凡》《水斗》《断桥》《闹学》《游园》《惊梦》《佳期》《拷红》《琴挑》《问病》《偷诗》《梳妆》《跪池》《瑶台》《藏舟》《刺虎》和《风筝误》《金雀记》这些戏跟观众见面。后来我所编的《嫦娥奔月》《天女散花》等古装戏，还采用了昆剧载歌载舞的突出表演，我得到它不少的帮助。过去许多成功的京剧名宿如程长庚、徐小香、谭鑫培、王楞仙、陈德霖、杨小楼诸位老先生，连我祖父梅巧玲先生，他们都是有了昆剧的基础，所以把京剧演得更为杰出。我的功夫比起这几位老先生差得远了，但是对于昆剧的重视和热爱是始终如一的。当年和我同时在北京演出昆剧的，还有陶显庭、陈荣惠、郝振基、侯益隆、王益友、韩世昌、白云生、白玉田、侯玉山等许多位先生。我们大家虽然不在一处演戏，却是以争鸣竞赛的姿态，热闹过一阵。过了几年，昆剧仍然冷落了。直到现在，上面所谈的诸位先生多数已经作古，剩下了硕果仅存的像韩世昌、白云生等几位先生，他们都还抱着守先待后的心情，愿意为新中国广大人民贡献出力量，但由于各方面的重视和帮助不够，自己又孤掌难鸣，因而常常感觉到英雄无用武之地。这样，哪能不令人扼腕呢？好了，今天中央文化领导方面和文艺界都来支援他们了，要让他们拿出每个人的本领来培养下一代，使不绝如缕的传统艺术非但能够保存，并且还得发展下去。我对这件事表示完全拥护，表示热烈欢迎！我相信，有这几位先生的尽心传授和各方面的热情支持，一定会造就出无数新的人才，北方的昆剧事业从此蔚然复兴。

同日晚，北方昆曲剧院在人民剧场举办"北方昆曲剧院建院庆祝演出"。

24日，人民日报发表《梅兰芳、韩世昌、白云生首次合作演出"牡丹亭"》：23日晚，梅兰芳和昆曲表演艺术家韩世昌、白云生在北京合作演出昆曲"牡丹亭"里的两折"游园、惊梦"。这是这三位艺术家相识几十年来的第一次合作。他们三人年龄的总和是一百八十岁，都已经在舞台上活跃了四、五十年。他们在清歌曼舞之中，使自己的青春再现。梅兰芳的杜丽娘端庄娇柔；韩世昌的春香活泼伶俐；白云生的柳梦梅风流偶傥。他们把汤显祖的这一杰作成功地搬上了舞台。许多观众用"珠联璧合"来形容这场不平凡的好戏。演出结束之后，前来看戏的陈毅、康生、钱俊瑞都到后台向三位艺术家和全体演员致意。

26日，北方昆曲剧院自6月26日起在西单剧场连续举办建院公演。

1. 剧目：《火判》

演员：侯玉山。

2.剧目：《闹昆阳》

演员：侯永奎、韩盛桐。

3.剧目：《狮吼记》

演员：韩世昌、白云生、魏庆林。

27日

1.剧目：《百花记》

演员：白云生、李淑君、林萍、陶小庭（陶显庭义子）。

2.剧目：《桃花扇·争位和战》

演员：侯永奎、侯玉山、白玉珍、魏庆林、孟祥生。

28日

剧目：《牡丹亭》

29日

剧目：《探庄射灯》《搜山打车》《昭君出塞》《乔醋》

30日

剧目：《棋盘会》《奇双会》

27日至28日，北京市举办"北京市戏曲第一批单折剧目展览演出"，北方昆曲剧院两台剧目参加。

27日，第一台：

剧目：《武松打虎》《春香闹学》《芦花荡》《金山寺》

演员：白士林、崔洁、侯新英、董瑶琴、张竹华。

28日，第二台：

剧目：《拾画叫画》《钟馗嫁妹》《相梁刺梁》《单刀会》

演员：白云生、侯玉山、马祥麟、孟祥生、侯永奎、白玉珍。

**7月**

《北方昆曲剧院建院纪念特刊》出刊。该刊登载了北昆当时的教师名单和所传承的一些传统剧目。

6日至8日，北方昆曲剧院建院第二期公演。

6日，第一台：

1.剧目：《出潼关》

演员：白玉珍、侯炳武。

2.剧目：《琴挑》

演员：韩世昌、白云生。

3.剧目：《刺梁》

演员：马祥麟、侯玉山、孟祥生。

4.剧目：《武松打虎》

演员：侯永奎、侯长治。

7日，第二台：

剧目：《长生殿》

演员：韩世昌、白云生、韩盛桐、白玉珍、李淑君。

8日，第三台：

1.剧目：《醉打山门》

演员：侯新英、陶小庭。

2.剧目：《昭君出塞》

演员：李淑君、孟祥生、侯长治。

3.剧目：《金山寺》

演员：林萍、刘秀华、韩盛桐。

11日，北方昆曲剧院青年演员演出。

1.剧目：《闹花园》（高怀德打擂）

演员：林萍、张肇基、侯广有、孔昭、崔洁。

2.剧目：《尼姑思凡》

演员：秦肖玉。

3.剧目《蜈蚣岭》

演员：侯长治、侯新英、梁寿萱。

# 北京昆曲艺术发展路径概述[1]

## 张 蕾

北京本无昆曲。北京有昆曲演剧活动是明代昆曲在昆山产生后特别是清代近三百年来昆曲"北上"的结果。而导致昆曲"北上"的路径则完全是由明清帝都皇权直接主导并参与的历史结果，是昆曲由南向北，先民间（南方），后宫廷（北方），再民间（南北）的"自下而上"再到"自上而下"的历史结果。正因如此，昆曲是在北京最终完成了中国传统文化嗣续周正、传承有序、诸体咸备、路径清晰的没有断层的"正统"历史过程与"帝王之音"、"礼乐之盛"、"声教之美"的"雅化"艺术过程。最终在北京完成了其"华美转身"，完成了从南方"坊间身份"到北方"皇家身份"南北兼蓄的根本性转变。

毫无疑问，地处中国北方的北京自金朝定"中都"以来，承载了元、明、清以及新中国成立以来的建都历史。在千年的历史长河中，北京作为全国政治、文化的中心无疑对中国戏曲的演变与发展有着决定意义的作用，这也是由北京作为"皇城"的历史地位决定的。正是北京的这种历史地位使其在以后各历史阶段中成为了全国的文化中心、戏曲中心、艺人中心、演出场所中心以及各类文化艺术思潮与争鸣的中心。北京的历史地位直接影响了中国戏曲的若干剧种、若干声腔、若干班社、若干伶人、若干剧目的成败与兴衰，决定了其前途与命运。实际上，不仅昆曲是这样，京剧也是如此，它也是在帝都皇权的主导与参与下完成了其"华美转身"。

---

[1] 本文系中国戏曲学院谢柏梁主持的2014年度国家社科基金艺术学重大项目《戏曲艺术当代发展路径研究》阶段性成果《北京戏曲艺术当代发展路径研究》第五章《北京昆曲艺术发展路径》，本文略有增删。

**一、昆曲是在北京完成了"正字、正音、正谱、正剧"的历史过程与艺术过程；是在北京形成了具有皇家规制的"官腔"演剧形制；是在北京完成了由南向北"自下而上"从"坊间身份"到"皇家身份"的"华美转身"。**

昆曲在历史上有其南北不同的传承发展阶段与路径。从"南北各表"到"殊途同归"，既相互区别又相互统一，既互相借鉴又相互影响。昆曲是至今仍活跃在当代戏曲舞台上的唯一一个具有古典文学与古典音乐"韵文体"遗存特征的且有着传承有序和可持续发展的古典戏曲剧种。

从"诗之余"的"词"到"词之余"的"曲"，昆曲广义上的"南北曲"的发生与发展整整经历了宋、元、明、清四个朝代的演变，其间始终存在着"窠臼"与"脱窠臼"，"正体"与"又一体"的关系，始终在格律、平仄、句式、调式、字数、用法等方面有着诸多的式样和解释，但有一条却始终未变，即昆曲中"南北曲"的"倚声填词"方法。这个方法的重要作用在于：在文学上，区分了韵文体文学与非韵文体文学的不同；在声腔上，区分了曲体声腔与非曲体声腔的不同；在剧种上，区分了古典性剧种与非古典性剧种的不同。

昆曲在其上承下启的不同历史发展时期与历史发展阶段中，有着诸多极复杂的南北不同表述方式与异名称谓，有着因受南北语言、地域、环境、风俗、迁徙等深刻影响而衍变形成的独特的"同源异流"与"南北各表"的历史流变、传承脉络关系及由此而呈现出的"曲分南北"、"北雄南秀"的不同艺术风格。广义上，昆曲古典文学和古典音乐的主要来源分别来自于北曲杂剧和南曲戏文，而最终受南曲戏文、北曲杂剧的直接影响而成型的明清传奇则是昆曲产生的直接的文学与音乐来源。昆曲和中国古典文学与中国古典音乐一样在其漫长的艺术演变过程中带有鲜明的南北差异，这是历史的客观存在。其文学样式、音乐样式、艺术样式、表演样式甚至创作者、表演者的文学精神与艺术追求等在不同的历史时期都无不深受社会环境、语言环境、文化环境和南北不同地域的影响；深受各种儒道学说以及统治者、创作者与表演者审美主流趋向和文化层次的影响；深受社会生产力发展水平以及社会的动荡程度、政治和文化中心迁移而带来的影响；深受各类南北民间与职业艺人、民间与职业班社不同生存状态和传承方式的影响等，这诸多因素影响了昆曲南北极其复杂的历史演变与艺术传承关系以及因南北地域与语言习俗等不同而产生的在艺术风格和表演风格等方面展现出来的不同程度的南北各类差异等。显然要想厘清这些久远的、极其复杂的各类影响以及由此带来的各类艺术风格和表演风格的差异在实践和理论上都是件非常不容易的事情，但在前人不懈的深入研究和留有丰厚研究成果及大量史料的基础上，经过一定的缜密梳理与辩证，人们还是可以或深或浅、或多或少地触摸到昆曲在不同的历史时期、不同地域和不同语言状态下其主要的上承下启之演变、传承之脉络，进而去探究其实质。当现在的人们身处现当代汉语言文学环境系统之下，用现当代汉语的思维方式去考察古人身处古代汉语言文学环境系统之下用古代汉语的思维方式而创作的各类杂剧、元曲、戏文、传奇等古典文学作品和"北曲"、"南曲"、"南北套曲"等古典音乐作品时，古今的隔离、时空的隔离、地域的隔离、语言的隔离、音乐的隔离、文字的隔离、审美的隔离等客观存在的现象使得人们必须要为认知与阐述昆曲的历史而找到其在文学、音乐、演剧等方面的史学佐证，即以中国文学史、中国音乐史和中国戏曲史作为昆曲史学体系之参照，历史地、动态地，全面地而不是片面地、静止地、孤立地看待与研究昆曲的历史、演变与发展全过程。昆曲是"诗"的吟咏；"曲"的流淌；"雅"的风格；"乐"的节奏；"舞"的韵律；"情"的境界；"意"的追求。昆曲的这种承袭中国传统"曲体"文学与传统"曲体"音乐的南北"文人化"创作与风格和中国古典文学与古典音乐的创作与风格是一脉相承的，其形成的古典性传统的规范统领与区别了昆曲与其他戏曲艺术门类，导致并确立了昆曲在中国传统文化中与诗词歌赋曲一样具有古典而高雅的艺术品位。

至此，京城成为了昆曲的再生之地，完成了凤凰涅槃的历史演变过程。这个历史演变过程大致经历了"昆腔晋京"、"昆弋合流"、"北方昆弋"和"北方昆曲"四个主要历史发展阶段。这四个历史发展阶段中的前两个阶段"昆腔晋京"与"昆弋合流"则是明清两代特别是清代"皇权"直接主导和直接干预的结果。

明清以来特别是清以来，历代皇帝本人或皇室成员的喜好并直接参与以及由皇家专门负责演出的机构组建的一整套演员、乐队、舞台、服装、化妆等专业人员和为此修建的遍布京城包括河北承德等地的大大小小的皇家剧场与数量浩繁的经皇家"御制"的"官本"、"官谱"等使得昆曲自"北迁"后逐渐地成为了以舞台表演为主要形式的"皇家"艺术，昆曲由此具有了与"物质化"的"紫禁城"一样至高无上的皇家艺术地位，具有了"正统"、"权威"与"典范"的皇家特征，成为了皇家"宫廷文化"或"殿堂文化"的重要组成部分。在昆曲从"坊间身份"到"皇家身份"这一历史变化进程中，昆曲在地位上完成了从"坊间"到"御制"的"雅化"过程；在声腔上完成了昆腔"正字、正音、正腔"的过程；在语言上完成了从南地方言到北方"官话"的过程。这三个主要过程直接导致了昆曲在舞台和演出上完成以文人创作为中心到以演员表演为中心的转变；其地位上与规制上完成了从地方"坊间小戏"到朝廷"宫廷大戏"的转变。这些自上而下的一系列"钦定"或"奉旨"的皇家举措使得昆曲如同"贡品"一般，客观上提升了昆曲"尊贵"的古典品位，促进了南北各类昆班及演员之间的传习与竞争，促成了自昆曲出现以来南北"同源异流"的相对的融合。

清朝是一个延续了二百七十多年的中国历史上最后的统一的封建帝王专制的政体，诚然统治者们的祖籍属北方游牧民族，但由于入关后诸皇帝们从小深受汉文化的熏陶与滋养，其性格、习惯、爱好等方面使得清代统治者在对汉民族主流文化的认同与喜爱的同时也融进了很强的个人色彩，皇帝本人甚至还亲自参与审定"内廷承应"的"编词"与"制谱"的"时换新声"活动，如《康熙曲谱》《康熙词谱》。故"内廷承应"中既有"吴侬软语"式"其腔皆清细"的昆腔（水磨调），又有"燕赵悲歌"式"金鼓宣阗，一唱数合"的高腔（弋腔），使得昆弋两腔"高台教化"的"导向"作用异常鲜明。清代昆弋"两腔制"在宫廷的时间长达一个半世纪，经历了整个"康雍乾盛世"。从这一点至少可以强烈地感觉到，深受汉文化影响的满清帝王们不满足于传承前代，他们如此前赴后继、不遗余力地尊崇"南北曲"，尊崇昆弋两腔，显然是想在"康乾盛世"文化层面上，在"南北曲"与昆弋两腔"官化"与"雅化"的基础上，试图以"御制"的方式在清一代"南北曲"基础上"再造"出一个继唐诗、宋词、元曲、传奇之后能被满、汉后人效仿且能流芳后世的一种类似"一代文学"的样式。虽然这个"一代文学"的韵文样式的目的最终没有达到,但清"内廷"却在继宋南戏、元杂剧、明传奇之后,在空前的大量的"南北曲"昆弋两腔演出实践中,有意无意地把原本一种被称为"侉腔"的不入流的声腔雏形硬是生生造就成了一个采昆弋两腔之精华被后世称为京剧的全国性剧种。

不仅如此,清代皇家更是创造性的建立了昆弋双腔"同台"的皇家演剧形制。这个皇家演剧形制中,上承两汉以来"旧乐府"之"歌辞体",下启宋元以来"新乐府"之"曲牌体"诸如"南戏诸调"、"北曲诸剧"、"明清诸传奇"及"四大声腔"等都是皇家昆弋双腔"同台"演剧形制中南北风格各异的"子系统"。各"子系统"之间有着明显的相互影响、相互传承、此消彼长的关系。清代昆弋双腔"同台"皇家演剧形制的出现和成熟是"南北曲"诸体大备的重要标志;是"南北曲"发展的最高阶段;是"曲体文学"、"曲体音乐"、"曲体声腔"的三者高度完美的统一,标志着"南北曲"中的"南曲"与"北曲"既并峙又统一;既可以是"词谱"亦可以为"曲谱";既可依"声"而"曲唱",亦可入"腔"而"剧唱"。清皇家演剧形制是"南北曲"在文学与音乐上的"舞台化",是舞台上"以歌舞演故事"的"声腔化"。

**二、昆曲在北京完成了从皇家"内廷"到皇族"王府"的直接传承。晚清民初北京清皇族"王府"昆弋班是清"内廷"昆弋"同台"演剧形制的直接继承者;是皇家"内廷"昆弋两大声腔在皇族"王府"昆弋班的延续。**

昆弋两腔虽在晚清逐渐退出"内廷承应"的舞台,但昆弋两腔在京城并没有全部消失,而是"下放"成为了晚清皇族"王府"昆弋戏班的两大声腔。晚清民初清皇族"王府"昆弋班是清"内廷"演剧形制的直接继承者;是"内廷承应"昆弋两大声腔在皇族"王府"昆弋班中的延续。如果说清"南府"与"升平署"是清代两大昆弋"皇家剧团",清代皇族开办的"王府"昆弋班则是依据清"祖制"成立的典型的清代"世袭罔替"制度下的昆弋"皇族剧团"。如晚清道光年间醇亲王奕谖府(1840—1891)办的"安庆昆弋班"、"恩庆昆弋班"、"小恩荣昆弋班"以及"袭封"的肃亲王善耆府(1866—1922)办的"复出安庆昆弋班"等。这些"皇族"开办的诸昆弋班社其演剧形制实行的是"半官制"的北方城乡昆弋艺人"合流"下的"同台、同班"演剧形制。清皇族"王府"昆弋班"同台、同班"演剧形制与皇家"内廷"昆弋"同台"演剧形制相比最大的特点与不同是:第一次实现了昆弋两腔"京城班"(北京)城市昆弋艺人与"本地班"(河北)乡村昆弋艺人"同台、同班"间的双向"合流"。清"王府"昆弋班与清"内廷承应"时期"官制"的"同台"皇家演剧形制相比,清晚期"皇族"昆弋"同台、同班"的"半官制"演剧形制受清晚期"新政"、"新体"等"改革"、"改良"思潮的深刻影响也发生了一些大的变化。主要表现为:班社完全没有了管理国家戏曲活动的职能;班社开始有了自己的称谓;班社大部分时间以京城的公开的剧场演出为主;班社以传统昆弋折子戏为主;班社在声腔上以弋腔剧目为主,且这些弋腔剧目大都改自昆腔剧目;班社演员采取的是城市昆弋艺人与河北乡村昆弋艺人的双向"合流"的办法;班社中所需昆弋演员的来源以"直隶"河北籍为主。"北方昆弋"称谓的概念由此肇始。

**三、北方昆弋"同台、同班、同籍"演剧形制是北京清皇族"王府"昆弋班"同台、同班"演剧形制的直接继承者与发展者。**由此肇始,昆曲在北京完成了从清代皇家昆弋双腔"同台"演剧形制到清皇族"王府"昆弋双腔"同台、同班"演剧形制再到北方昆弋"同台、同班、同籍"演剧形制的传承。形成了从清初"自下而上"再到晚清"自上而下"的一条严密完整,没有历史间断的,传承有序,脉络清晰的传承路径。

晚清民国时期的北京昆曲演剧活动主导了全国的昆曲演剧活动。而晚清民国时期北京昆曲演剧活动最杰出的代表无疑是北方昆弋班社。北方昆弋班社"同台、同班、同籍"演剧形制直接继承了清"内廷"昆弋双腔"同台"演剧形制而形成的清皇族王府"同台、同班"演剧形制。北方昆弋第一代北籍昆弋主要演员都曾在清皇族"王府"昆弋班当过"承差",也都曾在"本地班"开展过演出、教习等活动,且北方昆弋第一代北籍主要昆弋演员全部来自清"直隶"管辖下的河北。由此肇始,继清代皇家昆弋双腔"同台"演剧形制和清皇族"王府"昆弋双腔"同台、同班"演剧形制之后,北方昆弋最终形成了具有独立的成熟建制的昆弋职业班社及所属北方昆弋职业演员,形成了北方昆弋双腔下"同台、同班、同籍"演剧形制。上述三种在北京形成的不同的昆弋双腔演剧形制在漫长的历史长河中,形成了一条严密的、完整的、没有间断的传承有序,脉络清晰的传承路径与传承关系。而北方昆弋这种独特的"同台、同班、同籍"演剧形制,最为独特,亦最为耀眼,最为成功。亦可称为中国昆曲近现代历史上的以北京为中心辐射天津与河北的"京畿现象"。

1918年起,在北京,以韩世昌、白云生等为昆曲杰出代表的北方昆弋"荣庆社"与"祥庆社"先后成为了民国时期全国昆曲演出最活跃,昆曲文武剧目最丰富,昆曲演出风格最鲜明,昆曲演员及行当最齐整、社会影响力最大、最受观众喜爱的全国范围内两个最为著名的北方昆弋职业班社。尤其在昆曲艺术的传播上,整个民国时期,"荣庆社"、"祥庆社"以北京为中心,向全国辐射:北京、上海、天津、河北、山西、山东、河南、湖北、湖南、江苏、浙江等省市,其中涉及的大中城市包括北京、上海、天津、太原、济南、开封、汉口、长沙、南京、嘉兴、无锡、镇江、杭州、苏州、烟台、大连等,甚至远渡扶桑,代表中国昆曲赴日本演出。"荣庆社"、"祥庆社"的北方昆伶们昆曲万里之行可堪称壮举,在当时是绝无仅有的!大量的史料证明,在整个民国时期,在北京、天津等大城市,没有看到南方昆曲职业班社的任何昆曲演剧活动,也没有南方昆曲职业演员在北京的任何昆曲演剧活动。相反,在全国看到的全部是来自北京的北方昆弋班社和北方昆弋演员。北方昆弋职业班社和所属职业演员无疑是民国期间全国昆曲演剧活动的领军队伍、复兴力量和大本营与根据地。北京的昆曲演剧活动主导了全国的昆曲演剧活动。

晚清民国时期北京先后成就了一大批诸如韩世昌、白云生、王益友、陶显庭、郝振基、侯瑞春、侯益隆、马凤彩、侯永奎、马祥麟、白玉田、陈荣会、侯益太、侯海云、侯玉山、魏庆林、马凤鸣、梁玉和、齐凤山、白建桥、白云亭、侯炳文、张文生、郭凤鸣、朱小义、庞世奇、白玉珍、侯炳武、吴祥珍、李凤云等当时在全国昆曲水平最高、影响最大的昆曲领军者、先行者、复兴者，一批诸如蔡元培、吴梅、刘半农、周明泰、傅惜华、邵飘萍、王季思、赵子敬、徐凌霄、刘步堂、吴定九、徐一士、顾君义、俞平伯、夏枝巢、陆宗达、许雨香、童曼秋、刘仰乾、张厚载、景孤血等京城乃至全国知名的文化者、教育者、新闻者、曲学家等；先后成就了一批北京昆曲历史上极其重要的昆曲职业班社如"荣庆社"、"祥庆社"与一些曲社如"醉韶社"等。北京是民国时期昆曲在全国最重要的传承基地、教学基地、演出基地和宣传基地。

北京的昆曲演剧活动于20世纪40年代起逐步式微。北方昆弋"荣庆社"、"祥庆社"相继散班，诸多北方昆弋艺人或回乡或从事其他职业。其中有相当一部分北方昆弋艺人先后去世。在北京的只有韩世昌、白云生等昆伶与田瑞庭、高步云等笛师坚持了下来。1945年后，在北京已经没有任何昆曲演出的情况，韩世昌等还坚持教授许多京剧演员如蒋英华、周金莲、白玉薇、李金鸿、梁小鸾、章遏云、黄玉华、童芷苓、童葆苓、虞俊芳、厉慧芳、杨荣环、李世芳、梁桂英等学习昆曲。

历史地客观地看，北方昆弋职业班社的"亦昆亦弋，昆弋结合，以昆为主，以武为主；亦北亦南，南北兼蓄，以北为主"的演剧特点是北方昆弋职业班社为适应不同环境下不同观众需求而采取的必要的一种生存手段。在上述历史传承发展阶段过程中，北方昆弋职业班社始终在"同台、同班、同籍"的演剧形制下坚持了自己独特的"自我改良、自我完善、自我发展"的艺术传承途径，无论是在声腔、传承、剧目、演剧形制、演剧风格与地域生存环境上走的是一条与民国时期的南北昆（腔）滩（簧）、昆（腔）、黄（皮黄）等诸多戏曲班社完全不同的传承与发展道路。北方昆弋近现代历史上的"京畿现象"在中国戏曲与中国昆曲近现代史中是独一无二的，极其独特的。正是这个发生在北京的独特的昆曲近现代历史上的"京畿现象"成为了中国昆曲现代与当代的历史分界线。

**四、1949年新中国成立，标志着"北方昆弋时代"的结束，标志着"北方昆曲时代"的开始。1956年北京吹响了昆曲再度复兴的号角，1957年在北京成立了建国后规格最高的北方昆曲剧院。**

1949年1月北京和平解放。7月28日北方昆曲最重要的代表人物韩世昌参加了"中国戏曲改进会发起人大会"并被推举成为委员。7月29日《人民日报》报道了这次会议：中国戏曲改进会发起人大会于昨（二十八）日上午九时在北京饭店举行。会场悬有毛主席和朱总司令的题词："推陈出新"、"开展平剧改革运动"，指示了戏曲界当前的任务。到会者发起人百余人。由欧阳予倩主持，他说明召开这个大会是接受了文代大会的指示，来完成改革戏曲的任务。接着由全国文联主席郭沫若讲话，他说：在中国，旧戏曲的改进是一件很重要的事，因为戏曲在群众中有广泛的影响，它是土生土长的民族形式，一种综合的艺术，是很重要的社会教育工具之一。在今天这个崭新的人民自己的时代，不仅旧戏曲要改进，一切旧文艺都要改进，连同我们自己也要改造，应该坚决走向彻底为人民服务的方向。改进戏曲，不仅是改进戏曲本身，而是为了改进社会，改造人民的旧思想。戏曲工作者首先要努力进行自我教育，从思想上改造自己，才能帮助教育别人，完成戏曲改革的任务。接着有前延安平剧研究院院长杨绍萱、全国剧协主席田汉、全国曲艺改进筹委会主任委员赵树理、华北文委会旧剧处主任马彦祥、北平国剧工会负责人叶盛章等发言，大家一致认为今后戏曲的改进要在毛主席的文艺方向下，为广大的人民服务。阿英同志报告筹备经过后，推选：王聪文、田汉、白云峰、沙梅、阿英、阿甲、李一氓、李纶、李少春、吴天宝、周扬、周信芳、袁雪芬、夏衍、马少波、马彦祥、马健翎、张庚、高步云、梅兰芳、程砚秋、焦菊隐、杨绍萱、叶盛章、董天民、赵树理、赵子岳、刘芝明、韩世昌、齐燕铭、欧阳予倩等。

三十一人为筹备委员。10月1日，中华人民共和国成立。10月7日，中国戏曲改进委员会特邀在京戏曲界名演员、名导演、剧作家及国剧界老前辈举行座谈会。韩世昌、白云生、侯永奎参加了这次会议。10月8日《人民日报》以《座谈戏曲改革，北京戏曲界盛会》为题报道了这次会议：中国戏曲改进委员会为传达人民政协精神及研究如何改革戏曲，特邀在京戏曲界名演员、名导演、剧作家及国剧界老前辈举行座谈会。到会的有戏曲界政协代表梅兰芳、周信芳、程砚秋、袁雪芬，剧作家田汉、洪深、欧阳予倩、吴幻荪、景孤血、杨绍萱、马少波、焦菊隐、阿甲，京剧界老前辈王瑶卿、尚和玉、萧长华及名艺人王尊三、连阔如、江新容、方华、韩世昌、白云生、侯永奎、陈少霖等六十余人。1950年，韩世昌、白云生、侯永奎、马祥麟、侯玉山、魏庆林、李凤云等昆伶艺人相继参加了北京人民艺术剧院、中央戏剧学院、中央实验歌剧院等新中国成立后第一批建立起来的国营文艺院团的创建工作担任戏曲教学工作，同时开始招收培养新中国成立后的第一批如李淑君、丛兆桓、秦肖玉、崔洁、李倩影、安维黎等青年昆曲演员。同年，韩世昌当选文化部第一届戏曲改进委员会委员、北京市第一届文学艺术工作者联合会理事。上述说明，建国伊始，党和政府在百废待兴的非常困难的情况下，就已经开始谋划今后北京昆曲的布局，开始关注北京以韩世昌为代表的昆曲艺人们的政治地位与艺术地位。上述各项举措，对当时全国的昆曲界与全国的昆曲艺人来讲，北京的做法都是最早的，是领先的，可谓走在了全国昆曲传承与发展的前列，打响了新中国成立后当代昆曲传承与发展的第一炮。

1952年11月16日，韩世昌、朱传茗、于连泉、尚和玉、尚小云、姜妙香、荀慧生、郝寿臣、萧长华等46人获第一届全国戏曲观摩演出大会奖状。这是建国后，北京的昆曲演员第一次获奖。梅兰芳、周信芳、程砚秋、袁雪芬、常香玉、王瑶卿、盖叫天等7人获荣誉奖。

1956年4月，浙江昆苏剧团《十五贯》晋京演出。17日，毛泽东在京观看了演出。19日，周恩来在京观看《十五贯》，并主持座谈会就昆曲《十五贯》发表第一次讲话。25日，毛泽东再次观看昆曲《十五贯》。5月17日，文化部和中国戏剧家协会邀请首都文艺界著名人士二百多人在京举行昆曲《十五贯》座谈会。周恩来出席了座谈会并发表第二次讲话。当《十五贯》主要演员周传瑛、王传淞、朱国梁等到达会场时，周总理和他们亲切握手。座谈会由中共中央宣传部副部长周扬、文化部副部长钱俊瑞、中国戏剧家协会主席田汉、浙江省昆苏剧团团长周传瑛和正在北京的广东粤剧团团长马师曾主持。韩世昌、白云生出席了座谈会。5月18日，《人民日报》发表社论《从"一出戏救活了一个剧种"谈起》。由于中央领导的高度重视，使得在北京筹建北方昆曲剧院的问题被有关部门提上了议事日程。25日，韩世昌、白云生、侯永奎、马祥麟、侯玉山、魏庆林等北京昆曲界知名艺人与浙江昆苏剧团的《十五贯》《长生殿》剧组全体在北京合影。这是建国后南北昆曲界第一次在北京的团聚。文化部决定9月—12月分别在苏州、上海、杭州举办"南北昆剧观摩演出"活动。为参加此次活动，文化部决定派出由文化部副部长郑振铎为领队，以金紫光为团长，韩世昌为副团长的老、中、青年四十多人组成的"中央文化部北方昆曲代表团"参加演出。这是建国后举办的第一次全国性最重要的昆曲演出活动，也是成立北方昆曲剧院的前奏与预演。10月25日，"中央文化部北方昆曲代表团"启程，27日，代表团抵达上海。11月3日，"中央文化部北方昆曲代表团"的第一场"北方专场"在上海"长江剧场"正式拉开帷幕。其间，代表团除在上海参加完汇演后，还继续到杭州、南京、苏州等进行了巡回演出。12月29日，"中央文化部北方昆曲代表团"返抵北京。这次"南北昆剧观摩演出"活动时间长达近2个月，是建国后第一次规格最高，阵容最齐、影响最大的南北昆曲汇演。是建国后第一次南北昆曲的大交流、大展示、大融合。1957年1月至2月，"中央文化部北方昆曲代表团"在北京举办了"南北昆剧观摩演出"汇报演出。这是北京昆曲第一次集中正式公演。5月16日，《戏曲报》在京召开"首都昆曲界座谈会"，30日，白云生在《人民日报》发表文章《我的心腹话》，都希望尽快成立北方昆曲剧院。有关在北京尽快成立北方昆曲剧院的问题再次提到议程。

1957年6月22日，北方昆曲剧院正式在京成立。周恩来总理亲自任命韩世昌为北方昆曲剧院院长。党和国家领导人以及以梅兰芳为代表的首都戏曲界名人参加了建院成立大会。北方昆曲剧院由此成为建国以来规格最高的昆曲表演艺术专业院团，当时隶属文化部。《人民日报》发表了《戏曲界的一件大事》文章以及梅兰芳《欢迎北方昆曲剧院成立》的文章。为纪念北昆建院，北昆连续在京举行了纪念建院演出。23日，梅兰芳、韩世昌、白云生首次联袂合作演出了昆曲《游园惊梦》。

北方昆曲剧院的建立，是党的"百花齐放、推陈出新"以及毛泽东提出的"文艺要为无产阶级政治服务，要为人民大众服务"文艺政策的具体体现。北方昆曲剧院的建立，规范了当代北京昆曲传承与发展的路径；确立了北京昆曲传承与发展的导向，北方昆曲剧院的建立成为了落实"双百方针"，落实"两个服务"的具体成果。成为了当时新中国成立后唯一一个在党的领导下直属文化部管理的最高规格的全新的国有昆曲专业表演院团。北昆的这种新型体制与1949年前的私人班社昆弋"荣庆社"、昆弋"祥庆社"有着本质的不同；也完全不同于当时北京的其他剧种如京剧等"流派剧团"从原私人班社直接脱胎成为了"公私合营"体制；亦不同于1956年早于北方昆曲剧院经"改制"后成立的浙江苏昆剧团。北昆的体制是全新的，在新型体制下，过去"北方昆弋时代"赖以传承与发展的昆弋双腔"同台、同班、同籍"演剧形制彻底退出了历史舞台。北昆走上了以昆曲艺术为表演载体，以"传统戏、新编历史戏、现代戏"为主要内容的当代昆曲传承与发展道路。北昆有了自己的"场团合一"的剧场——西单剧场（原哈尔飞剧场）；有了来自五湖四海从各个文艺团体调过来的青年演员和创作、乐队、舞台等各个专业人员；声腔种类采取的是单一的昆曲剧种。北方昆曲剧院的成立标志着"北方昆曲时代"的到来。1958年，北方昆曲剧院与其他44家原直属文化部管理的文艺单位下放到北京市，这标志着北京有了自己的昆曲院团，有了自己的昆曲传承与发展事业。

从1958年北昆成立第一年起至1979年"文革"后北昆复院止，北昆先后恢复复排了大量有着北方昆曲特点的传统戏折出剧目如《单刀会》《琵琶记》《玉簪记》《西厢记》《狮吼记》《牡丹亭》《紫钗记》《义侠记》《西游记》《钗钏记》《百花记》《寻亲记》《蜈蚣岭》《射红灯》《棋盘会》《闹昆阳》《孽海记》《金雀记》《草芦记》《天下乐》《九莲灯》《渔家乐》《雷峰塔》《千忠录》《烂柯山》《青冢记》《通天犀》《蝴蝶梦》《天罡阵》《闹花园》《长生殿》等。这些传统剧目都是"北方昆弋时代"留下经典传统剧目。恢复排演这些剧目的主要目的是为了培养北方昆曲代表团前后和北方昆曲剧院建院前后招收进来的青年人。因为当时北京没有上海戏校昆曲班的条件，北京现有的戏校也没有昆曲专业，而且如韩世昌、白云生等前辈的年龄普遍比南方"传字辈"年长，韩、白等北方昆曲前辈在民国时期成名的时候，南方"传字辈"还都是刚学戏的学员。因此时间刻不容缓，加之北昆刚成立，北京没有更多昆曲现成人才，只能采取"团带班"一边向老师学，一边由老师带着边学习边实践的培养方式，如学员李淑君、丛兆桓、秦肖玉、崔洁、林萍、孔昭、白士林、侯少奎、侯新英、侯长治、侯广有、张兆基、刘秀华、刘征祥、傅雪漪、景和顺、梁寿萱、王卷、侯宝珠、侯炳武、白晓华、马锦春、马锦玲、赵三君、赵德贵、陶小庭、白振海、李秀玉、董瑶琴、张竹华等。这些学员都先后参加了1956年北方昆曲代表团赴上海的南北汇演和1957年北方昆曲剧院建院纪念演出。上述一些人后来也都成了昆曲名家。之后，北方昆曲剧院分别在1958年和1962年又先后招收了两批学员。这些学员中包括演员、乐队、舞台等，也是"团带班"的培养方式。这些学员中的一些人后来也都成了昆曲名家。与此同时，北昆还招收了一部分北方昆曲前辈的后人，体现了戏曲世家传承特有的特点，同时还先后接收了一批从"流派剧团"下来的各类人员。1962年起，北昆还先后成立了韩世昌昆曲旦角继承小组和白云生昆曲生行继承小组，采取老师与学生人对人的教学方式，进行重点培养。上述培养方式是当时特定历史环境下的北方昆曲人才培养方式，这种方式保证了北方昆曲传承与发展不断层，不断档，使得北京的昆曲后继有人薪火不断。

  从1957年北昆成立第一年起至1979年"文革"后北昆复院止，本着"三并举"的方针，在继承传统戏的基础上，北方昆曲剧院相继重点排演了一些现代题材与新编历史题材的戏。如现代戏《红霞》《飞夺泸定桥》《奇袭白虎团》等。新编历史戏如《文成公主》《李慧娘》《晴雯》等。与同时期南方各昆曲院团相比，北方昆曲剧院排演的现代戏和新编历史戏的数量一直处于前列。北昆编演现代戏和新编历史戏的方式采取的是"新老结合，以老带新，以新为主"的方法。如1958年的现代戏《红霞》中主要演员李淑君、侯永奎、丛兆桓，其中李淑君、丛兆桓都属青年演员。尤其值得一提的1962年排演的小型新编历史戏《千里送京娘》，在演出后的五十多年里从一出小型新编历史戏竟然演成了一出具有北昆特色的经典传统戏，成为了目前全国昆曲院团旦角和武生必学的经典传统剧目。这出戏在昆曲传承与发展的道路上是一出非常值得总结的戏，其艺术生命力是当代以来全国昆曲院团所排新编历史剧目中绝无仅有的。《千里送京娘》在剧目题材的选择、剧本唱腔的打造、角色形象的塑造、演员行当的搭配以及舞台呈现方式的改变及传承与发展等方面非常值得当代昆曲人去认真思考。这个剧目也是北方昆曲剧院为当代北京昆曲在传承与发展上贡献的最成功的剧目之一。

因地处全国的政治文化中心，北方昆曲剧院建院以来，在当代昆曲传承与发展的道路上，也非一帆风顺。典型的就是震惊全国的"昆曲《李慧娘》事件"。如果说1956年浙昆《十五贯》救活了一个剧种的话，那么，1962年北昆排演的新编历史戏《李慧娘》可以说不仅让昆曲甚至让一个国家陷入了空前浩劫。凡直接参与昆曲《李慧娘》的北昆院内外的人先后都受到冲击，或含冤去世，或关进监狱，或无休止地检查。1966年"文革"开始，3月，成立了9年的北方昆曲剧院被迫解散。北方昆曲剧院前辈老艺术家韩世昌、白云生等在"文革"中先后去世。其间，北方昆曲剧院一部分青年演员去了"样板团"，一部分改了行，一部分被下放。当代北京昆曲传承与发展被迫中止。

1976年，历经十年的"文革"结束。1978年12月18日至22日，十一届三中全会在北京召开。中断了十年之久的当代北京昆曲的传承与发展再次提到日程。在十一届三中全会结束的当天，1978年12月22日，《人民日报》发表了《北京文化局平反昭雪工作进展快》一文，提到了北京市为韩世昌等著名艺术家平反的内容："北京市文化局加快步伐，落实党的干部政策和知识分子政策。今年五月以来，在为原北京市文联主席、人民艺术家老舍平反昭雪后，又相继为被林彪、'四人帮'迫害致死的马连良、荀慧生、李再雯（筱白玉霜）、叶盛章、焦菊隐、韩世昌、秦仲文等著名艺术家平反昭雪，为受诬陷迫害的曹禺、赵起扬、张子余等一大批干部和知识分子落实了政策。"1979年3月11日，中共北京市委正式批准了北京市文化局《关于恢复北方昆曲剧院请示》，北方昆曲剧院正式复院。北昆复院复排的第一出戏就是新编历史戏《李慧娘》。在十年寒冬的煎熬中，北京的又一个昆曲的春天到来了。

本文主要是以新中国成立后北方昆曲代表团与北方昆曲剧院的传承与发展历史为叙述线索。规定的时间上限为1949年，时间下限为1979年。虽然以北方昆曲代表团与北方昆曲剧院的历史为主线做本文阐述属题中应有之义，但毫无疑问，本文不应仅局限在北方昆曲剧院的历史，还需有一些北京曲社、曲家、曲友等对北京昆曲艺术发展做出的努力与贡献的阐述，当然还应上至中央、文化部、中国剧协、北京市各位领导，下至如戏曲界、知识界、文化界、教育界等南北社会贤达人等的积极参与和支持方面的表述。可实因字数和篇幅所限，不能面面俱到，一一展开，故待日后有机会再为详述，以期对这个题目有更为完整的描述。

**参考文献：**

1. 傅谨主编：《戏曲艺术》（增刊），中国戏曲学院学报，2013年。

2. 胡明明：《"南北曲"——清"内廷"昆弋两腔"同台"演剧的基石——兼论昆弋"同体"现象的特殊性》，《戏曲艺术》，中国戏曲学院学报，2015年第2期。

3. 张蕾：《北方昆弋"同台、同班、同籍"演剧形制考察——以晚清民国时期北方昆弋职业班社"荣庆"社与"祥庆"社为例》，《戏曲研究》，第93辑，文化艺术出版社，2015年。

4. 张蕾：《试论北方昆弋的特殊性及历史地位》，《戏曲研究》，第95辑，文化艺术出版社，2015年。

# 参考资料

**报纸**

《顺天时报》(1918—1924) 国家图书馆 缩微

《申报》(1919—1938) 国家图书馆 缩微

《人民日报》(1949—1976) 国家图书馆 数据库

**书刊**

《观剧建言》，齐如山著，京师京华印书局1914年出版。作者1913年曾在正乐育化会演说，从演剧的角度谈戏曲改良问题。本篇则是从观众的角度谈论此题。书中列举民国初年戏曲舞台上出现的种种弊病，认为都与观众的道德修养、欣赏水平有密切关系。

《云红集》，戏曲评论集，北京顺天时报社1914年出版，会友书社总发行。编者为徐吁公和日本人村田江城。该书辑录当时报刊所载有关河北梆子演员杜云红之文字而成册，全书共222页，卷首有云红便装照及剧照三帧。文字分序言、题词、小史、艺园、评林、杂俎、附录等章节，其中有文人墨客题赠云红之诗词、文章，对云红所演各剧的评论和记载同代女伶演剧及剧界活动的史料。

《传奇汇考》，佚名撰，古今书屋1914年出版。此书考证清雍正以前元明清传奇、杂剧的剧情、作者姓名及经历，间附评论。体例与《乐府考略》大致相同，且有重复，故有人疑为《乐府考略》的前身，或竟是一人所作。1928年大东书局曾以此书与《乐府考略》合并刊行，改名为《曲海总目提要》。

《娱闲录》，四川公报文艺性增刊，四川公报社1914年出版，成都昌福公司印刷。铅字竖排16开本。书中有插画、短篇小说、长篇小说、时事小言、游戏文、文苑、剧本等栏目,另有戏剧专栏。"名优"一栏介绍、评论戏曲演员,"剧谈"一栏为戏剧批评。"剧本"栏目有传统戏、西剧(话剧)、新剧。"梨园丛录"刊有戏曲史料、梨园掌故。

《清代声色志》,进步书局编辑所编辑,上海进步书局1915年11月出版。该书分"优"与"妓"两部分,分别介绍了自明末到清代的戏曲名优及名妓情况,简叙其生平、轶事和演技等。

《小说考证》,戏曲、小说史料专著。编者蒋瑞藻(1891—1928),别号花朝生、孱提居士。浙江诸暨人。《小说考证》全书正编十卷,续编五卷,附录、拾遗各一卷。共辑录自金元至清代470余种戏曲、小说(包括部分清末民初翻译小说、弹词、平话)的研究资料。其中涉及戏曲的资料约350余种。内容涉及作者生平、题材源流、史实考证和对作品的评论分析等。《小说考证》正编十卷编就于清宣统二年(1910),稍后完成续编。最初刊于上海《神州日报》,后在《东方杂志》连载。民国四年(1915)商务印书馆出版单行本。

《顾曲麈谈》,戏曲论著,吴梅著,商务印书馆1916年出版。全书共四章:一、原曲,论宫调、音韵及南北曲作法。二、制曲,论剧作法、作清曲法,认为作剧应结构严谨,词采宜高妙,宾白宜优美。三、度曲,论五音、四呼、四声、出字、收声、归韵、曲情等唱曲规律。四、谈曲,对元、明、清一些重要作家及作品进行了评介。同年,该书被编入商务印书馆出版的《文艺丛刊》甲集本。

《成都鞠部题名》(又名《诸伶小传》),1916年出版发行,昌福公司代印。愚叟著。线装竖排小32开本。该书是以川剧演员为主的评传,前有著者自序一篇及凡例一篇。书中所载诸人是作者曾亲观其表演的演员,只闻名而未见者不录。此书侧重于演员演技的介绍和评论。书分上、下两卷。上卷载有谭云仙、月月红、明玉、小红宫、何喜凤等67人小传。下卷载有唐双长、李名扬、萧楷成、周名超、王锡斋等49人小传。后附有《清客金鼎花小麦浪合传》《魏香庭秦宝卿合传》。

《伶史》,穆辰公著,汉英图书馆1917年5月出版。该书以传记体形式叙述了程长庚、孙菊仙等近代名伶的事迹、言行,并以声望、资格、品行、身世等

269

为标准，按本纪、世家、列传分类排列。全书从社会的角度，探讨了近代梨园的变迁，以存一代之真相。这与其他伶人传记侧重记述其艺术优劣有所不同。

《清稗类钞》，笔记，编者徐珂，字仲可，杭州人。清光绪间举人，曾任商务印书馆编辑。生平浏览广博，习闻掌故，搜集清顺治至宣统朝野逸闻、稗史笔记、诗文集和新闻报刊，晨纂露抄，仿《宋稗类钞》辑成此书，共42册，分92类，凡13000余条，约300万余言，内容包括典章制度、经济、文化、艺术等方面，是一部较为严谨而完备的研究清史的参考书。其中"戏剧"、"优伶"、"音乐"及"娼妓"四类，收录了不少清代的戏曲、音乐（器乐）、杂技、傀儡、马戏、魔术、曲艺、民歌、电影等资料。原书初刊于中华民国六年（1917），由商务印书馆出版，系断句本。后由中华书局改为新式标点本陆续重印出版。

《读曲丛刊》，董康辑，诵芬室1917年刻本。此书别题为《诵芬室读曲丛刊》，是最早的一部古典戏曲史料汇编。据目录，原计划汇刻戏曲史料、论著8种，其中，明沈宠绥《度曲须知》1种，注明"嗣出"，实际收录7种，计有：《录鬼簿》2卷（元钟嗣成）、《南词叙录》1卷（明徐渭）、《衡曲麈谈》1卷（明骚隐居士）、《曲律》1卷（明魏良辅）、《曲律》4卷（明王骥德）、《顾曲杂言》1卷（明沈德符）、《剧说》6卷（清焦循）。该书另刻有《旧编南九宫目录》及《十三调南曲音节谱》2种，在通行本中未见。

《北京女伶百咏》，戏曲论著，都门印书局1917年出版。作者燕石嗜剧，挑选北京名优女伶百余人，如金玉兰、小翠喜、孙一清等，每人以七言绝，八字评语，详细叙述其色艺事迹；另如恩晓峰、金月梅等虽曾来京露演但未常见者亦不录。百名演员中有小香水、刘喜奎、鲜灵芝等河北梆子演员53人，小兰英、金凤奎、李桂芬等皮黄演员40人，另在一些演员纪事中附记者29人，其中梆子演员16名，皮黄演员13名。每篇二三百言不等。

《花部农谭》，戏曲论著，1917年出版印行，该书原为清焦循著，一卷。成书于嘉庆二十四年（1819），民国六年（1917）董康辑入《读曲丛刊》本，后来又有民国十年（1921）陈乃乾辑、古书流通处印的《曲苑》本及民国十四年（1925）的《重订曲苑》本，民国二十一年（1932）上海圣湖正音学会增订、上海六艺书局印行的《增订曲苑》本。该书就花部所演十种剧目，略叙故事，考其流变，评论优劣。他认为"吴音（指昆曲）繁缛"，"而听者使未睹本文，无不茫然不知所谓"，而花部"其词直质，虽妇孺亦能解，其音慷慨，血气为之动荡"。意见独具，不同流俗。这是中国戏曲理论批评史上第一部专论地方戏曲的著作。

《乐府传声》，戏曲音乐论著，北京肇新印刷局1917年石印出版，民国二十九年（1940）中华书局聚珍仿宋排印《新曲苑》本。该书原为清徐大椿撰，约成书于乾隆九年（1744）。此书以简洁文笔，把词曲唱法中主要环节，包括字音、发声及口形、乐曲感情处理等，在技巧、方法、知识、渊源上，分门别类，进行阐述。有的编成扼要口诀，如"出声口诀"、"辨五音口诀"等，是一部系统研究戏曲演唱的著述。

《梨园原》，戏曲表演论著，1917年由梦菊居士汇辑两种抄本，加以校订，初次铅印出版。后有上海出版的两种石印本、北京中华印字馆出版的一种铅印本，均根据梦菊居士印本重印。该书内容主要有"艺病十种"、"曲白六要"、"身段八要"、"宝山集八则"（周贻白据《明心鉴》原文疏注收入《戏曲演唱论著辑释》一书），是中国古代仅见的一部表演艺术专著，为研究昆山腔表演艺术的重要资料。

《盛明杂剧》，剧本集，1917年由董氏辑刊。原明沈泰等辑。计收汪道昆《高唐梦》《五湖游》《远山戏》《洛水悲》；徐渭《四声猿》；陈与郊《昭君出塞》《文姬入塞》《袁氏义犬》；沈自徵《霸亭秋》《鞭歌妓》《簪花髻》；叶宪祖《北邙说法》《团花凤》；孟称舜《桃花人面》《死里逃生》；康海撰《中山狼》；王衡《郁轮台》；梁辰鱼《红线女》；梅鼎祚《昆仑奴》；孟称舜原本、卓人月重编《花舫缘》；徐士俊《春波影》；汪廷讷《广陵月》；绿野堂（王衡）《真傀儡》；秦楼外史（王骥德）《男王后》；蘅芜室《再生缘》；破悭道人《一文钱》；竹痴居士《齐东绝倒》等剧本。

《元曲选》一名《元人百种曲》，明臧懋循编。为元杂剧剧本选集，收杂剧作品一百种，大多为元人作品，少量为元明之际作者所作。原书曾编为十集，前五集（甲集至戊集）刊于明万历四十三年（1615），后五集（己集至癸集）刊于次年。每集十卷，收剧十种。每剧各折之后，附有"音释"。首载臧懋循自序两篇。其选剧的准则是从当时所存大批作品中，"摘其佳者若干"，"以尽元曲之妙"，使后世作者"知有所取则"。现今传世的160余种元杂剧，《元曲选》所选占近三分之二，而且多是元人杂剧的精华。臧懋循在编选本书过程中，曾对作品有所改订，他不仅取各种版本"参伍校订"，而且还删抹繁芜，"其不合作者，即以己意改之"，对此，后人有非议，亦有肯定者。民国七年（1918）商务印书馆据明博古堂刊影印本、民国二十五年（1936）世界书局排印本等多种版本。

《鞠部丛刊》，戏曲论著丛书周剑云主编。交通印书馆1918年出版。全书分"霓裳幻影"、"剧学论坛"、"歌台新史"、"戏曲源流"、"梨园掌故"、"伶工小传"、"粉墨月旦"、"旧谱新声"、"艺苑选萃"、"骚人雅韵"、"俳优轶事"、"品菊余话"等十二门。辑录了民国初年冯叔鸾、冯小隐、刘豁公、舒舍予、杨尘因、姚哀民、周剑云等评论戏剧的文章、诗词共50余万字。内容以论述京剧的历史、剧目和表演为主，兼及昆曲、话剧（当时称为新剧）和曲艺，并选载谭鑫培、汪桂芬、孙菊仙、汪笑侬、欧阳予倩等的演出剧本数种。此书搜集资料甚为丰富，但较庞杂。其中"霓裳幻影"刊有照片150余幅。

《曲品》，戏曲论著，明吕天成著。民国七年（1918）北京大学铅印出版。该书初稿写于明万历三十年（1602），万历三十八年（1610）重加更订，万历四十一年（1613）又做过一次增补。共二卷。上卷品评南戏、传奇作家95人，散曲作家25人；下卷品评南戏、传奇作品212种。《曲品》是我国头一部品评戏曲作品的专著，也是现存最早的一部传奇作家的传略和目录，可以从中了解到许多不见于他书记载的作家生平和已佚作品的内容，提供了丰富而珍贵的戏曲史研究资料。《曲品》在评论戏曲作家、作品中，还提出一些值得重视的有关情节、关目、词采、音律等方面的戏曲理论见解。

《京剧考证百出》，刘豁公编，中华图书集成公司1919年4月出版。该书分为两部分：（一）歌曲探源，作者从戏曲的角色、唱做及昆曲等方面，简要介绍了戏曲概况；（二）剧目考证，介绍了京剧剧名、故事梗概、源流及当时演出状况。

《词余讲义》，吴梅著，北京大学出版部1919年12月出版。该书据王骥德

《曲律》为本，博采各家之言录成此书，共十二章：曲原、宫调、调名、平仄、阴阳、作法、论韵、正讹、务头、"十知"、家数。论述了戏曲之起源、填词、度曲、制谱及曲家流派等问题。

《剧学指南》，林修竹编辑，1919年石印本。全书共二册，介绍有关中国传统戏的常识。内容涉及戏曲的起源、皮黄戏的度曲、南北曲牌名、胡琴演奏法、衣箱服饰、梨园规则、掌故轶闻及名词术语等。

《昆曲粹存初集》，昆剧曲谱，上海朝记书庄1919年石印出版。该曲谱集原由清末殷溎深订谱，昆山东山曲社编。宣统三年（1911）编成。共收《铁冠图》《千忠戮》《鸣凤记》《吉庆图》《精忠记》等剧目的折子戏50出，宾白俱全，工尺准确。

《石巢传奇四种》，传奇剧本集，1919年辑刊。明百子山樵（阮大铖）撰，董氏于本年辑。收阮氏撰传奇四种，计《勘蝴蝶双金榜记》《燕子笺记》《十错认春灯谜记》《马郎侠牟尼合记》等。

《中国剧》，[日]辻武雄著，顺天时报社1920年4月出版。该书以纪事体裁，提纲挈领地介绍了中国戏曲。内容有：古代至民国戏曲发展历史，戏曲脚色、服饰、唱歌、剧本等方面特色，以及优伶、剧场、经营管理制度、演出状况、剧目评论、梨园掌故轶闻等，侧重于清道光后的情况介绍。书后附有《戏目类别一览表》《近世名伶一览表》《已故名伶拿手戏目》《现今名伶及票友拿手戏目》以及《南北都会剧场表》。

《戏学大全》，刘豁公著，生生美术公司1920年4月版。本书共两册，分"梨园常识"、"度曲金针"、"歌场笑"、"粉墨春秋"、"名优列传"、"剧余鳞爪"等专题，向戏曲爱好者介绍一些戏曲常识、伶人生活及演出的趣闻，并为梅兰芳、梅巧玲、杨小楼、谭鑫培、张二奎、孙曦丞等作了小传，还附有部分戏曲及大鼓书之唱词及部分伶人的演出剧照。

《梅欧阁诗录》，张謇等撰，1920年排印本。民国初年，为纪念梅兰芳和欧阳予倩两位艺术家同台演出，在南通更俗剧场内设置了梅欧阁。该书汇辑了当时南通社会人士与梅、欧唱和的诗词，诗中多对梅、欧二人剧艺的赞咏。

《梅郎写真》（第一辑），佚名著，上海梅社1920年出版。该书辑民国初年梅兰芳新排戏之剧照及化妆照片40余帧，每帧后附友人题词。

《永乐大典戏文三种》，叶恭绰从伦敦书肆购回《永乐大典》戏文，1920年刊行于世得名，是为最早刊印本。这些剧目原收录于《永乐大典》第13991卷中。包括《张协状元》《宦门子弟错立身》《小孙屠》三种。《永乐大典》系明成祖永乐元年（1403）解缙、姚广孝编辑，初名《文献大成》，后广采各类图书七八千种，历时五年重辑成书，改称《永乐大典》。全书正文22877卷，凡例和目录60卷，共22937卷，装成11095册，包括经、史、子、集、天文、地理、阴阳、医卜、僧、道、技艺等方面。

《六也曲谱》，昆曲谱集，苏州振新书社1920年石印出版，仅出初集四册。此曲谱集为清末吴县曲师殷溎深原稿，张怡庵校订，收昆曲折子戏34出，卷首有光绪三十四年吴梅序。民国十一年（1922）上海朝记书庄出版石印本，分元、亨、利、贞4集，每集6册，共24册，收昆曲折子戏198出，宾白俱全，工尺准确，为昆曲演出常用，卷首亦载有吴梅光绪三十四年序。

《弦歌必读》，香港钟声慈善社粤乐部丘鹤俦1920年编成出版，共分3册。丘在民国十七年（1928）之前又编著《琴学新编》第一、二集和《琴学精华》，这些读物成为一套循序渐进、比较系统的粤乐教科书。其中有唱词和曲谱（工尺谱），还列举"英文译音腔口字"。这时正是粤剧由"官话"改唱"白话"的时期，从这几本读物所载的唱腔曲谱中，可以看到粤剧唱腔在这个时期的演变过程。

《曲苑》，戏曲论著、史料汇编。近代海宁陈乃乾编辑。民国十年（1921）由古书流通处印行，为影石印巾箱本，凡十册。收录唐至民国重要戏曲论著14种，其中根据《读曲丛刊》影印的为7种，计有《录鬼簿》《南词叙录》《旧编南九宫目录》《十三调南吕音节谱》《曲律》《衡曲麈谭》《剧说》。另有明梁辰鱼的散曲集《江东白苎》一种。较《读曲丛刊》新增的为6种，计有明《曲品》《曲话》《新传奇品》《雨村曲话》《曲目表》《曲录》。民国十四年（1925）陈乃乾再编《重订曲苑》，仍是影石印巾箱本，全书20册。所收戏曲史料、论著增至20种，其中据《读曲丛刊》及《曲苑》重印的15种外，新增5种，计有《中原音韵》《度曲须知》《词余丛话》《戏曲考原》《曲目韵编》。

《春雪阁曲谱》，昆曲曲谱，上海朝记书庄1921年石印出版。该书为清末殷溎深谱。凡三卷，共2册。收《玉簪记》《浣纱记》《艳云亭》三种宫谱，记谱准确，通俗。

《乐府新声》，上海国华书局1922年出版。本书分四辑，收录了清末民初梨园的掌故轶闻，其中包括衰梨老人的《同光梨园纪略》、天亶《伶史外集》《弄窥蠡记》、舍予的《海上各舞台之状况》、醒民的《伶人趣闻》。

《度曲须知》，戏曲声乐论著，上海商务印书馆1922年据明崇祯本影印出版。此书原为明沈宠绥撰，共2卷36章，系《弦索辨讹》的姊妹篇。该书兼论南北曲，内有两章略论南北戏曲声腔源流及弦律存亡问题，末两章录引魏良辅《曲律》及王骥德《曲律》中"亨屯曲遇"，其余皆是解说南北戏曲歌唱中念字吐音的格律、技巧和方法，是沈氏自己唱曲经验的实录，有独创见解。

《道和曲谱》，昆剧曲谱集，上海天一书局1922年石印出版，凡四册。这是为纪念道和曲社活动一周年而编，苏州道和俱乐部审订。该书有吴梅《荆钗记小序》，收《荆钗记》中"眉寿"至"钗圆"26出，宾白俱全，工尺准确。另有会员名录及曲家汪家玉、张紫东、徐镜清等30人的照片。

《北词广正谱》，北曲曲谱集，北京大学1922年影印出版，该集原为明末清初李玉编。据徐于室所辑北曲谱加以扩充，凡18卷，内4卷有目无曲。选录北曲曲牌447个，每个曲牌列出不同格式，举例说明，分别正字衬字，注明板式，收罗较为详备。

《名伶化装谱》，戴兰生、何卓然编，实事白话报社1923年2月版。该书广辑当时活跃在戏曲舞台上的著名男演员余叔岩等人剧照100帧，按行当排列，并附载了这些演员的略历，及社会名流的题咏、诗赞等。作者为实事白话报社之记者。

《霓裳影》，中华印书局辑，周瘦庐题赞，笑笑生题诗，中华印书局1923年3月出版。该书汇辑了清末民初的名伶、票友、坤伶、童伶照片130帧，并辑有对这些演员技艺、事略的题赞。

《九宫大成南北词宫谱》，清乾隆间内府刊本，古书流通处1923年影印本。该书简称《九宫大成》谱。清庄新王允禄奉敕编纂，由乐工周祥钰、邹金生、徐兴华、王文禄、徐龙、朱廷镠、蓝畹等人编纂,历时5年,于乾隆十一年(1746)成书。全书82卷,词曲北套曲188套,南北合套36套,单体曲牌有南曲1513曲,北曲581曲,共2094曲,连同南北曲变体在内,共4466首曲调,依宫调排列,详举各种体式,分别正字、衬字、韵叶,注明工尺、板眼。所选曲调范围,包括大曲、诸宫调、南戏、元曲、明清昆曲、清宫廷承应戏等。

《歌场妙影》,纪凤翱、沈生今编,国华书局1923年出版。该书汇辑梅兰芳等著名戏曲演员,及说唱艺术演员的小影60幅。

《律和声》,刘豁公、袁寒云、刘山农编辑,律和票房1924年1月出版。该书是上海律和票房成立纪念刊,内容包括赠言、贺词、字画、照片,及本票房规章制度、会员录、职员表。

《红腔素影》,(上集)齐嘉笨辑,笑笑生题诗,中华印书局1924年4月出版。该书辑当时著名坤伶剧照、生活照114帧,笑笑生逐篇为之题词。

《名伶艳装影集》(第一册),津门梦优辑,京华印书局1924年9月出版。该书搜集当时男女名伶剧照32帧。

《乐府本事》,清平步青撰,绍兴四有书局1924年出版。该书卷端书名标作《蚬斗廎乐府本事》。辑录了杨华媾、退红衫、雨雪媒等作者所制59出杂剧本事,并详注其题材来源。

《韵学骊珠》,上海朝记书庄1924年石印出版。该书原为清太仓沈乘麟撰。以明范善臻《中州全韵》为底本,参照《中原音韵》《洪武正韵》写成。成书于清乾隆五十七年(1792),有嘉庆元年(1796)枕流居刊本、光绪十八年(1892)华亭顾文善斋刊本。该书分四声二十九韵,平声去声均分阴阳两类,上声虽在韵目下注明"阴阳会",而韵内标注"阴上声"、"阴阳通用"、"阳上声"三类。入声恢复专立,列入韵,亦分阴阳,便于唱曲时应用。

《元刊杂剧三十种》,剧本集,上海中国书店1924年影印出版。该书原为清黄丕烈题名为《元刊古今杂剧》,王国维改题此名。该书共收关汉卿《单刀会》、马致远《陈抟高卧》、王伯成《贬夜郎》等杂剧30种(其中仅见于此书的孤本14种),大部分作品仅存唱词,没有宾白,与明刊本不同,是现存最早的元杂剧剧本集,为研究元杂剧的珍贵资料。

《蜀伶杂志》，四川戏曲杂录集，1924年出版。壁经堂编辑，竖排铅印。全书分茶园、班目、伶官榜、新剧目、传、序、书、启、诗、词、诗钟、楹联、剧坛、杂录共14类。以成都为主，记载清末民初戏曲演出场所、川剧班社、演员、京剧、川剧剧目、剧评及艺坛轶事等。

《戏剧论选》，刘汉流主编，中华印刷局，1925年11月出版。这是一本戏曲论文集，收有刘汉流、王小隐、徐凌霄等人的文章40篇。内容包括戏曲之起源、戏曲之音律板式、戏曲角色之名称、舞台砌末、戏装、脸谱等方面的论述。

《重订曲苑》，陈乃乾辑，1925年影石印巾箱本。该书所收戏曲史料、论著20种，其中据《读曲丛刊》及《曲苑》重印的15种除外，新增加的又有5种，计有：《中原音韵》（元周德清）、《度曲须知》（明沈宠绥）、《词余丛话》（清杨恩寿）、《戏曲考原》（王国维）、《曲目韵编》（董康）。

《梨园外史》，潘镜芙、陈墨香著，京华印书局1925年出版。全书以章回小说的形式，讲述了清道咸以来的伶官故事，其中多为乱弹演员。书中涉及的人物实有其人；涉及的事物有所虚构。叙述了晚清梨园的状况、伶人的生活，是了解梨园掌故的参考资料。

《绘图精选昆曲大全》，昆剧曲谱，上海世界书局1925年石印出版。该书原为清吴县张怡庵辑。凡4集24册。收《长生殿》《渔家乐》《占花魁》《满床笏》等传奇50种的200折。毕采昆剧曲目，曲、白、板眼皆悉心订正，笛色、锣鼓乐谱俱全，并绘有每折剧情图，对昆剧流传影响较大。

《遏云阁曲谱》，昆剧曲谱集，上海著易堂书局1925年铅印出版。该书原由清清河王锡纯辑，苏州曲师李秀云拍正。该书共收当时戏班常演和流行的昆剧《琵琶记》《长生殿》《临川四梦》《幽闺记》《水浒记》《西厢记》及时剧《思凡》《下山》等87出折子戏的曲谱，细加校正，详记念白唱腔，工尺完备，增点头末眼，并注明"豁腔"、"擞腔"等腔格符号，变冷板清唱（清宫）为场上演唱（戏宫），为演员和爱好者所乐用。另附有天虚我生《学曲例言》一卷。

《曲目韵编》，曲牌名录，董康编。1925年出版，共二卷，收入陈乃乾编《重订曲苑》石印巾箱本。民国二十一年（1932）又收入上海圣湖正音学会增订、六艺书局印行的《增订曲苑》铅印本。该书按曲牌名首字，依诗韵"平水韵"韵目分部归类，每一曲牌名下注所属宫调，间附别名。同名异调并列。转入他宫者除用阴文并列外，还注明转入之宫调。卷上收北曲518支，其中末附韵者8支。卷下收南曲1055支，其中末附韵者6支。

《雅歌集特刊》，刘豁公编，雅歌集1925年出版。"雅歌集"是上海最老的京剧票房之一，成立于清宣统元年（1909），前身是清末票房"市隐轩"。著名京剧演员贵俊卿、盖叫天、赵小廉、赵如泉等曾在"市隐轩"指导。此特刊为"雅歌集"成立十五周年纪念刊，内容除历史的回顾外，主要是票友的戏曲评论文章。书后附有《雅歌集简章》及《会员姓名地址一览表》。书前有照片多幅。

《诵芬室丛刊》，艺文丛书，董康辑，1925年始陆续刊印成册。除戏曲剧本、论著外，还辑有乐府、诗文、话本等。分初编、二编。初编中辑有明梁辰鱼撰《江东白苎》二卷、续二卷，民国四年（1915）刊印；清吴伟业撰《梅村乐府三种》，即《秣陵春传奇》《通天台》《临春阁》三种，刊于民国五年（1916）。二编辑《读曲丛刊》《盛明杂剧》30种、《盛明杂居》二集30种、《石巢传奇四种》；另有话本四种集子。

《集成曲谱》，昆曲曲谱。由避居天津的王季烈与嘉兴刘凤叔合作考订，民国十四年（1925）商务印书馆出版，两次印行千余部。计收流行昆曲416个折子戏，详记曲词科白，较通行曲谱更为完备。分金、声、玉、振四集。每集附有王季烈探讨曲、律的论文。民国十七年（1928），这些论文汇成单行本，取名《螾庐曲谈》交商务印书馆出版。分论度曲、作曲、谱曲和传奇源流，词曲掌故等余论四卷。《螾庐曲谈》与吴梅之《顾曲麈谈》并行传世。民国二十九年（1940），鉴于《集成曲谱》多毁于兵燹，乃从中选出一部分另辑《与众曲谱》，并附《度曲要旨》一卷于其各折戏末尾作为参考，以合笙社名义由商务印书馆出版。

《湖阴曲初级》，戏曲剧目选辑，鲍筱斋选编成书，北京撷华书局1925年出版。有李士林撰序，程其瑞绪言。内容包括剧目18个：《罗梦》《扫秦》《寄信》《跪池》《劝农》《打子》《收留》《教歌》《莲花》《旅店》《扫松》《拷红》《花魁》《下山》《花鼓》《刺汤》《借妻》《学堂》等。

《菊部丛谈》，上海大东书局1926年出版铅印本，常州张肖伧著。书有三部分:《燕尘菊影录》记清末民初北京舞台上京剧、昆曲、秦腔等剧中的著名艺人程长庚等303人的经历,按生、旦、净、末、丑各行分列,评论其技艺;《歌台摭旧录》记录当时戏曲界遗闻轶事;《蒨蒨室剧话》收录作者发表于各报刊的戏曲评论文章。全书保存了许多珍贵的戏曲史料。书前附有80余帧著名艺人照片,封面有梅兰芳题签及贾璧云山水画。

《新旧戏曲之研究》,佟赋敏著,商务印书馆1926年9月版。该书将戏曲分为新旧两种:旧戏指昆曲、皮黄、杂剧、社剧、傀儡戏和影剧;新剧指话剧、文明剧及说书。作者将两者一一进行研究,并介绍了剧场舞台、表演化装等常识,并附有一定数量的辞典范本。

《中国戏曲概论》,吴梅著,上海大东书局1926年出版。该书是较早的一部研究中国戏曲的专著。凡三卷,叙述了金、元至清代戏曲发展的历程及特点,追溯其渊源,考证其流变,指出其瑕瑜,论及其盛衰。上卷论金元诸杂院本、诸宫调、杂剧、散曲;中卷论明人杂剧、传奇、散曲;下卷论清人杂剧、传奇、散曲。详列院本、杂剧、传奇等名目,评述曲文词章的演变与优劣。书中为后世的戏曲研究者提供了重要的线索。

《中日名伶合影集》,戴正一编辑,群强报社1926年12月二版。作者将1926年来华演出的日本名伶守田勘弥等及我国曾东渡日本的诸伶梅兰芳、十三旦等人的照片、小传汇辑成册。再版时增加了我国女伶、童伶的照片及小传。

《鞠部丛谈校补》,罗瘿公著,李释戡校补,1926年刻本。此书分为二卷,为作者遗著。作于1919年,文中评介了清末民初的戏曲演员情况,涉及当时的演剧习俗、掌故轶闻等。其友李释戡对其所述失实、不详之处,附加评语,予以校补。

《中乐寻源》,音乐论著,上海印书馆1926年刊印,宜兴童斐著。分为上、下两卷。卷前有吴梅序及作者自序。上卷八章为总论,对音乐起源、音乐与教育、宫调、律吕、音韵、谱式及乐器等皆有论述;下卷结合各种曲谱,专门论述曲律,包括古代曲谱、南北曲套曲(附有宾白)等。书中乐理部分将中西音乐比较说明。各种体式均附有谱例,是论述我国戏曲音乐、古典音乐及歌唱艺术的通俗著作。

《白下琐言》，清江宁甘熙著，1926年重印发行，该书共十卷，自嘉庆十年（1805）起至道光中期，撰成此书。光绪十七年（1891）由傅松生于金陵初刻刊行，至辛亥散失。全书记述金陵掌故、逸闻、轶事，其中二、三、四、六、八卷分别记述与戏曲相关的庆余班、伶人扮演活动、脚色行当情况、伶人祭祀老郎庙、报恩寺陈百戏以及明初设立教坊司富乐院等珍贵戏曲史料，是研究明清戏曲史重要参考书之一。

《戏曲论》，余心编，光华书局1927年2月出版，大光书局1936年8月再版。该书认为戏曲的中心问题是演剧性与文学性问题。戏曲是由人类的意志而产生，应感情的表演。戏曲在文学家以文字表现的时候，为诉诸文学的空想；在艺术家于舞台表演的时候，为诸演剧的视听及空间的艺术。

《齐如山剧学丛书》，齐如山著，1927年11月至1935年7月排印本。此丛书包括《中国剧之组织》（1928）、《京剧之变迁》（1935）、《戏剧脚色名词考》（1927）、《国剧身段谱》（1935）、《上下场》（1935）、《脸谱》（1934）、《戏班》（1935）、《行头盔头》（1935）、《国剧简要图案》（1935）。

《戏剧脚色名词考》，齐如山著，民国十六年（1927）排印本。该书是《齐如山剧学丛书》之一种，收录了自元代以来北京地区戏曲各行、科可考名词111种，简介行当的起源、演变，剧目中扮演的角色、表演特点，以及各科职责、规矩等。

《艺概》，文艺论著，北京富晋书社1927年出版铅印本。此书为清刘熙载著。共六卷。内分《文概》《诗概》《词曲概》《书概》《经文概》，作于同治十二年（1873）。《艺概》收在同治年间所刻的《古桐书屋六种》中。《词曲概》论曲部分曾收入《新曲苑》，改题《曲概》。书中论述了曲与诗、文、词、赋的传统关系，评论曲文音韵。刘氏将《太和正音谱》对元曲的品评，分为清深、豪旷、婉丽三品，为后世曲家论曲时所重视或引述。

《国剧运动》，戏剧论文集，余上沅编，上海新月书店1927年出版发行。此书为余上沅、越畸（太侔）、闻一多等于民国十五年（1926）发起的"国剧运动"的论文专集，所收文章都曾发表于北京《晨报》之副刊《剧刊》上。共收史、论文章23篇，内容多以西方戏剧艺术为参照，记述中国戏曲的价值、前途等问题。正文前有余上沅的序,后有附录《北京艺术剧院计划大纲》《中国戏剧社组织大纲》《余上沅致张嘉铸书》三篇。

《梁樵曲本》,川剧剧本集,梁山文萃石印馆1927年代印出售。冉樵子编辑,钱德安、刘离初、朱乃卿、许仲岳等校订。全书分上下册。上册为《刀笔误》;下册为加工修改的传统川剧,计有《孝妇羹》《舟饯》《金山寺》《重梦缘》《青梅配》《醒妓》《琴挑》《脱险投庄》《杀子告庙》。

《昆曲新导》,刘振修编,中华书局1928年3月版。本书分通论、曲谱部分。通论部分介绍了昆曲的起源、派别、在文学和音乐上的价值,以及在当时剧坛的地位;曲谱部分,共选南北清曲120支,由工尺谱译成西乐简谱,供欲研究昆曲而苦于不识工尺谱者使用。

《戏场闲话》,实事白话报社编辑部编,实事白话报社1928年8月出版。全书共二集,为报社戴兰生、何卓然、庄荫堂所辑。汇辑民国初十余年间剧评家于报刊发表的戏评散论。文章列举了关于戏场、戏词、戏史、服饰、脚色、艺术等方面的利弊得失,旨在促进艺术进化、风格改良。

《梨园轶话》,唐友诗编辑,放庐斋室1928年8月刻本。此书共二集。作者将自己20余年搜集的戏曲界见闻编辑成册,内容包括剧韵浅说、剧评、戏曲脚本、剧情梗概、富连成班社的梨园条例及北京剧场情况和掌故轶闻等。

《南北戏曲源流考》,[日]青木正儿著,江侠庵译,商务印书局1928年9月出版。此书所说的南北戏曲,指宋元以来南方与北方的戏曲。作者侧重从文学和音乐方面研究南北戏曲的起源、盛衰及其音乐的沿革。

《昆曲皮黄盛衰变迁史》,[日]鹿原学人著,泰东图书局1928年10月出版。该书论及昆曲皮黄变迁盛衰的历史,记述了花部之诸腔、蜀伶之跳梁,以及徽班之勃兴。

《梨园影事》,戏曲史料专辑,上海大东书局1928年出版,徐州徐慕云编,袁寒云题签,徐朗西、张伯英作序题诗。后为参加美国芝加哥博览会,编者又与其胞弟徐筱汀对原作进行修改,增加资料,调整目序,经华东印刷公司于民国二十二年(1933)四月再版,印成2册,分仿古、平装本两种,于右任题签,刘春霖封里题词,蔡元培等15位著名人士题词、作序。该书收录作者的戏曲漫谈与艺人轶事，其中有若干篇用英文写成，附有剧词、剧本、曲谱及艺人小传，辑有京、昆、弋、秦诸腔名伶名票之剧照、便装照、画像、彩色脸谱等多帧。是研究我国戏曲史的珍贵参考书之一。

《曲海总目提要》，戏曲史料著作，上海大东书局1928年排印出版线装本，董康校订。董氏将《乐府考略》《考略》及《传奇汇考》（坊刻残本）合并，加以整理辑录，并与黄文旸辑《曲海总目》相勘校，题名《曲海总目提要》，凡40卷，收杂剧、传奇684种，有吴梅、天虚我生及董康序。该书以剧目名列条，署名撰者姓氏生平，详述剧情，有的略考源流或简作评论。从所收剧目中可得知若干已佚剧目的内容。

《顾曲金针》，薛月楼编著，新天津报社1928年出版。全书共二集，是研究皮黄戏的参考书。第一集为识曲凡要，详细介绍了皮黄戏的唱、念、扮相、欣赏、名词术语、掌故等常识；第二集是开场戏部，除简要介绍开场外，还收录了一些开场戏脚本。

《中国剧之组织》，齐如山著，1928年出版，此书特为梅兰芳赴美演出介绍京剧艺术所用。全文分为"唱白"、"动作"、"衣服"、"盔帽靴鞋"、"胡须"、"脸谱"、"砌末物件"、"音乐"八章。

《奢摩他室曲丛》，杂剧传奇剧本集，上海商务印书馆1928年影印线装本，吴梅校辑。分初集、二集。初集收传奇6种，即嵇永仁《扬州梦》《双报应》，沈起凤《报恩缘》《人才福》《文星榜》《伏虎韬》。二集收有《城斋乐府》24种及吴炳《粲花别墅五种》。

《制曲枝语》，戏曲理论专著，清黄周星撰，1928年由上海神州国光社据《昭代丛书》收入《美术丛书》第二集的重新排印印行。凡十则，专论戏曲创作方法，主张"少引圣籍，多发天然"、"雅俗共赏"、"能感人"、"自当专以趣胜"。

《北国的戏剧》，左纲编，现代书局1929年10月出版。该书收集了有关戏剧、戏曲的杂感和随笔20余篇。这些文章从当时戏剧界现状入手，探讨戏剧、戏曲发展中的一些问题。

《元剧研究ABC》，吴梅著，世界书局1929年出版。该书叙述了元剧的渊源和现存剧目，并考述了《太和正音谱》中所载元代曲家187人。据该书《例言》，此书分上、下两卷，下卷为元剧剖解，并释方言。

《车王府曲本》，戏曲剧本集，1929年首刊于《民俗》周刊，内载《五花洞》《蝴蝶梦》《夺锦标》《法门寺》《琼林宴》《瓦桥关》《如意针》等剧目。另有《善宝庄》《海潮珠》《琼林宴》《游地府》《滑油山》《定军山》以及《儿女英雄传》等连台本戏。该本原为清代北京蒙古车臣汗王府所收藏之戏曲、鼓词、子弟书等手抄本的总称。顾颉刚根据北平孔德学校藏书，编订为《蒙古车臣王府曲本分类目录》。

《大戏考》，戏剧、曲艺、歌曲唱片唱词汇编集，苏少卿、郑子褒编，上海先声出版社1929年出版，民国二十六年（1937）出版至13版。该书初版时名《唱片剧词汇编》，上、下两册，系剧评家苏少卿受高亭唱片公司委托所编，汇集了当时上海各唱片公司出品的戏曲、曲艺、歌曲的唱词300多种，戏曲剧中包括京剧、秦腔、楚剧、川剧、梆子、昆曲、越剧、申曲、扬剧、甬滩、苏滩、湖南戏、云南戏、汉口调、花鼓调等十余种。民国二十三年（1934）出至7版，因苏少卿已辞职，改请郑子褒重新编印，唱词增加到600多种，改书名为《大戏考》，并改为24开一册。1937年4月出至13版后，又增加续编一册，索引一册。

《汤显祖及其牡丹亭》，张友鸾著，上海光华书局1930年1月出版。作者从汤显祖的思想与作品、《牡丹亭》在文坛上之地位、《牡丹亭》本事、《牡丹亭》之音谱与词句、《牡丹亭》之女读者等几个方面，研究考证了汤显祖及《牡丹亭》。书中引证了《万历野获编》《近事丛残》《听雨轩笔记》等书中的大量资料。任二北为之作序。书中附录《明史·汤显祖》《玉茗先生传》两文。

《罗贯中与马致远》，谢无量著，上海商务印书馆1930年4月出版。作者把罗贯中与马致远称为元代平民文学的两大文豪。此书论及罗贯中之时代及著作，他的思想和在文学上的价值；论述马致远之人格、著作，以及与元代戏曲家之关系等问题。

《歌曲指程》，刘富梁著，永衡书局1930年出版。该书对戏曲声腔、韵律、常见的度曲弊病，学曲时应注意的问题，以及如何行腔吐字、共鸣用气，做了系统的介绍。

《元曲概论》，戏曲论著，商务印书馆1930年出版。贺昌群著，王云五编。

全书除序言、引论，共分九章：一、汉代乐舞与外国音乐的关系；二、隋唐间的乐舞；三、宋辽金的杂剧院本；四、元曲的渊源及其蒙古语的关系；五、元曲的作法；六、元曲的艺术；七、元曲的作家；八、元曲对于明清小说戏剧的影响；九、元明杂剧传奇与京戏的比较。

《弗堂类稿》，戏剧论著，姚华著，1930年铅印出版。该书有部分戏剧论述，认为戏曲"源于祭"。

《康周合演之绝剧》，川剧伶人介绍专集，1930年出版，张曜卿编，竖排铅印本。张曜卿序于渝州（重庆）。全书分：三庆会、剧目、传、诗、词、歌、曲、剧评、杂录九部分，辑录了张曜卿、梁樵、蒲伯英、刘著存、雨时甲、蕴藉簃主人、通泉竹楼倚声、邬建候（侯）、悟堪、钓石（内文作"均石"）署名的20余篇短著。文字部分，分别辑载了康子林、周慕莲所在三庆会概况、二人传略、吟咏康周技艺的诗词歌曲及对其技艺的评论等文章。扉页载有康周合演的《断桥会》《杀狗劝妻》《夺棍打瓜》《赶斋》《情探》《偷诗》和《离燕哀》之"戍娶"、"掩捕"剧照八帧。

《元人曲论》，曹聚仁校读，大中书局1931年4月出版，启智书局1933年11月再版。该书系据元代周德清《中原音韵作词十法》进行校注的。校读者除对原著逐条注释外，还论述了作词时需要注意的知韵、造语、用事、用字、入声作平声、阴阳、务头、对偶、末句、定格等等。

《坤伶百美图》，卢继影主编，曼丽书局1931年4月出版。该书搜集了南北坤伶照片百帧，并附以小传，介绍其身世、嗜好、擅长剧目等。

《元曲》，童斐选注，商务印书馆1931年10月出版。该书选元曲《汉宫秋》《李逵负荆》《老生儿》《东堂老》等4种杂剧，并附有提要。对元曲南北曲的流派、宾白、音乐、读者和文学特点，以及元曲的口味欣赏，在绪言中均有介绍。每折后都有简单音释和注解。

《戏出大观》，戏曲剧本选集，北平中央书局1931年出版，先后共出五册。其第五册为《蹦蹦评戏大观第一册》，河间齐家本选集，共收全本《父子巧姻缘》《张彦赶船》《离婚恶报》等18出，正文前印有雪艳琴、容丽娟等5幅照片和剧照。

《几礼居戏曲丛书四种》，周明泰著，1932年1月至1940年几礼居刻本。该丛书收录了《都门纪略中之戏曲史料》《五十年来北平戏剧史材》《道咸以来梨园系年小录》(后易名为《京戏近百年琐记》)、《清升平署存档事例漫抄》四种戏曲史料书籍。

《增补曲苑》，上海圣湖正音学会增订，六艺书局1932年7月出版。该书是编辑者据古书流通处本《曲苑》和《重订曲苑》增订，分为金、石、丝、竹、匏、土、革、木8集。全书收录戏曲史料、论著共26种，与《读曲丛刊》《曲苑》《新曲苑》重复16种，另有《录鬼簿》1种，改用王国维校注本。新增补的9种，多是唐宋以前及近人新编的戏曲论著。

《戏曲角色名词考》，齐如山著，1932年出版，该书论述京剧生、旦、净、末、丑各行当以及音乐、盔箱、容装、剧装、经励、交通各科专业的职责及其分工。

《国剧身段谱》，戏曲专著，齐如山著，北平国剧学会1932年出版，民国二十四年（1935）再版。齐如山剧学丛书之一。全书分四章：一章论戏剧来源于古之歌舞；二章论戏剧与唐舞有密切关系；三、四章论戏剧之身段、水袖、手、足、腿、腰以及胡须、翎子等功法。正文前有杨小楼、胡适、叶春善、萧长华、王瑶卿、罗田余、梅兰芳等题字、题诗、作序。

《道咸以来梨园系年小录》，史料辑著，周明泰著，商务印书馆直隶书局1932年出版。该书按年辑录了自清嘉庆十八年（1813）至民国二十一年（1932），450名京剧、昆曲、河北梆子等剧种的演员、票友、琴师、鼓师的生平事略、艺术活动、流派师承、亲朋关系等史实。还记录了这一时期重要班社、茶园、上演剧目等。该书另有作者增补之影印本，名《京戏近百年琐记》，将资料续补至民国三十三年（1944）。

《五十年来北平戏剧史材》，刘半农、周明泰编，北平商务印书馆1932年出版。编者根据"戏簿"记载光绪八年（1882）的"三庆班"、宣统三年（1911）的"安庆班"等40多个戏班和几百出剧目，辑录了清末及辛亥革命后北平的许多梨园资料。共有一千多个剧目和梅兰芳、尚小云、程砚秋、荀慧生、余叔岩、马连良、高庆奎以及此前的谭鑫培、汪笑侬、孙菊仙等的演出情况、演出时间、地点等。

《都门纪略》，戏曲史料，光明印刷局1932年出版。周明泰述。本书简述清代杨静亭所编《都门纪略》一书的缘起、版本，并从该书自清道光二十五年（1845）初该本至光绪三十三年（1907），后人增补项重刻的六种版本中，综合编写出北京地区戏曲班社、角色、剧目及戏园等沿革变迁的情况。本书由刘半农题写书名，系几札居戏曲丛刊第一种。

《中国近代戏曲史》，郑震编译，北新书局1933年3月出版。该书系节译日本帝国大学教授青木正儿先生的《支那近世戏曲史》，并参予自己的意见而成。对原书的取舍，不注重传统的因袭见解，也不译录冗长的考证材料，略重于戏曲的内容。

《梨园花絮集》，爱梨上人编，银河歌剧社1933年10月出版。该书辑录了30年代的戏曲演员小传、歌词、琴谱及一些评价京剧的短文，兼有部分演员照片。

《清升平署存档事例漫抄》，史料集，北平商务印书馆1933年刊行。周明泰辑，辑录者据北平图书馆藏原海盐朱氏藏清升平署档案五百余册，以日志体分类编成六卷。记述每年从元旦至除夕演出的各个节目。包括演出承应戏的情形；记述皇家大婚、册封后妃、大寿等庆典活动的派戏、排戏、演戏的过程；升平署的官职及"内学"、"外学"钱粮分配等级的规定；宫廷伺候礼乐的情况；演出《劝善金科》《升平宝筏》《鼎峙春秋》《忠义璇图》《征西异传》《昭代箫韶》《兴唐外史》等戏的过程。并附录：乐器折（乾清宫应用乐器清册和交泰殿应用乐器清册各一册）；安设乐器次序单、清升平署存档释名、清升平署存档详目等。

《缀玉轩藏曲志》，戏曲专著，傅惜华著，碧蕖馆线装铅印本1933年出版。作者对梅兰芳书室缀玉轩各残存剧本之名称、撰人姓氏、传抄年代，详为稽考、著录，又取其鲜见流传的杂剧、传奇24种，考证作者，详记行款，撰述梗概，核查本事出处。其中包括《桃符记》《狮吼记》《元宵闹》等传奇22种与《情中幻》及《太平祥瑞》杂剧2种。

《元剧联套述例》，戏曲论著，近代吴兴人蔡莹作。民国二十二年（1933）商务印书馆出版。作者根据当时看到的119种元杂剧作品，梳理归纳，撰成此书。书中以大量例证，分别详述了这九种常用宫调中曲牌联结的规则和各种不同的格式。曲家吴梅在序言中说："蔡生振华，从余治北词有年矣。尝病元剧联曲，多少不等，前后互异，因尽取元剧，此类而衡量之，成《元剧联套述例》一卷，于是各宫套曲多少异同之故，粲然大备。"王芷章跋语肯定了本书成就，并略有补正。

《明清戏曲史》，戏曲论著，南京钟山书局1933年印行，卢前著述。为《钟山学术讲座》第八种。又于民国二十四年（1935）6月由商务印书馆出版。全书分7章：一、明清剧作家的时地；二、传奇的结构；三、杂剧之余绪；四、沈璟与汤显祖；五、短剧之流行；六、南洪北孔；七、花部之纷起。作者分析了不同时期中，明清文人剧作的不同特点。并从观众、演员、剧本、唱腔、表演等方面，论证清代花部兴起和昆曲衰微之必然的原因。

《中国近世戏曲史》，戏曲史专著，原名《支那近世戏曲史》，［日］青木正儿著，成书于日本昭和五年（1931），1933年由上海北新书局出版郑震节译本。民国二十五年（1936）上海商务印书馆出版王古鲁的全译本。全书共5篇16章，论及南戏之来由、南戏复兴期、昆曲昌盛期、花部勃兴期。着重论述了戏曲的渊源及其衍变过程，各个时期的著名剧作家及代表作梗概。青木正儿在原著自序中说，他1925年游学北京，访晤王国维于清华大学，始全力研究中国戏曲史，博览曲籍，并在北京、上海观摩戏曲演出。撰写此书目的是想作为王国维《宋元戏曲史》的续篇，故原欲题名为《明清戏曲史》。

《戏曲选》，姜亮夫编，北新书局1934年2月出版。该书分上、下册出版，收小令10首，散曲5篇，《汉宫秋》《西厢记》等元代戏曲片断共31种，并对其进行简单注释。王国维为该书撰写《元曲之文章》一文，作为绪言。书后附戏曲浅释。

《国立北平图书馆戏曲音乐展览会目录》，国立北平图书馆编，国立北平图书馆1934年2月出版。此目录收国立北平图书馆、孔德学校图书馆、燕京大学图书馆的部分戏曲馆藏书目，以及马隅卿、梅兰芳、傅惜华等私人所藏部分戏曲书目。北平图书馆的戏曲书目分为戏曲撰著、散曲别集总集、杂剧传奇总集、宫谱曲调、曲律曲话、曲韵、曲目、戏曲史、戏曲伶工传载、俗曲剧本及戏期刊等类。

《中国戏剧概论》，戏剧论著，卢冀野著，世界书局1934年3月出版。1949年重版时，收入《中国文学丛书》。全书共12章，概述了中国戏曲发展的几个阶段：一、戏曲之起源；二、戏曲之萌芽；三、宋戏之繁盛；四、金代之院本；五、元代的杂剧；六、元代的传奇；七、明代的杂剧；八、明代的传奇；九、清代的杂剧；十、清代的传奇；十一、乱弹之纷起；十二、话剧之输入。作者认为梵剧在中国戏曲中留下了很深的印迹，并将梵剧的题材、体制、语言、脚色与中国戏曲加以比较。书中还谈到话剧输入对中国戏曲的影响。书首有作者民国二十二年（1933）9月6日自序。

《腔调考源》，声腔论著，王芷章著，北京双肇楼图书部1934年5月出版，线装书。本书论及西皮、二黄及清朝流行诸种声腔的渊源、变迁及兴衰。全书分十章：一、皮黄正谬；二、西皮考；三、黄腔考；四、二黄考（附弦索吹腔）；五、秦腔及梆子腔考；六、勾腔考；七、其他各腔；八、弋腔考；九、昆腔考；十、结论。书前有刘复、许之衡与作者分别作序。该书为我国早期研究戏曲声腔的专著之一。作者对秦腔、勾腔、昆腔、弋腔及其他各声腔均有相当的考证和论断，尤其对清代以来流行的西皮、二黄两种声腔进行了深入的考察和研究。另外，还对清乾隆年十三位著名京剧演员做了考证，与杨静亭《都门纪略》中的记载略有歧异。该书亦收在作者的另一部著作《清代伶官传》中。

《国剧脸谱图解》，齐如山编纂，1934年5月出版。该书是作者为方便读者阅读《脸谱》（齐如山著）一书而编选的图谱。收彩绘脸谱72图，后附中法文对照的《脸谱表》。

《孤本元明杂剧抄本题记》，冯沅君著，商务印书馆1934年6月出版。本书论述了孤本元明杂剧的来源，将此书的重要性概括为：一、元剧上演时各种脚色的服装考定；二、唱念"题目正名"者的探索；三、元剧联套程式的补正；四、对"脱剥杂剧"的解释。对以后的元杂剧研究有开创性意义。

《宋元戏文本事》，戏曲论著，赵景深编，北新书局1934年9月出版。此书根据《南九宫谱》《新编南九宫词》《雍熙乐府》及《九宫大成南北词宫谱》四部书，将其中收录的《王焕》《王魁》《陈巡检梅岭失妻》《四种恋爱戏文》《王祥卧冰》《周黄两孝子》《江流和尚陈光蕊》《仅存三五曲的元代戏文》《仅存两曲的元代戏文》《仅存一曲的元代戏文》等宋元戏文曲词分别辑录出来，进行了考证并予介绍。还将残文贯穿起来，勾勒出本事，使读者好像在读几篇有趣味的戏曲故事。

《戏剧丛谈》，刘汉流编辑，中华印书局1934年9月出版。作者编选了一些剧评家在报刊发表的文章55篇。内容涉及戏曲起源、音律、表演、剧目、名伶唱词以及梨园掌故等。

《宋元南戏百一录》，钱南扬著，哈佛燕京学社出版社1934年12月出版。该书辑南戏45本。曲文搜辑所及，有《旧编南九宫谱》《词林摘艳》《盛世新声》诸书。多者一本得三四十曲，少者一二曲。除辑佚曲文，还论述了南戏的名称、起源、结构、曲律等问题。

《脸谱》，戏曲专著，齐如山著，文岚簃印书局1934年出版。该书共十章。分别论述脸谱的勾法及其所寓的意义；脸谱图案的来源以及各种类型人物的脸谱选择等。并附有《应行勾脸者题名略录》，按人物类别说明其脸谱应勾的颜色。

《清代燕都梨园史料》，张次溪编，北京邃雅斋1934年印行，续编由北京松筠图书店于民国二十六年（1937）印行。所收为清乾隆至宣统各朝到中华民国初年的著述。对二百多年间北京戏曲演出活动、班社沿革、名优传略以及梨园掌故轶闻，搜罗备细，有相当珍贵的史料价值。正编收有著述38种，计有《燕兰小谱》《日下看花记》《片羽集》《听春新咏》《莺花小谱》《金台残泪记》等。续编收录著述13种，计有《云郎小史》《九青图咏》《消寒新咏》《众香国》《燕台集艳》《燕台花史》《檀青引》《鞠部明僮选胜录》《杏林撷秀》《闻歌述忆》《北平梨园竹枝词荟编》《燕都名伶传》《燕归来簃随笔》等。正续编共51部。

《元明散曲小史》，戏曲专著，梁乙真著，商务印书馆1934年出版。全书除导论外，共分十章：一、散曲的开场及清丽派第一期；二、豪放派的第一期；三、清丽派的黄金时代；四、后期的豪放派；五、过渡时期的几位曲家；六、昆曲未流行前的豪放派；七、昆曲未流行前的清丽派；八、昆曲起来后的白苎派；九、嘉靖后的吴江派；十、梁沈以外的曲派。

《南词新谱》，明沈自晋编，民国二十三年（1934）影印明刻本。该书全名《广辑词隐先生增定南九宫词谱》，南曲曲谱。全书26卷，共分三部分：一、古今入谱词曲传刻总目；二、宫调总论；三、广辑词隐先生增定南九宫词谱。体例大致与《南九宫十三调曲谱》相同，增收了不少明末新创的曲体。

《异伶传》，艺人传记史料集，陈澹然编撰，1934年出版。该书记述了"伶圣"程长庚及其弟子简三、谭鑫培、汪桂芬等"出入宫廷数十年，风采动天下，未尝乞恩泽"以及不事权贵的一些动人事迹。收录于《清代燕都梨园史料》中。

《国剧学会图书馆书目》，傅惜华编，北平国剧学会1935年4月出版。本书凡三卷。在例言中，提出了戏曲分类的问题。作者根据《扬州画舫录》《燕兰小谱》之成例，归纳戏曲为雅部和花部两部分：古代流传的南北剧及弋阳腔等属雅部；清代以后发展的地方戏，如皮黄、秦腔等归为花部。雅部包括曲律、曲品、丛编、杂剧、传奇、散曲、选集、曲谱、弋腔、身段谱、锣鼓谱等类；花部包括通论、史料、汇编、皮黄、秦腔等类；音乐、韵学、弹词等类则属其他。

《名伶新剧考略》，刘雁声、沈正元编，立言画刊社1935年5月出版。该书辑30年代流行于戏曲舞台的名伶新剧剧目160余种。每目列剧情梗概、剧情考略及此剧的演变、流传情况，为便于检索，总目按名伶分类，书后附录《本书戏名首字索引》。

《国剧学会陈列馆目录》，齐如山编纂，北平国剧学会1935年6月出版。本书凡两卷。书目因典藏及陈列关系，分为四大部：一、内务府档案；二、升平署剧本文物；三、普通戏班文物；四、图表、照片、乐器、唱片等类。升平署剧本，按事迹分类；本目则按其应用性质分类，如安殿本、库存本、总府稿本等。

《明清戏曲史》，卢前著，商务印书馆1935年6月版。该书介绍明清两代剧作家的生平事迹及其创作，侧重介绍沈璟、汤显祖、洪升、孔尚任等人，并论述传奇之结构及花部的缘起。

《国剧浅释》，齐如山著，和记印书馆1935年9月出版。作者以剧场、砌末、服饰、脸谱、乐器、舞谱为要点，介绍了中国戏曲常识。书中采用中、英文对照方式，图文并重。

《曲学通论》，吴梅著，商务印书馆1935年11月出版。这是近代戏曲理论家吴梅的代表作之一。作者以王骥德《曲作》为本,博采元、明、清各曲家的见解,结合自己的实践经验,系统、深入地阐述了制曲规律、唱曲的方法,以及传奇、杂剧的做法。

《名伶百影》(第一集),北平京报馆编辑,北平京报馆1935年11月版。该书又名《名伶戏装百影》,收杨小楼等64人剧照,旁附景孤血撰写的剧情梗概及对演员的赞语。

《国剧韵典》,张笑侠编,戏曲研究社1935年出版。该书收戏曲常用字8000余个。每字下除列切音、字义、五声阴阳外,还注明了五声二变、清浊、尖团、上口及应入十三辙的某辙等。各字之间按部首排列。不仅适用于皮黄戏,也可供南北曲谱曲演唱时参考。

《国剧简要图案》,齐如山著,北平国剧学会1935年出版。画册收京剧舞台美术图案208幅,其中包括行头、盔头、髯口、脸谱、砌末、兵器。收乐器图案24幅。共收图232幅。释名中英文对照。

《行头盔头》,戏曲专著,齐如山著,北平国剧学会1935年出版。书中介绍戏曲常用行头、盔头的种类、样式、制作方法。分上、下两卷:上卷谈行头,即戏曲服装的样式与有关穿着的规定,89个种类;下卷谈盔头,即冠巾盔帽样式与有关规定,共120个种类。

《今乐考证》,清姚燮著,北京大学1935年影印原稿本。该书为戏曲、音乐论著。分三部分:缘起、宋剧、著录。收录从宋元到清咸丰以前的杂剧、传奇作家512人和作品2066种,以及一部分道光、咸丰时流行的地方剧目,摘录诸家对某些作品的评语,考证了戏曲、曲艺、舞蹈、工尺谱、乐器的来历,综合各家书目和有关曲目资料,是一部比较完整的戏曲目录。此稿本于1932年发现,1935年北京大学影印出版。

《戏班》,戏曲论著,齐如山著,北平国剧学会1935年出版。全书分六章:一、财东,记独资、合资经营者;二、人员,记承班、领班、总管事、催场、头二三路角及其以下各角、场面、监场等人员配备;三、规矩,记交戏单、说戏、对戏,演员在后台该坐位置、戏箱应装物件、各人应尽职责、各行演员应扮神怪兽形等;四、信仰,记祖师爷、祭神、犒箱、封箱、喜神等等之习俗;五、款项,记办账、加钱、茶钱、定签、彩砌等；六、对外，记报官、清内务府为成班事交精忠庙谕帖、中华民国后各种报式、清代国服期满准其演之告示、禁演各戏之告示等等。

《金陵琐事》，掌故轶事及戏曲史料杂著，明金陵周晖著。民国二十四年（1935）上海襟霞阁排印《国学珍本文库》平装本。该书先出四卷，后出《续金陵琐事》二卷、《二续金陵琐事》二卷。系作者从其主要著作《尚白斋客谈》中抽出有关南京部分编成。该书内容均为作者当时在南京亲自的见闻琐事，其中续录不少戏曲家的活动，是研究戏曲史的重要参考资料。任二北曾辑为《周氏曲品》，收入民国二十九年出版的《新曲苑》。

《六十种曲》，戏曲剧本集，明毛晋编，1935年刊行。全书共分6套12册，每册载入5个剧本。此书编刻于明崇祯年间，原刻本每套标明《绣刻演剧十种》，每套卷首有弁语。民国二十四年（1935）上海开明书店出版，由胡墨林断句，叶圣陶、徐调孚校订的重校排印本。所收60种剧本中有杂剧《西厢记》一种，传奇59种以及沈璟的《义侠记》等主要作品，是中国古代篇幅最大、流传最广的一部传奇剧本选集。

《音乐辞典》，刘诚甫编纂，商务印书馆1935年出版，翌年二月再版。获河南省教育厅甲等奖。全书40余万字，辞目4900余条，涉猎范围广泛，除有一般中西音乐辞目外，尚有戏曲方面的辞目五百余条。刘海粟评价此书是"兼贯中西，融会古今，举凡乐理、乐史、乐器、名伶、乐师、戏剧、歌谣、词曲、声调、乐舞、歌剧、音律、乐府、乐诗诸事项无不搜罗尽致，蔚蔚乎大观也"。书前有丰子恺、王世杰、吴梅、齐真如、姜丹书、刘海粟等人的题词、题字；王海涵、庞南州及黄秉辰等为其作序。

《怡志楼曲谱》，昆曲曲谱，1935年刊行。安国县怡志楼昆曲研究社编著，社员集资印刷。主编李福谦，编选人员有孔繁智、贾子祥、王瑢、吕鸿儒、吕鸿选等。李福谦工笔自书，由安国县南关第一工厂承印，怡志楼昆曲研究社发行。该书初集四卷，石印1000册。载有北方昆弋艺人常演剧目64出。卷首有北平静轩张安所作的序及李福谦撰吟曲25章。《怡志楼曲谱》由李福谦等依据北方昆弋艺人舞台演出本记录整理，并与艺人核对，曲调用简谱记谱。

《中国近世戏曲史》，[日]青木正儿著，王古鲁译，商务印书馆1936年2月出版。该书步王国维《宋元戏曲考》之后尘，志在补写王氏拟写而未写的明清戏曲部分。全书分五篇十六章，论及南戏北剧之由来，南戏复兴期、昆曲昌盛期、花部勃兴期，探索戏曲之渊源以及变化之陈迹。全书侧重于叙述各时期代表作家及名著梗概。

《元词斠律》，王玉章纂辑，吴梅校，商务印书馆1936年7月出版。本书所列各曲，均采自臧晋叔《雕虫馆曲选》，共十章，依《太和正音谱》编次。每卷所收曲调，少或数章，多至数十章，对臧录脱讹之处一一加以补正。

《中国戏剧史略》，周贻白著，商务印书馆1936年9月出版。此书为《戏剧小丛书》之一种。其旨在介绍有关戏剧的初步知识。从中国戏曲的发端，论及皮黄戏的来源和现况，清晰地展示了戏曲发展的历程。

《北平图书馆藏升平署曲本目录》，王芷章编，中华书局1936年11月出版。该书分三卷：上卷为杂剧；中卷为传奇；下卷是乱弹。杂剧、传奇又按时代排列。乱弹部分有的折子注明出处，并分出皮黄类、梆子类、吹腔类、数板类、南梆子类及杂调类。

《读曲随笔》，赵景深著，北新书局1936年11月出版。该书共收44篇短文，多为作者1933年至1936年间所作。主要以《元曲选》和《六十种曲》为研究对象，兼及《盛明杂剧》和《清人杂剧》。作者对元明清杂剧作家马致远、白朴、沈璟、叶宪祖、汤显祖、沈鲸、裘琏等人及作品进行了评述，还介绍了晚清戏曲和外国人看中国戏曲，并对《曲品》《曲录》《今乐考证》做了研究。

《国剧场面图解》，张笑侠著，北平戏曲研究社1936年12月出版。该书绘制了戏曲常用文武场面31种，并附有小注，简介其形状、性能、用法。书后附录锣鼓经45种。

《名伶世系表》（第一集），宋凤娴编著，张笑侠校订，北平戏曲研究社1936年12月出版。该书为《戏曲研究社丛书》第五种，收录了程长庚等88家名伶的世系表，每表除反映名伶的家世脉络外，还注有生卒年、籍贯、行当、主要艺术成就等。书中资料源于各报刊及各家红白喜事之请帖、讣闻等。

《中国剧场史》，戏曲论著，周贻白著，商务印书馆1936年出版。全书3章

14节。一章论述剧场的形式，包括剧场、舞台、上下场门、后台等；二章论述剧团组织，包括剧团、脚色、装扮、砌末、音乐等；三章谈戏剧的演出，包括唱词、说白、表情、武技、开场与散场等。本书意在说明中国剧场各方面的演进过程。对每一事务俱详其源流。附有彩色插图，系朱人鹤绘制。脸谱16幅。

《录鬼簿新校注》，戏曲论著。校注者马廉，近代鄞县人。原载民国二十五年（1936）出版的《国立北平图书馆馆刊》第十卷第一号至第五号内，后由文学古籍刊行社重为排印行世。该书以天一阁所藏明贾仲明增补的蓝格抄本《录鬼簿》为底本，参照明孟称舜刻本、《楝亭藏书十二种》本、《暖红室汇刻传奇》本；王国维校注本的钟嗣成原著，以及《太和正音谱》《元曲选》等书，加以勘校注文。分上、下、续三卷，上、下两卷颇多有见地的考证与增补，续卷为贾仲明所撰的《录鬼簿续编》，从明写本录出并加以校注，在当时亦颇为难得。

《南戏拾遗》，戏曲专著，陆侃如、冯沅君等著，哈佛燕京学社1936年出版。本书从《九宫正始》中发现保存一百多种元传奇。其中三分之二是近人辑佚所未及者。卷首有导言，对《九宫正始》的二位作者有所探讨。全书分两卷，上卷收南戏73种，下卷收南戏43种。著者对每剧的本事据古籍记载、小说进行了考证并与同题材的其他剧本进行了比较，参考书目均详注版本及页码。

《南曲九宫正始》，南曲曲谱，北平戏曲文献流动会1936年影印出版。该书全名《汇纂元谱南曲九宫正始》，无卷数。明华亭徐于室初辑，苏州钮少雅完成。自明天启五年（1625）始辑，至清顺治三年（1646）定稿，共经22年，易稿九次。有清顺治十八年钞本。此书以宋元南戏旧本为依据，考证南曲曲牌的源流、作品时代，严格区分各曲的正格与变格。还保留了许多古代的戏曲资料，如明代南戏曲词早期或民间形态的语言形式，是研究明代前期戏曲作品的重要依据，又如保存了《骷髅格》一书的谱式32条，资料难得。

《清代伶官传》，戏曲史料专辑，王芷章编著，齐家本校订，中华印书局1936年出版发行。内容记录清代宫内演员、乐师小传，以记其在宫内演剧情况、擅演剧目以及所得薪俸较详。全书分上、中、下三卷。上卷记述了乾隆、嘉庆、道光年间的伶官共计80人；中卷记述了咸丰、同治年间的伶官计88人；下卷记述了光绪、宣统年间的伶官计138人。三卷总计306人。该书内容多依据清代升平署档案。书后附《北平图书馆藏升平署曲本目录》以及作者于民国二十三年（1934）撰写之《腔调考源》一文。

《民众娱乐调查》（相国寺特种调查之二），张履谦著。开封教育实验区1936年出版，32开本。全书共13章337页。第二章为《相国寺戏剧概况调查》，96页，约35000字。分两部分：一、梆子戏调查，内容包括：梆戏介绍、河南梆子戏、艺员生活概况调查、剧目调查、艺员访问记。二、京剧调查，内容包括：京剧的起源、京剧中的脚色名称、京剧的腔调与板眼、近百年的京剧作家、艺员生活概况调查、剧目调查、清唱。

《戏曲丛谈》，华连圃著，商务印书馆1937年5月出版。该书共分十章，追溯戏曲的渊源及体制的演变，论述声律、宫调的规律及南北曲的区分，考证角色名称的来源及含义，介绍南北曲的作法、度曲法和元代作家、明清作家等。或承师说，或抒己见，于前人缺失有所补正。

《地方戏剧集》，阎哲吾编辑，大风书店1937年6月出版。此书为《戏剧丛书》之一种。书中辑岳穉珪等人撰写的文章42篇，分别研究考证了河北、山东、江西、宁波等地区的弋腔、梆子、傀儡戏、五音戏、川剧、楚剧等声腔剧种的历史、沿革、艺术结构、戏班组织规则及演出概况。

《曲韵举隅》，卢冀野著，中华书局1937年12月出版。该书以供填词用为主，度曲时亦可参考。一般韵书分曲韵为19部，此书为21部，"居鱼"外列"苏模"一部；"齐微"、"皆来"外列"归回"一部。在例言里，简略地比较了与各家韵书之异同。

《清代燕都梨园史料续编》，张次溪纂，松筠阁书店1937年排印本。该书汇辑清代戏曲史料著作13种，计有：《云郎小史》一卷（冒鹤生撰）、《九青图咏》（张次溪辑）、《消寒新咏》（清铁桥山人、清问津渔者、清石坪居士撰，清乾隆五十九年（1794）作）、《众香国》（清众香主人撰，清嘉庆年十一年(1806)作）、《燕台集艳》（清播花居士辑，清道光三年(1823)作）、《燕台花史》（清屧桥逸客、清兜率宫侍者、清寄斋寄生撰，清咸丰九年(1859)作）、《檀青引》（民国杨圻撰，清光绪二十三年(1897)作）、《鞠部明僮选胜录》（清李毓如撰，清光绪二十四年(1898)作）、《杏林撷秀》（民国谢素声撰，清光绪三十年（1904）作）、《闻歌述忆》一卷（民国鸣晦庐主人撰）、《北平梨园竹枝词荟编》（张次溪辑）、《燕都名伶传》（张次溪撰）、《燕归来簃随笔》（张次溪撰）。

《清升平署志略》，戏曲史料专集，王芷章编。国立北平研究院史学研究会1937年出版，商务印书馆发行。全二册。升平署是清代掌管宫廷演剧的机构。宫廷内每逢朔望节令、喜庆大典及某些日常演出，大都由升平署所属演员承应。介绍了升平署的沿革、成立、分制和署址，并列出了职官太监年表等，对清代宫廷的戏曲活动论述甚详。该书内容多源自清代升平署档案，所记史料详确。

《读曲小识》，戏曲论著，卢前撰。商务印书馆1937年出版。全书用"首录（曲）牌（宫）调，次详脚色，次述本事，见录曲文"体例，叙录和论述了《窃符记》《蟠桃会》《雅观楼》《生辰纲》《七星聚》《续琵琶记》《崖山烈》《未央天》等40种罕见的戏曲手抄本，每十种为一卷，共四卷。书首有作者自序，指出"场上之曲（演出本），固自有其特性，世之治戏曲史者，当不忽视之尔"。这些手抄本大多数毁于兵火，该书更显珍贵。

《老副末谈剧》，张乙庐著，上海戏学书局1938年5月出版。老副末即作者，是20年代前后的著名票友，精通京剧艺术。该书收录了作者于1938年前在《戏报》上发表的戏曲短文14篇。其中包括《京曲总书编制述略》，此篇介绍了戏曲变迁、京剧艺术、梨园掌故等方面的内容。

《脸谱》，张笑侠绘、编，戏曲研究社1938年11月15日出版。书中收：财神、赵匡胤、潘洪、单雄信、姚刚等京剧脸谱72种，均为彩绘。

《名伶百影》，立言画刊社编辑，立言画刊社1938年出版。该书辑录了30年代名伶剧照、生活照228帧，照片下附有剧情梗概或名伶小史。

《中国戏剧史》，戏曲史专著，徐慕云编著上海世界书局1938年出版。全书共分五卷：卷一《古今优伶戏曲史》，以编年体形式综述自先秦至民国戏曲发展历史；卷二《各地各类戏曲史》，分述秦腔、昆曲、高弋、汉剧、粤剧、川剧、越剧、陕西梆子、河南梆子、皮黄、话剧的概况；卷三《戏剧之组合》，介绍脚色之分类、场面之组织、后台之组织、戏装砌末等；卷四《脸谱服装载剧中之特殊功用》，详述脸谱之历史及功用、脸谱之颜色及勾法，服装如何判别文武尊卑等；卷五《戏剧之评价与其艺术之研究》，从理论上对中国戏曲进行评品，所谈范围较广，对唱、念、音韵、行腔都有涉及。本书是现代较早论述各地方戏的戏曲史专著，收有彩色脸谱53种，彩色剧照50帧。正文前有褚民谊、姬觉弥、郑过宜序及《自序》各一篇。

《昆曲集净》，昆曲净脚折子戏选集，编者褚民谊（？—1946），吴兴人，曾在国民党中央宣传部及汪伪政府历任要职，并沦为汉奸，民国三十五年（1946）于苏州伏法。《昆曲净集》共收昆剧净角主演的折子戏55折，南昆净角习称的七红、八黑、三僧、四白凡22个角色的常演剧目，大多搜集在内。每折科、白、工谱齐全，便于串演。《昆曲集净》所收脚本，均为名净沈传锟提供，并经沈与陆炳卿校对。高见思将每折剧情写成梗概冠于每折之首，全集曲谱均由红豆馆主溥西园校订。卷首有褚民谊所撰"绪论"、"自序"、"例言"各一篇，对辑印的缘起、体例等均有说明。全书由沈留声誊写，于民国二十八年（1939）至二十九年间在日本影印。

《小说戏曲新考》，赵景深著，世界书局1939年1月出版。全书共二卷。上卷论小说，收文章19篇；下卷论戏曲附论散曲，收文章24篇。戏曲编以《六十种曲》为研究对象，探讨剧本的形式、内容、剧本中的山歌，以及考证作者和生平事迹等。

《自我演戏以来》，欧阳予倩著，神州国光社1939年11月出版。这是作者早期艺术生活的自述，记述了1907年于春柳社第一次登台至1928年脱离舞台生活的一系列艺术活动。文章曾连载于20年代末广东戏剧研究所编辑的《戏剧》杂志上。本书重版时，增附录部分，收作者《回忆春柳》等四篇文章，以及《戏剧》杂志记者写的《广东戏剧研究所的经过情形》一文。

《钟球斋脸谱集》，翁偶虹绘，1939年出版。此书是绘者在民国二十八年佛腊日从旧本《钟球斋脸谱》供奉五翁所藏本绘制而成。原有脸谱70帧，其中难以辨认的两帧，实存68帧，是现今少见的脸谱。随脸谱附有戏目。除秦英、李逵、鲁智深、项羽等，还有医判、卜一绥、先蔑、惺胆、毕宏、日月光佛、奎木狼、吕岳、囊瓦、揭帝等。

《南北词简谱》，戏曲曲谱，吴梅撰，1939年出版。白沙吴先生遗书编印处石印本。全书共十卷。一至四卷"北词谱"，计收黄钟宫24章、正宫25章、大石调19章、小石调5章、仙吕宫41章、中吕宫32章、南吕宫21章、双调99章、越调35章、商调16章、商角调6章、般涉调8章。五至十卷为"南词谱"，计收黄钟宫52章、正宫78章、仙吕宫84章、中吕宫98章、南吕宫133章、道宫17章、大石调18章、小石调26章、双调160章、商调92章、般涉调11章、羽调30章、越调68章。该谱北曲采自《太和正音谱》《北词广正谱》，南曲参考《九宫谱定》《南词定律》。对旧谱中某些疑难问题有所疏释。卷首有卢前所编吴氏年谱一卷。

《皖优谱》，戏曲传记论著集，程演生撰。上海中华书局1939年出版。全书共分六卷，按戏曲表演行当，有详有略地分别记述了程长庚、张二奎、余三胜、杨月楼、姚增禄、高朗亭、郝天秀等178名优伶的从艺经历、造诣、贡献和影响。在《引论》卷中参考了130多种书籍、资料，广征博引，对戏曲历史演进状况概括为：明嘉靖时，池、太则为余姚腔；嘉靖以后，青阳、徽州、石埭、太平则为弋阳腔。迨至万历、天启，皖上新安又习吴音，尚昆腔；降至盛清，安庆产新声，由石牌腔或枞阳之高拨子腔，成为二黄新声，先达扬州，继抵北京，又复融合京秦二腔，后又徽汉合一，发展为京二黄调。

《编剧说》，周明秦著，1940年几补居刻本。全书凡四卷，均系作者从浩繁的古籍中摘录的有关戏曲的资料。其内容有：戏曲演员的生平事迹，部分剧种表演状况、剧情梗概，以及戏曲演剧场所情况。对清代、近代戏曲状况记之尤详。卷前标有引用书目39种。

《中国戏剧史》，周贻白著，中华书局1940年出版。本书共9章31节。远溯周、秦，下及唐、宋、元、明、清杂剧、传奇、地方戏，断至五四运动前为止，从中国戏的胚胎及其形成到中国戏剧的衍变和兴衰皆有记述。对昆、弋、秦、徽各腔的格调规律，穷其流变。评述众多作家和作品，兼及各代戏剧搬演情形。该书有绘图15页，含脸谱48幅、行头32种、道具图110种。并附录《中国戏剧本事取材之沿袭》。

《霜厓曲跋》，戏曲论著，吴梅撰，任中敏辑，凡三卷，1940年收录于上海中华书局出版的《新曲苑》，共辑录吴氏有关戏曲作品的题跋94则，如张怡庵《六也曲谱》叙；史浩《鄮峰真隐大曲》跋；许守白《曲律易知》序；朱有燉《诚斋乐府》跋；庄亲王总纂《九宫大成南北词谱》叙；王君九、刘凤叔合纂《集成曲谱》叙；童伯章《中乐寻源》叙；卢冀野《饮虹五种》叙；董绶经校订《曲海》序；任二北辑《散曲丛刊》叙；王古鲁译《中国近世戏曲史》序；郑西谛辑《清人杂剧》（二集）叙；王瑞生《南词十二律昆腔谱》跋等，涉及广泛。

《新曲苑》，戏曲论著史料汇编，江都任中敏编，1940年由中华书局聚珍仿宋排印，共12册，收辑《读曲丛刊》《曲苑》所未收的元、明、清及近代学者戏曲论著、史料著作34种，另附自编的《曲海扬波》6卷。该书汇集大量散见的戏曲史料，体现编者对戏曲"做、唱、谱、演、考据、整理"诸项全面注重的学术思想。

《与众曲谱》，昆剧曲谱，王季烈辑定，太仓高步云拍正，合笙曲社1940年石印线装本出版。共8卷。专选歌场习见之曲，昆曲89折、时剧6出、散套3套，另开场二出，宾白工尺俱全。又辑《度曲要旨》一卷，附于各折末尾。

《梅花草堂笔谈》，明昆山张大复（字元长）著，系记载明中叶以来有关昆山一带人文风物的笔记，其中对于昆山盛衰及魏良辅、梁伯龙、谢林泉等曲家事迹，记述较多；并对《董西厢》之版本、唱法及俞三娘评注《还魂记》之情况等都有所介绍。今人任二北将这一部分辑录为一卷，题名《梅花草堂笔谈》，收录于1940年上海中华书局出版的《新曲苑》。《梅花草堂笔谈》全集，有明代原刊本、民国初年上海进步书局所出《笔记小说大观》之石印本。

《曲藻》，戏曲论著，明王世贞撰，该书是后人辑录王氏《艺苑卮言》附录中戏曲评论部分，共41调。民国二十九年（1940）中华书局《新曲苑》排印出版。该书以论述元杂剧曲文为主，兼及戏曲家如朱有燉、王九思、杨慎、陈铎等人生平、轶事，并对《西厢记》作者问题做了考证，肯定王实甫是《北西厢》的作者。

《菉漪室曲话》，戏曲理论著作，作者姚华，文通书局1940年出版。该著分两部分，第一部分引用了"词绝"近40条，逐一考证，诠释、对比、引申、论述了"翻词入曲"是"词曲转移足迹"。第二部分为毛刻鉴目，校勘、考证了毛刊《六十种曲》的不审失真处；并以元明戏曲中隐括词曲，考证了词曲变迁；还评论了《东郭记》。该著勘订剧目数十出，一一标明主题和社会意义，指导了民国初期的京剧改革。

《名伶影集》，刘炎臣编著。民国三十年（1941）七月出版。影集选印当代著名京、昆、梆等男女演员影像约百帧，包括生、旦、净、丑各行当，有戏装，有便照，并在每一演员影像下端附有几百字的小传。影集印刷比较精美，由天津三友美术社出版发行。

《元人杂剧序说》，[日]青木正儿著，隋树森译，徐调孚校补，开明书店1941年7月出版。该书论述了元杂剧的沿革、组织、曲本与作家，介绍了元剧初期的本色派、文采派及中末期的名家和无名氏之杰作，并列出现存元人杂剧书目百十余种。全书对《中国近世戏曲史》的某些错误与过于简略之处加以修改和充实。

《中国伶人血缘之研究》，潘光旦著，商务印书馆1941年9月出版。作者主旨是从生物遗传的角度，观察中国的人才问题。全书着重从中国近代伶人的地理分布、血缘分布、阶层分布几方面研究了中国伶界的人才情况，介绍了中国古代伶人状况等。书中附有10个血缘网图。附录部分辑有《系年小录中伶人的详细籍贯》等5篇戏曲史料。

《听歌想影录》，张聊公著，天津书局1941年10月出版。该书又名《国剧春秋》。作者张聊公即张谬子。全书收文章108篇，均为在报刊发表过的观剧随笔。文章按年代排列，记载了民国二年至七年(1913—1918)的演员、票友、演出时间、地点、剧目、剧评等戏曲史料。

《菊花锅》，刘炎臣著，民国三十年（1941）十月由天津三友美术社出版。此书集中了作者从民国二十年至民国二十九年间发表在天津20多种报刊上的227篇文章，约16万字。内容多为京剧、昆曲、曲艺艺人轶闻趣事，剧评、剧情介绍以及戏剧消息等。

《小说与戏剧》，蒋伯潜、蒋祖怡著，世界书局1941年12月出版。该书简述了中国的小说、戏曲与话剧的发展历史。在戏曲部分，介绍了隋唐以前的戏、宋代戏剧、南戏和北曲，以及昆山腔时代与皮黄时代的兴盛。

《孤本元明杂剧》，杂剧剧本集。商务印书馆1941年出版。包括144个剧本，均系从《脉望馆钞校本古今杂剧》中选出。其中刊本4种，原属《古今杂剧选》

者一种，原属《古名家杂剧》者3种，另140种均为绝少流传的抄本。

《孤本元明杂剧提要》，王季烈著，商务印书馆1941年出版。该书简要地介绍了《孤本元明杂剧》所收杂剧的作者、本事源流、剧情大意及剧本优劣。

《曲海一勺》，戏曲理论著作，姚茫父著，交通书局出版社1942年6月出版，此书共四篇：一、述旨。说明从诗到曲的变迁，在世变中产生新文体，并谈到曲的功用在状物存俗，曲之提倡是时代的需要。二、原乐。根据先儒礼乐的用途证明乐亡所以民苦的道理。要挽回颓弊的世风，只有乐，也只有就昆腔斟酌变革。三、明诗。论述诗之变而为南北曲，宋、金、元、明南北剧之消长分合情形。四、骈史。论述曲也是史的支流。

《昆曲研究会彩氍纪念集》，北平国剧学会编，国剧学会1942年6月出版。昆曲研究会于1942年6月6日在北平长安大戏院举办第一次彩氍大会。本集刊登了昆曲研究会等组织总章共3个，照片5幅。对昆曲研究会概况做了介绍，并刊登了第一次彩氍曲录6段。

《霓裳艳影集》，马琮莲编，家庭书社1942年9月出版。该书辑南北坤伶剧照、生活照103种，照片下简注名伶的籍贯、技艺等事略。书中插页附上海戏学书局经售的戏曲书目。

《南曲板式为乐句述例》，陆恩涌撰，吴梅校阅，1942年排印本。该书以南曲《拜月亭》《杀狗记》《牧羊记》等剧中乐句为例，按其句法分为一字句至七字句及八字句以上各体，共八个部分；各体中又按乐句的板式特点，划分为"一句中有一头板者"、"一句中头板在首字，截板在末字者"等各类。乐句旁用朱笔点板，以证南曲板式不仅是曲中节奏，还是限定句法乐句的关律。

《曲韵探骊》，项衡方著，1944年7月排印本。该书分二卷。上卷为理论部分，历述曲韵源流，其次论字之头、腹、尾三音，解释宫、商、角、徵、羽，阴、阳、清、浊、开、齐、撮、合及入声、四声唱法等，并附表说明；下卷为检韵，亦即本书主要部分，以沈苑宾《韵学骊珠》为蓝本，改原书体例为表格式，变更韵目次序，以清眉目。

《昆曲集锦》，昆曲曲谱，1944年由褚民谊根据苏州沈传锟本辑定。日本影印线装本。共上、下两册，收"七红、八黑、三僧、四白"等净角折子戏55

出。据该书凡例称,"七红"指《三国志》之关羽、《风云会》之赵匡胤、《八义图》之屠岸贾、《九莲灯》之火判官、《一种情》之弼灵公、《双红纪》之昆仑奴、《西游记》之回回王;八黑指《三国志》之张飞、《财神记》之钟馗、《人兽关》之包拯、《千金记》之项羽、《牡丹亭》之胡判官、《宵光剑》之铁勒奴、《慈悲愿》之尉迟恭、《精忠传》之金兀术;三僧指《祝发记》之达摩、《西厢记》之惠明、《昊天塔》之杨五郎;四白指《水浒传》之刘唐、《浣纱记》之吴王、《虎囊弹》之鲁智深、《铁冠图》之一只虎。所收折子戏,按上述"红、黑、僧、白"分类依次辑录。书前有自绪及"绪论——昆曲与昆剧"。

《诗词曲语辞汇释》,诗、词、曲俗语词汇释专书。作者张相(1877—1946),字献之,杭州人。前清秀才,在中华书局任职先后30年。该书写成于民国三十四年(1945),后由中华书局出版。《汇释》搜集了唐至明人诗词剧曲中的俗语词,包括方言词和口头语词800余条,详引例证,诠释其意义,剖析其用法,兼谈其流变与演化,对阅读、注释和研究古典戏曲及文学作品,均多所裨益。每条排列的次序,大体由诗而词而曲,依次为组。每组举例,诗以唐人为主,宋诗次之;词以宋人为主,金元词次之;曲以元杂剧为主,明传奇与杂剧次之。援引的曲集,有《永乐大典戏文三种》《董西厢》《元刊杂剧三十种》《元曲选》《孤本元明杂剧》《六十种曲》等,是研读宋元戏文、元明杂剧、传奇必备的工具书。

《中国戏剧史》,徐慕云著,世界书局排印本,永祥印书馆1945年5月出版。该书从纵(自古迄今戏曲发展史)、横(全国10个主要剧种的发展史)两个角度,全面考察了中国戏曲发展的历程,并从演出、化装、剧场等方面研究了戏曲发展的规律及特点。书中还附有程长庚、徐小香等人的画像数十帧及部分名伶的剧照。

《中国戏剧小史》,周贻白著,永祥印书馆1945年5月出版。该书论述了中国戏剧的形成,逐次介绍了唐、宋间的戏剧,南戏与北剧,明代戏剧概况、昆曲和乱弹以及皮黄戏的勃兴。对近代的文明戏和话剧亦有所研究。

《戏剧精英》,戏剧杂志社编著,大文书局版1946年版。该书分上、下两集。主要有:戏剧专论漫谈、戏剧艺术知识、有关戏曲的特写杂述、杂艺丛谈、川剧杂拾和部分剧本选载等方面的内容。

《延安平剧刊本》，延安平剧研究会集体编写，新华书店晋察冀分店1946年印行。共三幕27场，一幕1至11场，二幕12至19场，三幕20至27场。书末附录刘芝明的《从〈逼上梁山〉的出版谈到平剧的改造问题》。《三打祝家庄》封面题"三幕京剧"。扉页竖题"延安平剧研究会集体编写，任桂林、魏晨旭、李纶执笔"。竖排铅字，白书皮纸封面，内文用新闻纸印刷。前有《说明》和《曲谱》，共三幕26场，241页。

《当代名伶传》，戏曲专著，孙老乙编著，天下图书杂志出版公司1947年出版。作者就自己20年见闻所及，记述了当时多位京剧演员的生平和艺术，其中有长期在上海演出的麒麟童、林树森、盖叫天、赵乃泉、杨瑞亭、苗盛春、盖三省、俞振飞、韩金奎、刘斌昆、言慧珠、童芷苓、艾世菊、魏莲芳等。作者力图以传统的记载体裁来勾勒民国时期京剧历史的概貌。王雪尘、李元龙、俞振飞及作者本人分别在书前作序。

《元曲研究》，朱志泰著，永祥印书馆1947年4月出版。该书明晰、系统地介绍了元曲的历史背景和发展过程，分析了作家和作品。作者试图汇通中西文学做比较研究，这是本书的特点。

《戏曲论丛》，叶德均著，日新出版社1947年6月出版。该书收有《曲品考》《秋夜月中罕见剧名考》《太平乐府作者考》等论文。此外还收有批语吴梅戏曲题跋失误的《跋〈霜崖曲跋〉》，以及介绍姚华代表作内容、特点及疏漏的《菉漪室曲话》。

《元曲概说》，[日]盐谷温著，隋树森译，商务印书馆1947年11月出版。盐谷温是日本学者中较早研究中国戏曲的外国学者之一。1921年他以《元曲研究》一文获文学博士。本书论述了元剧的产生、分类以及作家和体制等，并对元曲选中新收的100种杂剧作了简单的题解，对元代前后的戏曲史作了扼要的叙述。

《古剧说汇》，戏曲研究论集，冯沅君著，商务印书馆1947年出版。内容有《古剧说汇》《说赚词》《天宝遗事辑本题记》《金院本不说》等15篇戏曲研究论文。

《坤本戏曲丛书》，黄梅戏戏曲剧本集，从民国三十六年至民国三十七年（1947—1948）刊印，安庆坤记书局出版。计：《西楼会》全本（一册）、《二龙山》全本（一册）、《花亭会》全本（一册）、《蓝桥汲水》（一册）、《张二女最新十二想》（一册）。

《元剧的社会价值》，杨季生著，文通书局1948年4月出版。该书对元剧在中国文艺中的地位做了分析，对元剧的产生、发展、作者、社会环境及其结构的规律性，均做了一定的研究，并论述了元剧对以后戏曲文学的影响。

《西厢记笺证》，元王实甫著，陈志宪笺证，中华书局1948年5月出版。该书用反切正音，解明词义，疏通句子，以帮助读者欣赏此名作。

《金元戏曲方言考》，戏曲辞书，徐嘉瑞著。商务印书馆1948年5月出版，诠释金元戏曲方言约600条。每条均引例证。词目以笔画简繁排列先后。

《旧戏新谈》，黄裳著，开明书店1948年8月出版。此书是作者发表在《文汇报》副刊《浮世绘》的文章结集。共收56篇，分为五辑：第一辑为泛论，论述对京戏的看法；第二辑谈及24出戏；第三辑收谈小文9篇；第四辑谈伶工；第五辑为杂文。

《戏剧常识》，吴荻舟著，三联书店1949年6月出版。该书论述了中国戏剧的发展，简单介绍了地方戏、改良旧戏与新歌剧，并谈到戏剧的演出方法。

《中国戏剧简史》，董每戡著，商务印书馆1949年7月出版。该戏剧史书力图避免与前人著作雷同，因此在元代以前及以后的戏曲发展论述较为详尽。即使述及元明时期，也略去对版本及作家作品的研究考证，着重于与演剧有关的事迹。作者还对中国戏剧的分期提出了独到的看法，认为戏曲起源比人们所说的源于祭祀的巫歌、巫舞还要提前，即在原始社会末期，便存在戏曲的萌芽了。

《北京戏曲讲习班概况》，论文集，北京市委旧剧科1949年编印。该书收录了北京市国剧、曲艺、评戏公会联合讲习班（第一期）的讲稿，有欧阳予倩《关于改革京剧的商榷》、田汉《艺人的道路》、杨绍萱《谈旧剧改革问题》、周信芳《往日今朝大不同》、马少波《戏曲的前途》、王亚萍《旧艺人怎样换脑筋》、阿甲《学习革命的道路改造业务》、洪深《导演的作用》、张梦庚《评戏的改革方向》。还有《北京戏曲界在进步中》《介绍北京戏曲界讲习班》等八篇，学员裘盛戎、李少春、翁偶虹、景孤血等学习感想摘录132篇。书前有毛泽东题字"推陈出新",朱德题字"发扬中华民族四千余年历史光荣传统"。并附有第一期毕业纪念合影和模范学员授奖照片各一帧。

《说剧》,戏剧论文集,董每戡著。此书既有考据,又能联系到舞台实践的变化,说明其一脉相传的关系。《说剧》最初由上海文光书店1949年出版,仅收《说"傀儡"》等五篇。后经两次再版,增至30篇。

《说戏》,齐如山著,京华印书局出版。该书从词、音乐、戏园建筑、脚色等方面言及欧美情形,兼论我国戏曲舞台的弊病。作者认为戏曲改良有关社会风化,是个社会责任问题。

《原戏》,刘师培等著,民国排印本。这是一本戏曲论文集,收有刘师培的《原戏》《舞法趋于祀神考》;王国维的《戏曲考原》;马尊匏的《戏源》《订某君戏辨》及姚华的《说戏剧》6篇文章。此书出版年代不详,购书人于书前题曰:"中华民国十五年七月购于都门。"据此可测,该书当于1926年之前出版。

《曲学》,顾震福著,民国女子高等师范学校排印本。该书分曲学、曲选两部分。曲学部分论述了有关戏曲名词解释、源流、宫调、音节、曲韵等问题;曲选部分辑录了南北名剧近十出。

《坤伶艳史》,民国年间海宏文图书馆排印本。该书介绍了刘喜奎、金少梅、张文艳等92位女演员的生平简历及学艺、演剧情况,并附有她们的生活照与剧照。

《西谛所藏善本戏曲目录》,郑振铎编,民国年间影印作者手稿本。该书分为三部分:一、杂剧之部,收录明杂剧19种,清杂剧30种;二、传奇之部,收录明传奇69部,清传奇约190种;三、曲选,收15种,曲谱收19种,曲话收12种,另有补遗12种。

《名伶影集》(第一集),天津北洋画报社编辑,天津北洋画报社出版。该书辑梅兰芳等人戏装、便装照片124帧。

《北京画报》,傅芸子、傅惜华编,1928年第9期"韩世昌东游纪念号",国家图书馆藏。该刊物记述了韩世昌1928年赴日演出的一些情况,登载了一些珍贵的历史图片。

《我的昆曲艺术生活》，韩世昌口述，张琦翔整理，《文史资料汇编》第十四辑，中国人民政治协商会议北京市委员会文史资料委员会编，北京出版社出版，1982年9月。这是韩世昌生前留下的唯一一部口述史料，是研究韩世昌昆曲艺术以及韩世昌一生的珍贵历史文献资料。

《北京文化史资料选集——社会主义建设时期（1957—1978）》（第二辑），冯守仁主编，北京市文化局编，1996年10月。

《中国昆剧大辞典》，吴新雷主编，南京大学出版社，2002年5月第一版。该书是一部昆曲百科全书。

《傅惜华戏曲论丛》，王文章主编，文化艺术出版社，2007年11月。

《梅兰芳艺术年谱》，谢思进，孙利华著，文化艺术出版社，2009年11月。

《戏曲艺术》（增刊），中国戏曲学院学报，2013年11月。该刊是北方昆曲剧院与中国戏曲学院首次合作以研究北方昆曲历史为主要内容的一部学术性刊物。

《梅兰芳老戏单图鉴——从戏单探究梅兰芳的舞台生涯》，谷曙光著，学苑出版社，2015年6月。

# 后 记

胡明明

《韩世昌年谱》付梓是中国戏曲史和中国昆曲史上的一件大事，是到目前为止近现代以来出版的中国北方昆曲老一辈艺术家中唯一一部"年谱"体例的专著。

韩世昌先生是近现代中国昆曲尤其是北方昆曲最具代表性的人物之一。韩先生的艺术经历和艺术成就是近现代中国昆曲复兴史、发展史的一个缩影。

关于韩世昌先生从事昆曲的艺术经历和在昆曲艺术上的巨大历史成就，以及对后世昆曲的传承与发展，特别是对北方昆曲的传承与发展所带来的深刻历史影响，相信无论是喜爱昆曲的读者还是研究昆曲的专业人士都会通过这部"正史"有所了解，都会在这本《韩世昌年谱》里找到答案，故不再赘述。

为什么要下很大气力做这部《韩世昌年谱》呢？我想用古人一句话可以概括回答这个问题："年谱之学，别为一家……大而国史，小而家传墓文，容不能无舛谬，所借年谱以正之。"举凡过去有关对北方昆曲历史或者对北方昆曲历史上的一些代表人物因百多年来无正史，故社会上或多或少存在的一些讹传谬误或曰"野史"等。而有了这部《韩世昌年谱》，这个杂乱无序的状况就会有很大的改观，就有了翔实的历史之依据，以史料考订而达去讹传谬纷杂野史之目的。欲兴其曲，必先修其史；而修其史，则重在去疴，去谬，去伪而存真也。最新挖掘出的无可辩驳的海量的珍贵历史文献史料足以证明以韩世昌为代表的北方昆曲前辈们是自晚清中国昆曲式微之后的最坚实最忠诚的继承者、复兴者和捍卫者。比如，韩世昌先生和白云生先生分别于1918年和1936年拜于南曲巨擘吴梅先生门下，成为北方昆曲乃至中国南北昆曲近现代历史上唯一的一对

"吴门生旦组合"雄踞南北昆坛。而在一些已经出版的有关中国戏曲史或中国昆曲史等著作中，以韩世昌为首的北方昆曲的历史地位和历史贡献竟然几乎是空白！这里再梳理一下北昆与南昆不同的传承路线和传承方式：从清康、雍、乾"南府"（景山）时期到清嘉、道、咸"升平署"时期，其清宫廷"内廷承应"中昆弋（高腔）双腔"同台"演剧形制是清一代皇家主流文化一以贯之的最典型的清宫廷演剧传统，这个演剧传统晚清时期由清诸贝勒王府以昆弋双腔"同台、同班"的演剧形制传承保留了下来。而由清诸贝勒王府昆弋双腔"同台、同班"演剧形制可以认为是"北方昆弋"这个特定历史与艺术概念的肇始，为后来"北方昆弋"登上历史舞台打下了雄厚的人才、剧目和演剧样式与风格的基础。1911辛亥年，持续了近三百年的清封建帝国轰然倒塌：

> 昆曲在北京剧坛上自从乾隆末年逐渐地没落后，而在它发祥地的苏州地方，也是同样的情势。当乾隆嘉庆间，苏州最优秀的昆曲班，则以"集秀班"称为第一。然至道光七年（1827），该班解散后，而昆曲演出的形势，顿见衰微起来。以后，到光绪初年才有人集合昆曲艺人，组成"高天小班"，在苏州城内演唱，人才济济，称盛一时；在太平天国革命失败以后，苏州的昆曲戏班这才恢复了些。后因班主死去，又解散了。光绪十余年时，昆曲艺人陈聚林、陈福来二人发起，又组成"散福班"，演出成绩，尚称良好。聚福班不久又分做两班，一班只在苏州城内演唱，即所谓"坐城聚福班"；一班专开往外乡演唱，即"江湖聚福班"，继改称为"全福班"。到光绪末年（1908）遇到封建统治时期的"国丧"，各大城市都被强迫停止了娱乐，所以苏州的坐城聚福班自然不能免地被迫解散，演员纷纷投入全福班，流落外乡，卖艺糊口。及至民国四年（1915）这班昆曲艺人，或老或死，有的又改了职业，星散殆尽，难以维持，苏州这个硕果仅存的聚福班，至此也完全消灭了。[1]

在经历了主要是河北高阳县和河北安新县两地北方昆弋艺人七年的集结、

---

[1]王文章主编：《傅惜华戏曲论丛》，文化艺术出版社，2007年。

酝酿、研习、传授的准备期后,1918年1月由来自"京南"和来自"京东"两个方向的河北籍北方昆弋才俊们组成的北方昆弋"荣庆社"从河北农村进驻北京,驻场前门鲜鱼口内"天乐园"剧场,这标志着北方昆弋这个历史概念正式以独立的成建制的昆弋双腔"同台、同班、同籍"的演剧形制横空出世,并横扫以北京为中心的北方演出市场和以上海为中心的南方演出市场。

民国六年(1917),从前昆弋"恩荣班"的戏曲教师徐廷璧,邀集了在河北高阳一带农村中演出的昆曲和弋腔艺人,有王益友、朱益铮、郝振基等,重整旗鼓,组织"福寿社"来京演唱,未久即散。

民国七年(1918)时,昆弋艺人韩世昌、郭蓬莱、王益友、陶显庭、陈荣惠、侯益隆等,又组成"荣庆社",时断时续,到抗日战争胜利时,演出在北京、天津、保定以及华东和中南的一些大城市。同时,曲学家吴瞿安在北京大学主讲南北曲的课程,昆曲家赵子敬、王君九、刘凤叔、溥西园、钟秋岩等,纷纷组织曲会票社,如"言乐会"、"廷云社"、"温白社"、"消夏社"、"兰闺雅集"、"醉韶社"、"昆弋学会"、"昆曲研究会",研究昆曲的艺术,颇引起一般知识分子的爱好。然而昆曲在剧坛上究竟不能和京剧竞争,所以在近三十余年以来始终没有能在广大观众中间发生过巨大作用[1]。

1918年,北方昆弋"荣庆社"晋京是中国昆曲自晚清式微后有史可考可证的昆曲舞台艺术开天辟地的重大历史事件。这个历史事件对后来中国昆曲从式微走向复兴怎么估计都不为过,因为这个1918年发生在北京的历史事件重新框定并深刻影响了北南昆曲后来的历史走向与历史格局。借这个机会要特别说明的是,北方昆弋中的"昆"在语言、曲调、剧目与舞台演剧形制等方面不是明时期流行于南方各地域的民间水磨调"地方小戏",而是清时期进入宫廷在语言、曲调、剧目与舞台演剧形制等方面已然被清皇家高度提升与雅化的代表中国戏曲最高范型的全国性剧种。而北方昆弋中的"弋"(高腔)也不是南

---

[1]王文章主编:《傅惜华戏曲论丛》,文化艺术出版社,2007年。

方弋阳腔等地方声腔的变种，其在语言、曲调、剧目与舞台演剧形制等方面已然和清宫廷高度雅化的昆腔联袂成为清"内廷承应"中"你中有我，我中有你"的双珠双璧，"此盖盛清取昆曲之词，移就长山白水之调，使东北健儿（满人）唱作得胜歌之举"。为此高阳齐竺山、齐如山以及宗澹云、傅惜华等曾盛赞高腔"为国剧中最有艺术价值，在国际歌剧中，可占一重要位置，远胜普通靡靡之音，即以之代表国曲国剧，想必为世界所叹赏"云云。

但遗憾的是，这么重大的历史事件及其"筚路蓝缕"的艰难演变过程和对后世昆曲产生的极其重要影响因种种原因在过去很长一段历史时间淹没了。因此出版《韩世昌年谱》对重新考察中国昆曲的历史尤其是北方昆曲的历史则是非常重要的。

借此感谢所有对出版《韩世昌年谱》提供各种大力帮助的单位和个人，感谢北方昆曲剧院，感谢中国戏曲学院，感谢北京燕山出版社，感谢国家图书馆、首都图书馆、大连图书馆等。尤其感谢名家周传家先生、王大元先生和名家周世琮先生与朱雅女士分别为本书写序，还要感谢昆曲名家侯少奎先生为本书题写书名，他们的文字和书法为本书增光添彩，锦上添花，十分夺目；感谢本书作者之一张蕾女士，她为本书的撰写付出了艰辛的劳作，做出了巨大的努力；还要特别感谢韩世昌先生之子韩景林先生及所有韩世昌先生的后人对本书的热忱帮助和高度认可，他们专门为此书撰写了回忆文章，提供了许多珍贵的家藏资料，帮助人们了解了昆曲舞台上光彩夺目的韩世昌先生的艺术人生，更认识了一位和蔼、可亲、可敬的昆曲舞台下真实生活中的韩世昌先生，上述各位的努力使得《韩世昌年谱》更珍贵，更有价值，更具权威性。同时感谢北京燕山出版社俞伽、刘朝霞、程丹三位编辑的辛勤努力。再次向上述单位和个人表示最诚挚的感谢。

2016年6月22日

图书在版编目（CIP）数据

韩世昌年谱/胡明明，张蕾，韩景林著.—北京：北京燕山出版社，2016.10

ISBN 978-7-5402-4290-9

Ⅰ.①韩… Ⅱ.①胡… ②张… ③韩… Ⅲ.①韩世昌—年谱 Ⅳ.①K825.78

中国版本图书馆CIP数据核字（2016）第263536号

## 韩世昌年谱

书名题字：侯少奎
责任编辑：俞 伽 刘朝霞 程 丹
封面设计：翁 涌
出版发行：北京燕山出版社有限公司
社　　址：北京市西城区陶然亭路53号
邮　　编：100054
电话传真：86-10-65240430（总编室）
印　　刷：三河市华东印刷有限公司
开　　本：710mm×1000mm 1/16
字　　数：300千字
印　　张：22.25
版　　次：2016年10月北京第1版
印　　次：2016年10月北京第1次印刷
书　　号：ISBN 978-7-5402-4290-9
定　　价：88.00元